인류학자처럼 생각하는 법

HOW TO THINK LIKE AN ANTHROPOLOGIST

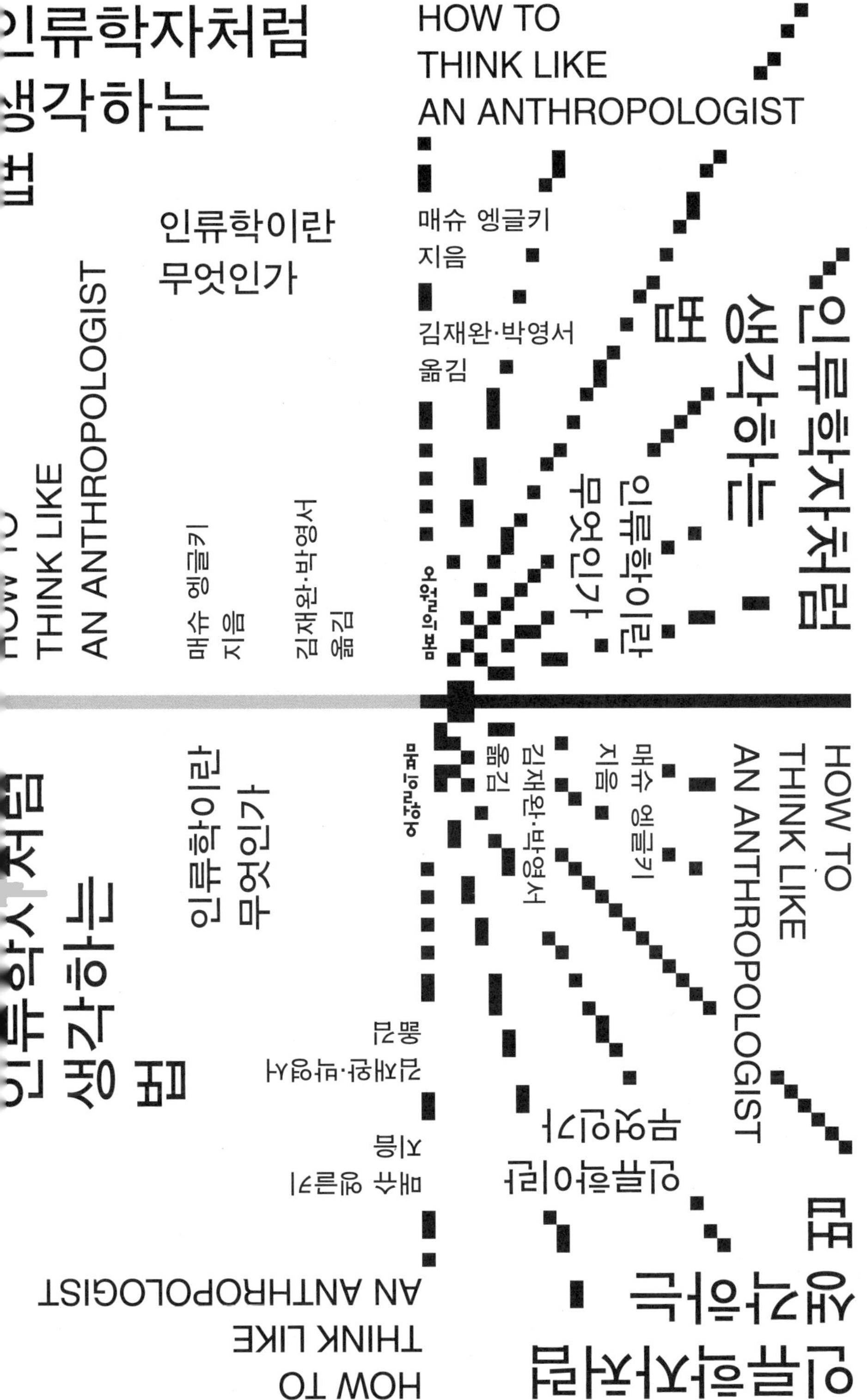

인류학자처럼 생각하는 법
인류학이란 무엇인가
HOW TO THINK LIKE AN ANTHROPOLOGIST
매슈 엥글키 지음
김재완·박영서 옮김
오월의 봄

차례

일러두기

1. 소규모 단순 사회 및 집단의 명칭을 번역할 때 관례적으로 '~(부)족'이라는 말을 붙여왔다. 이는 수많은 '~(부)족'들에 대해 규모와 구성이 작고 매우 단순하며, 심한 경우에는 미개하고 야만적인 집단이라는 잘못된 고정관념이 생겨나는 데 기여했다. 그러나 이 책에 등장하는 '~(부)족'들은 반드시 소규모이지도 않고, 그리 단순하지도 않다. 이는 이 책에서 앞으로 반복적으로 확인하게 될 주제이기도 하다. 따라서 본 책에서는 사회 및 집단의 명칭을 번역할 때 원문에서 명시적으로 'tribe'를 언급하는 경우가 아니라면, '족', '부족'이라는 표현을 사용하지 않고, 단독 명칭이나 '~인', '사람들', '집단'을 사용했다(예: 마오리, 마오리인, 마오리 사람들, 마오리 집단). 다만 한족, 이족과 같이 중국 민족을 지칭하는 경우는 예외적으로 '족'을 사용했다.

2. 본문의 각주 중 옮긴이가 붙인 것은 '-옮긴이'로 표기했다. 나머지 각주는 모두 저자가 붙인 것이다.

3. 독자의 이해를 돕기 위해 옮긴이가 덧붙인 내용은 '[ ]'로 묶어 표시했다.

익숙한 것과 낯선 것

1879년 여름, 프랭크 해밀턴 쿠싱Frank Hamilton Cushing은 3개월 간의 연구를 위해 스미스소니언 연구소를 떠나 뉴멕시코로 향했다. 연방 민족부의 지원을 받은 이 연구의 임무는 "전형적인 푸에블로 인디언 부족"에 대해 모든 것을 알아내는 것이었다.[1]

쿠싱은 푸에블로Pueblo* 마을 중 하나인 주니Zuni에 이르렀다. 그는 그들의 농법과 관개 방식, 축산 기술, 도자기 제작 솜씨, 의식 때 행해지는 정교한 춤에 매료되어 결국 3개월을 훌쩍 넘겨 5년 가까이 그곳에 머물렀다. 1884년 워싱턴D.C.로 돌아왔을 무렵, 그는 그 마을 언어를 유창하게 구사할 수 있었고, 도예 제작에도 능숙했으며, 미국 민족지**학자라는 직함 외에 '주니 일등

---

* 주로 미국 남서부(뉴멕시코주, 애리조나주)에 거주하는 선주민 집단들을 일컫는 말. 주니 집단도 여기에 속한다.─옮긴이

** 민족지ethnography란 ethnos(민족, 종족)와 graphia(기록)의 합성어로서 말 그대

전쟁추장'이라는 새로운 칭호를 가지고 있었다.

쿠싱은 주니에서 보냈던 시간을 토대로 논문을 여러 편 출판했는데, 그중에는 '주니의 먹거리'라는 다소 무미건조한 제목의 시리즈가 있다. 그 제목과는 달리 음식과 농작물 경작에 대한 주니 사람들의 태도는 결코 지루하거나 평범하지 않았다. 여기서 그는 단순히 주니 사람들의 토지 경작법과 옥수수빵 굽는 법을 이야기하는 데 그치지 않고, 이를 통해 환대의 중요성이 드러나는 방식, 조부모들이 어린아이들에게 인내, 존중, 근면과 같은 가치들을 가르치는 방식, 카-카Kâ'-Kâ 축제에 담긴 상징체계가 처방거주혼(남성이 아내의 가산으로 들어가 거주하는 혼인)의 중요성을 보여주는 방식을 설명한다.[2] 주니 사람들의 식생활에 대한 이러한 접근은 혹독하고 척박한 환경에 속한 한 사회가 어떻게 공동의 유대관계와 상호의존을 통해 번영하는지를 명백히 드러낸다. 쿠싱은 한 대목에서 이렇게 쓴다. "주니의 옥수수밭에 대한 설명이 너무 길어지는 것에 인내심 많은 독자들의 용서를 구한다. …… 우리가 이 작물들이 초록빛에서 황금빛으로 변해가는 과정에 대해 아무리 면밀히 살펴봤다고 해도, 그 주인들의 규칙

로 민족 또는 특정 집단 사람들의 삶을 생생하게 기록하는 인류학의 주요 연구 방법이자, 그 결과로 나온 텍스트 모두를 가리키는 용어다. 연구 방법으로서 민족지의 가장 표준적 형태는 참여관찰과 인터뷰를 결합시킨 1년 이상의 현지 조사라고 할 수 있다. 다만 적지 않은 민족지들이 필요에 따라 문헌 조사나 여러 양적 기법 등을 포함하기도 한다. 글쓰기 장르 및 실천으로서 민족지는 그 형식과 스타일이 시대, 학풍, 주제, 개인 성향 등에 따라 매우 다채로우며 인류학의 발전과 함께 수많은 변천과 실험을 거쳐오고 있다. —옮긴이

   인류학자처럼 생각하는 법

과 관행에 비춰봤을 때 우리는 겨우 힐끗 보았을 뿐이다."[3]

2000년에 케이틀린 잘룸Caitlin Zaloom은 선물거래futures trading에 관한 연구에 착수하기 위해 캘리포니아 버클리를 떠나 런던으로 향했다. 잘룸은 1998년에 이미 시카고 거래소에서 외무원runner으로 6개월간 일한 경험이 있었다. 그곳에서 외무원의 가치를 결정하는 것은 시간이었다. 이들은 수화기 건너편의 고객들로부터 접수한 주문서 뭉치들을 손에 쥔 채 문자 그대로 거래소 전체 층을 바쁘게 뛰어다니는 사람들이었다. 시카고 거래장은 하나의 '금융 난투장'이었다. 잘룸에 의하면 "외무원들은 늘 서로를 밀어제치며 지나다녔고, 그곳의 소음은 귀를 찢을 정도"였다.[4] 그러나 야망에 가득 찬 자본가들을 곤혹스럽게 만든 것은 거래소의 혼란스러움이 아니었다. 전자 시대의 서막이 문제였다. 막 시작되고 있던 전자거래의 등장이 업무의 본질을 단 몇 년 만에 급진적으로 바꿔버렸던 것이다. 런던에 도착한 잘룸은 시카고에서 했던 것처럼 매일 새벽같이 시내로 출근했다. 다만 그곳에서는 거래소용 외투를 걸치지도, 거래장에서 동료들을 밀치며 다니지도 않았다. "나는 스크린에 시선을 고정하고 손가락을 가볍게 마우스에 올려놓은 채 클릭할 태세를 갖추고, 수익이 날 만한 기회의 순간만을 기다리면서 하루에 아홉 시간씩을 보냈다."[5]

독일 국채 선물이 주니의 옥수수밭보다는 권력작용과 더 가까운 주제이긴 해도, 그 자체로 그리 흥미로운 주제는 아니다. 그러나 잘룸에게 선물거래는 하나의 창이었다. 그 창을 통해 그는 시장, 도덕성, 합리성에 관한 더 넓은 세계를 봤으며, 더 나아가 신기술, 시장체제, 그리고 특정 문화에 기반한 교환 시스템이 촉진한 세계화의 진행 과정을 내다봤다. 그가 전자거래에 특별히 흥미를 느끼게 된 이유는 이 전자거래가 진정으로 '자유로운' 시장을 약속한다는 데 있었다. 이는 인간들이 서로 밀치고 뒤엉키는 대신 전자회로와 탈육체화된 거래의 합리성에 바탕을 둔 자유였다. 전자거래의 약속은 전통적 거래장에서 벗어나라고 했고, 이는 거의 문화 밖으로 나가라는 말과 같았다. 이로써 이익에 손해를 끼칠 편견들과 배경 요인들로부터 스스로를 해방하라는 것이다. 잘룸이 분명히 말하듯, 이 약속은 실현되지 않았다. 그 주된 이유는 누구도 문화 밖으로 나갈 수 없기 때문이다. 문화가 없는 영역에서 선물거래는 불가능하다.

주니의 쿠싱과 런던의 잘룸. 이 이야기들은 인류학이 무엇인지 보여준다. 지난 150년 동안 인류학이라는 학문을 이끌어온 것은 인류의 문화적 표현, 관습, 관계에 대한 호기심이었다. 인간을 인간으로 만드는 것은 무엇인가? 모든 인류가 보편적으로 공유하는 것은 무엇이며, 사회적·역사적 환경을 통해 만들어지는 것은 무엇인가? 옥수수나 컴퓨터 사용이 갖는 문화적 의의처럼, 겉보기에 사소해 보이는 요소들이 우리 인류에 대해 무엇을 말해주는가?

인류학 연구는 언제나 자연과 문화, 보편과 특수, 패턴과 다양성, 유사성과 차이의 교차점 위에 존재한다. 이 작업이 구체적으로 어떻게 이루어지는지는 시대에 따라 변화해왔다. 쿠싱

인류학자처럼 생각하는 법

이 활동하던 시기에는 찰스 다윈의 생물학적 발견에 기초한 사회진화론이 신생 학문이던 인류학이 문화적 다양성을 설명하는 방식에 지배적인 영향을 행사했다. 그래서 당시 사람들은 주니 사람들이 인류 발달의 초기 단계에 해당한다고 생각했다. 반면 오늘날 잘룸과 같은 현대 인류학자들은 소규모 단순 사회에서의 교환행위를 가상공간에서의 전자상거래와 동일한 틀에 두고 접근해야 한다고 주장할 가능성이 크다. 이 밖에도 여러 중요한 인류학적 관점들이 있으며, 그중에서도 인지인류학과 포스트모던 인류학, 마르크스주의와 구조주의는 오늘날까지 큰 영향력을 미치고 있다. 나를 포함해 거의 모든 인류학자는 아마 위 관점 중 어느 하나에 스스로를 제한하길 원치 않을 것이다. 인류학자들은 대개 여러 관점을 엮어 만든 자신만의 방법으로 연구하는 것을 선호한다. 그럼에도 이들 모두를 하나로 묶어주는 키워드가 있다면 그것은 바로 '문화'이다.

이 책은 사회문화인류학이라는 분야에 집중한다. 쿠싱과 잘룸의 연구가 여기에 해당하며, 나 역시 사회와 문화를 탐구하는 인류학자다. 그러나 모든 인류학자가 구체적인 장소나 공동체에 속한, 살아 숨 쉬는 사람들을 연구하는 것만은 아니다. 일부 국가의 인류학 전통에서는 인간의 생물학적, 진화적 측면을 문화적 측면과 함께 연구한다. 고고학과 언어학 또한 인류학의 중요한 영역이다. 달리 말해 치아와 골반을 연구하는 인류학자가 있는가 하면, 선사시대 주거 패턴과 농경, 철기 주조, 국가 형성 사이의 관계를 탐구하는 인류학자도 있고, 반투어Bantu의 명사형과 음운론(언어에서 소리를 사용하는 기관에 대한 분야)의 기술적 측면을 연구하는 인류학자도 있다. 고고학과 언어학의 경우 문화와의 접점은 매우 분명한 편이다. 고고학은 '물질문화'라는 것을 다루기 때문이고, 언어와 문화는 동전의 두 양면과 같기 때문이다. (대부분의 언어인류학자들은 언어의 추상적 형태가 아닌 언어가 사용되는 방식을 연구하며, 이는 문화인류학자들이 하는 것처럼 구체적인 장소와 특정 시점에서 언어를 연구하는 것을 의미한다.) 심지어 해부학 및 진화 분야를 연구하는 인류학자들의 근본적인 관심사 역시 문화의 일부분이라고 할 수 있다. 생물인류학자는 인간 뇌 용량, 구강 구조, 대퇴골의 강도 등을 연구하는데, 그 목적은 언어, 도구 사용, 이족보행의 기원을 밝혀내는 것이다. 한마디로 문화의 기원에 대한 탐구인 것이다.

인류학과의 첫 만남: 개인적인 이야기

처음으로 읽었던 인류학 논문을 지금도 생생히 기억한다. 어느 시카고의 추운 밤, 당시 대학 신입생이었던 나는 도서관에 틀어박혀 책을 읽고 있었다. 그때의 충격은 내가 이 세계를 생각하는 방식을 바꿔놓았다. 일종의 문화충격을 경험한 것이라 할 수도 있겠다. 그 글은 저명한 인류학자인 마셜 살린스Marshall Sahlins가 쓴 〈원초적 풍요 사회The Original Affluent Society〉였다. 이 논문에서 살린스는 경제적 합리성과 경제적 행동에 대한 현대 서양식 사고

인류학자처럼 생각하는 법

방식(예컨대 경제학 교과서에 묘사된) 이면에 깔려 있는 가정들을 세세하게 논하며 수렵채집과 관련된 서양인들의 편견과 오해를 폭로한다. 여기서 수렵채집인이란 칼라하리사막에서 무리 지어 사는 사람들, 콩고의 삼림과 호주 등에서 극소량의 사유재산과 조악한 물질문화를 가진 채 유목생활을 영위하는 집단을 가리킨다. 야생동물을 사냥하거나 열매를 채집하며 필요에 따라 이동하며 살아가는 사람들 말이다.

살린스가 보여주는 것처럼 경제학 교과서가 설명하는 수렵채집인의 삶에는 반드시 비참함, 굶주림, 생존 투쟁이 전제된다. '저들을 보라. 낡은 천 쪼가리 옷을 입고, 주거지라고 할 것도 없는 데다가, 소유하고 있는 것도 거의 없다!' 이러한 '결핍'의 가정은 다음과 같은 더 기본적인 가정을 따르고 있다. 즉 인류는 항상 현재 가진 것보다 더 많은 것을 욕망하며, 이 무한한 욕구에 비해 수단은 늘 제한되어 있다는 가정 말이다. 이러한 사고방식에 따르면 수렵채집인들은 그들의 선택과 상관없이 개선 불가능한 상황에 처해 있는 이들이다. 서양식 관점에서 수렵채집인은 "부르주아적 충동과 구석기 도구를 지닌 존재"이므로 "우리는 그 상황을 미리 절망적이라고 판단해버린다".[6] 그러나 여러 인류학 연구를 인용하며 살린스는 그런 식의 "결핍"이 실제로 수렵채집인의 삶의 방식과는 매우 동떨어져 있음을 보여준다. 예컨대 호주와 아프리카의 많은 수렵채집 집단들에서, 성인들은 하루에 세 시간에서 다섯 시간 이상 일할 필요가 없다. 이러한 사회들을 연구한 인류학자들은 이들이 더 일할 수 있음에도 **그렇게 하길**

원치 않는다고 말한다. 그들에게는 부르주아적 충동이 없었다. 그들은 우리와 다른 가치를 지니고 있었다. "세계에서 가장 원시적인 사람들은 소유물이 거의 없었다"라며 살린스는 다음과 같이 결론짓는다. "그러나 그들은 가난하지 않았다. …… 빈곤이란 사회적 조건이 만들어내는 하나의 지위이며, 이른바 문명의 발명품이다."[7]

살린스의 글을 읽은 뒤 '풍요affluence'에 대해 이전과 같은 의미로 생각할 수 없게 되었다. 그 개념에 관해 내가 가진 전제들을 계속 의식해야 했고, 종종 상식이라는 위험한 탈을 쓰는 가정들을 경계해야 했다. 살린스 이후에도 인류학은 여러 차례 내가 쓸 줄 안다고 생각했고, 이해한다고 생각했던 단어들을 다시 가르쳐주었다. 공부를 하면서 나는 인류학이 개념이나 '상식common sense'에 의문을 제기하는 데 탁월한 학문이라는 사실을 금세 알아차렸다. 인류학을 대표하는 표현으로 '친숙한 것을 낯설게, 낯선 것을 친숙하게'라는 말이 있다. 다소 진부한 표현이긴 해도 이만큼 인류학을 잘 표현할 수도 없을 것이다. 의문을 제기하고 뒤집어서 생각해보는 과정이야말로 인류학의 변치 않는 가치 중 하나다.

앞으로 보게 될 각 장에서는 살린스, 그리고 다른 탁월한 인류학자들의 글에서 한 꼭지씩 가져와 특정 개념을 살펴보며 질문을 던져볼 것이다. 이 개념들은 전문용어가 아닌, 우리 모두에게 익숙한 단어들이다. 나는 일부러 일상에서 흔히 접할 수 있는 개념들을 선택했다. 사실상 인류학자들은 일상적인 것에 관

  인류학자처럼 생각하는 법

심을 두는 사람들이다. 우리는 인류학의 근본적인 관심사인 문화에서 시작해서 문명, 가치, 값, 피, 정체성, 권위, 이성, 자연이라는 주제를 차례로 살펴볼 것이다. 물론 이 목록은 다소간 빈약한 데가 있고, 나는 여기에서 무엇이 빠져 있는지 아주 잘 알고 있다. '사회'나 '권력'이 그 대표적인 예일 것이다. 그러나 이 모든 것을 빈틈없이 짜려는 시도는 부질없는 일이다. 추가해야 할 용어들은 계속해서 나타날 것이기 때문이다. 이 책은 몇 가지 방향성을 가진 하나의 지도다. 나는 우리네 삶이 지닌 좀 더 넓은 영역에 대한 유용한 안내서가 되길 바라며 이 책을 썼다. 타자들의 삶을 진지하게 대할 때에만 발견되어왔고, 앞으로도 그러할 영역 말이다.

인류학이 비판만 퍼붓는 학문인 것은 아니다. 그저 '풍요', '문명', '피'에 대한 우리의 이해가 어떻게 문화적으로 특정하게 형성되었는지, 상식이 갖는 맹점으로 인해 우리의 이해가 어떻게 왜곡되어 있는지 들춰내는 것이 인류학의 전부는 아니다. 인류학은 설명하는 학문이기도 하다. 무엇보다 어떻게 그리고 왜 문화가 인류 구성에 핵심적인지를 설명한다. 우리는 자동인형 automaton 이 아니다. 강력한 '인간 본성'에 잠식된 존재가 아닐뿐더러 단순한 유전자의 산물 역시 아니다. 우리는 선택한다. 수렵채집인들은 선택해왔다. 역사학적으로 말하자면, 그들은 사유재산의 가치를 거부하고 동시에 평등주의적 가치를 위한 선택을 함으로써 그들만의 삶의 방식을 유지해왔다. 수렵과 채집으로 살아가는 유목민들의 삶은 신분 및 (결국 무거운 짐이 될 뿐인)

재산 축적의 억제, 그리고 자원의 공유라는 두 가지에 의존한다. 예컨대 탄자니아의 수렵채집민 하드자Hadza 사람들은 1960년대까지도 인근 목축민들의 생활방식을 받아들이지 않았다.

물론 우리의 '선택'이란 많은 경우 제약을 받는다. 환경과 문화적 전통(우리는 이런 것들을 결코 새로 만들어낼 수 없다), 그리고 정치와 사회의 흐름이 우리의 선택을 제한한다. 살린스가 〈원초적 풍요 사회〉를 쓴 것은 1972년이었다. 그 무렵 이미 유목생활을 유지할 수 있는 능력은 심각하게 축소된 상태였다. 식민지 팽창으로 인해 유목민 집단이 의존해왔던 땅들이 강탈당하거나 재배치되었기 때문이다. 살린스는 우리가 빈곤한 수렵채집인의 군상에 익숙한 이유가 바로 여기에 있다고 말하면서, 이는 그들에게 가해진 "식민주의적 강압"으로 인해 수렵채집인들이 "문명화"의 궤도에 강제 편입된 결과라고 주장한다.[8] 빈곤은 문명의 발명품이라고 한 말의 의미가 바로 이것이다. 식민주의적 강압은 세계화의 비호하에 오늘날까지도 계속되고 있다. 지난 50여 년 동안 하드자 사람들은 그들이 전통적으로 사냥감을 구해왔던 땅의 90퍼센트를 잃었다.[9] 이와 유사한 이야기를 나미비아의 칼라하리사막에서 말레이시아에 이르기까지 전 세계 곳곳에서 찾아볼 수 있다. 오늘날의 수렵채집인들에게는 선택지라고 할 만한 것이 거의 없다. 이로써 나는 〈원초적 풍요 사회〉를 통해 다음과 같은 또 다른 교훈을 배우게 되었다. 고립된 채 존재하는 문화는 없으며, 진정한 의미에서 '원초적인' 문화 역시 결코 존재할 수 없다는 것. 달리 말해, 모든 문화는 언제나 방랑하는 길nomadic path 위에 있다는 사실 말이다.

인류학이란 무엇인가

본격적인 이야기로 들어가기 전에, 학문으로서의 인류학에 대한 배경지식을 제공하는 게 유익할 것이다. 이 책은 인류학사를 다루는 책은 아니다. 그럼에도 책 전반에 걸쳐서 몇몇 주요 인류학자들과 학문의 궤적에 대한 언급이 등장하게 될 것이다. 인류학의 탄생과 그 발전의 이야기가 현대 인류학 분과들에 대해 많은 것을 말해주기 때문이다. 또한 이 책이 사회문화인류학이라는 분야를 중점적으로 다루기 때문에 특별히 더 필요한 배경지식도 있다. 사회문화인류학은 고고학이나 생물인류학보다는 덜 알려져 있다. 나는 문화인류학자지만 아직도 내가 도자기 조각들을 파내거나 두개골을 측정한다고 생각하는 친척들이 있을 정도다. 또한 사회문화인류학에 대해 들어본 사람들이라 할지라도, 그들은 인류학의 대상이 주니 집단이라고 생각하지 런던 같은 서양 세계나 흔히 사회학자들의 전유물이라고 여겨지는 '현대사회'는 아니라고 여긴다. 인류학자들이 전통적으로 비서구 세계에 집중해온 것은 사실이지만, 수많은 예외가 있는 것 역시 사실이다. 실례로 1951년에 할리우드에 대한 탁월한 인류학 연구가 출간되기도 했다.[10] 인류학이 꼭 정글이나 토착 악기에 대한 학문만은 아닌 셈이다.

우리가 아는 인류학의 역사는 이제 150년이 조금 넘었다. 대영왕립인류학회가 설립된 것이 1848년이었다. 뉴욕 북부 출신의 변호사였던 루이스 헨리 모건Lewis Henry Morgan은 1851년에 《이로쿼이 연맹League of the Iroquois》을 출간했고, 이후 인류학의 흐름에 큰 영향을 미친 아메리카 선주민들에 관한 친족 연구를 계속 출간했다. 프랑스의 경우 1855년에 파리자연사박물관에서 최초로 인류학 전담 직책이 만들어졌다.[11] 이것이 인류학의 현대적 계보에서 합리적으로 가장 멀리 추적한 것이라고 할 수 있겠다. 그러나 인류학자들은 이보다 훨씬 이전 시대의 인물들을 인류학의 선구자로 꼽기도 한다. 미셸 드 몽테뉴Michel de Montaigne(1533~1592)가 대표적인 예시이며, 헤로도토스(BC 484~BC 426) 역시 자주 거론된다. 이 둘은 모두 훗날 인류학적 감수성이라고 불리게 될 무언가를 갖추고 있었다. 헤로도토스는 먼 지역들을 여행하며 그리스인의 입장에서 '타자'에 해당하는 이들을 상세하게 묘사했다. 몽테뉴는 직접 여행을 하지는 않았지만 그의 중요한 에세이인 〈식인종에 대하여Des Cannibales〉에서 프랑스 루앙에 온 투피남바Tupinambá 선주민들(오늘날 브라질에 해당하는 지역에 거주)과 대화하기 위해 무척 애를 쓰는 모습을 볼 수 있다. 그는 독자들을 향해 이들의 야만성을 성급하게 단정하지 말아 줄 것을 간청하면서(당시 투피남바 사람들이 포르투갈 인질들을 잡아먹는다는 소문이 파다했다), 더 총체적인 그림 안에서 그들의 실천과 삶의 방식을 이해할 것을 촉구한다.

이 두 가지 선구적 사례는 앞서 간략하게 살펴본 현대 인류

   인류학자처럼 생각하는 법

학과 두 가지 특징을 공유하고 있다. 첫째는 현지조사의 중요성이며, 둘째는 문화상대주의적 관점이다. 이 둘을 이해하지 않고 인류학을 이해한다는 것은 불가능하다.

오랫동안 현지조사는 인류학자가 되기 위한 가장 중요한 통과의례였다. 인류학의 창시자 중 몇은 '안락의자 인류학자'로 묘사되고(다른 이들의 연구와 보고서에 의존해 연구했기 때문에), 또 어떤 인류학 전통은 경험적 연구와 이론 작업 사이의 명확한 분업을 고수하기도 한다(프랑스가 그 예다). 그럼에도 일반적으로 최소 1년 이상의 시간을 현장에서 연구와 관련된 사람들과 함께 지낸 경험 없이는 제대로 된 인류학자로 받아들여지지 않는다. 어떤 이들은 현지조사와 함께 학자로서의 경력을 시작했다가, 이후에는 다시 현지조사를 하지 않고 이론이나 개념적 관심만을 가지고 인류학 연구를 이어나가기도 한다. 실제로 가장 영향력 있는 인류학 사상가 중 몇은 현지조사를 그리 강하게 고수하지 않는 것도 사실이다. 그러나 거의 모든 경우 현지조사로 연구를 시작하며 이를 통해 인류학자라는 자격을 얻게 된다.

현지조사에서 가장 핵심적인 것은 참여관찰이다. 이것이 구체적으로 무엇을 의미하는지는 때에 따라 달라질 수 있다. 주니 마을이나 인도 차티스가르의 마을을 연구하는 경우, 참여관찰은 완전히 그곳에 스며드는 것을 의미한다. 현지인들과 함께 먹고 살며, 그들의 언어를 배우고, 가능한 한 그 일원으로서 여러 활동에 참여해야 한다. 비과학적인 표현으로 명확하고 간단하게 말하자면, **그들과 어울리며 뭐든 해봐야 한다는** 말이다. 반면 런던에서 참여관찰을 하는 경우 현지에 완전히 스며드는 데에는 다소 어려움이 있다. 당연하게도 선물을 거래하는 거래인들은 푸에블로 마을 같은 곳에 살지 않을뿐더러, 연구자를 집에 초대해서 정기적으로 함께 식사하게 되는 일도 대체로 드물다. 잉글랜드에서 이런 식의 환대가 없는 것은 아니지만, 어쨌든 오늘날 런던인들의 삶이 1879년의 주니인의 삶과 완전히 다른 것은 확실하다. 그렇기에 잘룸이 그랬던 것처럼 연구와 관련된 것이라면 일터, 교회, 도박장 등 어디든 깊이 참여해보려 애써야 한다. 연구자는 그들이 어떻게 생각하고 행동하며 살아가는지를 알아내고자 하기에, 도움이 될 만한 것은 무엇이든 직접 찾아다녀야 한다. 내 박사과정 학생들에게 늘 하는 말이 있다. 현지조사자가 된다는 것은 마치 학교에서 전교생 모두와 다 놀고 싶어 하는 아이가 되는 것과 같다는 거다. "얘들아 뭐 하고 있어!? 나도 낄래!" 이것이 현장에 있는 인류학자의 삶이다.

참여관찰과 완전히 현지인이 되는 것 사이에는 가느다란 경계선이 있다. 인류학자는 현지인이 되어서는 안 된다.* 현지인

---

* 물론 인류학자 본인이 선주민이 아니라면 말이다. 예컨대 [위스콘신대학 교수인] 일본인 인류학자 오오누키-티어니 에미코Emiko Ohnuki-Tierney(1984)는 고베에서 '자신의 민족'을 연구한 바 있다. 하지만 '현지인 인류학자'라는 범주 자체는 다소 까다로운 부분이 있으며 논쟁의 주제가 되기도 한다. 여기서 '현지인'이란 주로 백인이 아니며, 서양인이 아닌 인류학자를 가리킬 때 주로 사용되기 때문이다. 일본을 연구하는 일본인이라면 '현지인'이라고 칭해지겠지만 할리우드를 연구하는 백인 미국인이라면 아마 '현지인 인류학자'라고 불리지 않을 것이다. 이러한 논쟁은 앞으로 살펴보게 될 인류학의 식민주의적 역사에 대해 말해주기도 한다. 어쨌든 여기서 중요한 것은 그저 연구참여자들의 시선으로 바라본 세상을 보여주는 것만으로는 충분치 않다는 것이다. 인류학은 어느 정도의

인류학자처럼 생각하는 법

이 되어버린다는 것은 분석을 위한 비판적 거리를 앗아가는 일 일뿐더러, 곧장 윤리적 문제를 야기하는 일이기도 하다. 쿠싱은 현지조사 기간에 이 경계선에 몇 차례 근접한 적이 있었다(사실상 선을 넘어버렸다). 나바호Navajo 집단의 조랑말에 총격을 가했고(그는 말이 주니 땅을 침범했다고 주장했다), 말 도둑 떼 급습을 주도했으며(그 결과 두 명이 사망했다), 심지어 아파치Apache 사람의 머리 가죽을 벗기기까지 했다. 쿠싱이 주니 전쟁추장으로 임명되었을 때, 머리 가죽으로 그 자격을 입증해야 했기 때문이다. 또 쿠싱은 한 미국 상원의원의 사위가 벌인 토지 소유권에 관한 사기 행각을 폭로해서 그 의원을 거의 뇌졸중에 빠뜨릴 뻔했고, 이로 인해 연방 민족부가 쿠싱을 소환한 일이 있었다. 그 상원의원은 분노하며 이렇게 썼다. "문명화된 백인이 개척 입주권을 구입할 경우 고작 토지 160에이커만을 매입할 수 있는 반면, 인디언은 한 푼도 안 내고 1000에이커를 소유할 수 있다면, 쿠싱처럼 그냥 주니 사람이 되어버리는 게 낫지 않겠는가?"[12]

쿠싱은 고위 정치인들의 편법적인 거래에 맞선 소송에서 주니인을 옹호했다. 그러나 그가 당시 미국 정부에 고용된 상태였다는 점, 그리고 잔혹하고 피비린내 나는 미국의 서부 확장이 시작된 지 얼마 안 된 시점이었다는 것을 상기할 필요가 있다. 1994년에 주니인 예술가인 필 휴트Phil Hughte는 쿠싱에 대한 만화 시리즈를 출간했는데, 여기에는 인류학자의 모순된 입지가 절

비판적 거리를 유지해야만 가능하다.

묘하게 묘사되어 있다. 몇몇 화에는 주니에 대한 쿠싱의 헌신과 기여가 드러나 있기는 하지만, 다른 곳에서는 양가적인 감정, 심지어는 분노가 표출되기도 한다. 쿠싱이 워싱턴에 있는 자기 동료들에게 주니의 비밀 의례를 재현한 것을 두고 휴트와 다른 많은 주니 사람들은 이를 배신과 조롱으로 간주했던 것이다. 만화의 마지막 화에는 쿠싱이 1900년 플로리다에서 고고학 발굴 작업을 하던 어느 날 밤 저녁식사를 하던 중 생선 뼈가 목에 걸려 질식사하는 장면이 나온다. 이 마지막 화의 제목은 〈마지막 만찬〉이었는데, 휴트는 이를 두고 "굉장히 즐거운 작업이었다"고 말했다.[13]

쿠싱의 비극에 쾌감을 느끼는 휴트를 이해하기란 그리 어렵지 않다. 인류학은 종종 식민주의를 도왔다는 평가를 받아왔는데, 이는 어떤 면에서 오늘날까지도 신식민주의나 신제국주의적 형태로 표현되고 있다. 미국의 경우 19세기 '미국 원주민 관련 사안Indian affairs'에서부터 1960년대 라틴아메리카 및 동남아시아에서의 특수작전과 대진압 활동까지 이러한 양상을 반영하고 있다. 또한 2006년에서 2014년 사이 물의를 빚었던 이라크와 아프가니스탄 진압작전의 대부분이 인류학자에 의해 설계되었으며 다수의 인류학자가 이 프로젝트에 투입되기도 했다.[14] 제국주의의 전성기 시절, 영국, 프랑스, 독일, 벨기에, 네덜란드, 포르투갈에서는 인류학자들이 정부 또는 식민지 관료들과 긴밀히 협력하기도 했는데, 특히 영국에서는 다수의 식민지 관료들이 직접 인류학 교육을 받기까지 했다.

그러나 인류학의 초창기에 학자들이 보여준 학문에 대한 헌신과 이들이 연구참여자들과 맺은 유대관계는 식민주의적 문제를 상쇄하거나 능가하기도 했다. 많은 면에서 쿠싱은 인류학자가 할 수 있는 최악과 최선을 동시에 보여준 대표적인 사례이며, 이 중 악한 면은 결코 잊어서는 안 된다. 그럼에도 분명한 것은 오늘날의 인류학자들은 자신들이 연구하는 커뮤니티를 적극적으로 옹호한다는 것이다(머리 가죽을 벗겨도 된다는 뜻은 절대 **아니다**). 그들은 집단권리를 증진시키며, 해롭거나 역효과를 낳는 정부 및 비정부기구NGO 프로젝트를 공개적으로 비판하기도 하고, 파푸아뉴기니나 아마존 열대우림에서 광산과 제재소 등의 이익 추구 행위에 맞서 항의하기도 한다. 의사이자 의료인류학자인 폴 파머Paul Farmer는 의료 NGO인 파트너스인헬스Partners in Health와 아이티정의와민주주의를위한연구소Institute for Justice and Democracy in Haiti를 공동창립했다. 영국에서는 수십 명의 인류학자가 망명 재판소의 증인으로 참여해 아프가니스탄, 스리랑카, 짐바브웨 등과 관련된 사건에서 각국에 대한 전문지식을 제공하고 있다.

현지조사가 인류학을 특징짓는 방법론이라면 문화상대주의는 인류학 특유의 양식이라고 할 수 있을 것이다. 문화상대주의는 인류학을 뒷받침한다. 단순하게 말하자면, 문화상대주의란 자신의 분석, 이해, 판단을 보편적이거나 당연한 것으로 여기지 않도록 하는 일종의 비판적 자기인식이라고 할 수 있다. 하지만 이런 '단순한' 설명은 충분치 않다. 문화상대주의는 인류학적 감수성의 여러 측면 중 가장 많은 오해를 불러일으키는 부분이기도 하다. 심지어 인류학자들에게도 말이다. 실제로 모든 인류학자가 문화상대주의자인 것은 아니다. 하지만 그들 모두 자신의 연구를 수행하기 위해 문화상대주의를 활용한다.

문화상대주의를 설명하는 데는 문화상대주의가 아닌 것을 설명하는 방식이 도움이 되기도 한다. 이 주제에 관한 가장 중요한 논문 중 하나는 클리퍼드 기어츠Clifford Geertz의 〈반반-상대주의Anti Anti-Relativism〉다. 탁월한 저술가였던 기어츠 같은 이들조차 이 개념을 에둘러 표현할 만큼 문화상대주의는 더 세심한 주의를 요하는 주제인 셈이다.

문화상대주의는 다른 이들이 수용한다는 이유만으로 부당하거나 잘못된 일이라고 여겨지는 것들까지 모두 받아들이라고 요구하지 않는다. 문화상대주의는 확고한 가치관을 버려야 한다는 의미도 아닐뿐더러, 학자로서 (또는 시인, 성직자, 판사로서) 교차 문화적 틀 안에서 인간 조건에 대한 진실되거나 보편적인 주장을 할 수 없다는 의미 역시 아니다. 문화상대주의는 통계 자료를 부정하거나, 〈세계인권선언〉을 비웃거나, 여성 할례 관습을 받아들일 것을 요구하는 것이 아니며, 스스로를 무신론자라고 공언할 것을 요구하지도 않는다. 이러한 것들이 상대주의자들을 향해 제기되는 비판이다. 객관적 데이터의 존재를 부인한다거나, 확고한 도덕적 입장을 취하지 않는다거나, 어쩌면 도덕적 기준 자체가 없다는 식의 비판들 말이다. 하지만 이 모든 것은 인류학자들이 그들의 연구 및 인간 조건 이해에 상대주의를 사용하는 방식과는 전혀 관련이 없다.

다르게 말하자면 문화상대주의는 인류학 방법론을 특징짓는 하나의 감수성이라고 할 수 있다. 하나의 접근 방식이자 양식인 것이다. 이는 정의나 풍요, 아버지됨fatherhood, 또는 종교생활의 원초적 형태 등에 대해 인류학자들이 가지고 있는 상식, 심지어 정보에 기반한 이해조차 자명하거나 보편적으로 적용 가능하다는 위험한 생각을 경계하는 데 도움을 준다. 인류학자에게는 정의, 부유함, 아버지됨, 또는 종교가 (만일 이런 것들이 존재한다면) 현지에서 이해되는 방식을 이해하는 것이 필수적이다. 실제로 인류학자가 연구하는 사람들이 이러한 분석 용어들을 혼란스럽게 만드는 경우가 드물지 않다. "예술이요? 그게 뭐죠?" "종교라뇨?" "오이디푸스요? 그걸 알아야 하나요?" "자유라니요? 우리가 보기엔 그건 자유가 아닌데요." 우리는 이미 원초적 풍요 사회에 대한 살린스의 접근에서 비슷한 사례를 접했다. 가장 기본적인 의미에서 상대주의는 브로니스와프 말리노프스키Bronislaw Malinowski가 "원주민의 관점 및 그가 맺은 세상과의 관계"라고 부른 것을 이해하게 해주며, 상대주의의 목적은 "**그의**his 세계에 대한 **그의**his 시각을 이해"하는 데 있다. 우리는 잠시 후 이 논의로 돌아오게 될 것이다.[15]* **

---

* '원주민native'이라는 단어는 어쩌면 다소 거슬리는 용어일지도 모른다. 그도 그럴 만한 것이, 이 용어는 러디어드 키플링Rudyard Kipling이나 조지프 콘래드Joseph Conrad 같은 작가들을 통해 우리에게 익숙한 식민지 시대를 상기시키기도 한다. "원주민들이 불안에 떨고 있다"와 같은 묘사에서 말하는 '원주민' 말이다. 제2차 세계대전 이전과 그 직후까지도 인류학자들은 식민지 주민들을 칭할 때

인류학이 비전문가와 일부 상류층의 지적 호기심에서 출발해 전문적 학문 영역으로 발전하기까지는 몇 세대가 걸렸다. 쿠싱이 주니 마을에 갈 무렵, 미국 대학에는 인류학과가 존재하지 않았다. 사회과학이 고유의 영역을 차지하게 된 현대 대학체계 자체도 아직 발전 과정 중에 있었다. 쿠싱은 코넬대학을 다녔으나 학위를 마치지는 않았다. 영국 옥스퍼드대학에서 인류학과 석좌교수까지 지냈던 에드워드 버넷 타일러Edward Burnett Tylor는 대학에 다닌 적조차 없었다. 중산층 퀘이커교 신자였던 타일러의 부모는 쇠약했던 어린 그를 건강상의 이유로 카리브 지역으로 보냈는데, 이것이 타일러가 인류학자로 거듭나게 된 데에 부분적으로 영향을 끼쳤다. 그곳에서 타일러는 진정한 상류층 인사

'원주민'이라는 단어를 자유롭게 사용했으며, 이는 불평등한 권력관계를 내포하는 단어다. '베를린 원주민'이나 '샌프란시스코 원주민'을 뜻한 적은 없었기 때문이다. 하지만 지난 몇십 년 동안 많은 인류학자는 아이러니와 (자기)비판을 더해 이 용어를 새롭게 적용해왔다. 베를린과 샌프란시스코 같은 곳의 원주민을 일컫는 뜻으로 말이다. 이들이 전하고자 하는 요점은 우리가 모두 어딘가의 '원주민'이라는 것이며, 인류학의 과제는 인류 전체라는 것이다.

** 최근 'native'의 번역어로 '본래 거주하던 사람들이라는 의미'의 '원주민'보다는 '선주민'을 사용하는 사례가 늘고 있다. '원주민' 표현의 부정적 함의 및 타자화 효과, 그리고 '본래'라는 의미의 모호함과 정치성 때문인 듯하다. 이와 비슷하게, 영미 인류학자들이 'native'를 통해 의미하고자 하는 바는 저자가 각주에서 'native'라는 표현의 거슬림에 대해 짚어준 바와 같이 탈식민주의를 배경으로 변화해왔다. 이를 종합적으로 반영해 'native'가 고전적인 인류학 저작의 맥락에서 사용되거나 이를 직접 인용하는 경우는 '원주민'을 사용했지만, 현대적 맥락에서 쓰인 경우에는 '선주민' 및 '현지인'으로 옮겼다.—옮긴이

이자 탐험가였던 헨리 크리스티Henry Christy를 만났고, 둘은 함께 멕시코로 향했다. 타일러는 빅토리아시대에 인기를 끌었던 문학 장르인 이국적인 모험담 집필에 도전하게 된다. 그들의 라틴아메리카 여행을 다룬 책은 나름대로 성공을 거뒀고, 이것은 그 이후 더 체계적이고 야심적인 연구서인《원시 문화Primitive Culture》 (1871)로 이어졌다. 1898년에 케임브리지대학에서는 정신의학, 생물학, 의학 교육을 받은 소수의 남성으로 구성된 최초의 '인류학' 원정대가 발족되기도 했다.

인류학의 선구자들은 인류학이 대학 시스템에 포함될 수 있도록 많은 노력을 기울였다. 영국 사회인류학의 창시자로 널리 인정받는 브로니스와프 말리노프스키는 (그와 그의 많은 학생들이 영국인이 아니었음에도) 아마추어적 수준에 머물고 있던 인류학의 현실을 강력하게 비판하면서 '방법론적 법칙과 질서'에 대한 선언문을 저술했다. 말리노프스키는 빅토리아시대 영국의 상류층 출신 탐험가들이나 선의를 가진 식민지 관료들, 선교사들에 대해서도 반감을 표했다. 그들의 기록에 대해 "객관적, 과학적 시각을 추구하는 이로 하여금 혐오감을 일으키게끔 한다"고 평가했다.[16] 그는 30년 전 쿠싱이 시도했던 방식을 제도화했다. 즉 참여관찰을 통한 현지조사였다. 말리노프스키의 대표작인《서태평양의 항해자들Argonauts of the Western Pacific》(1922)은 [뉴기니섬 동쪽 연안에 있는 산호섬 군도인] 트로브리안드제도에서 2년간 진행된 현지조사를 토대로 한 것인데, 이 책에서 그는 누아가시 해변 한가운데에 친 자신의 텐트에 중대한 의미를 부여했다. 이는 식민지 감독관저 베란다에서 내려다보는 시선과 대조되며, 그의 연구가 선주민의 시점을 지향했음을 나타낸다. 그는 1920년대와 1930년대에 런던정치경제대학교에서 E. E. 에반스-프리차드E. E. Evans-Pritchard와 에드먼드 리치Edmund Leach, 뉴질랜드 출신의 레이먼드 퍼스Raymond Firth, 남아프리카공화국 출신의 아이작 샤페라Isaac Schapera와 마이어 포르티스Meyer Fortes 등 대부분의 차세대 인류학계 거목들을 직접 가르치거나 그들에게 영향을 끼쳤다. 퍼스와 샤페라는 런던정치경제대학교에 자리를 잡았고, 에반스-프리차드는 옥스퍼드로, 리치와 포르티스는 케임브리지로 향했다. 그 결과 이 모든 대학에서 권위 있는 인류학과가 탄생하게 된다.

말리노프스키가 런던정치경제대학교에서 이뤄낸 것과 비슷한 업적을 미국에서는 독일 출신 이민자인 프란츠 보아스Franz Boas가 컬럼비아대학에서 이뤘다. 이는 1896년부터 1942년까지 훨씬 더 긴 기간에 걸쳐 진행됐는데, 그가 배출한 제자 중에는 마거릿 미드Margaret Mead, 루스 베네딕트Ruth Benedict, 멜빌 허스코비츠Melville Herskovits, 조라 닐 허스턴Zora Neale Hurston, 에드워드 사피어Edward Sapir, 로버트 로위Robert Lowie, 앨프리드 크로버Alfred Kroeber 등이 있다. 이 중 미드를 포함한 몇은 대중적으로도 잘 알려져 있고 널리 읽히기도 했다. 또한 몇은 캘리포니아대학 버클리 캠퍼스의 인류학과와 같은 인류학의 새로운 중심지를 개척하기도 했다. 크로버는 40년이 넘는 시간을, 로위는 30년 이상을 버클리에서 가르쳤다. 허스코비츠 역시 그만큼의 시간을 노스웨스턴대학교에서 보냈다.*

특히 미국의 경우, 이러한 초기 세대 인류학자들에게 이른 바 '구제 민족지salvage ethnography', 즉 현대사회에 의해 파괴되어가 거나 흡수되어가는 사람들의 삶의 방식을 기록하는 작업이 주요한 동기로 작용했다. 특히 크로버의 주요 연구 관심사가 이를 잘 반영한다. 1910년대의 일정 기간 동안 그는 캘리포니아 야히Yahi 집단의 마지막 생존자인 이시Ishi와 긴밀하게 작업했다. 크로버와 그의 버클리 동료들은 당시에 최후의 '야생인'이라고 불렸던 이시에 대해 최대한 많은 기록을 남기기 위해 심혈을 기울였다. 보아스 역시 막대한 양의 기록물을 만든 것으로 알려져 있다. 인류학사에 해박한 사람들은 보아스의 '1.5미터짜리 책장'에 대해 이야기하곤 하는데, 이는 그가 집필한 1.5미터가량에 이르는 책과 논문들을 일컫는다. 이 중 일부는 북서부 연안 선주민들의 교환체계를 다루고, 다른 일부는 그들의 블루베리 머핀 조리법을 논한다. 비슷한 주제에 대해 쿠싱이 썼던 글에 비해 보아스의 글은 세련미가 떨어지지만, 인류학계에서 정통으로 자리 잡은 이는 보아스다. 첫 세대 인류학자들을 대거 배출해냈을 뿐만 아니라, 현재까지도 사용되는 (또는 넘어서지 못한) 인류학의 패러다임을 구축한 것이 바로 그이기 때문이다.

---

* 다른 학과나 업계에서와 마찬가지로, 인류학계에도 유리 천장이 존재했다. 특히 초창기 여성 인류학자들에게 말이다. 미드와 베네딕트의 경우, 뛰어난 업적과 명성을 이루었음에도 끝내 일류 대학의 교수직에 오르지 못했다.

몇 가지 주의 사항

인류학을 소개하는 것은 결코 쉬운 일이 아니다. 그 모든 것을 다 다룰 수는 없기 때문이다. 그렇기에 독자들이 마주하고 있는 이 책에 대해 유의해야 할 점이 있다. 앞서 강조한 것처럼 앞으로 우리가 다루게 될 내용은 인류학의 여러 하위 분야 중에서 주로 사회문화인류학에 해당한다는 사실이다. 또한 바로 앞에서 언급한 논의 범위에서 볼 수 있듯이 이 책은 영국과 미국에서 형성된 인류학 전통들에 더 중점을 두고 있다. 하지만 추가로 몇 가지 기억할 점이 있다.

그중 첫째는, 영국과 미국의 인류학은 각자의 명확한 전통을 가지고 출발했지만 시간이 흐르며 변화하고 개방되었다는 점이다. 말리노프스키와 보아스는 강직한 성향의 소유자였고 그만큼 학문에 관한 생각도 확고했는데, 이 덕에 그들의 연구 결과는 더 멀리 그리고 널리 퍼져나갈 수 있었다. 그들의 저서는 오늘날에도 읽히며 말리노프스키의 경우 유독 더 그렇다(보아스의 업적이 더 큰 영향력을 행사했음에도). 하지만 이 둘 외에도 중요한 영향을 미쳤던 학자들이 여럿 있었을 뿐만 아니라, 인류학이라는 학문이 발전해온 과정을 생각하면 엄밀하고도 일정하게 특정 인류학을 규정할 수 없다. 미국의 문화인류학과 영국의 사회인류학을 구분하는 몇 가지 방식이 통용되긴 해도, 영국에서 가르치는 미국 출신 인류학자들도 많고, 그 반대 역시 마찬가지다. 우수한 인류학 박사학위 프로그램 역시 영미권을 넘어 세계 곳

인류학자처럼 생각하는 법

곳으로 퍼져 있다. 생각해보면 영국 사회인류학의 창시자는 폴란드 출신이었으며, 미국 문화인류학의 창시자는 독일 출신이었다.

　이는 두 번째 논점으로 이어진다. 인류학계는 늘 국제 교류가 활발했다. 잉글랜드 사람인 A. R. 래드클리프-브라운A. R. Radcliffe-Brown은 말리노프스키의 계승자로 여겨질 만큼 영국에서 큰 영향을 발휘했다(말리노프스키 본인이 원한 바는 아니었지만). 그러나 그는 1930년대에 시카고대학에서 가르치면서 미국에서도 매우 큰 영향력을 행사했다. 그 이후로 시카고대학 인류학과는 인류학계를 선도하는 곳으로 자리매김했으며, 비-미국 출신 인류학자를 교수진에 포함시키려 애쓰고 있다. 래드클리프-브라운은 호주와 남아프리카공화국에서도 가르친 바 있다. 권위 있는 인류학 전통을 자랑하는 프랑스 역시 영국과 미국과의 접점이 있었다. 대표적으로 클로드 레비-스트로스Claude Lévi-Strauss는 프랑스와 미국의 관계를 잘 보여준다. 그는 세계대전 중 망명해 1940년대에 잠시 뉴욕에 거주했다. 구조주의에 지대한 영향력을 미친 그의 연구 업적은 일정 부분 보아스와 그의 제자들의 풍부한 민족지적 연구들 덕에 가능했다. 보아스와 레비-스트로스는 매우 다른 형태의 인류학을 만들어냈지만, 이들의 인류학은 모두 최고 수준의 상징주의라는 유사점을 가지고 있다. 보아스는 1942년 점심식사 중 사망했는데, 이 자리에 있던 레비-스트로스에 의하면 보아스가 그의 품에서 생을 마감했다고 한다. 시간이 흘러 영미권에서 레비-스트로스의 연구를 계승한 이는 영국인 사회인류학자 에드먼드 리치였다. 영국 주요 인류학자 중한 명인 메리 더글러스Mary Douglas 역시 구조주의의 영향을 크게받았다.

마지막으로 우리가 기억해야 할 것은 브라질, 네덜란드, 벨기에, 캐나다, 남아프리카공화국, 호주, 인도, 스칸디나비아와 같은 나라의 인류학계 역시 주요한 역할을 해왔다는 점이다(특히 스칸디나비아인들은 몇십 년간 예상을 뛰어넘는 업적을 이루어왔다). 추후에 우리가 살펴볼 현대 브라질의 인류학자 에두아르두 비베이루스 지 카스트루Eduardo Viveiros de Castro는 현재 가장 영향력 있는 인물 중 한 명이다. 그리고 여기에 더해, 훨씬 더 복합적인 정체성과 연결들이 있다. 예를 들어, 네덜란드의 대학들에 몸담은 저명한 독일인 학자들, 혹은 독일 내에서 인류학 연구를 위해 설립된 여러 저명한 막스 플랑크 연구소들을 각각 영국인, 미국인, 벨기에인, 네덜란드인이 이끌고 있다는 사실이 그렇다. 또 다른 저명한 현대 인류학자인 탈랄 아사드Talal Asad는 사우디아라비아에서 태어나 인도와 파키스탄에서 성장했으며 영국에서 교육을 받고 미국에서 명성을 얻었다. 요컨대, 이 책을 읽고 나서 인류학이 수많은 국가를 배경으로 자리 잡은 이야기가 결코 단순하다고 생각해서는 안 된다.

더 나아가 인류학은 하나의 학문 분야를 넘어선다. 이는 적의 머리 가죽을 벗긴(재차 말하지만, 이를 장려하는 것이 아니다) 인류학자의 경우나 아이티에서 NGO를 설립한 인류학자 등 앞서 간략히 언급된 예시들을 통해서 드러난다. 넓게 본다면, 흔히 '응

인류학자처럼 생각하는 법

용인류학'이라고 불리는 것을 인류학 내 대부분의 영역과 실행 단계에서 찾아볼 수 있다. 앞서 말했던 것처럼 본인들의 역량을 미군에 제공하는 인류학자들도 존재하고, 전문 컨설턴트가 되거나 스스로 컨설팅 사업을 시작해 다양한 사안에 대한 '민족지적 해결책'을 제공하는 이들도 있다. 주택조합이 세입자들 사이에서 가정폭력 징후를 알아차릴 수 있도록 을 돕는 일이나, 프랑스 화장품 회사가 요르단에서 자사 제품을 가장 효과적으로 홍보하는 방법에 관한 조언을 제공하는 등의 역할 역시 여기에 포함된다. 코펜하겐대학은 비즈니스 및 조직 인류학 석사학위 과정을 제공하기도 하며, 이 과정을 밟은 이들은 덴마크의 인류학 컨설팅 기업인 레드 어소시에이츠ReD Associates 같은 회사에서 일하기도 한다. 이 회사는 문화의 중요성과 시장성을 인지하고 있다. 그들은 자사 웹사이트에 "문화가 제약 회사 전략에 중요한 이유"와 같은 용의주도한 논설을 게재한다. 이 회사의 고객관리 책임자인 크리스티안 마두스베르그Christian Madsbjerg는《하버드 비즈니스 리뷰》와의 온라인 인터뷰에서 마케팅(그에 의하면 이는 연간 150억 달러 규모에 달한다)의 고질적인 문제점은 제품을 "문화적 맥락, 즉 평범한 일상적 상황에서" 이해하지 못하는 것이라고 말한다. 이것이 바로 인류학 입문 수준의 통찰이다.[17]

그런가 하면 인류학계를 떠난 이들도 있다. 이 글을 마무리하면서 다른 분야에서 이름을 알린 몇몇 유명인사의 인류학 배경을 짚고 넘어가는 것도 좋을 것 같다. 인류학은 작은 규모의 학문이기에 인류학을 널리 알릴 방법을 활용하는 것은 중요하다.

영국 국왕 찰스 3세는 인류학 학위를 가지고 있으며, 유명한 저 널리스트이자 《파이낸셜 타임스》의 편집장인 질리언 텟Gillian Tett 은 케임브리지대학에서 인류학 박사학위를 받았다. 영화감독 제인 캠피언Jane Campion은 뉴질랜드에서 인류학을 전공했으며, 버 락 오바마Barack Obama의 어머니인 앤 던햄Ann Dunham은 인도네시아 를 연구하는 인류학자였다. 영국 전 부총리인 닉 클레그Nick Clegg 역시 인류학 학위를 보유하고 있다. 커트 보니것Kurt Vonnegut은 시 카고대학의 박사과정에서 제명당했지만 어쩌면 이는 그리 나 쁜 일은 아니었을지도 모르겠다. 인류학이 중요한 학문이긴 해 도 《제5도살장》과 《고양이 요람》과 같은 작품을 문학 역사에 남 긴 것 역시 훌륭한 업적일 테니까. 해방 후 케냐의 첫 대통령이었 던 조모 케냐타Jomo Kenyatta는 런던정치경제대학에서 인류학 박사 학위를 받았는데, 그는 정치활동과 더불어 인류학 연구의 고전 이 된 키쿠유Kikuyu 사람들에 대한 책 《케냐산을 향하여Facing Mount Kenya》를 저술했다(그는 일찌감치 '현지인 인류학자'였던 셈이다). 아 프가니스탄의 대통령 아슈라프 가니Ashraf Ghani는 컬럼비아대학 에서 인류학 박사학위를 받았으며, 한동안 존스홉킨스대학에서 교수를 역임하기도 했다.

인류학에는 실용적, 직업적 가치가 없다고 생각하기 쉽다. 오늘날 학문을 바라보는 전반적 분위기 안에서 인류학의 실용 성과 가치는 점점 더 공들여 설명하거나 변명해야 하는 무언가 처럼 되어가고 있다. 이는 이따금 인류학의 존폐에 관한 생각으 로 번지기도 한다. 그러나 인류학이라는 학문은 근본적인 의미

   인류학자처럼 생각하는 법

에서 현대 세계를 사유하는 데 유용한 방식을 제공한다. 질리언 텟은 2008년 한 인터뷰에서 자신이 금융 저널리즘 분야로 진출하는 데 인류학 교육이 큰 영향을 미쳤다고 언급한 바 있다. 당시는 2008년 금융위기 직후였는데, 그는 이렇게 말했다. "인류학은 금융을 관찰하는 데 뛰어난 배경이 된다고 생각해요. 우선 인류학을 통해 사회나 문화가 총체적으로 어떻게 작동하는지 보는 법을 배우기 때문에 사회의 모든 부분이 어떻게 함께 움직이는지 알 수 있어요. 하지만 런던의 대부분 사람은 이에 주목하지 않죠. 더 나아가, 인류학 교육을 통해 금융을 문화적 맥락에 놓을 수 있게 돼요. 은행가들은 돈과 이윤 추구욕이 중력과 같이 보편적인 것이라고 생각합니다. 그들은 이를 기본적으로 주어진 것이고 완전히 비인격적apersonal인 것이라고 생각해요. 하지만 그렇지 않거든요. 금융권에서 하는 일은 전부 문화와 소통에 대한 것이에요."[18]

텟은 마셜 살린스의 고전적인 방식에 따라, 그리고 케이틀린 잘룸의 연구 핵심을 더 대중적으로 변주해 인류학적 감수성을 밀어붙이고 있다. 당신의 관심을 끄는 것은 무엇인가? 런던의 금융계인가? 어쩌면 트로브리안드제도의 전통적인 삶일 수도 있고, 힌두교의 의례일지도 모르겠다. 또는 왜 어떤 NGO 개발 프로젝트는 성공하고 어떤 것은 실패하는지, 튀르키예에서 소셜미디어 사용을 어떻게 이해할 건지, 홍콩에서 햄버거를 어떻게 판매할 것인지, 혹은 공공주택단지에서 가정폭력 피해자들에게 어떻게 가장 잘 접근하고 도움을 줄 것인지와 같은 문제일 수도 있다. 이 중 당신의 흥미를 끄는 주제가 무엇이든 더 총체적인 시각을 확보하고, 그 안에서 작동하는 문화적 역학을 이해하는 것은 분명 도움이 될 것이다.

일 수도 있다. 이 중 당신의 흥미를 끄는 주제가 무엇이든 더 총체적인 시각을 확보하고, 그 안에서 작동하는 문화적 역학을 이해하는 것은 분명 도움이 될 것이다.

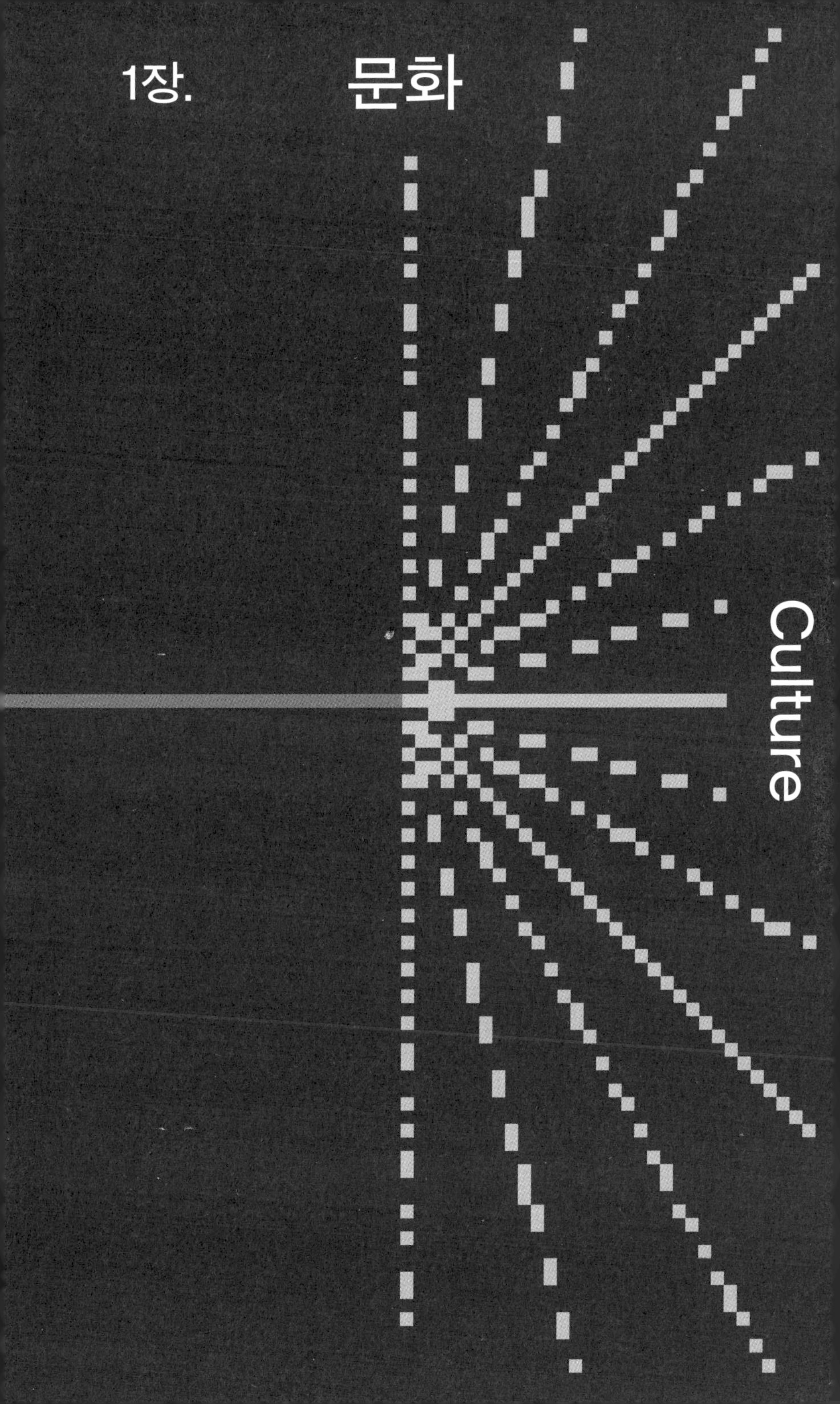
1장.
문화
Culture

문화는 인류학에서 가장 중요하면서도 가장 요약하기 어려운 개념이다. 나 역시도 문화를 간단명료하게 정의할 수 없다. 차선책으로 문화가 어떠한 것인지 잘 보여주는 내 현지조사 이야기를 하나 소개하도록 하겠다.

나의 첫 번째 현지조사는 짐바브웨에서 이루어졌다. 내 연구의 대부분은 도시 지역에서 진행되었지만, 나는 치웨셰에서 즐거운 시간들을 많이 보냈으며, 처음에는 학부 교환학생으로서 그곳에 머물렀다. 수도인 하라레에서 차를 타고 북쪽으로 한 시간 정도 거리에 있는 치웨셰는 구불구불한 언덕과 돌출 암석이 특징인 아름다운 지역으로, 볏짚으로 지은 집들이 무리 지어 있는데 이 집들은 모두 농장이 딸린 농가(또는 현지 쇼나어로 무샤 musha)이다. 나는 교환학생 기간 중 일주일을 치웨셰의 한 가정집에서 지내면서 그 집에 살던 필립과 금세 친구가 되었다. 이후에도 우리는 계속 연락하며 지냈고 나는 1990년대에 그 무샤를 여러 차례 다시 방문하기도 했다.

당시는 농번기가 아니었기 때문에 우리는 몇 날 며칠을 느긋하게 보냈다. 농가 뒤편의 언덕을 함께 올라 저지대를 내려다보기도 하고 어슬렁어슬렁 돌아다니는 개코원숭이 무리를 구경하기도 했다. 그의 영어 실력은 그리 좋지 않았고 내 쇼나어는 그보다 더 엉망이었기에 우리의 대화는 늘 단순한 수준에 그칠 뿐이었다. 우리는 서로 극단적으로 다른 배경의 두 사람이 나눌 법한 대화, 그러니까 각자의 출신지에 대한 주제로만 대화를 나눴다. 물론 그는 미국에 관한 이야기를 듣는 걸 좋아했고, 나 역시도 짐바브웨 시골 지역의 삶에 대해서 궁금한 게 많았다.

서로의 문화에 대한 단순한 잡담을 나누던 중 필립이 나에게 이렇게 물었다. "크리켓 좋아해?" 나는 식민주의와 후기식민주의 역사에 관심이 많았던 학생이었고, 짐바브웨인들 사이에서 스포츠가 인기란 걸 잘 알고 있었다. 즉각 내 머릿속에는 흰 스웨터를 입은 남성들이 야구 방망이 비슷한 것을 들고 있고, 다른 한편에서는 누군가가 공을 던지는 장면이 떠올랐다. 미국인인 나는 크리켓이 야구 경기와 비교해서 매우 느린 페이스로 흘러간다는 것 외에는 아는 것이 전혀 없었다(또한 흐린 날에는 크리켓 경기가 도중에 중단되어 며칠이고 경기가 지속된다는 것 정도만을 대충 알고 있었다). 그러나 이성과 선의를 갖춘 교환학생들이라면 모름지기 그러하듯, 나는 의례적으로 "좋아해"라고 대답했다. 굳이 아니라고 할 이유가 없지 않은가?

　　　　　　　　　　　　　　　　인류학자처럼 생각하는 법

그가 벌떡 일어섰다. "옳지!" 그는 손짓으로 자신을 따라오라며 언덕을 따라 농가를 향해 내려갔다. 나는 그가 방망이와 공 같은 것을 가지러 가는 것이며 같이 경기를 하려는 것이라고 생각했다(어쩌면 흰 스웨터까지 갖고 나타나지 않을까 내심 기대했다). 농가로 돌아왔을 때, 그는 어머니와 할머니가 온종일 가족들의 식사를 준비하는 볏짚 부엌 안으로 사라졌다. 나는 그가 부엌으로 향한 것을 대수롭지 않게 생각했다. 미국에도 스포츠 도구들을 부엌이나 집 뒤편에 두는 경우들이 꽤 있지 않은가. 그런데 그가 다시 나타났을 때 그는 방망이와 공이 아닌 금속으로 된 작은 그릇을 들고 있었다. 그리고 나는 분명히 봤다. 그 안에 있는 곤충, 귀뚜라미cricket를. 그것은 기름에 튀긴 귀뚜라미였다. 필립의 얼굴에는 미소가 가득했다.

정말 잘못 짚었다. 단어의 범주를 완전히 착각한 것이었다. 환대의 관습은 전 세계적으로 흔하기에, 다른 방식으로 귀뚜라미를 대접받았더라도 아마 받아들이긴 했을 것이다. 이제야 상황 파악이 되었다. 나는 이곳에서 애벌레가 별미에 속한다는 것을 알고 있었다. 귀뚜라미라고 왜 안 먹겠는가? 실제로 이곳에서는 귀뚜라미는 잡기가 매우 어렵다는 이유로 별미 중에서도 별미로 여겨지고 있었다. 나는 그야말로 극진한 대접을 받은 것이었다.

그걸 손에 들고 입으로 옮기는 순간, 1년 반 동안의 인류학 수업들이 머리를 스쳐 지나갔다. 음식은 문화적 구성물일 뿐이야. 개고기, 말고기 심지어 원숭이 골을 먹는 사람들도 있는 걸 알고 있잖아? 해낼 수 있어. 너는 인류학도야.

세상의 모든 책을 다 읽었다고 해도 살아온 20년 세월을 무시할 수는 없는 법이다. 삶 역시 또 다른 형태의 배움이니까. 그 귀뚜라미를 입에 넣고 씹어 삼키려던 순간(통째로 삼키기엔 너무 컸다), 목이 조여오고 몸이 떨리며 가슴이 오그라들더니, 3초도 안 되어 내 아침식사와 그 귀뚜라미는 도로 입 밖으로 쏟아졌다.

이것이 문화의 정의는 아니지만, 인류학에서 문화라는 개념을 이해하는 데 무엇이 중요한지를 잘 보여주는 사례라고 할 수 있다. 문화는 사물을 보는 방식이자 생각하는 방식이다. 문화는 이해하는 방식이다. 문화는 어떤 사람들에게 귀뚜라미를 절대 '음식'으로 분류할 수 없게 막는 무언가다. 문화는 또한 우리가 특정한 방식으로 사고하는 과정에서 우리 머리를 가득 채우는 무언가이기도 하다. **영국** 식민 역사(프랑스나 포르투갈과 대조적으로)의 세부 사항들을 생각할 때, 혹은 농업 주기의 특정 기간 동안의 아프리카 식민 소작농들의 활동을 떠올릴 때 우리의 머리를 채우는 것 말이다.

문화는 그 자체로 존재하는 무언가다. 하나의 무언가가 아니라면 다양한 것들의 합일 수도, 때로는 특정 형태를 띤 무언가일 수도 있다. 집, 가마솥, 그림, 시집, 깃발, 토르티야, 잉글리시 브렉퍼스트 티, 사무라이의 검, 크리켓 방망이, 심지어 귀뚜라미도 될 수 있다. 문화에는 물질성이 있다. 문화는 신체화되고 재현된다. 나는 귀뚜라미를 토해냈다. 그러나 이는 내 위장에 어떤 바이러스가 있어서가 아니었다. 그건 '자연적'이거나 '생물학적' 반응이 아니었다. 내가 귀뚜라미를 토해낸 것은 내 몸이 그 자체로 문화적이기 때문이고 문화화되어 있기 때문이었다. 내가 속한 문화에서는 귀뚜라미를 먹지 않는다.

이 정도면 문화에 대한 인류학적 이해를 위한 도입으로 충분하리라 생각한다. 아마 특별히 놀랍거나 머리를 많이 써야 할 정도로 어렵진 않았을 것이다. 이런 식의 아이디어들을 여러 가지로 결합해보면 캔자스시티에서부터 [인도의] 콜카타에 이르기까지 대부분의 일상생활을 이해하는 데 도움을 얻을 수 있다. 우리는 문화를 하나의 관점이라고 생각하거나 사물 속에 구체화된 무언가로 여기거나, 혹은 심지어 자연의 힘을 떠올리게 하는 본능적 반응과 같은 것으로 생각하는 데 익숙하다.

그러나 인류학자들은 여기서 멈추지 않는다. 인류학에서 '문화'는 가장 많이 쓰이면서도 가장 흔하게 논쟁 대상이 되는 역설적인 무언가다.

문화라는 안경

관점에 대한 관점

문화에 대한 인류학적 접근으로 가장 오래 살아남아 있는 것은 문화를 일종의 인식으로 보는 관점이다. 브로니스와프 말리노프스키에게 인류학은 곧 "원주민의 관점 및 그가 맺은 세상과의 관계 …… **그의** 세계에 대한 **그의** 시각을 이해하는" 것이었다는 사실을 기억해보라. 여기서 하나의 '관점'을 갖는다는 것은 단순히 하나의 의견을 갖는다는 것과는 다르다. 이는 선주민들이 얌yam보다 타로taro를 더 선호하는 것이나 현대인이 컨버터블 차량을 좋아하는 것, 혹은 노동당을 지지하는 것에 관한 이야기가 아니다. 이 맥락에서 관점이란 훨씬 종합적이며, 우리가 상식 혹은 이치라고 여기는 것에 반영되어 있는 무언가다. 마치 귀뚜라미를 음식으로 생각하지 않는 것처럼 말이다.

이러한 문화 이론의 발전에서 가장 중요한 인물은 프란츠 보아스라고 할 수 있다. 보아스는 미국에서 인류학자로 자리 잡기 전 독일에서 나고 자랐다. 그는 학생들에게 종종 '아버지 프란츠'라고 불릴 만큼 큰 사랑과 존경을 받았으며, 수많은 사람들, 특히 그의 연구에 흥미가 있었던 저널리스트들에게는 수수께끼와 같은 사람이기도 했다. 20세기 중반 뉴욕의 삶을 기록한 가장 탁월한 저널리스트이자 연대기 작가인 조지프 미첼Joseph Mitchell은 보아스가 은퇴한 후인 1930년대 후반에 그를 인터뷰한 적이 있었다. 미첼은 그를 "꿰뚫어보는 듯한 눈을 지녔으며 가늘고 헝클어진 힘없는 백발"을 가진 사람이자 "인터뷰하기 어려웠던 사람"으로 묘사했다. 하지만 미첼이 나치 선전가의 어떤 발언에 대해 질문했을 때 보아스는 강한 독일 억양으로 "어리석기 그지없는" 혹은 "터무니없는"과 같은 표현을 서슴지 않아 저널리스트들을 즐겁게 하기도 했다.[1]

원래 보아스는 독일 키엘대학에서 물리학을 공부했으나 당시는 자연과학과 인문과학의 구분이 그리 분명하지 않던 시기

     인류학자처럼 생각하는 법

였다. 보아스는 다양한 분야에 능통했으며, 근대 초기 문화 이론의 창시자인 빌헬름 폰 훔볼트Wilhelm von Humboldt의 작품에서 큰 영향을 받았다. 독일 사상에서 문화Kultur는 19세기 초반 지나친 계몽주의적 담론 과잉에 비판적으로 접근하던 이들에게 특별히 중요한 개념이었다. 이 반反전통주의자들은 이성과 역사에 대한 보편적이고 전체적인 접근에 회의적이었으며, 훔볼트를 비롯한 일단의 학자들은 모든 민족은 그들이 지닌 구체적인 정신적 독창성에 의해 이해되고 인정받아야 한다고 생각했다. 훔볼트와 요한 고트프리트 헤르더Johan Gottfried Herder에게 문화는 특수성에 관한 관심을 표현하고 또 묶어주는 하나의 개념이 되었다. 훔볼트가 훌륭한 언어학자이기도 했다는 것은 우연이 아니다. 그는 바스크어와 몇몇 아메리카 선주민 언어, 산스크리트어와 카위어(자바 문어)를 연구했는데, 이는 인류의 다양성에 대해 그가 가진 관심의 표출이기도 했고 그 관심을 계속 발전시킨 일련의 과정이기도 했다. 시간이 지남에 따라 그는 언어와 문화를 서로 긴밀하게 연결된 것으로 보게 되었다. 그는 "언어는 민족의 정신적 독창성에 대한 외적 표출이다"라고 말하기도 했다.[2]

보아스는 1881년 키엘대학에서 바닷물을 통과하는 빛의 굴절distillation을 주제로 물리학 박사학위 논문을 작성했다. 1883년에 후속 연구의 하나로 [캐나다 북쪽 북극해에서 가장 큰 섬인] 배핀섬을 방문하게 되는데, 그곳에서 그는 한대 수역보다 이누이트 선주민들에게 더 깊은 관심을 두게 된다. 이것이 그가 신생 학문이던 인류학에 투신하게 된 배경이다.

말리노프스키가 누아가시 해변에 텐트를 쳤던 것과 무척 유사하게, 보아스가 북극 지방에서 얻은 깨달음의 이야기에는 두 가지 핵심 요소가 있다. 첫째는 현지조사의 중요성, 즉 사물들의 실제 작용을 파악하기 위해 연구실 밖으로 나가는 것이다. 보아스가 그의 박사학위 논문에서 "인간 경험 안에서 그것들이 실제로 존재하는 방식들"이라고 말한 것 말이다.[3] 나는 이 첫 번째 요소가 단지 방법론적인 것만은 아니라는 걸 강조하고자 한다. 이는 인류학의 핵심적인 분석적 개념에 대해 중요한 무언가를 우리에게 말해준다. 인류학이 전문화되고 있던 초창기에 현지조사는 '그곳에 있음'의 중요성을 역설하기 위해 사용되었는데, 이는 문화란 그것이 위치한 자리에서 관찰되어야만 하는 무언가이기 때문이었다. 말하자면, 문화와 장소는 동전의 양면과 같은 것이었다.

두 번째 핵심 요소는 인식과 시각의 우선성인데, 이는 첫 번째 핵심 요소와 긴밀하게 연결되어 있다. 보아스는 말리노프스키처럼 화려한 문체적 기교를 부리지 않았고, 그가 대중화시킨 표현도 그리 많지 않았다. 다만 그는 말리노프스키가 선주민의 관점을 포착하기 위해 했던 헌신적 노력을 좀 더 산문적이고 여기저기 퍼져 있는 형태로 썼을 뿐이었다. 보아스 그 자신은 한 번도 문화에 대해 특기할 만한 혹은 영향력 있는 정의를 제시한 적이 없었다(이 점은 말리노프스키도 마찬가지다). 문화에 대한 그의 접근은 그 유명한 1.5미터짜리 책장 분량의 연구물을 통해서, 그리고 그의 수많은 제자들의 연구를 거쳐서 드러나게 되었다. 이

　　　　　　　　　　　　　　인류학자처럼 생각하는 법

렇게 정리되지 않은 형태이긴 하지만, 보아스식 접근법의 핵심은 그가 '**문화적 안경**Kulturbrille'이라고 부른 것에 들어 있다. 이는 우리가 모두 쓰고 있는 안경이며, 우리는 이 안경을 통해 세상을 이해하고 질서를 부여한다. 보아스적 관점에서 문화는 의미에 관한 것이다. '인식'이란 지역적으로 한정된 일련의 조건들 속에서 세계가 질서 잡혀지는 것과 같다. 우리는 그저 세상을 있는 그대로 보지 않는다. 솔로몬제도의 한 젊은 여성으로서, 더 구체적으로는 [솔로몬제도 남동쪽] 마키라섬의 성공회 교회를 다니는 한 젊은 여성으로서 세상을 본다.

적어도 1960년대까지는 이러한 방식이 일반적이었다. 인류학자들은 [캐나다 밴쿠버섬과 브리티시컬럼비아주에 거주하는 북미 선주민 집단인] 콰키우틀Kwakiutl 문화, 발리 문화, [파푸아뉴기니의] 도부섬 문화와 같이 문화를 각 지역의 특수성을 표현하는 형태로 사용했다. 또한 지중해 문화, [뉴기니섬, 비스마르크제도, 솔로몬제도, 피지제도 등을 포함한 태평양 남부 지역의] 멜라네시아 문화, 이슬람 문화, 심지어 원시 문화와 같이 더 일반적인 특징을 가리키는 용어로 쓰기도 했다. 그러면서 그 일반성은 더욱 구체적이고도 다양한 문화들의 존재를 암묵적으로 전제하게 되었다. 말하자면, 각기 다른 문화들은 비슷한 도수의 문화적 안경들을 저마다 쓰고 있다는 것이다. 지중해 문화를 예로 들어보자. 그 당시 열심히 공부했던 인류학과 학생이라면 지중해 지역을 조직하는 가치라고 여겨졌던 명예와 수치에 관한 논의를 세심하게 들여다봤을 것이다.

보아스에게는 십수 명의 제자들이 있었는데, 이 중 대다수가 인류학계에 상당한 영향력을 발휘했다. 그러나 지금 우리가 이야기하는 문화라는 관점에서 보아스 이후 가장 큰 영향력을 끼친 인물은 바로 클리퍼드 기어츠다.

기어츠는 1950년대 이후부터 활발하게 활동했지만, 인류학계의 새로운 분수령이 된 그의 논문집이 출판된 것은 1973년이었다. 기어츠의 유명한 표현 중 문화란 인류학자들이 현지인들의 어깨 너머로 읽는 '텍스트'라고 한 것이 있다. 여기서 우리는 인류학자들이 문화를 하나의 대상으로 다뤘다는 사실을 엿볼 수 있는데, 잠시 후 이 주제로 돌아오게 될 것이다. 그러나 이 비유에서 무엇보다 중요한 것은 '인식'이다. 이 비유에 따르면 우리의 목표는 텍스트들을 (또한 현지인들의 행동을) **해석**하는 것이기 때문이다. 기어츠는 문화에 대한 자신의 접근법을 "기호론적인 것"이라고 불렀고, 인류학은 "법칙을 발견하는 실험 과학이 아니라 의미를 발견하는 해석적 학문"이라고 주장했다.[4]

기어츠에 대한 보아스의 영향은 그 세대의 다른 학자들만큼 직접적이진 않았지만, 어쨌든 그는 보아스로부터 내려오는 사유 전통과 분석적 접근을 사용했다. 무엇보다 기어츠에게 하나의 문화가 무엇을 '의미하는지' 묻는다고 해보자. 혹은 문화에서 중요한 것이 무엇인지, 또 문화를 작동하게 하는 게 무엇이고 문화에 의의와 질서를 부여하는 게 무엇인지 묻는다고 상상해보자. 그렇다면 그는 보아스와 마찬가지로 보편적인 무언가가 아닌 특수한 것들에 주목해 답할 것이다.

 인류학자처럼 생각하는 법

　　문화에 대한 이와 같은 접근법은 현대 인류학 연구에 대해서도 여전히 많은 것을 말해준다. 또 현대 인류학자들이 종종 문화라는 개념을 특별히 강조하는 것 역시 이러한 이유 때문이다. 의료인류학 분야를 예로 들어보자. 이 분야에서는 어떻게 문화적 요소들이 특정 질환의 유병률, 진단, 치료, 심지어 특정 건강 상태와 질병의 표현에 영향을 미칠 수 있는지에 관한 수많은 연구를 수행해왔다. 의료인류학자 아서 클라인먼Arthur Kleinman은 중국에서 우울증을 앓는 사람들은 심리적 증상보다 신체적 증상을 통해 경험할 가능성이 크다는 사실에 주목한다. 또한 중국인의 관점에서 건강 기능의 이상을 가장 잘 나타내는 감정은 종종 슬픔이 아니라 지루함이다.[5] 그러나 가장 놀라운 사실은 따로 있다. 중국에서는 미국에서 사용하는 우울증이라는 단어에 상응하는 관용어가 없다는 것이다. 우울증을 나타내는 한자 표현은 주로 의학적 맥락에서만 한정되어 사용된다. 예상할 수 있듯이, 이는 이주민들에게 문제를 일으킬 수 있다. 미국으로 이주한 중국인들의 경우 미국 의사들이 내린 우울증 진단을 '경험상 별 의미 없는 진단'으로 여길 가능성이 크다. 클라인먼은 "문화는 증상을 경험하는 방식, 표현하는 방식, 처방과 관련한 결정, 의사와 환자의 상호작용, 자살 가능성, 전문가들의 의료 실천에 영향을 미친다"고 말한다. "결과적으로 어떤 건강 상태는 보편적인 반면 문화에 따라 다르게 나타나는 건강 상태도 있으며, 모든 건강 상태는 특수한 맥락들 안에서만 의미가 있다."[6]

문화의 대상

인류학에서 문화는 오랜 기간 사물과 연결되어 있었다. '물질문화'는 '문화'만큼이나 보편적인 용어다. 여기서 **물질**material은 명사를 꾸며주는 형용사로 쓰이긴 하지만, 사실상 이 두 단어를 공생관계라고 생각하는 것이 더 도움이 된다. 실제로 그렇게 이해되고 있기도 하다.

인류학자들은 관찰하는 사람들인 만큼 문화의 물질성을 고려하지 않는 것은 거의 불가능하다. 또한 거의 모든 사회는 문자적으로나 비유적으로나 문화를 대상화해 물건처럼 취급한다. 인간은 자신들이 누구인지 이해하고, 표현하며, 요약하기 위해 물질문화와 다른 사물(나무, 바위, 바다와 같은)들을 사용한다. 이와 관련해 내가 가장 좋아하는 예시 중 하나는 퀘벡 민족주의에 관한 연구다. 1970년대 독립운동의 절정기에 퀘벡 문화에 대한 강한 유대감을 키우는 것은 민족주의자들에게 특별히 중요한 과제였다. 이 과제가 수행되었던 방식 중 하나는 민족적 유산le patrimoine이라는 사상, 즉 민중이 가진 '문화재'를 나열한 아주 긴 목록을 만들어 퍼트림으로써 그들의 정체성을 표현하는 것이었다. '오래된 사물들'은 그 항목에서 가장 중요한 자리를 차지했다. 널리 알려진 역사적 건물들부터 아주 오래된 의자나 배게 같은 단순한 것들까지 말이다. 그런데 이 항목에는 (루이 14세의 마구간에서 계승되어온) 캐나다 말과 같은 동물이나 심지어 언어까지도 포함되었다. 어떤 민족주의자는 이렇게 말했다. "우리의 역사와 전통을 만들었던 선조들의 것과 같은 방식으로 만든 ⋯⋯

건축물, 가구, 도구, 예술작품, 노래, 이야기처럼 **언어 역시 우리의 민족적 유산의 중요한 부분이며 퀘벡인들의 공동 자산이다.**"[7] 즉, 우리는 언어조차도 물건으로 취급한다. 민족주의의 기획 속에서 우리는 특정 단어나 표현이 지닌 의미를 고정시킴으로써 언어를 대상화한다. 우리는 의례 안에서 언어를 대상화하기도 한다. 의례에서 몇 번이고 반복되는 말들이 특히 그렇다(이러한 행위는 그 말들을 더욱 '진실된 것'으로 보이게 하는 사회적 효과를 불러일으킨다).

물론 문화의 대상화를 직접 경험해보고 싶다고 해서 반드시 민족주의자가 되어야 하는 것은 아니다. 그저 스틸턴 치즈를 좋아하는 영국인이 되는 것만으로도 충분하다. 쉽게 바스러지는 이 짭짤한 치즈가 당신이 지닌 특징의 무언가를 잘 포착하고 있다고 생각한다면 말이다. 심지어 어떤 인류학자가 알아낸 바에 의하면 조지아에서는 소련의 붕괴 이후 정교회가 벌인 교회 건립 운동이 주민들의 심각한 반대에 부딪혔는데, 이는 제대로 된 교회는 반드시 **아주 오래된** 교회여야만 한다는 생각 때문이었다.[8] 이런 특질들이 문화에서는 매우 중요하다.

의미나 가치가 지금까지 이야기한 문화의 두 가지 측면을 연결해주는 고리라는 사실은 분명하다. 문화의 물질적 성격은 문화적 안경에 관한 논의에 자연스레 따라온다고 말할 수도 있을 것이다. 특정 관점을 지닌 현지인이 아닌 이상 퀘벡의 한 상점에 진열된 골동품 의자가 민족적 유산을 표현한다고 생각하진 않을 테니까 말이다.

그러나 이것이 사물과 관련된 인류학 문화 이론의 전부인 것은 아니다. 문화의 물질성을 근본적으로 중요시해온 접근법들이 몇 가지 있는데, 그중 하나는 고고학에서 가장 잘 드러난다. 고고학자들은 인류의 역사에 있어 대부분의 인류학자들보다 문화의 물질성을 중요하게 생각해왔다.

고고학계를 이끄는 어떤 학자는 고고학을 "과거 인류가 이 세상에 남긴 사물과 흔적을 통해 그들을 탐구하는 학문"이라고 말한 바 있다.[9] 그에 따르면 고고학은 **잊혀진 하찮은 것들**에 관한 연구이다. 냄비의 잔해 조각, 가옥들의 토대, 흙관, 도로, 우물, 묘지뿐만 아니라 쓰레기 구덩이에 이르기까지(이는 고대 식단을 파악하는 데 실제로 매우 유용하다), 모조리 파헤쳐 닦아내고 가능한 한 다시 조립해내는 작업이 바로 고고학이다. 그리고 이런 작업은 뙤약볕에 검게 탄 소규모의 현장 작업자들에 의해 이루어진다(이런 의미에서 고고학의 방법론은 문자 그대로 '현지조사'라고 할 수 있다). 소탈하고 일상적이게 '사물'이라고 일컫든, 더 학문적인 표현인 '물질문화', 또는 '유물'이라고 표현하든 한 가지 명확한 사실이 있다. 물질은 무척 중요하며, 우리의 과거를 이해하는 데 귀중한 자원이 된다는 것이다.

고고학자들은 물질문화에 초점을 둠으로써 인간 사회의 발달을 추적한다. 소규모 유목 수렵채집사회부터 농경과 정주사회의 기원을 밝히기 위해 고고학자들은 뼛조각들(이러한 조각들이 모이면 유목문화 집단의 계절별 집단 형태를 추정할 수 있다)에서 시작해 석탄층의 분포(인구 밀도를 파악하는 데 유용하다)에 이르

인류학자처럼 생각하는 법

기까지 다양한 물질문화를 탐구해서 선사시대의 역사를 이해해 왔다. 고고학 작업은 물질문화를 발굴하는 데서 그치지 않는다. [중동 권역 중 동지중해에 근접해 있는] 레반트 지역을 연구하는 피오나 카워드Fiona Coward는 지리정보시스템Geographic Information Systems, GIS 모델링을 사용해 특정 지역에서 발견되는 유사한 물질문화를 추적함으로써 준석기시대Epipaleolithic와 초기 신석기시대 사회연결망의 범위를 산출해낸다. 카워드의 초기 연구에 따르면 집단이 커진다고 해서 반드시 사회연결망이 확대되는 것은 아니다. 다시 말해 '문명'이 '원시'보다 더 광범위하다는 현대 상식을 다시 한번 거스르는 셈이다.[10]

고고학의 물질문화에 대한 강조와 연구 결과들은 우리에게 중요한 교훈을 남긴다. 물질문화란 퀘벡 민족주의자들이 특정 정서를 표출하는 데 물질을 이용했던 것처럼, 단지 의미 전달 수단으로 이용되는 것만이 아니다. 더 나아가 '현지인'이 되게 해주고 특정 관점을 갖게 해주는 능력으로서 문화란 그 자체로 물질적 기반 없이는 존재할 수 없다. 사물들은 의미가 생성되기 위한 조건을 만드는 데 기여한다. 동시에 사물 그 자체가 의미 창출 복합체의 일부이기도 하다.

보아스와 말리노프스키 이전의 인류학은 역사(및 선사시대)의 거대한 흐름에 초점을 두었다. 고고학이 이러한 관심사를 일부 충족해주었다. 그러나 물질문화를 중시한 초기 인류학의 또 다른 중요한 갈래가 있다. 바로 사회진화론이다.

자연선택을 통해 인류가 진화한다는 이론에서 영감을 받

은 사회진화론은 인류학 최초의 주요 접근 틀이었다. 찰스 다윈의 《종의 기원On the Origin of Species》(1859)은 인류학이라는 당시 신생 학문에 깊은 영향을 미쳤다. 사회진화론자들은 따개비나 나방에 대한 다윈의 접근을 사회 연구에 적용할 수 있다고 믿었으며, 이들에 의하면 사회사는 자연사와 같은 방식으로 이해될 수 있었다. 따라서 주니인과 잉글랜드인의 생리학적, 해부학적 측면뿐만 아니라 친족 구조, 정치적 구조, 기술적 발달까지도 다윈의 생명의 나무Tree of Life*를 통해 설명할 수 있다고 믿었다. 사회진화론자들은 문화 역시 생물학처럼 특정 법칙을 따르며 보편적인 시스템을 통해 분류될 수 있다고 여겼던 것이다.**

미국인 루이스 헨리 모건Lewis Henry Morgan, 영국인 허버트 스펜서Herbert Spencer와 에드워드 버넷 타일러는 모두 1860년대부터 20세기 초반까지 큰 영향력을 발휘한 사회진화론 옹호자들이었다. 당시 신생 학문이었던 인류학과 사회학계의 많은 학자들 역시 사회진화론자였으며, 19세기 후반 무렵 사회진화론은 학계를 지배하는 일종의 학풍이었다고 할 수 있다. 하지만 그중 사회진화론을 가장 적극적으로 활용하면서 사회유기체와 자연유기체의 유사점을 강조하는 데 힘쓴 사람은 모건, 스펜서, 그리고

---

* 찰스 다윈이 《종의 기원》 4장에서 제시한 도식으로, 공통의 조상으로부터 종의 분화가 일어난 진화 과정과 계통을 나무 형태의 수형도를 통해 보여준다.─옮긴이

** 진화론은 다윈만의 아이디어가 아니었다. 더 오랫동안 자리매김해오고 있었는데, 사회 이론가 허버트 스펜서는 《종의 기원》 출판 7년 전에 익명으로 생물 진화에 관한 논문을 발표한 바 있다.

   인류학자처럼 생각하는 법

타일러였다. 이들과 같은 '물질주의자들'(그들은 종종 이렇게 불렸으며, 이 호칭 역시 주목할 만하다) 중에서도 스펜서는 특히 이 관점을 적극적으로 옹호했다. 사회진화에 관한 그의 연구는 생물학적 비유로 가득하다. 그의 글은 간세포, 표피 박리물, 포자, 세균, 뼈에 관한 논의에서 통치체제, 집단 정체성, 종교 의식, 인구 밀도에 관한 논의로 자연스럽게 이동하고, 심지어 한 문장 안에서도 이를 연결한다. 최종적으로는 언제나 대자연에 관한 이야기로 귀결된다.

반면 문화에 지대한 관심을 기울였던 타일러는 진화론을 이용해 '문화의 단계'라는 개념의 틀을 잡았다. 타일러가 논한 '문화의 단계'는 물질적 척도에 따라 분류되고 입증될 수 있는 것이었다. 타일러를 포함한 학자들은 단순한 나열식을 통해 각 문화에 야만savagery, 미개barbarism, 문명civilization이라는 이름표를 붙였다. 허리감개, 나무 도구, 떠도는 생활방식, 움막이 사용된다면 그것은 곧 야만이었다. 반면 [서양의 남성 정장용 모자인] 실크 해트top hat, 증기기관, 도시 주택을 찾아볼 수 있다면 그것은 곧 문명이었다. 이러한 접근법에서 '문화'의 모든 측면은 마치 한 알 한 알 세어야 하는 콩알같이 여겨졌다.

사회진화론에는 극도로 치명적인 결함이 하나 있다(이외에도 꽤 심각한 결함들이 더 있지만, 그건 나중에 다루겠다). 다윈의 진화론과는 달리 이 사회과학자들의 연구에서 진화는 목적론적이 된다는 것이다. 사회진화론은 설계와 목적, 그리고 도덕적 판단을 내포하고 있다. 실크 해트를 쓴 신사는 헐벗은 '미개인'보다 문화적으로 더 '복합적인 생명체'일 뿐만 아니라, **더 우월한** 생명체로 여겨진다. 사회진화론은 과학의 탈을 쓴 도덕철학인 셈이다. 다윈은 따개비를 고래와 비교하며 코웃음 치지 않았다.

타일러를 포함한 당시 학자들의 연구들은 현재까지도 널리 사용되고 있는 문화의 용법 중 하나를 보여준다. 타일러와 동시대를 살았던 시인이자 비평가 매슈 아널드_{Matthew Arnold}에 따르면, 문화란 "동시대 세계 어디서든 가장 탁월하다고 여겨지는 무언가"다.[11] 이 정의에 의하면 오페라 하우스가 아마 문화의 전형쯤 될 것이고, 이는 특정 사람들을 '문화적'이거나 '더 문화적'이라고 평가할 때의 기준이 된다. 상투적으로 사용되는 '문화'의 의미에는 마돈나보다는 모차르트가 더 어울리듯이 말이다. 마돈나의 음악을 굳이 '문화'의 일부로 생각해본다면 아마 '팝문화'에 속할 것이다. 타일러를 비롯한 다른 학자들이 음악에 관심이 없었던 것은 물론 아니지만, 어쨌든 타일러의 더 포괄적인 정의에 의하면 문화란 "지식, 신념, 예술, 법, 도덕, 관습 등 인간이 사회 구성원으로서 획득한 능력 및 습관의 복합적 총체"이다.[12]

보아스는 사회진화론을 노골적으로 비판했다. 그리고 1920년대에 이르렀을 때 인류학계에서 사회진화론은 이미 그 명성을 완전히 잃은 상태였다. 하지만 사회진화론은 분산된 형태로 존속했고, 오늘날에도 특정 연구들 기저에 잠재되어 여전히 영향력을 끼치고 있다. 다만 공공연한 도덕주의적 태도와 프랑스인, 그리고 쌍각류 조개류가 같은 방식으로 이해될 **수 있다**는 강경한 주장은 사라졌다.

　　　　　　　　　　　인류학자처럼 생각하는 법

모든 학자가 사회진화론에 등을 돌린 것은 결코 아니다. [20세기 중반 신진화론을 이끌었던 두 학자] 레슬리 화이트Leslie White와 줄리언 스튜어드Julian Steward의 연구에서 볼 수 있듯이, 1950년대와 1960년대에 걸쳐 사회진화론은 일종의 부흥기를 맞이하기도 했다. 화이트와 스튜어드 사이에 두드러지는 견해 차이가 있었던 것은 사실이지만, 두 학자는 모두 19세기 타일러와 모건 등이 구축해놓은 개념을 적극 활용했다. 이에 더해 두 사람은 보아스 이후의 인류학이 문화의 세부 사항에 너무 얽매이게 되었다고 주장했다. 머핀 조리법 등과 같은 세부 사항 말이다. 화이트와 스튜어드에게 '과학'은 권위 있는 느낌이 있는 무언가로 계속 남아 있었던 반면, 보아스의 제자들은 그보다는 인문학적인 감수성을 지니고 있었다. 사회진화론자들이 고고학자들과 밀접히 협력하며 그들의 연구에 관심을 기울였다는 점은 주목할 만하다. 이에 반해 보아스, 그리고 그와 유사한 관점을 지닌 학자들은 이런 장구한 인류사 연구와는 멀찍이 거리를 두었다. 고고학으로 말할 것 같으면 사회진화론이 언제나 그 중요한 배경으로 남아 있었다. 고고학에 깊은 영향을 미친 영국의 V. 고든 차일드V. Gordon Childe나 미국의 고든 윌리Gordon Willey 같은 이들을 보라. 이들은 언제나 진화주의를 염두에 두고 있다. 물론 빅토리아시대 선구자들 사이에 만연했던 일종의 거만함은 찾아볼 수 없을지라도 말이다.

문화와 자연, 자연으로서 문화

지금까지 살펴본 문화의 여러 측면을 합쳐서 문화에 종합적으로 접근해보자. 여기에는 몇 가지 방법이 있다. 문화적 안경에 중점을 둔 접근이 문화의 물질적 측면을 부정하는 것이 아니며, 물질적 접근 역시 문화적 안경을 부정하는 것이 아니다. 하지만 문화에 대한 이론들 사이에 간극이 존재하는 것은 사실이다. 앞서 언급했듯이 보아스는 타일러의 접근 방식과 사회진화론에 심각한 의문을 제기했다. 레슬리 화이트 역시 보아스에 대해 매우 비판적이었는데, 보아스를 (문화적 특성에 초점을 두었다는 이유로) 신통치 못한 이론가라고 평가했으며, (보아스의 민족지가 높이 평가되는 것에 대해 다소 사적인 감정을 가미하여) 현장연구자로서의 자질을 비판하기도 했다.

하지만 문화 이론에서 가장 중요한 긴장과 논쟁의 근원은 도자기의 상징적 의미에 집중해야 할지, 아니면 개별 도자기 그 자체에 초점을 맞춰야 할지에 관한 것이 아니다. 이보다 더 중요한 것은 문화 이론의 세 번째 측면, 즉 인류가 자연의 산물인지 양육의 산물인지에 관한 질문이다. 이 오래된 질문에 비추어 우리가 전반적으로 지향하는 것이 어느 쪽인지 물어야 한다. 우리는 생물학적 욕구, 정신적 배선, 유전자에 의해 형성되는 것일까? 아니면 양육 방식, 주어진 조건들, 그리고 우리 사회의 지배적인 가치들에 의해 형성되는 것일까?

인류학적 문화 개념에서 생물학과 자연은 늘 종속적인 역할을 해왔다. 열량과 (물질적 그리고 영적) 필요의 충족에 대한 논

　　　　　　　　　　　　　　　　인류학자처럼 생각하는 법

의가 필요하다고 여겼던 화이트조차 문화의 우선성을 강조했다. 그는 "문화의 다양성에 대한 해석에서 발생하는 여러 문제와 인간의 생물학적 요소는 무관하다"며, "이는 일반적인 문화 변화의 과정과 특수한 문화 진화에서도 마찬가지다"라고 말한 바 있다.[13]

인류학이 문화 탐구와 그 중요성에 (특히 인류의 다양한 역사적 전통과 사회적 표현에) 전념해온 학문임을 고려하면 이는 당연한 것일지도 모르겠다. 하지만 모든 문화 이론이 동일한 정도로 문화적인 것은 아니다. 앞서 말했듯 보아스 전통의 인류학은 문화-자연 스펙트럼에 있어 문화 쪽으로 치우친 접근법 중 가장 큰 영향력을 행사했다. 이 전통에서 가장 유명한 주장을 펼친 루스 베네딕트는 1934년에 출간된 《문화의 패턴Patterns of Culture》에서 생물학적 결정론(혹자는 생물학 자체라고 이해하기도 한다)에 맹렬한 비판을 가한다. 다양한 사례 연구를 바탕으로 한 이 글은 그 논지를 민족지 자료들뿐만 아니라 당대 미국 정황과 의도적으로 연결 지었는데, 이는 특정 인류학 선구자들이 주창했던 '우리와 그들'이라는 구도와 유사 과학실험적 접근 방식을 전복시켜 모든 문화를 동일한 틀 안에 위치시키기 위함이었다. 베네틱트는 "인간의 특정 행동 방식은 그 생물학적 성향에 세부적으로 결속되어 있지 않다"고 주장했다.[14]

베네딕트의 일차적인 공격 대상은 인종차별주의였다. 보아스와 그의 제자 몇 명은 학문적, 사회적 차원에서 모두 인종차별과의 싸움에 매우 적극적이었다(보아스는 나치들을 비상식적이라고 비판하기 훨씬 이전부터 이미 미국 내 인종차별주의자와 우생학자들을 비난해왔다). 당시 아직 신생 학문이었던 인류학은 미국뿐만 아니라 다른 곳에서도 과학적 근거를 기반으로 인종 간의 차이를 정당화하는 데 기여하곤 했다. 이는 1890년대 수많은 학회에서 중요한 지위를 차지했던 고고학자이자 민족지학자인 대니얼 브린턴Daniel Brinton의 연구에서부터 1960년대에 하버드대학교 생물인류학 교수로서 인종분리 정책을 받아들였던 카를턴 S. 쿤Carleton S. Coon에 이르기까지 명확히 드러난다. 보아스는 두 사람의 연구와 사상을 비판했으며, 그가 몸담고 있던 컬럼비아대학 내 인맥과 전미유색인지위향상협회NAACP 사이에서 중요한 가교 역할을 했다. 또한 보아스는 부커 T. 워싱턴Booker T. Washington*과 W. E. B. 듀보이스W. E. B. Du Bois**와 같은 인물들과 다양한 형태로 협력했다. 인류학자 리 D. 베이커Lee D. Baker가 주장하듯이, 보아스의 영향력이 늘 즉각적이거나 직접적이지는 않았다. 그럼에도 20세기 전반에 걸쳐 그의 노력과 학문적, 정치적 연대는 미국에서 두 가지 중요한 변화를 일으키게 된다. 그 한 가지는 미국 학계 패러다임의 변화였고, 다른 한 가지는 인종의 분류에 대한 사법적인 변화였다.[15]

물론 자연에 중점을 두는 (이렇게 표현할 수 있다면) 모든 문

---

* 1856~1915. 미국의 교육자이자 흑인 사회의 대표적인 리더로 활동했다. 흑인들의 투쟁보다는 백인 체제를 받아들이고 대신 경제권을 획득해야 한다는 주장을 펼쳤다.—옮긴이

** 1868~1963. 흑인 최초로 하버드대학 박사학위를 받은 역사학자이자 사회학자. 인종분리와 공민권 박탈에 맞서 흑인민권운동에 앞장섰다.—옮긴이

화 이론가가 인종차별을 옹호한 것은 아니다. 예컨대 문화 이론가 중 가장 덜 문화적이었던 클로드 레비-스트로스는 보아스와 마찬가지로 인종차별에 강력히 반대했다. 구조주의 인류학의 창시자였던 레비-스트로스는 문화에 대해 매우 역설적인 태도를 보였다. 한편으로 그는 문화에 대해 아주 깊은 관심을 보이기도 했다. 우리가 '문화'를 [북서 태평양 연안에 거주하는 선주민 집단] 틀링깃Tlingit의 신화, [파나마 북동부와 콜롬비아 일부에 거주하는 선주민 집단] 쿠나Kuna의 무속 관습, 또는 기술적 능력과 성취 등에 대한 세부 사항들이라고 이해한다면 말이다. 레비-스트로스는 보아스와 그의 학생들의 연구를 흠모했는데, 이는 바로 그들의 연구가 보여주는 백과사전에 버금가는 세밀함 때문이었다. 다른 한편으로, 이와 같은 문화적 세부 사항들과 문화적 특수주의는 그의 진정한 관심사였던 인간 사고의 근본적 구조를 뒷받침해줄 자료에 불과했다.

레비-스트로스의 분석 단위는 현지인의 관점이 아닌 **현지의 사고 형태**라고 할 수 있을 것이다. 근본적으로 이 사고 형태는 일정하며 보편적인 것이었다. 이 계열의 문화 연구의 목적은 그저 차이를 위한 차이를 부각하거나 인지하기 위한 것이 아닌 모든 사람을 연결 짓는 정신적 구조를 드러내는 것이었다. 그는 "야생의 사고는 우리의 사고와 동일한 의미와 방식으로 논리적이다"라고 썼다.[16] 다른 글에서 그는 동일한 논점을 만들기 위해 물질문화에 관한 비유적 묘사를 끌어오며 19세기 사회진화론의 규범을 뒤집는다. 돌도끼와 쇠도끼를 두고 생각해보자. 쇠가 더 강하기에 우리는 쇠도끼가 더 '나은' 도구라고 할 수 있을 것이다. 하지만 인류학의 목적은 이와 같은 도구들이 **무엇으로** 만들어졌는지가 아니라 **어떻게** 만들어졌는지를 이해하는 데 있다. 즉 그는 이 사실에 근거해서 자세히 들여다보기만 한다면 이 두 개의 도끼는 실제로 동일하다는 사실을 누구나 깨달을 수 있다고 주장했다.

최근 몇십 년 동안 문화 이론 내의 자연주의자들의 관심을 끈 것은 몸이 아닌 사고였다. 이 중 대다수의 연구는 인지인류학이라고 알려진 영역에서 진행되어왔다. 인지인류학은 구조주의, 심리학의 여러 분야, 언어학, 심지어 철학 등 다양한 학문의 영향을 받았고 또한 이들과 접점을 형성하고 있다. 그러나 일반적으로, 인지와 문화에 대한 접근은 사고의 작용이 문화적 표현, 가치, 개념을 어느 정도로 형성하는지를 탐구한다. 우리는 선천적으로 이원론자일까? 즉 모든 인간은 대립, 이항, 또는 쌍을 토대로 사고하는 것일까? 혹은 색을 칭하는 용어나 친족관계 등의 지각과 개념화에 있어 다른 보편적인 방식이 존재할까? 문화적 기술_{skills}은 어떻게 전승되는 것일까?

타냐 루어먼_{Tanya Luhrmann}은 이처럼 인류학과 심리학의 접점에서 연구를 수행했다. 그는 잉글랜드의 마녀부터 심리학자에 이르기까지 다양한 대상들을 연구해왔으며, 이들이 양성되는 과정에서 사고에 관한 특정 이해가 어떻게 반영되고 강화되는지를 탐구했다. 미국의 신오순절파 기독교인들에 대한 가장 최근의 저서에서 루어먼은 실험실 연구와 흡사한 방법을 동원해 기독교인들이 기도 실천을 통해 신을 어떻게 경험하게 되는지 다루며 인간 사고에 관한 연구를 한층 더 높은 수준으로 올려놓았다. 루어먼은 120명 이상의 연구참여자들에게 듣기 좋은 음악을 배경으로 한 이그나티우스식Ignatian-style 기도 지침이 담긴 아이팟을 제공했다. 그는 이를 통한 깊은 집중으로 연구참여자들이 경험하는 신의 현존의 생생함이 증가되었음을 발견했다. 루어먼은 (널리 알려진 한 심리학자의 개념을 빌려) 이를 '몰입absorption'이라고 칭하며, "신을 경험하는 데 있어서 핵심은 우리의 사고가 상상하는 세계를 우리가 알고 있는 세계보다 더 실제적으로 대하는 것이다"라고 썼다.[17] 이 연구에서 루어먼의 가장 큰 관심은 이 기독교인들이 과학의 권위 그리고 현실과 비현실, 사실과 허구에 대한 세속의 논리를 얼마나 받아들이는지에 있었다.

인지인류학은 베네딕트식 처방책에 따라 문화의 권위와 힘을 우선하도록 배운 나와 같은 이들에게 중요한 도전을 제기한다. 오랜 시간 인류학자들은 인지과학 연구의 결과와 접근 방식을 등한시하거나, 가장 심한 경우에는 부정해왔다. 이러한 경향은 학계 일각에서 조금씩 변화하고 있다. 또한 많은 인지인류학자가 문화사와 자연사를 더 밀접한 관계로 바라보길 권장하면서도 이 중 다수가 문화 개념으로부터 완전히 등을 돌리는 것이 아님을 주목할 필요가 있다. 가장 탁월한 인지인류학자들은 계속해서 인류학자로 남아 있으며, 장기간에 걸쳐 수집한 질적 자료와 (직접 현지조사를 수행하지 않더라도) 특정 사람들과 특정 장소에서의 장기간의 교류를 중요시한다. 그들은 실험실이나 고립된 실험에 만족하지 않는다. 이러한 점에서는 이들 역시 그 선구자들만큼이나 문화의 본질을 지지한다고 할 수 있다.

문화 개념의 한계

'문화'는 만능 개념이 아니다. 역사와 사회가 우리에게 제기하는 모든 문제에 해답을 주지 못할뿐더러, 문화를 통해 드러나는 것들이 있는 만큼 가려지는 것들 역시 있다. 문화 개념을 사용하고 지지하는 인류학자들 역시 이 점을 인지하고 있다. 문화 개념을 강력히 비판하는 이들도 분명 존재하며, 더 많은 이들은 대개 심드렁하다. 특히 1990년대 중반에는 탈식민주의와 포스트모더니즘의 영향을 받아 문화 개념을 몰아내야 한다는 목소리가 높았는데, 어떤 교수는 문화의 한계점을 무려 14가지로 열거하기까지 했다.[18] 이를 전부 세세히 다룰 순 없지만 대략 세 가지로 나눌 수 있다. 이 모두는 오랜 기간 제기되어왔던 비판들이다.

첫 번째 비판은 문화와 장소 간의 연결을 당연시해서는 안 된다는 것이다. 여기서 잠시 '문화'라는 단어의 어원을 따져볼 필요가 있다. 《옥스퍼드 영어사전》에 따르면 '문화'라는 단어는 원래 논밭을 가는 행위를 뜻했다. 어근 'cult'는 경작cultivation, 농업agriculture, 원예학horticulture 등의 단어에서도 찾아볼 수 있다. 19세기 독일의 문화 이론가들에게는 이것이 '문화'라는 단어가 지닌 매력 중 하나였다. 문화가 특정 장소와 시간에 자리하고 있다는 개념은 계몽사상의 보편화, 추상화 논리와 대조되는 도전이었던 것이다. 인류학적 관점에서 문화와 장소의 연결은 매우 중요하게 작용한다. 관점을 가진다는 것은 특정 위치와 장소에서 바라본다는 것이며, 말리노프스키와 보아스가 강조했듯, 문화란 그곳에 가봐야 비로소 이해할 수 있는 것이었다.

여기서 문제의 핵심은 '한 장소'가 어디서 끝나고 '또 다른 장소'가 어디서 시작되는지를 항상 분명히 구분하기 어렵다는 데 있다. 《서태평양의 항해자들》에서 말리노프스키는 여러 민족들, 즉 문화들을 서로 뚜렷하게 분리된 단위인 것처럼 말한다. 이에 반해 말리노프스키가 남긴 가장 중요한 업적 중 하나는 쿨라 링Kula Ring에 관한 연구였는데, 쿨라 링이란 수백 마일에 걸친 여러 섬을 잇는 교환체계를 일컫는다. 이는 적어도 여러 '문화들' 간에 분명 접촉이 있었다는 것을 뜻한다. 서로 영향을 주고받으며 이리저리 섞이는 교환체계는 우리에게 '문화'라는 개념이 과연 유용한 것인지 의문을 품게 한다. 쿨라 링을 통해 연결되어 '문화들' 간의 접촉이 이루어졌던 1910년대 트로브리안드제도의 삶은 하나의 예시에 불과하다. 트로브리안드제도의 '문화들' 간에 어느 정도 이동이 있었으며, 그 경계가 다소 모호했다는 것은 그렇다 치자. 우리가 살아가고 있는 인터넷 시대의 '문화' 간 왕래는 이와 비교할 수 없는 규모다. 라디오 또는 비행기, 기차, 자동차와 함께 도래한 시대 역시 마찬가지다. 2010년의 싱가포르나 오늘날의 런던은 어떨까? 더 구체적으로 '런던의 문화'라는 것이 존재할까? 아니면 더 정확히 [런던 중동부] 타워햄리츠에 사는 3세대 방글라데시계 영국인들의 문화, 또는 2005년에 [런던 서부] 일링으로 이주한 폴란드계 이민자들의 문화라고 해야 할까? 아니면 '늘' [런던 남동부] 캣퍼드에 살아왔던 스미스가의 문화라든지 말이다. 1970년대 방글라데시 실렛에서 런던 동부로 이사한 사람들의 손주들을 '3세대 방글라데시계 영국인'이라고 할 수 있을까? 정작 그들 본인은 방글라데시계 혈통에 대해 그리 신경 쓰지 않고 자신들을 런던 토박이라고 생각한다면? 모두 문화 개념이 우리에게 던지는 중요한 질문들이다.

다시 말해 문화가 장소에 국한되지 않는다는 것이 문화에 제기되는 첫 번째 주요 비판이다. 이는 문화에 대한 두 번째 비판으로 자연스럽게 이어지는데, 문화는 시간과 함께 변한다는 것이다. 물론 다수의 인류학자들, 특히 문화에 대해 일종의 낭만을 품고 있는 인류학자들은 초기 인류학자들과 마찬가지로 문화의 변동성을 적극적으로 인정하지 않았던 것은 사실이다. 어떤 현대 문화 이론가는 인류학자들이 이 점에서 여전히 반복적으로 실패한다고 주장한다.[19]

이와 같은 문화에 대한 일종의 낭만주의는 식민주의 시대에 특히 두드러지게 나타난다. 그 예로 빅터 터너Victor Turner의 고전들을 살펴보자(탁월한 글솜씨, 광범위한 독서 범위, 흥미진진한 아이디어를 가진 터너는 내가 가장 동경하는 인류학자 중 한 명이기도 하다). 터너는 1950년대 초반을 당시 북로디지아* 은뎀부Ndembu 사람들과 보내며 아내 이디스 터너Edith Turner와 함께 의례에 관한 인류학 저작 중 가장 영향력 있는 글들을 썼다. 터너 부부의 연구에서 은뎀부 사람들은 마치 거대한 정치적, 경제적 변화에 전혀 영향받지 않은 순수한 모습으로 묘사된다. 우리는 시간 밖에 있는 선주민들을 보게 된다. 터너 부부는 고전이 된 그들의 책에서 은뎀부 사람들의 삶의 배후에 깔린 식민주의에 대해서는 거의 언급하지 않는다. 이 점은 북로디지아가 1950년대와 1960년대에 인류학 실험실과 같은 곳이었다는 사실 때문에 더욱 주목할 만하다. 당시 이 지역은 문화 변화와 신생 도시 중심지에서 사회적 관계의 역학을 연구하는 인류학자들로 넘쳐났는데, 특히 이들은 광산이 급속히 확장되며 지역 전역에서 노동력을 끌어모은 구리 벨트 지역을 주목했다. 이러한 변화와 역동에 관심을 가졌던 인류학자 중 다수는 카리스마 넘치는 교수였던 맨체스터대학의 맥스 글럭먼Max Gluckman과 밀접한 관계를 맺고 있었다. 그는 심지어 '맨체스터학파'를 일으켰는데, 이 학파는 마르크스주의의 영향을 받아 당시의 다른 영국 학자들보다 사회적 변화와 대립관계 연구에 힘을 쏟았다. 실제로 맨체스터학파 학자들은 식민주의와 근대화에 초점을 둔 수많은 탁월한 연구를 수행했다. 그럼에도 후세대 인류학도들에게 가장 많이 읽히며 가장 중대한 영향을 끼친 것은 터너 부부의 연구였으며, 여기서 은뎀부 사람들은 거시적 수준의 정치와 사회적 변화와는 상관없는 이들로 묘사된다.

*   1924년부터 1964년까지 현재의 잠비아에 해당하는 지역에 있던 영국의 보호령.—옮긴이

문화를 향해 제기되는 세 번째 주요 비판은 문화의 일관성에 관한 것이다. 식민주의와 세계화의 흐름, 변동, 파편화는 모두 근본적인 문제를 가리키는데, 그것은 특히 관념적 혹은 관점의 차원에서 이해되는 문화가 어떤 식으로든 질서 정연한 하나의 총체라는 가정이다. 물론 1950년대까지만 해도 인류학자들이 한 '문화'에 속한 사람들의 믿음, 감정, 생각 등에 대해 매우 일반화된 주장을 하는 것은 흔한 일이었다. 하지만 시간이 지날수록 이와 같은 추론과 설명은 정당성을 잃게 되었다. 이렇게 된 데는 식민주의와 세계화의 영향도 있었지만, 이러한 설명이 '문화'를 전체화하는 것이자 전체론적인 무언가라고 가정했기 때문이다. 외부의 영향을 받지 않은 외딴 섬나라에서조차도 그러한 일관성과 통일성을 찾을 수 있다고 가정해서는 안 되며, 실제로도 찾아볼 수 없을 것이다. 인류학자들이 말하는 특정 사회의 공식 문화는 때로 그 구성원들의 경험과 어긋나기도 한다. 사람들에게 그들이 속한 문화에 대해 직접 묻거나, 혹은 그들이 어떻게 '생각'하는지, 무엇을 '믿는'지, 더 나아가 특정 의례, 아버지됨, 또는 [힌두교, 불교 등에서 신성시되는 음절 또는 주문인] 옴카라Omkara 등이 무엇을 '의미'하는지 직접 물어보는 것은 그리 좋은 접근 방식이 아니다. 돌아오는 답변은 그 순간 급조된 생각일 수 있을 뿐만 아니라, 40년 전 그 마을에 살며 연구했던 다른 인류학자의 말을 빌려 대답하는 경우들도 있기 때문이다. 이는 지나치게 깔끔하고 정돈된, 요컨대 나쁜 설명으로 이어질 수 있다.

문화는 특정 장소에 제한되지 않으며, 특정 시간에 고정되

    인류학자처럼 생각하는 법

지 않고, 어떤 경우에도 반듯하게 정돈되지 않는다는 세 가지 비판과 우려는 본질주의essentialism에 대한 비판으로 연결된다. 여기서 본질주의란 "특정 대상의 절대적이고 참된 본질, 그 대상이 '무엇'인지 정의하는 불변의 특성이란 것이 존재한다는 믿음"을 뜻한다.[20]

본질주의는 매우 위험할 수 있으며, 문화적 본질주의는 특히 그렇다. 다음 장들에서 우리는 문화에 의존하는 사고방식의 위험성을 살펴볼 기회가 있을 것이다. 이러한 사고방식은 고정관념과 명백한 편견을 초래하기도 (어쩌면 요구하기도) 한다. 특히 문화라는 개념이 학계의 상아탑을 벗어나 대중들 사이에서 쓰일 때 종종 볼 수 있다. 특히 악명 높은 아파르트헤이트Apartheid의 정치적 이념에서 문화의 그늘진 면을 볼 수 있다. 실제로 남아프리카공화국에서 아파르트헤이트가 시행되는 동안 문화는 인종 사이의 완전한 분리를 주장하는 민족주의자들의 도구로 사용되었다. "아프리카 문화를 그대로 보존해야 한다! 그들에겐 고향이 필요하고, 우리 백인들 역시 우리만의 공간이 필요하다." 인종차별을 반대하는 의미에서 문화를 열렬히 옹호했던 인류학자 보아스가 사망한 지 10년도 되지 않았을 무렵 남아프리카공화국 국민당*이 문화 개념에 기대어 아프리카인들을 '그들의 장소에' 격리했다는 것은 가슴 아픈 아이러니다.

---

*   1948년부터 1994년까지 남아프리카공화국을 일당제로 통치했고, 집권 기간 내내 극단적인 인종분리주의 정책인 아파르트헤이트를 실시했다. ―옮긴이

앞서 살핀 문화에 대한 반론이 본격적으로 제기된 것은 1980년대 무렵이었다. 당시 일부 저명한 인류학자들 중 페미니즘, 탈식민주의 연구, 포스트모더니즘, 사회학 내의 특정 전통의 영향을 받아 문화라는 개념으로부터 거리를 두거나 심지어 문화를 거부하는 이들도 있었다. 대부분 문화라는 개념의 본질주의적 위험에 대한 우려 때문이었다. 이후에는 미셸 푸코Michel Foucault와 피에르 부르디외Pierre Bourdieu의 사상이 영향력 있는 대안으로 자리 잡았다. 푸코는 권력과 주체성에 중점을 두었으며, 그의 개념인 발견적heuristic 틀 짓기 장치로서 '담론discourse'은 1980년대의 신생 접근법들과 잘 맞아떨어졌다. '문화'와 흡사하지만 더 유연성 있는 개념이었던 부르디외의 아비투스habitus와 그의 사회적 실천론 역시 마찬가지였다. 부르디외에 의하면 아비투스는 일종의 **성향**disposition으로, 구조 안에서 사람들이 어떻게 생각하고 행동하며 계획하는지, 또는 느끼고 말하고 인지하는지 설명하지만 오로지 구조에 의해 결정되는 것은 아니다. 그의 유명한 표현 방식을 빌리자면 아비투스란 "구조화하는 구조의 기능을 수행할 수 있는 구조화된 구조"이다. 즉, 우리는 우리가 속한 세계의 영향을 받지만 항상 그 세계의 관습과 습관에 구속되어 있지 않다는 것이다. 부르디외가 말했듯, 우리의 행동은 "기계적 수행"도, "창의적 자유의지"도 아니다.[21]

권력에 관한 관심을 인류학 연구에 본격적으로 통합시킨 인류학자들이나 아비투스에 대해 고찰한 인류학자들 모두가 문화를 완전히 등한시한 것은 아니다. 문화에 대한 가장 영향력 있는 비판을 펼친 인류학자들 중 몇은 여전히 약한 의미의 '문화' 개념을 사용하기도 한다. 여기서 약한 의미란 문화를 분석을 위한 주요 개념으로 사용하는 것이 아니라 서술과 맥락화의 과정에서 문화에 기대는 것이다. 현재 인류학계에서 가장 영향력 있는 고참 학자 중 한 명이자 주로 인도를 연구해온 아르준 아파두라이Arjun Appadurai는 '세계화의 문화적 역동'을 부제로 하는 책에서 문화 개념에 담긴 경직성과 대상화에 유의해야 한다고 한다.[22] 또 다른 주요 인류학자이자 이집트, 젠더, 미디어 분야의 권위자인 릴라 아부-루고드Lila Abu-Lughod의 주요 연구 관심사는 "문화 형식과 권력의 관계"였다.[23] 그러나 동시에 아부-루고드는 큰 반향을 일으켰던 1991년 논문에 '문화에 반하여 쓰기Writing against Culture'라는 적나라한 제목을 붙이기도 했다. 이 논문은 나와 같은 세대의 인류학자들이 푸코와 부르디외에게서 발견한 매력을 무척 선명하게 보여주는 글이었다.[24] 요컨대, 아파두라이와 아부-루고드는 문화를 명사가 아닌 형용사로 생각해볼 것을 제안한다. 이는 곧 문화를 하나의 사물처럼 객관적 개념으로 단정 짓는 사고방식에서 벗어나려는 움직임을 보여준다.

위와 같은 문화에 대한 논쟁의 대부분은 북미 학계에서 펼쳐졌으며, 당시 영국에서는 적어도 분석 용어로서의 문화는 이미 사라진 지 오래였다. 앞서 강조했듯이 말리노프스키는 문화 이론에 어느 정도 영향을 미쳤지만, 1930년대 후반 런던정치경제대학을 떠나 예일대학교에서 가르쳤고 머지않아 뉴헤이븐에서 생을 마감했다. 영국 학계에서 문화 이론에 관한 관심은 (적어도 인류학 내에서) 말리노프스키와 함께 사라졌다고 할 수 있다. 하지만 리처드 호가트Richard Hoggart, 레이먼드 윌리엄스Raymond Williams, 그리고 더 후세대의 스튜어트 홀Stuart Hall 등 문학 및 사회 비평가들의 글에서 볼 수 있듯이 문화 이론은 다른 분야에서 다시 등장했다. 이후 이 분야는 '문화 연구'로 알려지게 되는데, 그렇다고 문화 연구자들이 트로브리안드제도 같은 곳에 직접 찾아간 것은 아니었다. 그들은 인종, 계급, 젠더, 성, 청년됨 등이 현대 서양 사회에 어떤 영향을 미쳤으며 권력과 정치력을 가진 이들의 요구와 기대에 어떻게 대조되는지 탐구한다. 문화 연구의 대부분은 카를 마르크스Karl Marx, 이탈리아 사회비평가 안토니오 그람시Antonio Gramsci, 그리고 뒤에는 푸코에 기반을 두었다.

말리노프스키가 미국으로 떠난 후 영국에서 명성을 얻은 이는 A. R. 래드클리프-브라운이었다. 래드클리프-브라운은 '문화'가 아닌 '사회'를 주요 분석 용어이자 관심사로 삼아 논문들을 썼고 이를 통해 이름을 알렸다. 그는 문화를 "모호한 추상"이라고 부르며 뚜렷한 반감을 드러냈다.[25] 흔히 **사회**인류학이라고 불리는 영국 인류학 전통이 문화를 이론화하는 데 특별한 관심을 기울이지 않은 것도 이 무렵부터일 것이다. 그러나 영국 인류학자들이 문화라는 단어를 완전히 배제한 것은 아니었다. 실제로 1940년대부터 영국 인류학자들이 쓴 주요 저서들에는 '문화' 또는 '문화적' 등의 단어들이 자주 등장한다. 다만 세계대전 이후 영국 인류학자들이 바라보는 미국 인류학자들은 문화라는 "모호한 추상"에 필요 이상으로 연연하고 있었으며, 특히 기어츠 이

　　　　　인류학자처럼 생각하는 법

후 미국 인류학의 '문화' 분석은 비유적 언어, 상징주의, 그리고 기호학에 집중하는 추세였다. 영국의 사회인류학자들은 그 대신 래드클리프-브라운이 사회구조 또는 사회제도라고 부른 것에 초점을 맞췄다. 래드클리프-브라운이 말한 사회구조란 친족관계(장모를 대하는 방식, 아버지-자녀 관계의 특정 성격 등), 정치적 구조와 역할(국가 없는 사회에서의 추장과 평민의 관계), 종교적 실천(금기의 지속과 제물 바침의 기능) 등 **실체가 있는 것**들을 의미했다.

대체로 영국에서 교육받은 인류학자들 대부분은 문화를 비판하는 데에는 신경조차 쓰지 않았다. 그들은 자신들의 연구에 매진했을 뿐이며, 주로 19세기와 20세기 초반 유럽의 사회 이론가들(에밀 뒤르켐Emile Durkheim, 마르셀 모스Marcel Mauss, 카를 마르크스 등)의 개념들을 다양하게 종합해 연구를 이어나갔다. 런던 정치경제대학에서 말리노프스키의 뒤를 이은 레이먼드 퍼스는 1951년에 일찍이 "문화 개념을 통해 본인의 연구를 규정하거나 주요 이론적 틀을 잡는 인류학자들"에 대해 "불필요하게 비판적인" 그의 동료들을 부드럽게 다그친 바 있다.[26] 퍼스에게 '사회'를 구성하는 요소들과 '문화'를 구성하는 요소들 간의 경계는 모호했던 것이다. 나 역시 상당히 일리 있는 견해라고 생각한다.

'문화'를 거듭 강조하는 이유

사상사 연구자이자 인류학적 사유에 대한 가장 뛰어난 논의를 우리에게 선사한 제임스 클리퍼드James Clifford는 1988년에 이렇게 쓴 바 있다. "나에게 문화란 심각하게 손상된, 그러나 아직은 버릴 수 없는 개념이다."[27] 나 역시 이에 동의할뿐더러 수많은 현대 인류학 연구를 봤을 때 문화는 여전히 인류학이 버릴 수 없고 버려서도 안 되는 무언가다. 문화가 모든 것을 설명하는 만능 개념이냐고? 물론 아니다. 나의 동료들이 모두 문화 개념을 흔쾌히 받아들이는 것 역시 아니다. 문화에 비판적인 시각을 견지하는 이들도 여전히 존재한다. 하지만 20세기 말 무렵, 문화를 향한 공격에 매진했던 많은 이들은 점차 다른 사안에 집중하기 시작했다. 어떤 이들에겐 문화를 둘러싼 논쟁은 이미 종결된 쓸데없는 논의에 불과했다. 또 다른 이들은 예전만큼 두드러지는 방식으로는 아닐지라도 별 거리낌 없이 문화나 그와 비슷한 무언가를 염두에 둔 채 작업해나갔다. (인류학 교수가 '이탈리아 문화' 또는 '이슬람 문화들' 등의 표현을 쓸 때 얼굴이 화끈거리는 것은 사실이다. 너무 순진하고 **단순하게** 느껴지기 때문이다. 저널리스트들이 이런 표현을 쓸 때 인류학자들은 속으로 비웃곤 한다. 물론 가족들이 그럴 때는 너그러이 이해하지만.)

이 책의 목적 중 하나는 문화가 무엇인지 다루는 데 있다. 문화의 결점까지도 말이다. 문화라는 개념이 무엇이든 대상화하려는 경향이 있다는 아파두라이와 아부-루고드의 주장에 동의한다. 하지만 동시에 1926년, "인간의 문화적 현실은 일관된 논리적 체계가 아니며, 상반하는 원칙들로 끊임없이 변동하는 혼합체"라고 주장한 말리노프스키의 말에도 동의한다.[28] 이뿐 아니라 1935년, "순수한 인종이라는 것이 없듯이 순수한 문화 역시 존재하지 않는다. …… 원주민들은 몇천 년 동안 서로 영향을 주고받아왔다. 순수하게 토착적인 하나의 문화를 분리해내려는 시도는 매우 어리석은 짓"이라고 쓴 보아스의 첫 제자 중 하나인 로버트 로위의 말에도 공감한다.[29] 덧붙여, 1952년 (다시 말하지만 1952년 이야기이다) 미국 인류학계를 이끌었던 두 인류학자에 따르면 당시 지배적인 경향은 다음 두 가지를 인정하는 것이었다. "① 문화 형태들 간의 상관관계, 그리고 ② 가변성과 개인."[30]

인류학 기록이 우리에게 남긴 다양한 교훈과 인류학 내의 다양한 접근법을 압축할 수 있는 포괄적 단어는 '문화' 외에는 없을 것이다. 물론 앞으로 소개할 인류학자들 모두가 나와 같은 입장인 것은 아니다. 더 나아가 인류학 내의 다양한 논의, 분석, 관심사들이 모두 '문화 이론'을 중심으로 형성되는 것도 아니다. 다만 모든 인류학자를 아우르는 것이 있다면 그것은 인류 사회사를 면밀하게, 그것도 **아주 면밀하게** 살피려는 노력일 것이고, 상식, 인간 본성, 이성에 호소하려는 주장들에 대한 경계심일 것이다. 인류학자들을 문화 개념보다 더 화나게 만드는 것이 바로 그런 주장들이다. 여기에 해당하는 언사들이 늘 부적절하거나 서양인들의 시시껄렁한 농담에 지나지 않아서, 또는 위험할 정도로 어리석어서만이 아니다. 앞서 민족지적 근거를 통해 살펴본 것처럼 상식, 인간 본성, 이성은 모두 각각의 사회적 맥락 안에 있는 것이기 때문이다.

문화를 거듭 강조하는 데에 한 가지 이유가 더 있다면, 다른 학문에서는 문화의 중요성이 너무 과대평가되거나 과소평가되기 때문이다. 한쪽 극단에는 문화를 원초적이고도 불변하는 무언가로 여기는 정치학자들이 있다. 국제정치학 이론서를 읽는 인류학자들이 괴로워하는 이유도 여기에 있다. 국가나 국가의 문화를 마치 명확하며 변치 않는 것처럼 다루기 때문이다. 반대편 극단에는 소수 집단을 상대로 한 실험을 통해 인지나 인간 본성에 관한 주장을 일반화하는 심리학자들이 있다. 이러한 실험들을 자세히 들여다보면 피실험자들이 연구자의 대학교 학생들인 경우도 있다. 인류학에 대한 자부심이 있는 인류학자라면 묻지 않을 수 없다. 과연 하버드대학교 학생들을 통해 얻은 결과를 나머지 인류 전체로 일반화할 수 있는가? 여기서 이 질문을 하는 인류학자는 바로 문화 개념에 호소하고 있는 것이다. 그러니 문화는 좋은 것이기도 한 셈이다.

　　　　　　　　　인류학자처럼 생각하는 법

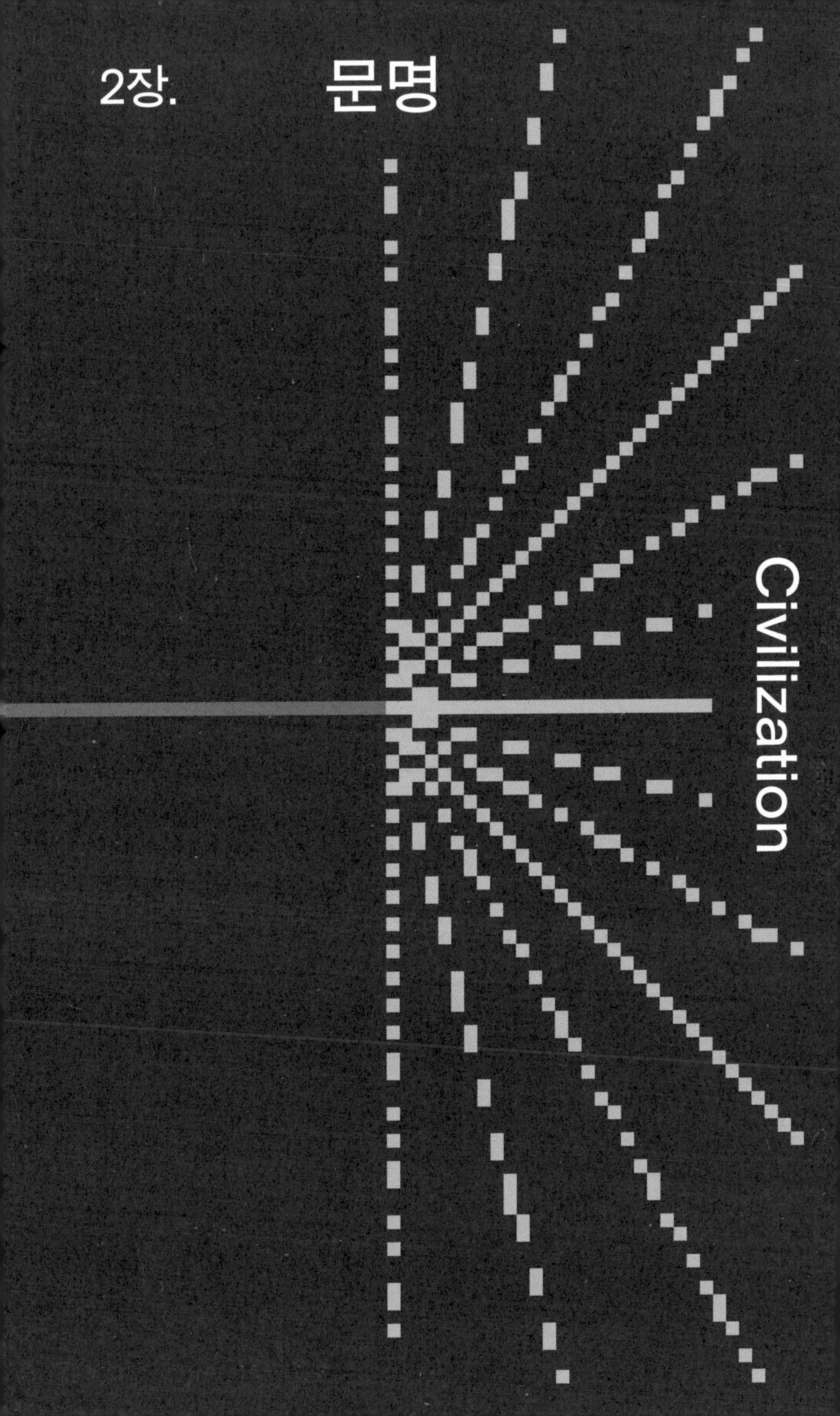
2장.
문명
Civilization

인류학 안에서 한때 문화와 문명은 긴밀하게 엮여 있었다. 하나를 이해하지 않고 다른 하나를 이해하는 게 불가능했을 정도다. 에드워드 버넷 타일러에게 이 둘은 동의어였을 만큼 빅토리아시대 내내 문화와 문명의 연결은 필수 불가결했다. 빅토리아시대의 인류학자들이 문화보다 문명에 주목한 것은 틀림없는 사실이다.

물론 그리 놀라운 일은 아니다. 문명은 누구나 흥미를 느낄 만한 주제이지 않은가?

문명을 생각할 때 우리는 (고대와 현대의) 탁월한 건축물, (고대 알렉산드리아 혹은 오늘날 런던의) 도서관, 대학, 재판소, 병원, 가로등, 매끄럽게 포장된 도로 등을 떠올린다. 문명화되었다는 것은 도덕성의 확립을 의미한다. 또한 사상의 자유, 정의, 돌봄과 같이 각각 도서관, 사법부, 병원을 떠받치는 가치들을 소중하게 생각한다는 것을 뜻한다. 문명화된 사람이란 준수한 식탁예절을 갖춘 사람을 의미하기도 한다. 빅토리아시대 사람들이 이 모든 문명의 징표들에 관심을 가졌던 이유는 문명과 도덕적 진보가 맞닿아 있다고 생각했기 때문이었다.

물론 우리는 문명의 어두운 면을 마주하기도 한다. 위대한 기념물을 **짓기** 위해 동원된 사람들은 정작 그로부터 아무런 혜택을 얻지 못한다(파라오가 그 거대한 돌들을 직접 나르지 않았다는 사실은 어린 학생들도 잘 알고 있다). 매끈하게 포장된 도로는 때때로 교통 체증으로 마비되곤 한다. 그렇기에 문명의 허점이나 그 내러티브 자체에 문제를 제기하는 사람들도 있다. 인적 드문 월든 호숫가에서 은둔생활을 한 헨리 데이비드 소로Henry David Thoreau가 그 대표적 사례다. 조지프 콘래드의 강렬한 작품들 역시 적절한 예로 꼽을 수 있을 것이다. 특히 식민주의의 잔혹성을 비판한 콘래드의 작품 《어둠의 심장》은 인류학자들이 아직 안락의자에 앉아 식민지 관료들의 자료를 가지고 작업하던 인류학의 초창기에 쓰였다.

콘래드가 이 작품을 출간했던 1899년 무렵, 문명의 영향력은 극도로 강력했다. 그의 책조차 그 흐름을 바꾸지는 못했다. 그러나 보아스를 포함한 당대에 콘래드와 같은 생각을 하고 있던 소수의 인류학자들은 인류학 내에서 문명이 차지하는 비중에 대해 의문을 제기하기 시작했다. 물론 그들이 월든 호숫가의 은둔생활 같은 삶을 지향한 것은 아니었다.* 이들은 문명이라는 개념으로는 제대로 된 인류학 연구를 해나갈 수 없다는 것을 인지

인류학자처럼 생각하는 법

하기 시작했다. 특히 '문명'의 도덕적 함축 때문에 이 책에 등장하는 그 어떤 개념들보다 문명은 인류학에 골칫덩어리 같은 존재였다.

이 골칫덩어리 같은 문명이 인류학에서 완전히 없어진 것은 아니다. 물론 고고학자들을 제외하면(이 장의 마지막에 이 이야기로 되돌아올 것이다) 현대 인류학자 중 그 누구도 공공연하게 문명에 기대어 사유하거나 글을 쓰지 않는다. 하지만 그 용어 밑에 깔려 있는 기조는 여전히 암묵적으로 나타나거나, 인류학의 프레이밍과 분석에 영향을 미치고 있다.

오늘날 인류학은 '문명'에 시종일관 비판적 입장을 견지하고 있다. 그럼에도 문명은 인류학의 핵심 개념이며 그 관련 논의들을 주목할 필요가 있다는 것에는 의심의 여지가 없다. 이 논의들을 통해 우리는 인류학의 과거를 이해할 수 있다. 더 나아가 인류학이 외부 세계와 어떻게 연결되어왔는지 구체적으로 다룰 수 있게 된다. 또한 문명 논의를 통해 우리는 인류학 내에서 가장 덜 성공적인 과업, 즉 문명 관련 언어와 사고방식을 제거하려는 작업에 대해 배우게 된다. '문명' 개념을 옹호하는 현대 인류학자를 찾기는 어렵겠지만, 정치인, 저널리스트와 같이 동시대를 해석하는 사람들의 언어를 따라가다 보면 문명 담론이 여전히 건재하다는 사실을 알 수 있다. 안타깝게도 그 언어 이면에 있는 논

---

*   소로조차도 영원히 월든 연못에 은신한 것은 아니었다. 책의 첫 페이지에 그는 "지금은 다시 문명생활권 체류자로 돌아와 있다"고 말한다(1897, 1).

리 역시 건재하기는 마찬가지다. 2016년 베를린 크리스마스 마켓 테러* 직후, 도널드 트럼프는 트위터에 이렇게 썼다. "문명화된 세계라면 반드시 사고방식을 바꿔야 한다!"[1] 트럼프는 많은 사람이 말하지 않거나 말하길 삼가는 바를 거침없이 내뱉기로 유명하지만, 사실 이런 발언은 주변에서도 심심찮게 들을 수 있다. 특히 정치적 언사에 이런 표현은 무척 흔하다.

'문명'은 위험한 단어다. 아니, 위험한 단어가 되었다. '문화'보다 훨씬 더 말이다. 그 이유를 이해하기 위해, 우리는 인류학이 시작되던 시기로 다시금 거슬러 올라가 사회진화론에서 문명이 차지하는 자리를 살펴봐야 한다.

야만에서 문명까지

카리브해와 멕시코에서 돌아온 에드워드 버넷 타일러는 그 여행 이야기로 아주 인기 있는 책을 한 권 썼는데, 민족지 특유의 관찰법과 설명 방식이 가미된 이 모험 이야기는 빅토리아시대 사람들에게 큰 사랑을 받았다. 그러나 타일러가 당시 신생 학문이었던 인류학을 선도하는 인물로서 명성을 얻은 것은 이후에 쓴 《원시 문화》(1871)라는 대작을 통해서였다. 옥스퍼드대학이

---

*   2016년 12월 19일 저녁 트럭이 돌진해 12명이 사망하고 48명이 다친 사건. 이 사건의 용의자는 튀니지 출신의 아니스 암리로, 그는 극단주의 무장단체 이슬람국가IS의 추종자였다. —옮긴이

   인류학자처럼 생각하는 법

나 케임브리지대학에 진학할 수 없었던 비국교도 집안 출신의 청년이었음에도 타일러는 연구 업적만으로 인류학 분야 최초의 교수직을 옥스퍼드대학에서 얻게 되었다.

타일러가 인류학 분야를 홀로 일궜던 것은 아니었다. 타일러보다 조금 나이가 더 많았던 허버트 스펜서와 루이스 헨리 모건의 영향 역시 막대했다. 모건은 뉴욕 북부 출신의 변호사였다. 그는 카리브해와 같이 먼 곳을 여행한 적은 없었지만, 다른 청년들 몇과 함께 '이로쿼이 신동맹New Order of the Iroquois'이라고 불리는 모임을 만들어 아메리카 선주민들에 대한 관심을 공유했다. 이로쿼이 신동맹 조직 구성을 위해 모건은 이로쿼이 연맹**의 정치 구조를 연구했으며, 뉴욕과 캐나다를 아우르는 다섯 선주민 집단의 연맹체인 이로쿼이는 이후 인류학의 주요 관심 대상이 되었다.[2]

타일러나 모건 외에도 당대의 연구자들은 모두 다윈의 영향이 지배적이었던 시대에서 작업했다. 비록 사회진화론이 (생물학적 진화론과 마찬가지로) 시기상 《종의 기원》의 출간 전에 이미 존재했다는 중요한 사실을 짚고 넘어갈 필요는 있지만 말이다. 다윈의 영향을 받은 정도는 모두 제각각이었지만, 어쨌든 모두가 진화라는 문법 안에서 작업했고 자연 세계에서의 진화 방식을(예컨대 양치류 식물이나 연체동물의 진화 방식을) 그대로 사회

** 　이로쿼이어를 쓰는 5개의 아메리카 선주민 집단 연맹체. 모두 모계사회로 여성의 지위가 상당히 높고, 세련된 정치체제를 가지고 있다. ―옮긴이

에 적용했다.

타일러는 식물과 인간을 같은 분석 틀에 놓는 것이 신앙이 독실한 독자들을 불편하게 할 것을 잘 알고 있었다. 그는 《원시문화》에서 이렇게 썼다. "인류 역사가 자연사의 일부이자 한 조각일 뿐이라는 생각, 그리고 우리의 사고, 의지, 행동이 파도의 움직임, 산과 염기의 결합, 식물과 동물의 성장처럼 명백한 법칙을 따르고 있다는 관점 안에는 교육받은 수많은 지성들이 보기에 교만하고 역겨운 무언가가 있는 것 같다."[3] 그럼에도 타일러를 비롯한 일군의 학자들에게 물리학, 화학, 생물학, 인류학은 그리 다를 게 없었다.

앞서 언급했듯 스펜서는 간세포와 정치제도를 한 호흡으로 말하곤 했다. 타일러 역시 자연과학에서 수많은 언어를 가져와 사용했다. 예컨대 그는 인류학자들은 활과 화살을 하나의 '생물종'처럼 취급해야 한다고 했으며, 모든 문화는 세세하게 '해부'되어야 한다고 역설했다. 마치 생물학 실험실의 학생이 된 양 문화를 탁자에 펼쳐놓고 모든 부위를 절단한 뒤에 각각 이름표를 붙이는 것처럼 말이다. 진화를 사회적 분야에 이식하는 작업은 문명 개념에 기반을 둔 표현과 용어들이 인류학에 들어오는 계기가 되었다.

'문명'과 관련해 계속해서 염두에 둬야 할 가장 중요한 사실 중 하나는 문명이 관계적 용어라는 점이다. 문명이란 개념은 격리된 하나의 삶의 조건을 두고 그 바깥에 있는 것들을 바라보며 비교 대조할 때에만 작동한다. 19세기의 경우 야만과 미개는 가

　　　인류학자처럼 생각하는 법

장 중요한 비교 대상이었다. 당시 (그 기원이 18세기로 추정되는) 문명이라는 단어는 신조어였고, 야만과 미개는 그보다 더 오래된 용어였다. 그리스인과 로마인은 자신들과 타자들을 구분하기 위해 이 용어들을 사용했다. '미개인barbarian'은 '웅얼대는babble'(미숙하여 알아들을 수 없는) 언어를 쓰는 이들을 묘사하기 위해 사용된 경멸적인 용어였다. '야만인savage'은 나무나 숲에 해당하는 라틴어 sylva에서 유래했는데, 말하자면 짐승처럼 사는 사람들을 지칭하는 표현이었다.[4]

이 세 개의 용어가 초기 사회진화론적 관점을 형성한 핵심 개념이었다. 생물학적 분류 단위가 계kingdom, 문phylum, 강class으로 나뉘어 있는 것과 같이, 인류학은 야만, 미개, 문명 간 차이에 초점을 맞춰 인류 전반을 설명하고자 했다.

모건은 더욱 구체화된 자신만의 독특한 접근법을 가지고 있었으며, 이를 통해 인간 집단을 7단계로 분류했다. 야만과 미개는 각각 하위, 중위, 상위의 세 단계로 나뉜 반면, 문명은 단일한 단계로 간주되었다(그러나 이 접근법으로는 당시 앵글로-아메리칸들이 자신들을 남유럽 사람들보다 훨씬 더 문명화되었다고 생각했던 사실을 설명해주지 못한다. 이들에게 이탈리아 가톨릭교도와 영국이나 미국의 개신교도는 결코 같지 않았다). 예를 들자면, 야만의 하위와 중위 단계를 가르는 것은 불의 사용 여부였고, 상위 단계는 활과 화살 기술을 가진 집단을 가리켰다. 미개 내 상위 단계의 경우는 철제 기술의 소유 여부로 구분되었다. 문명의 가장 중요한 특징은 표음 문자체계와 글의 사용이었다.[5] 물론 이렇게 분류

된 각 단계 안에서도 작은 차이들이 많이 있었다. 예컨대 모건의 《고대 사회Ancient Society》를 보면 자연 건조한 도기와 불에 구운 도기의 사용을 구분하는데, 여기서는 후자가 진화의 나중 단계에 해당한다.

이런 체계 안에서 분류 작업은 매우 간단한 일이 되었다. 허리감개를 사용하고 유목생활을 하면? 무조건 야만 단계다. 흙벽으로 지은 오두막에 철제 도구가 발견된다면? 미개에 꼭 들어맞는 집단이다. 파스타 혹은 화약, 심지어 문자에 기반한 중앙 정치기관이 있다면? 볼 것도 없이 문명 단계다. 이와 같은 접근법을 통해 모건 같은 연구자들은 모든 것이 딱 맞아떨어지는 세계에 대한 하나의 그림을 제공할 수 있었다. 모건은 이렇게 말했다. "아프리카는 과거와 현재 모두 야만과 미개 단계를 오가는 민족적 혼동을 겪고 있는 반면, 호주나 폴리네시아는 순수한 야만 단계에 머물고 있는데, 이들의 예술작품과 관습들이 이를 보여준다." [6]*

사회진화론과 문명 담론이 도덕적 감수성에 의해 형성되었다는 것에는 의심의 여지가 없다. 초창기 인류학자들이 이 '미개한' 사람들을 대놓고 모독하려던 것은 아니었지만(모건은 이로쿼

---

* 아프리카가 불가해한 곳이었던 게 아니다. "민족적 혼동"을 겪고 있다고 표현된 이유는 그 안에서 무척 다양한 사회적 형성들을 찾아볼 수 있었기 때문이다. 예를 들어 동아프리카의 하드자는 수렵채집 생활을 한다는 이유로 야만 단계로, 남부 아프리카의 응구니Nguni는 씨족중심clan-based의 정치제도와 목축생활을 했기 때문에 미개 단계로 분류되었을 것이다. 가축과 정치적 위계는 미개 단계 사회의 특징이었으니 말이다.

이 문화를 진지하게 존중했다), 그들의 구상 안에는 장 자크 루소가 이야기한 것과 같은 고상한 야만인의 자리는 없었다.** 그들이 고수했던 역사에 대한 진보주의적 관점과 앞서 언급한 바와 같은 목적론적 시각은 이를 충분히 입증해준다. 타일러가 말한바, 인류는 마치 파도의 움직임처럼 법칙의 지배를 받는다는 관점은 이 패러다임에 강력한 결정주의적 경향을 부여했다.

법칙에 기반을 둔 이런 관점의 핵심에는 '인류의 정신적 통일성'이 있다. 타일러와 모건은 야만인의 정신적 능력은 문명화된 지식인의 그것과 같다는 관점을 지지했으며, 그 중심에는 인류가 원래 하나의 정신을 가진 하나의 인종이었다는 생각이 있었다.

이것이 매우 중요한 원리인 데에는 두 가지 이유가 있다. 첫째, 이는 사회진화론자들에게 과학자들이 필요로 하는 일관성을 제공했다. 정신적 통일성을 전제하고 나면 소위 '비교 방법'(딱히 구체적이지도 독창적이지도 않은 용어이지만!)이라고 불리게 될 것을 통해 인류의 역사, 심지어 선사시대까지도 재구성하는 것이 가능해진다. 둘째, 이로써 세부 사항들을 두고 정량화가

** 타일러는 이렇게 썼다. "카리브 사람들은 쾌활하고 겸손하며 예의 바른 인종으로 알려져 있다. 그들은 서로 간에는 매우 정직하기 때문에 만약 집에서 무언가가 사라졌을 때 무척 자연스럽게 '집에 기독교인이 다녀갔나 보군'이라고 말하곤 했다. 하지만 이렇게 훌륭한 사람들도 전쟁 포로에게 칼과 횃불, 붉은 고추로 잔혹하게 고문하고, 이어 그들을 요리해 탐욕스럽게 먹는 악의적 광포함을 보였다. 그렇기에 '카리브(식인종)'라는 이름이 유럽 언어에서 인간 식인을 가리키는 일반 명칭이 된 것은 충분히 근거 있는 일이다"(1871, p. 30).

가능한 분석을 할 수 있게 된다. 타일러는 이렇게 썼다. "만약 법칙이 어느 한 곳에 존재한다면, 그것은 어디에나 적용될 수 있다."[7] 이것이 바로 타일러가 하나의 문화를 그 세부 사항들로 분해할 수 있다고 논했을 때 의미한 바이다. 예술작품과 관습의 목록화 작업은 미개-야만-문명이라는 틀이 거시적인 수준에서 했던 일을 미시적인 수준에서 동일하게 재생산했다.

이러한 비교 방법으로 특정 문화를 연구한다고 해보자. 그렇다면 친족은 놓쳐서는 안 되는 하나의 '세부 주제'다. 이 관점에서 친족이라는 제도는 어디에나 존재하는 것이었으며 인류학 연구는 특정 사회의 친족제도가 전체 진화 과정 중 어디쯤 위치하는지를 계산하는 것이 된다. 다른 모든 세부 사항이 완벽하게 해당 단계에 맞아떨어지는 것은 아니지만, 일반적인 규칙들이 존재한다고 볼 수 있었다(사실상 규칙이 아니라 **가정**이며, 잠시 후 이를 다룰 것이다). 부계 집단은 모계 집단보다 더 진화된 것으로 간주된다. 마치 한 사회의 진화된 정도를 계산해주는 설문 용지의 체크박스에 표시하는 것과 같이 말이다. 왜 부계사회가 더 진화된 것이냐고? 글쎄, 빅토리아시대 사람들의 생각에 부계 혈통은 도덕적 고지식함, 사회적 안정성, 그리고 복잡성에 의존하는 것이라는 이유로 **명백하게** 더욱 진보된 체계였다. 쉽게 말해서, 생물학적 친부를 명확하게 가려내는 것이 친모를 가려내는 것보다 어렵기 때문에 부계제가 더욱 진화된 상태로 여겨졌다. 어쨌든 야만인과 미개인은 성적인 충동을 제어하지 못하는 부류를 의미했으니 말이다. 빅토리아인의 관점에서 보면, 야만인에

　　　　　　　　　　　　　　인류학자처럼 생각하는 법

해당하는 여성은 여러 남성과 성관계를 가졌을 것이고, 아이의 친부가 누구인지 모르거나 그런 것에 신경 쓰지도 않았을 수 있기 때문이다.

정신적 통일성이라는 원리는 시간에도 적용되었다. 모두가 정신적 통일성을 소유하고 있고 법칙은 모든 곳에 적용되며, 인류는 파도처럼 법칙을 따라 역사를 굽이쳐왔다. 이런 생각을 바탕으로 사회진화론자들은 이로쿼이·카리브·하드자 사람들을 마치 살아 있는 화석처럼 취급할 수 있었다. 그들을 관찰함으로써 우리의 어둡고 무지했던 과거를 기록할 수 있다고 생각한 것이다. "우리의 먼 조상들도 이들과 같은 단계를 하나하나 거쳤으며, 이들과 거의 같은 관습들을 같은 방식으로 영위했다는 사실에는 의심의 여지가 없다."[8] 어떤 의미에서 수만 년에 걸친 인류의 발전이라는 깊은 역사에 대한 관심에서 비롯되었지만, 다른 의미에서 사회진화론은 근본적으로 몰역사적이었다.

이 몰역사성이 보아스를 무척 불편하게 했다. 1896년에 발표한 논문에서 보아스는 인류 사회문화 발전의 법칙을 확신하는 진화론자들을 비판했다. 그에 따르면, 사회진화론자들은 문화의 특징과 사회의 패턴이 종종 주변을 차용하거나 주변에 적응한다는 사실을 완전히 무시했다. 더 나아가 타일러를 비롯해 여러 학자에 의해 개진되어온 진화 법칙에 대한 강조는 일종의 연역적 접근법이라는 것도 문제였다. 그들은 일반적인 법칙에 의거해 구체적인 것들로 나아갔는데, 보아스는 이를 나쁜 과학이라고 불렀다. 결론에서 시작해 거꾸로 추론해나가기 때문이었다. 인류학은 구체적인 것에서 일반적인 것으로 나아가는 귀납적 탐구의 영역이어야만 했다. 앞서 살펴봤듯이 역사와 구체성에 대한 강조는 보아스적 문화 개념의 기반이다. 이는 왜 보아스가 문화를 '세부 사항들'로 '해부'하려 했던 사회진화론을 엉터리라고 생각했는지를 알 수 있게 해준다. 해부하기 위해서는 필연적으로 그 문화를 죽여야 하니 말이다. 보아스는 논문의 결론부에서 혹독하게 비판한다. "비교 방법은 지금껏 찬사를 받으며 이런저런 논의를 만들어왔지만, 정작 구체적인 연구 성과에 있어서는 놀라우리만큼 제시한 바가 없다. 문화의 진화에 의거한 단일한 역사체계를 구성하려는 이 헛된 노력을 그만두지 않는 이상, 비교 방법은 아무런 열매도 맺지 못할 것이다."[9]

또 다른 문제도 제기되었다. 빅토리아시대 사회진화론은 과학으로 가장한 하나의 도덕철학이었다. 다만 이 논점을 더 설명하기에 앞서, 타일러와 모건을 비롯한 여러 학자를 지나치게 단순화하거나 시대착오적으로 독해하지 않는 것이 중요하다. 이 빅토리아시대 인류학자들을 향해 혀를 차는 현대인들의 비판에는 당시 그들이 얼마나 혁신적이었는지에 대한 이해가 빠져 있다. 말하자면, 1870년대에 칼라하리의 '부시먼bushman'과 런던의 '신사'가 정신적 통일성을 가지고 있다는 주장은 당시 오랫동안 (그리고 지금까지도) 강력한 힘을 발휘하고 있던 인종차별주의의 논리에 대한 도전이었다. 인종차별주의는 백인과 그 외 인종은 질적으로 다른 정신적 능력을 소유한다고 믿었기 때문이다. 적어도 이 지점에서 보아스가 빅토리아시대 선구자들과 의

     인류학자처럼 생각하는 법

견을 같이했음은 분명하다.

아프리카인들이 '문명'에 해당하는 무언가를 성취해낼 정신적 능력이 없다는 생각은 당대의 상식이었다. 이런 까닭에 식민지 관리들과 선교사들이 중앙아프리카에서 국가와 유사한 정치체계를 발견했을 때, 이들은 아프리카를 마음대로 설명해 치워버렸다. 예를 들어, 이들은 르완다 왕국 체계의 중심에 있던 투치Tutsi를 **진짜** 아프리카인들이 아니라고 설명했다. 수많은 식민지 관리들은 구약성서의 함 족속 이야기를 이용해 투치는 이스라엘이 잃어버린 부족임이 틀림없다고 결론 내렸다. 멸망한 왕국인 남아프리카의 모노모타파Monomotapa* 역시 유사한 사례다. 이 왕국은 대짐바브웨Great Zimbabwe의 위대한 유적을 남겼지만, (고고학자들을 포함해) 서양인들은 흑인이 이런 것을 만들었을 리 없다고 생각했다.

나는 이것을 '인종주의의 **하나의** 논리'라고 부르겠다. 이 밖에도 인종주의를 옹호하는 많은 논리가 있었으며, 빅토리아시대의 사회진화론은 결과적으로 또 다른 형태의 인종주의를 조장하고 제도화했다. 사회진화론자들은 질적 차이보다는 양적 차이로 자신들의 논리적 근거를 정당화했고, 이는 생물학이 아닌 시간성에 전적으로 의존했다. 이 진화적 구도 안에서의 '타자'는 우리와 완전히 다른 생명체가 아니었다. 그들은 과거의 우리

---

* 15~19세기까지 지금의 짐바브웨와 모잠비크 지역에 존재했던 무타파Mutapa 제국을 가리키는 포르투갈어 표기. 한때 풍부한 금광과 인도양 무역망을 장악해 남부 아프리카의 패권국으로 군림했다. —옮긴이

자신이었다. 시간이 흘러 자라고 나면 언젠가 우리처럼 될 수 있겠지만, 아직 갈 길이 먼 유아로 본 것이다.

이런 일종의 유아-성인 관점은 제국의 목표와 완벽하게 잘 맞아떨어졌다. 인류학 교수가 되는 사람마다 야만-미개-문명의 궤적을 그려내는 작업에 온통 몰두했던 것과 같이, 영국인 식민지 총독, 프랑스 식민군, 독일 경건주의 선교사들 등 19세기의 인물들은 모두 제국주의를 정당화하기 위해 문명의 논리와 문법을 사용했다.

문명화 사명mission civilisatrice은 식민 시기 문헌에 편재하는 특징이며, 식민 시기의 배경으로서 반드시 다뤄야만 하는 내용이다. 이 사명의 힘이 얼마나 강력한지는 그 시기에 작성된 여행기, 선교 보고서, 혹은 식민지 자료를 조금만 읽어봐도 쉽게 알 수 있다. 식민사를 공부하는 학생이라면 런던 선교회 출신 선교사들이나 정치인들의 주장에서 특정 미사여구들을 발견했을 것이다. 프랑스의 정치인 쥘 페리Jules Ferry의 말을 그 대표로 소개하자면, 그는 "가장 높은 의미에서의 문명의 사상"을 전파해야 할 프랑스의 권리와 의무를 공언한 바 있다.[10]

진 코마로프와 존 코마로프Jean Comaroff and John Comaroff 부부는 이 문명화 사명의 역동을 잘 포착한 연구자들이었다.[11] 남아프리카와 보츠와나의 츠와나Tswana 집단 연구자로서 그들은 19세기에 '기독교, 상업, 문명'이라는 수사가 어떻게 식민 관계를 형성했는지, 또한 어떻게 서양인들이 아프리카를 '어둠의 대륙'이라고 생각하게 되었는지를 아주 세세하게 입증한다. 이들은

1970년대와 1980년대에 직접 진행한 현지조사와 폭넓은 문헌 자료 및 대중문화를 통해 선교사들(대체로 로버트 모팻Robert Moffat 이나 데이비드 리빙스턴David Livingstone 같은 비국교도 배경의 선교사들)과 그들의 양무리들 사이의 "긴 대화"라고 불렀던 것을 추적한다. 코마로프 부부는 식민지 관리나 상인보다는 선교사에게 집중했는데, 이는 다른 인물들이 덜 중요해서가 아니었다. 다만 선교사들은 대개 그곳에 가장 먼저 도착하는 사람들이자(그곳이 어디든), 가장 오래 머무른 사람들이었고, 그곳의 사정을 가장 잘 이해하는 이들이었기 때문이다(물론 정부 후원을 받은 인류학자들이 등장하기 전까지만 말이다).

코마로프 부부의 연구의 중요성 중 하나는 문명이 시장뿐만 아니라 신과 어떻게 관련되는지, 또한 그에 수반하는 풍습, 윤리, 취향의 세계가 어떻게 작동하는지 보여준 데에 있다. 선교사들이 식민지 아프리카에서 했던 많은 일은 복음을 설파하는 것 이상으로 확장되었다. 선교사들은 거의 모든 것을 재정립했다. 기독교에 직접적으로 연관되는 결혼 풍습 같은 것들뿐만 아니라(일부다처제는 수많은 선교사에게 도덕적 분노를 유발했다), 마을 구획, 가재도구 사용법처럼 사소해 보이는 세세한 것들까지도 말이다. 문명화된다는 것은 교양인이 된다는 것, 즉 고상한 사회의 도덕관을 체화하고 재현하는 것이었다. 선교사들은 또한 과학을 옹호하며 선주민의 삶에 있는 비합리적이고도 미신적인 요소들을 열등하게 생각했다. 그들은 신체를 위해 병원을, 정신을 훈육하기 위해 학교를 설립했다.

‘식민화’는 결코 단일하지 않았다. 성직자나 정치 지도자 한 사람, 혹은 모험심 많은 사업가 한 사람이 이끈 단일한 프로젝트가 결코 아니었다. 코마로프 부부를 비롯한 여러 사려 깊은 제국사, 식민사 연구자들은 이를 분명히 입증했다. 더 나아가 이들의 연구는 우리가 문명의 문법이라고 부르는 것이 얼마나 강력해졌는지에 대해 새로운 사실을 보여준다.

코마로프 부부는 이 문법을 ‘의식의 식민화colonisation of consciousness’라고 불렀다. 이는 식민과 선교의 대상이 되는 순간, 유럽인들과 미국인들이 설정한 논의의 조건을 받아들여야 하는 긴 대화 속으로 선택의 여지없이 끌려들어갔다는 주장이다. 그들의 책 가운데 가장 자주 인용되는 장에서 코마로프 부부는 아마 빅토리아시대의 가장 위대하고도 유명한 선교사인 데이비드 리빙스턴의 글 중 한 문단을 가지고 이 논점을 묘사한다(이 선교사의 시신은 웨스트민스터 대성당에 안치되었으나 그가 생전에 바란 대로 심장은 따로 아프리카에 묻혔다). 그 문단에서 리빙스턴은 한 츠와나 사람과의 대화를 상술하는데, 여기서 리빙스턴은 ‘의사’ 역할을 수행하며(신의 대리자인 이들이 신의 임무를 수행하면서 때때로 과학의 대리자 역할을 하기도 했다는 점을 생각해보라), 츠와나 사람은 ‘비 의사rain doctor[기우사祈雨師]’로 언급된다. 이 대화에서 리빙스턴은 과학, 합리, 그리고 신학에 호소하면서 [비를 부르기 위한] 비 의사의 노력은 허황된 것임을 설득하려 시도한다. 비 의사의 일이라는 것이 좋게 생각해봐야 우연의 일치에 호소하거나, 최악의 경우엔 그저 지평선의 구름 떼를 보고 적당한 타이밍

　　　　　　　　　　인류학자처럼 생각하는 법

을 맞추는 일이라고 주장하면서 말이다. 그러나 비 의사는 자신의 생각을 굽히지 않고 심지어는 선교사들의 위선을 지적해가면서까지 리빙스턴의 여러 주장을 반박한다. 리빙스턴은 이들을 단지 수동적이고 어린아이 같은 원시인이 아닌 저항하는 타자의 이미지로 그려낸다. 그러나 결국 모든 대화는 리빙스턴이 설정한 조건들 위에서 이루어지며, 대화의 끝에서 이 조건들은 과학, 이성, 신학을 기반으로 한 옳고 그름의 표준을 형성한다. 결국 문명이 승리한 것이다.

과연 이 대화는 실제로 있었던 일일까? 아마도 그럴 것이다. 그렇다면 리빙스턴이 우리에게 전하는 그대로 대화가 흘러갔을까? 그건 아마 아닐 것이다. 리빙스턴은 자신의 관점에서 이야기를 전할 뿐이다. 적극적으로 되받아치는 현지인의 답변은 그가 염두에 둔 독자층에게는 흥미진진했을 것이다. 그런데 이는 코마로프 부부가 이야기하는 당시에 광범위하게 진행 중이던 "두 문화 간의 대립"을 보여주고 있다.[12] 이는 단지 '서양 문화'가 우위를 차지했다는 식의 이야기는 아니다. 1장에서 논의했듯이, 코마로프 부부뿐만 아니라 진지한 인류학자라면 '서양 문화'라는 것이 존재한다는 전제 자체를 부인할 것이다. 민족지 기록이 우리에게 보여주듯이, 위와 같은 대화, 교류, 심지어 대립은 늘 쌍방향 또는 그 이상의 다방향으로 이루어진다. 코마로프 부부의 역사인류학이 보여주는 것 중 많은 부분은 사실 서구 사상의 아프리카화Africanization이며, 이러한 지점조차도 서구와 아프리카 사이의 상호 관계 안에서만 의미를 갖는다고 볼 수 있다.

그러나 민족지 기록들이 우리에게 명백히 보여주는 것은 문명의 문법이 식민지 시대와 그 이후의 사회적 역학과 문화적 상상력에 대개 해로운 방식으로 강력한 영향을 끼쳤다는 것이다. 리빙스턴의 여행기 속 대화로부터 거의 한 세기가 지났을 즈음, 또 한 명의 의사가 나타나 식민 상황에 대한 통찰력 있는 진단을 제시했다. 프란츠 파농Frantz Fanon은 서인도제도 마르티니크섬 출신이자 프랑스에서 교육받은 정신과 의사로, 알제리의 병원에서 근무했으며 후에 독립운동에 참여하기도 했다. 1952년에 출간된 그의 역작 《검은 피부, 하얀 가면Peau noire, masques blancs》에서 파농은 "흑인은 원숭이에서 인간으로 가는 느린 진화 과정의 중간 단계"라는 가설을 비난했고(이로써 '정신적 통일성'은 이제 더는 진보적이지 않게 되었다), 식민지 지배자들과 피지배자들 모두에게 강렬한 통찰을 제공함으로써 츠와나의 비 의사를 지지하는 이들을 매료시켰다. 파농은 더 나아가 이렇게 주장한다. "식민 지배를 받는 모든 이들, 다시 말해 문화적 독창성이 파멸되고 매장되어 영혼 깊은 곳에 열등감이 각인된 모든 사람은 자신을 문명화하려는 나라의 언어, 즉 식민 본국의 문화를 대면하게 된다. 그리고 피식민국은 식민 본국의 문화적 기준을 받아들이는 만큼만 밀림 상태에서 벗어날 수 있다. 그의 흑인 정체성과 밀림을 포기함으로써 그는 더 백인에 가까워지는 것이다."[13]

볼리비아 북부에 거주하는 선주민 집단 에세에하Ese Ejja에 관한 한 연구는 현대판 '밀림 상태' 효과를 보여준다.[14] 약 1500명 미만의 인구로 이루어진 에세에하는 타카나Tacana 언어군에 속하며, 볼리비아와 페루 일부 지역에 흩어져 있다. 이들은 사냥, 낚시, 화전농업에 의존하며 마을 단위로 살아간다(오늘날 에세에하 마을들은 축구 경기장 중심으로 조직되어 있다). 다른 소수민족과 마찬가지로 에세에하 사람들은 유럽인들의 정착으로 외딴 마을로 멀리 밀려나거나 광산 노동에 착취당하는 등 어려움을 겪으며 살아왔다.

1999년에서 2001년까지 에세에하의 마을에서 현지조사를 수행한 이사벨라 레프리Isabella Lepri는 이 사람들이 종종 스스로를 "세련된 사람들이 아니"라고 하는 것을 발견한다. 즉 자신들은 여전히 야생적이고 야만적인 반면, 도시에 거주하는 백인과 [유럽인과 라틴아메리카 선주민의 혼혈인] 메스티소mestizo 볼리비아인들은 문명인이라는 것이었다. 실제로 현지 언어로 백인들은 '데하 네이dejja nei'(매우 아름다운, 진실된, 세련된 사람)라고 불린다. 레프리에 의하면 작은 마을에 사는 에세에하 사람들은 큰 도시의 백인들처럼 되고 싶어 했다. 레프리가 마을에서 만난 한 여성은 양파와 큐민 같은 '백인 식품'들로 요리를 했고, 레프리가 도시로 나갈 때면 치즈를 사다줄 것을 부탁할 뿐만 아니라 줄곧 '정오'에 점심식사를 하려고 했다(다만 레프리에 따르면 그것은 시계 시간이 말하는 정오와는 거의 관계가 없었다). 현지식으로 변형된 백인 문화도 찾아볼 수 있었는데, 축구를 즐기는 젊은 에세에하 사람들은(이들에게 축구는 굉장히 중요하다) 대중문화를 통해 습득한 기술, 복장, 축구장에서 취해야 할 행동 등을 흉내 내곤 했다. 다만 주목할 만한 차이점이 있다면, 이들은 득점을 해도 허세를 부리지 않았고, 심지어는 기쁨조차 표출하지 않았다. 에세에하의 관습에 따르면 상대방을 이기거나 누군가를 제치고 성공하는 것은 갈등을 유발하기 때문에, 이를 회피하고 상쇄하기 위한 행동을 한다. 이런 관습은 축구에서도 예외가 아니다(축구 경기에서 승리 팀은 최종 점수에 큰 의미를 두지 않으며, 오히려 비기기 위해 상대편이 몇 골을 넣어야 했는지를 중요하게 생각한다). 어쨌든 이렇게 축구를 즐기는 에세에하의 젊은이들은 '데하에 가까운'[더 백인과 가까운], 즉 문명의 삶에 더 가까운 이들로 여겨졌다.

에세에하 사람들은 문명의 문법을 내면화했다. 그렇다고 해서 그들이 어떤 절대적인 의미에서 단순히 '비참한 야만인'인 것은 아니었다. 백인 볼리비아인들에 대한 그들의 태도는 한층 더 복합적인 상황을 보여준다. 이들은 '문명화'되기를 원하면서도 백인 볼리비아인처럼 되고 싶어 하지는 않는다. 또한 그들은 지저분하고 위험하며 폭력이 난무하다고 생각되는 도시에 살고 싶어 하지 않는다. 에세에하 사람들에 따르면 마을에서의 삶은 살맛 나고 정이 넘친다. 음식은 풍족하며 모두가 음식을 나눠 먹는다. 일반적인 예상과는 달리 외부와의 접촉이 늘어날수록 에세에하 사람들의 지역적 자부심 역시 더 커진 것이다. 이러한 자기정체화 및 자기가치화의 변화는 드문 일이 아니다. 그러나 아마존의 맥락에서 지역 문화를 다루는 최근의 많은 연구들은 이와 같은 역동의 지역적 특수성을 주장해왔으며, 이를 '관점주의perspectivism'라 부른다. 최근 20년 사이에 많은 관심을 받아온 이 인류학적 접근은 8장에서 더 자세히 다룰 것이다. 축구에 대

     인류학자처럼 생각하는 법

한 그들의 태도와 더불어 여기서 짚고 넘어가고자 하는 핵심은 다음과 같다. "에세에하 사람들은 데하가 되고 싶어 하지만, 자신들의 윤리에 어긋나는 행동은 배제하면서 본인들만의 방식으로, 선택적인 모방을 해나간다."[15]

에세에하에 관한 연구는 야만과 문명의 언어가 오늘날까지도 사용되고 있음을 보여준다. 그 핵심적인 측면은 직접적인 용어 사용뿐만 아니라 앞서 언급했던 진화주의적 사고를 투영하는 시간성에 대한 의존temporal hinge에서도 잘 표현된다. 시간과 관련한 표현들은 은연중에 자연스럽게 사용되곤 하는데, 그 존재를 알아차릴 수 있어야만 야만과 문명의 언어가 어떻게 작용하는지 이해할 수 있다. 자신을 가리켜 "세련된 사람"이 아니라는 식의, 한눈에 보기에도 어색하고 불편한 발언보다 우리가 더 자주 맞닥뜨리는 것은 '퇴화된', '시대에 뒤처진', '과거에서 벗어나지 못한 사람들'과 같은 표현이다.

이와 같은 표현들은 단지 식민지 또는 후기식민지의 맥락에서뿐 아니라 어디서든 찾아볼 수 있다. [웨일스의 수도] 카디프나 시애틀 사람들이 웨일스의 시골 혹은 아이다호에서 사는 이들을 두고 시대에 뒤처졌다고 말하는 것처럼 말이다. 어쩌면 독자들 역시 이와 같은 표현을 쓰며 일종의 지역적 자부심을 표현할지도 모르겠다. 악의 없는 가벼운 농담으로 쓰일 때가 많지만 이러한 표현 방식은 에세에하의 자기비하만큼이나 사회진화론적 논리를 내포하고 있다.

사회진화론적 논리는 웨일스 시골 사람들에 대한 조롱이나 아마존 선주민들에 대한 인류학적 분석에만 존재하는 것이 아니다. 앞서 이 장을 열며 트럼프의 트윗을 통해 봤던 '범지구적 테러와의 전쟁Global War on Terror'을 예로 들어보자. 9·11테러 직후 문명과 관련된 담론들이 쏟아져 나왔다. 서구권의(때로는 서구권 밖의) 정치인과 전문가 다수는 문명의 세계가 힘을 합쳐 테러리스트들의 야만적 행위에 맞서 싸워야 한다는 주장을 펼쳤다. 이는 무척 흔한 레퍼토리다. 적으로 인식된 타자는 늘 어떤 면에서 야만적이거나 포악한 대상으로 묘사된다. 제1차 세계대전 중 미국의 선전 포스터에 묘사된 독일인('훈족Huns'이라고 불린)은 문명화된 모습으로 보이지 않는다. 심지어 그들을 인간이 아닌 무서운 유인원의 형태로 그린 이미지들까지 존재한다. 그렇지만 테러와의 전쟁 사례에서는 하버드대학 정치학 교수인 새뮤얼 P. 헌팅턴Samuel P. Huntington이 주장한 대로 문명이라는 개념 그 자체가 유독 두드러진다.

큰 영향력을 미친 헌팅턴의 1993년 논문 〈문명의 충돌?The Clash of Civilizations?〉에서 그는 세계 정치의 미래를 고찰한다.[16] 헌팅턴에 의하면 냉전의 종결과 함께 지정학을 좌지우지하는 것은 사회주의와 자본주의 간의 이념적 싸움이 아니다. 더 나아가 제1세계, 제2세계, 제3세계와 같은 분류 용어조차 무의미해질 것이라면서 그는 냉전시대의 질서를 대체하는 것은 문명 간의 충돌이라고 주장했다.

헌팅턴은 문명을 "인간과 다른 종들을 구분하는 것 다음으로 가장 넓은 문화적 단위이자, 가장 포괄적인 문화적 정체성"이라고 정의한다.[17] 헌팅턴의 정의에서 '문화'와 '문명'의 차이는 다소 모호하다. 문화는 문명 안에 포함되며, 그 중간 혹은 세부 단위로 더 나뉠 수 있지만, 헌팅턴은 두 용어를 다양한 방면에서 동의어로 취급한다. 이런 의미에서, 그리고 헌팅턴의 주장이 정신적 통일성의 원칙에 기반하고 있다는 점에서, 그의 사유는 타일러의 주장과 놀라울 정도로 유사하다. 이 두 학자에게 가장 중요한 것은 바로 문명이고 그 이면에 존재하는 도덕적 서사다.

물론 헌팅턴은 특정 인종을 비하하거나 '야만인', '미개인' 등의 표현을 쓰지 않았다. 그에 따르면 문명이란 인간을 정의하는 최소한의 공통분모다. 따라서 '위대한 문명'은 (빅토리아시대 학자들의 견해와 달리) 아프리카에서도 발견될 수 있다고 말한다. 각 문명은 "역사, 언어, 문화, 전통, 그리고 무엇보다 종교"에 따라 서로 다르다.[18] 이러한 차이점들은 실질적이고도 근원적이다. 그렇다고 해서 문명들이 반드시 충돌할 수밖에 없다거나, 변화와 접합이 불가능하다는 의미는 아니지만, 문명 간의 차이가 중대한 위험을 초래할 수 있는 것은 분명하다고 헌팅턴은 말한다. 헌팅턴이 보기에 가장 심각한 위험은 서양과 이슬람 세계의 충돌이었다. 그의 논문 출판 5년 후인 1998년, 동아프리카에서 일어난 두 번의 미국대사관 폭탄 테러 사건이 오사마 빈 라덴과 연관되었다고 밝혀지면서 헌팅턴의 주장은 설득력을 얻기 시작했다. 더군다나, 9·11테러에 대해서는 선구자적 예언을 한 것으로 보였을 것이다.

물론 의지의연합the coalition of the willing* 구성원 모두가 헌팅턴

의 주장을 적극적으로 받아들인 것은 아니었다. 테러와의 전쟁은 공식적으로 문명의 충돌이어서는 안 되었다. 그런 용어를 과감하게 쓰는 것은 조지 W. 부시에게 정략적으로 득이 되지 않았을 것이다. 공식 메시지는 언제나 테러리스트들의 행위가 이슬람의 타락이라는 것이었다. 부시가 테러와의 전쟁을 가리켜 (중세시대를 회상시키며) '십자군전쟁crusade'이라고 표현한 적이 있는데, 홍보비서관들이 그 뒤처리를 해야 했다.[19]

헌팅턴은 아프가니스탄과 이라크와의 전쟁을 테러와의 전쟁으로 설계한 신보수주의자들에게는 큰 관심이 없었다. 다만 많은 선전 구호들과 마찬가지로 헌팅턴의 발언은 대중들 사이에 널리 퍼져 있는 태도와 분위기를 잘 포착해준다. 테러와의 전쟁은 오늘날에도 지속되는 사회진화론의 영향력에 대한 구체적인 실례인 셈이다.

특히 아프가니스탄 사례가 문명화 사명과 9·11 이후 전쟁의 긴밀한 접점을 더욱 명백하게 드러낸다. 아프가니스탄에서 테러와의 전쟁은 탈레반의 존재 때문에 특별히 더 강력한 도덕적 성격을 띠었는데, 특히 여성과 여자아이들을 대하는 그들의 태도에서 탈레반은 야만적이고 미개하며 무지한 이들로 비쳤다. 아프가니스탄 사람들은 구원받아야 했다. 반면 이라크전쟁

---

* 9·11테러 이후 미국은 이라크가 대량살상무기를 보유하고 있다고 주장하며 전쟁 준비를 했지만, UN안보리의 공식적인 지지를 얻지 못했다. 그러자 공식 기구 대신 '의지의연합'이라는 자발적으로 참여하는 국가 명단을 발표했다. 한국도 이때 이라크에 파병 결정을 한 바 있다.─옮긴이

의 제일 큰 과제는 가장 문명화된, 그리고 가장 진화한 형태의
정치 구조인 민주주의를 그곳에 심는 것이었다. (민주주의의 불가
결의 요소는 **시민사회**civil society를 갖춘 정치체제가 아니던가?)

　다시 한번 말하지만 갈등 상황에서 자기 편의 도덕적 우월
함을 주장하는 것은 전혀 새롭지 않다. 다만 현대에서 쓰이는 문
명이라는 프레임은 시간과 관련한 비유적 언어에 기대어 작동
한다. 테러와의 전쟁에서 주요 역할을 한 이들은 마치 빅토리아
시대의 인류학자들처럼 타자를 과거에 갇힌, 살아 있는 화석으
로 이해했다. 한 미군 대령의 발언이 이러한 사고방식을 가장 명
확히 드러낸다. 그는 "서부 이라크는 마치 6세기 전 베두인Bedou-
in 사람들이 염소 털로 만든 텐트에서 살던 시대 같았다"라고 말
했다.[20]

　나는 군사 전략가는 아니지만, 만약 내가 관련 분야 전문가
였다면 베두인 사람들에 대한 이러한 발언은 무척 부적절할 뿐
만 아니라 매우 **위험**하다는 점을 분명하게 지적했을 것이다. 베
트남, 이라크, 아프가니스탄 등 미국이 성공을 거두지 못한 전쟁
을 되돌아보면 미국의 기술적 우월함에 기반한 자신만만함이
얼마나 경솔한 처사였는지를 알 수 있다. 이러한 자신만만함 뒤
에는 비교적 덜 발달한 사회나 적의 능력을 강대한 문명의 힘이
언제나 능가할 것이라는 문화적으로 학습된 전제가 깔려 있다.

　독일의 인류학자 요하네스 파비안Johannes Fabian은 이러한 사
고방식을 가리켜 '동시성의 부정denial of coevalness'이라는 표현을 고
안해내기도 했다. 이는 타자가 자신과 같은 시간대를 살아간다

는 사실을 부정한다는 의미다. 1980년대에 파비안에 의해 만들어진 이 표현은 연구참여자들을 묘사하는 당시 인류학자들의 태도를 겨냥한 비판이었다. 물론 이 무렵 사회진화론을 적극적으로 옹호하는 이들은 거의 없었다고 할 수 있지만, 파비안에 따르면 다른 이론적 패러다임 안에서도 타자를 화석 취급하거나 고대의 표본으로 서술하는 태도를 여전히 찾아볼 수 있다는 것이다. 그는 인류학이 하나의 "타임머신"처럼 취급된다고 말했다.[21] 대학 연구실에서 나올 때까지는 아직 현재다. 연구 현장에 도착하는 순간 과거에 도달하게 된다.

파비안의 주장은 매우 일리가 있다. 그의 저서는 동시성의 부정을 떨쳐내는 데 중요한 역할을 했지만, 이러한 경향은 여전히 인류학계에 남아 있다. 이런 경향은 대개 타자를 낭만화하는 방식에 숨어 있기에 그리 해롭지 않은 것으로 여겨지기도 한다. 그러나 이로 인해 아프리카나 남아메리카 저지대, 또는 몽골의 초원에서 진행된 연구들이 미국이나 독일에서 진행된 연구보다 더 높은 평가를 받는 경향이 있다.* 인간 조건을 진정으로 이해하기 위해서는 여전히 문명과 근대성이 지닌 요소를 한 꺼풀 벗겨내야 한다는 생각이 어느 정도는 인류학을 지배하고 있기 때문이다.

사회진화론의 유산에는 부드러운 측면도 존재한다. '근대

---

* 미국 혹은 프랑스에 존재하는 타자에 대한 연구는 예외다. 불법 멕시코 이민자들, 혹은 베를린의 튀르키예 공동체를 다루는 연구들 말이다. 이들 역시 낯선 것, 혹은 가장자리에 있는 것으로 취급되기 때문이다.

 인류학자처럼 생각하는 법

성'이라는 단어가 상기시키는 것은 전쟁이 아니라 개발과 평화 프로젝트를 떠올리게 할 수도 있다. 제2차 세계대전 이후, 일부 인류학자들은 '근대화 이론'의 구축과 수행에 기여했다. 클리퍼드 기어츠는 그의 이력 초반에 시카고대학에서 신생국비교연구위원회Committee for the Comparative Study of New Nations를 이끌기도 했다. 이 위원회의 궁극적인 목적은 사회과학적인 관점에서 과연 식민지였던 국가들(가나, 인도네시아, 모로코 등과 같이 새로 독립한 국가들)이 근대화를 할 수 있을지, 그렇다면 그 방법은 무엇이어야 하는지를 묻고 답하는 것이었다. 이 국가들을 어떻게 현대 세계로 편입시킬 수 있을까? 얼마나 많은 도로, 병원, 훈련된 건축 기술가가 필요할까? 많은 근대화 이론가들은 문화 이해가 필수적이라고 확신했고, 이 때문에 인류학자들을 가치 있게 생각했다. 그러나 그들이 다른 문화들을 보존하려 했던 것은 아니다(물론 약간의 지역색과 향신료 정도는 보존하고 싶었을지 모른다). 오히려 그들의 목적은 세계(즉 서구) 체제로의 발전과 통합 가능성을 극대화하는 방법을 찾는 것이었다. 월트 로스토Walt Rostow 같은 경제학자나 탤컷 파슨스Talcott Parsons, 슈무엘 아이젠슈타트Shmuel Eisenstadt 같은 사회학자들을 포함한 여러 학자는 개발, 성취, 국내 총생산GDP 등의 신진화론적 개념들을 전면적으로 제시했다.

국제 개발 프로젝트들은 근대화 담론의 현대적 파생물이며 오늘날 중요한 연구 분야가 되었다. 이에 대한 접근 방식이 다양해짐에 따라 도덕적인 측면의 중요성도 주목받았다. 오늘날 주요 다국적기업 중 '기업의 사회적 책임'과 관련된 부서나 팀이 없는 경우는 찾아보기 힘들다. 남아프리카공화국이나 파푸아뉴기니에 광산을 두고 있는 기업들은 현지에 학교를 짓고, 여성들의 직조 협동조합을 지원하는 등 기업의 선한 영향력을 보여주려 부단히 애쓴다. 이러한 노력의 대부분은 지역사회 역량강화를 전제로 하고 있다. [개발의 사회문화적 측면을 연구하는] 개발인류학anthropology of development 분야를 이끌어가는 두 명의 인류학자가 우리에게 보여주듯, 사실 초창기 근대화 프로젝트는 낙수효과를 전제로 했다. 즉 탈식민 상황에서 지역 엘리트들, 혹은 신생 국가기관들과 협력하면 그 혜택이 저 아래에 있는 소작 농부들에게까지 흘러갈 것이라는 논리였다.[22] 하지만 개발인류학자들에 의하면 이러한 계획들은 실패로 이어지거나 현지 상황을 오히려 악화시켰다. 그 이유는 근대화론자들이 공언한 입장과는 달리 문화를 전혀 염두에 두고 있지 않았기 때문이다.

일부 개발 프로젝트들이 개선되어 현지의 가치와 역량강화에 민감해지게 된 것은 사실이다. 그럼에도 문명과 사회진화론의 문법은 여전히 놀라울 정도로 깊게 뿌리를 내리고 있다. 강경 정치학자들의 저서나 전쟁 상황에서 나타나는 문명의 문법에 대해 진보 성향의 일부 독자들은 그리 놀라지 않을 수도 있겠다. 하지만 진보 언론의 상징인 《가디언》조차 사회진화론적 문법을 담고 있다면?

2008년 《가디언》은 바클레이은행, 아프리카에 본부를 둔 비정부 보건기구인 아프리카의료연구재단African Medical and Research Foundation, AMREF과 협력해 3년간의 구호 실험 프로젝트에 착수했

    인류학자처럼 생각하는 법

다. 《가디언》은 우간다 북부 카티네에서 진행된 이 프로젝트의 진행 상황을 대중과 공유하기 위해 기사, 비디오, 보고서, 세미나 녹화본 및 독자 논평 등을 포함한 광범위한 웹 기반 자료집을 만들어나갔다.[23] 이 놀라운 아카이브는 개발 프로젝트의 복합성뿐만 아니라 지속가능한 시스템을 구축하는 작업의 어려움을 잘 보여준다. 실행 과정에서의 크고 작은 혼란과 실수들뿐만 아니라 성공 사례도 함께 담고 있는데, 프로젝트의 성공적인 부분은 식수를 보급한 것, 새로운 작물을 도입한 것, 아동의 예방 접종률을 증가시키고 저축 대부 조합을 구축한 것을 꼽고 있다. 프로젝트 평가에 참여한 인류학자 벤 존스Ben Jones에 따르면 카티네 프로젝트는 "개발 프로젝트의 어려움과 필요성을 동시에 보여준다".[24]

카티네 프로젝트는 신중히 계획된 혁신적인 노력이었다. 하지만 프로젝트에 대한 나의 첫인상은 다소 충격적이었다. 2007년 10월 20일 토요일, 카티네 프로젝트가 공개적으로 출범하던 날, 나는 평소와 다름없이 《가디언》을 사서 펼쳐 들었다. 그날의 머리기사는 다음과 같았다. "우리는 과연 한 마을을 중세시대에서 벗어나게 할 수 있을까?" 이어지는 소제목은 "《가디언》의 야심 찬 구호 실험을 시작하며, 앨런 러스브리저는 런던에서 몇 시간 떨어진 곳으로, 그리고 700년 전으로 여행을 떠난다"[25]였다. 당시 《가디언》의 편집장이었던 앨런 러스브리저Alan Rusbridger는 카티네를 중세시대에 빗댔는데, 이 비유는 옥스퍼드 대학의 경제학자 폴 콜리어Paul Collier에게서 가져온 것이었다. 기사에서 그는 이 비유를 확장하며, 이 프로젝트가 "아직 14세기에 갇혀 있는 이들의 삶에 변화를 선사하고자 한다"고 말했다.

러스브리저의 비유는 이라크에서 미군 대령이 했던 발언보다 훨씬 더 부적절하고 위험하다. 러스브리저나 콜리어를 E. B. 타일러의 환생이라 할 수 있을까? 아니면 세속화된 형태의 데이비드 리빙스턴 선교사라고 할 수 있을까? 그렇지는 않다. 카티네 프로젝트는 전반적으로 빅토리아시대 사람들이나 근대화 이론가들이 결코 보여주지 못했던 사고의 미묘함, 자기성찰성, 온정주의의 위험성에 대한 깊이 있는 인식을 드러낸다. 하지만 바로 그 점 때문에, 오히려 그럴수록 우리는 러스브리저의 수사적 표현들에 더욱 낙담해야 한다. 많은 사람들은 이러한 표현을 은유로 해석하지 않고 문자 그대로 받아들여 우간다 시골 지역에 거주하는 아프리카인들이 14세기에 갇혀 있다고 생각할 것이다. 동시성의 부정이 여전히 건재한 셈이다.

이것이 왜 위험하냐고? 카티네 마을 사람들은 14세기에 머물러 있지 않다. 그들은 식민주의와 탈식민 시대의 경제적, 정치적 역학의 영향을 받으며 21세기를 살아가고 있다. 앞서 언급된 비유나 동시성을 부정하는 태도는 우리에게 이 사실을 볼 수 없게 만든다. 카티네는 영국 신민 정책의 여파, 이디 아민Idi Amin 정권, 지속적인 지역 반란, 유럽연합으로부터의 농업보조금, 국제통화기금IMF의 전략 계획 등에 의해 형성되기 때문에 동시대적이다. 우리가 만약 아프리카의 타자들을 과거 시대에 위치키신다면, 그들의 삶이 우리와 다르게 보이는 이유를 직면해야 하는

　　　　　인류학자처럼 생각하는 법

이유가 없어지게 된다. 21세기에 살아간다는 것은 병원과 인터넷이 제대로 작동하고, 부정선거가 없는 사회에서 살아간다는 것을 의미하지 않는다. 문명의 성취를 구성하는 그런 식의 '현재' 이미지는 부분을 전체로 착각하는 것이다. 이는 '현재'가 유로-아메리카적 근대성의 상상 이상의 것으로 이루어져 있음을 인정하지 않는 것이다.

앞 장에서 나는 인류학적 분석을 틀 짓는 개념으로서 문화에 반대하는 주장들에 맞서 문화 개념을 옹호했다. 그렇기에 문화와 긴밀한 관계가 있는 문명이라는 개념을 완전히 배척해버리는 것은 불공평한 일일 것이다. 그러나 그간 '문명'은 지나치게 날뛰었다. 이제 '문명'은 기술적, 도덕적, 윤리적 등 거의 모든 면에서 우월성을 암시하는 단어로 쓰인다. 또한 노골적으로든 암묵적으로든, 문명의 용법은 초기 인류학을 가능하게 했을 뿐만 아니라 유럽 식민주의에 정당성을 부여하기도 했던 사회진화론에서 나왔다는 사실을 잊어서는 안 될 것이다. 그러나 이 장을 마무리하며 '문명'을 완전히 폐기할 때 우리가 잃게 되거나 보지 못하게 되는 것들은 무엇이 있을지 고려해볼 필요가 있다.

이라크에서 미군 대령이 중세시대 베두인 사람들과 염소 털로 만든 텐트를 떠올린 것은 커다란 아이러니다. 고고학자들에 의하면, 염소는 최초로 길들여진 동물 중 하나였다. 선사시대만 놓고 보자면, 염소는 문명의 부재를 나타내는 것이 아니라 문명의 증거라고 할 수 있다. 더 나아가 학교에서 종종 배우듯 이라크는 '문명의 근원지'다. 우리가 일컫는 '문명'은 바로 고대 메소포타미아 티그리스강과 유프라테스강 사이의 비옥한 토지에서 시작되었다. 더불어 중동 지역 전반은 기원전 4000년 무렵 문자의 발달과 도시 발달 등이 이루어진 역사의 발상지라고 불린다. 이처럼 고고학에서의 '문명'이란 단순한 서술적 의미를 담고 있다. 즉 문명이란 도시화를 가리키는 표현일 뿐, 반드시 더 나은 방식이나 고등한 가치들을 의미하지는 않는다.

유니버시티칼리지런던의 고고학자 데이비드 웬그로David Wengrow는 최근 이 용어의 복잡한 역사와 가능성을 정면으로 다뤘다. "무엇이 문명을 만드는가?"[26] 그는 고대 근동에 초점을 맞춰 몇 부분으로 나누어 답을 제시한다. 먼저, 그는 문명은 경계로 정의되지 않는다고 주장한다. 메소포타미아와 이집트는 구분된 별개로 봐야 하지만, 이 구별은 적어도 부분적으로는 이 지역 전반에 걸쳐 이루어진 중요한 상호작용과 교류의 역사에 의해 형성된 것이다. 웬그로에 의하면 문명이란 그것이 맺고 있는 관계들의 깊이와 질을 통해 상당 부분 형성된다. 그의 이런 결론은 계속해서 쌓이고 있는 고고학적 기록들을 꼼꼼하게 독해하면서 기원전 3000년대에 원료와 상품의 순환 및 거래가 얼마나 광범위했는지를 추적한 결과로 나온 것이다. 서쪽으로는 트로이와 지중해로부터 동쪽으로는 차가이 언덕과 인더스 계곡에 이르기까지, 이 문명은 곧 촘촘한 네트워크였다. 특히 이러한 논점은, 문명은 마치 사물과 같아서 서로 부딪혀 충돌할 수밖에 없다는 새뮤얼 헌팅턴의 주장과 상반된다.

웬그로는 문명 연구의 초점을 역사적 의미를 지닌 거창한

인류학자처럼 생각하는 법

것들에서 평범하고 일상적인 것들로 옮기길 시도한다. 피라미드와 신전들은 눈부신 공학적 위업이며, 문자 역시 인류에게 새로운 지평을 열어준 기술임에는 의심의 여지가 없다. 다만 이보다는 요리법, 장신구, 살림살이 배치 등과 같은 평범한 일상 속 실천들에 주의를 기울일 필요가 있다는 것이다. 고고학은 이런 것들에 대해 점점 더 정확한 이야기를 들려주고 있다. 이는 앞 장에서 언급한 고고학의 유명 문구, '**잊혀진 하찮은 것들**'을 강조하는 또 다른 표현인 셈이다.

고대 근동에서 이와 같은 관점의 전환을 보여주는 가장 두드러진 결론 가운데 하나는, 이집트와 메소포타미아의 세계관 사이의 명백한 차이점과 두 세계관이 각기 가진 독특함에 대한 이해가 심화된다는 것이다. "문명의 용광로" 안에서 무척 활발한 교류가 있었음에도 이 두 문명이 약 4000년간 서로 다른 상징 질서를 보존해왔다는 것은 하나의 역설이다.[27] 메소포타미아에서는 "집"의 가치가 세계를 조직하는 중심이었다면, 나일강 유역에서는 "몸"의 가치가 중심이었다. 여기서 우리는 "인간 사회와 그 삶을 지배하는 개념들 사이의 깊은 결속"을 배우게 된다.[28]

웬그로의 결론은 또 다른 질문들을 남긴다. 타일러에서 헌팅턴으로 이어지는 문명과 문화 모델이 부정확하고도 틀린 것이라면, 그 개념들이 이토록 우리 삶에 뚜렷하고도 지속적인 영향을 발휘하고 있다는 사실을 어떻게 설명해야 할까? 고고학적 관점에서도 4000년은 결코 짧은 시간이 아니다. 한 가지 더 중요한 질문이 있다. 인류 6000여 년의 역사가 우리에게 보여주는 것이 사회진화가 아니었다면, 그것은 무엇이었을까?

두 번째 질문에 대한 답은 다소 간단하다. 그것은 **변화**change 다. 때로 우리는 이 변화를 '발달development'이라고 부르기도 하고, 때로는 '복잡화complexification' 같은 다소 어색한 단어로 표현하기도 한다. 하지만 그 어떤 변화라도 그것을 사회진화라고 부르는 것은 문화의 작용을 오해하는 것이다. 첫 번째 질문에 대해서는, 이 장과 앞선 장이 공통적으로 다뤄온 핵심 개념 덕분에 이미 어느 정도 답을 확보하고 있다고 볼 수 있다. 그 개념이란 바로 '가치value'다. 이제 우리는 이 '가치'라는 개념으로 시선을 돌려보려 한다.

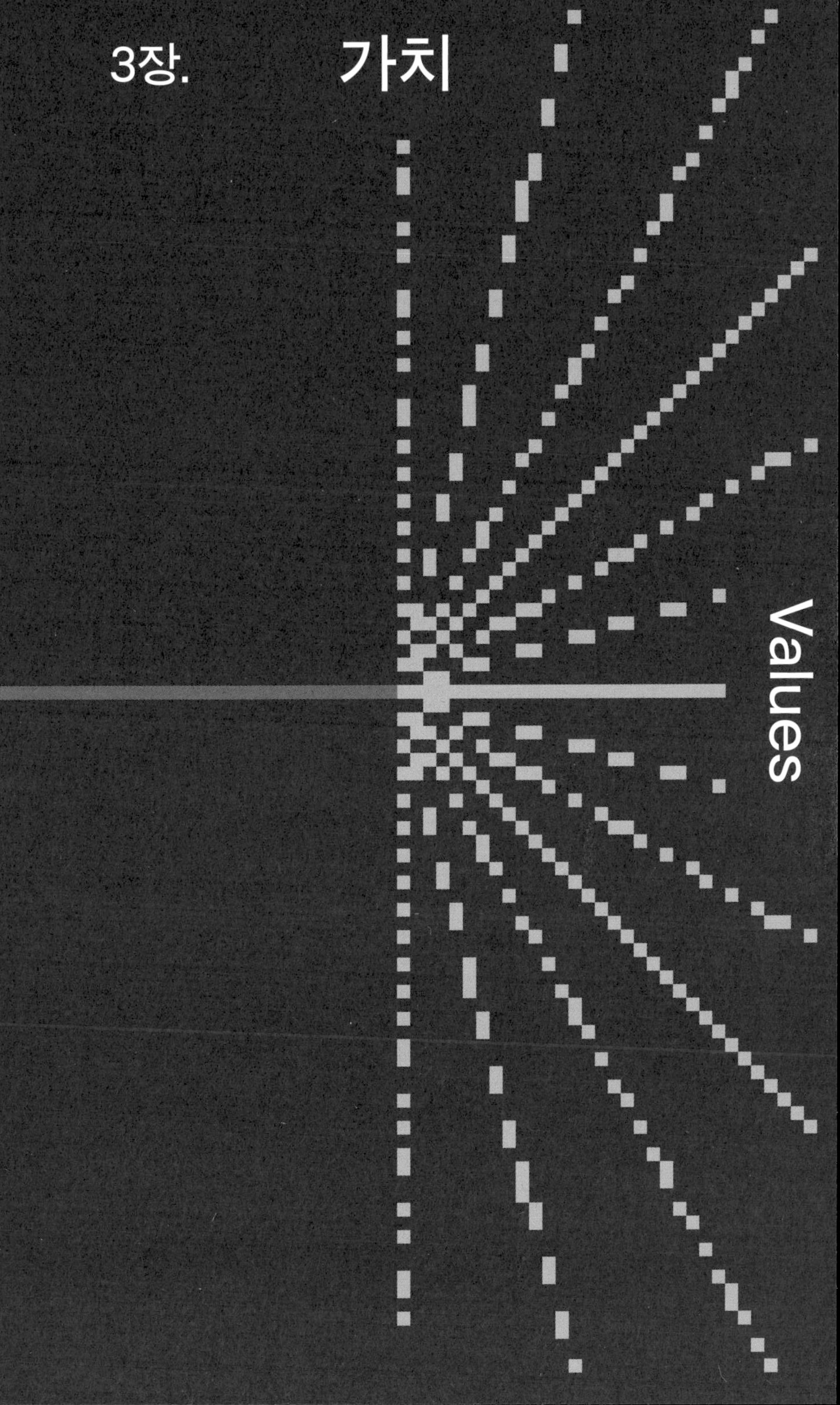

3장.
가치
Values

우리가 지금껏 문화와 문명에 관해 이야기한 내용의 대부분을 가치에 대한 탐구로 더 세분화할 수 있다. 이는 '문명'이란 개념 자체에서 두말할 것도 없이 드러난다. 문명은 필연적으로 평가의 함의를 지니기 때문이다. 만약 미국인들에게 에어컨과 자유 중 하나를 택하라고 한다면 모두 자유를 택할 것이다. 미국 뉴햄프셔주의 신조 "자유가 아니면 죽음을"을 떠올려보라. 에어컨이 생필품인 텍사스인들에게 묻는다고 해도 답변은 아마 같을 것이다.

문화라는 관점에서 인류학자들이 주니에 관해 글을 쓴다고 할 때, 혹은 런던의 선물거래인이나 볼리비아의 에세에하의 축구에 관해 글을 쓴다고 할 때, 그 글의 많은 부분은 환대, 성공, 또는 평등과 같은 가치에 대한 분석일 경우가 많다. 실제로 인류학자들의 연구는 문화의 종류나 형태를 설명하기 위해 종종 가치를 활용해왔다. 민족지 자료들 안에는 '평등주의 사회', '명예 문화' 등과 같은 본질에 대한 열띤 논의와 논쟁들을 쉽게 찾아볼 수 있다.

우리는 가치를 지속적이고, 고정되어 있으며, 자명한 것으로 생각하는 경향이 있다. 인류학은 가치에 대한 이러한 생각에 의문을 제기한다. 경험적 연구를 통해 보는 가치란 매우 창조적이고 유연한 개념이기 때문이다. 물론 가치가 손쉽게 변한다거나, 상대적이고 취약하다거나, 심지어 편의에 따라 아무렇지도 않게 버릴 수 있는 무언가라는 의미는 아니다. 그러나 미국인뿐 아니라 그 누구에게라도 '자유'가 정확히 무엇을 의미하는지 당연하게 여겨서는 안 된다.

탁월한 민족지 연구 중 대다수는 이와 같은 논점을 시사한다. 거의 모든 연구는 가치에 대한 무언가를, 더 정확히 말하자면 가치가 실제 작동하는 방식에 대해 우리에게 말해준다. 그럼에도 대개의 경우 가치 그 자체가 명시적인 초점은 아니며, 가치에 관한 이론으로 연구를 진행하는 인류학자는 극소수다. 그러나 눈여겨볼 만한 예외들이 존재하고, 그중 두 가지를 꼽아 이번 장의 논의의 틀로 삼고자 한다. 첫 번째는 지중해 지역 민족들과 그 문화들에 관한 연구의 한 갈래로, 이 연구들은 명예와 수치라는 가치를 탐구한다. 일부 인류학자들은 이를 지역 정체성을 구성하는 요소로 다루어왔다. 두 번째는 이보다 훨씬 이론적으로 접근하는 프랑스 인류학자 루이 뒤몽Louis Dumont의 연구 프로젝트다. 그는 가치 개념을 특히 인류학적인 것으로 간주했고, 인류학

   인류학자처럼 생각하는 법

에서 중심적인 위치를 차지할 만한 것으로 여겼다.

명예와 수치

가치에 대한 가장 중요한 논의 중 하나는 지중해에서 작업하는 인류학자들에게서 나왔다. 1950년대 후반에 이 인류학자들은 자신들이 연구하는 사람들, 즉 그리스 고지대 마을 사람들, 알제리의 베르베르인Berbers, 혹은 안달루시아의 소농들과 같은 사람들이 명예와 수치라는 가치를 중심으로 삶을 영위하고 있다는 사실을 공통적으로 인식하기 시작했다. 그 시기에 지중해를 배경으로 쓰인 민족지 중 몇몇을 읽어보면 남녀를 불문하고(남성이 조금 더 두드러지긴 하지만) 명예를 지키거나 증진시키는 데 거의 온 인생을 바치는 것처럼 보인다. 이는 개인의 명예일 수도, 가족의 명예일 수도, 아니면 특정 집단의 명예일 수도 있다. 많은 경우 명예를 둘러싼 이해관계는 여성들, 특히 자매나 딸들과 관련된 위협이나 위법적 행위들로 인해 촉발된다.

이 밖에도 그리스, 알제리, 시칠리아, 이집트, 그리고 스페인에서 연구하는 인류학자들 중 많은 이들이 그 지역 공동체의 사회적 삶이 일련의 모순적 행동과 성격을 중심으로 돌아가고 있음을 발견했다. 예컨대, 이들은 믿을 수 없을 정도로 타자를 환대하지만 동시에 외부인들을 철저히 의심한다. 독립과 평등의 윤리를 추구하면서도 강력한 사회적 위계에 따라 살아갔고, 지역 유력자들에게 의존했다. 남성들은 경건함과 신실함을 중요하게 생각하면서도 남성성과 거친 성향을 강하게 표출했다. 따라서 사회적 역학과 관계에는 공통된 요소들이 있고, 이러한 역설적 관계 중 다수는 명예와 수치 문제에 달려 있는 듯 보였다.

이런 특성들은 손쉽게 고정관념을 만들어낸다. 그리고 대부분의 고정관념이 그렇듯 문제를 일으킨다. 이를테면 가슴을 쭉 펴고 다니는 시칠리아 남성을 생각해볼 수 있다. 그는 극성맞을 정도로 남을 환대하고 예의를 차릴 뿐 아니라 자긍심과 자기확신으로 가득 차 있지만, 사소한 모욕 한 번에 그 매력과 매너는 순식간에 다혈질적 분노로 바뀔 수 있다. 사회적 위계가 낮은 사람이 그에게 무례하게 말했거나, 사회적 지위가 더 높은 사람이 그를 모욕했거나, 아니면 구혼자가 그의 여동생을 바람맞혔을 수도 있다. 권력, 지위, 성sex. 이것들은 명예와 떼려야 뗄 수 없는 관계다.

할리우드는 이와 같은 고정관념을 이용해 막대한 돈을 벌어들였다. 이는 아주 심각한 문제다. 그들은 우리가 지난 장에서 논의한 많은 것들을 이용해 먹는다. 떠올려보라. 그 남유럽 사람들, 아랍인들 있지 않은가. 소위 '감정을 통제하는 데 서투른 이들……' 그러니까 그다지 **문명화되지 않은 사람들**'이라는 고정관념 말이다.

나중에 다시 이 문제 중 일부, 특별히 해당 지역들을 연구했던 인류학자들이 이런 문제들을 어떻게 인식하고 다뤘는지에 대해 다시 살펴볼 것이다. 1980년대 후반에 이르러, [현지 문화

     인류학자처럼 생각하는 법

를] 잘못 재현할 수 있다는 정치적, 윤리적 위험 때문에 명예와 수치 연구는 점차 줄어들게 되었다. 그러나 당시 문헌들은 의심의 여지 없이 가치란 무엇인지, 즉 가치가 사람들의 삶과 행동을 특정 개념을 중심으로 어떻게 조직하는지 이해하는 데 여전히 유용하다. 더 나아가, 이 문헌들은 인류학이 끊임없이 마주하는 두 종류의 도전에 대한 교훈을 제공한다. 첫째는 일반적인 주장과 개별적인 발견들의 균형을 어떻게 잡을 것인가 하는 문제이고, 둘째는 우리가 연구하는 사람들에게 어떻게 진실할 수 있는가 하는 문제이다.

1959년 인류학자들로 이루어진 한 모임에서 이 작업의 기틀이 잡혔다. 이들은 오스트리아의 한 성에 모여 겉보기에는 서로 전혀 다른 듯한 자신들의 연구 프로젝트를 하나로 묶을 수 있는 요소가 무엇인지를 논의했다.* 이 안건을 위해 모인 인류학자들은 모두 지중해를 둘러싼 나라들을 연구했는데, 언뜻 보면 이는 그리 중요하지 않은 우연처럼 보일 수도 있었다. 지중해는 오랫동안 이어진 해상 교역로와 여러 연결망을 감안하더라도, 대단히 다양한 지역이기 때문이다. 이 지역은 아브라함으로부터

---

*   이 오스트리아의 성은 뉴욕에 본부를 둔 베너-그렌인류학재단Wenner-Gren
Foundation for Anthropological Research 소유였다. 이 재단은 인류학의 4개 분야를
모두 지원하는 아마 세계에서 가장 크고 중요한 연구 지원 재단일 것이다. 안
타깝게도 이 성을 매각하긴 했지만, 재단은 여전히 수많은 인류학 프로젝트와
주요 학술행사를 지원하고 있다. 이 학술행사들을 통해 발전된 논문들이 근래
학술지 *Current Anthropology* 특별호로 여러 차례 출판되었다. 이 특별호들은
온라인에서 누구나 무료로 열람할 수 있다.

나온 세 종교의 발상지를 모두 아우르고, 다양한 친족 구조가 발견되는 유목 및 농경 사회가 오랜 기간 혼재해왔으며, 사람들은 무려 세 개의 어족(인도-유럽어족, 아프리카-아시아어족, 튀르크어족)에 속하는 언어를 사용하고 있다. 그럼에도 이 학술 모임이 주최자였던 J. G. 페리스티아니J. G. Peristiany는 이 모든 것을 하나로 묶어주는 연결고리가 존재한다고 확신했다. 논의에 참석한 다수의 인류학자들이 관찰한 바에 따르면, 지중해 지역 어디를 가든 명예와 수치에 대한 관심이 사람들의 삶에서 가장 중심에 있었기 때문이다. 페리스티아니는 이 가치들이 '지중해적 사고 양식'을 구성한다고 주장했다.[1]

이 오스트리아 학회의 결과로 1965년《명예와 수치: 지중해 사회의 가치들Honour and Shame: The Values of Mediterranean Society》이 출판되었다. 스페인, 알제리, 이집트, 그리스, 키프로스에 관한 독립된 장들로 구성되어 있으며, 각 부분의 합보다 하나의 전체로서 더 위대한 책이라 할 만하다. 의심의 여지 없이 지중해 인류학에 길이 남을 한 획을 그은 책이었다.

그중에서도 가장 큰 영향을 미친 것은 줄리언 피트-리버스Julian Pitt-Rivers가 쓴 글이었다. 옥스퍼드대학 출신 인류학자로서 그는 스페인에 깊은 관심을 가졌는데, 이는 당시 굉장히 드문 일이었다. 그의 글〈명예와 사회적 지위Honour and Social Status〉는 두 부분으로 나뉜다. 첫 번째 부분에서는 셰익스피어의 희곡과 [중세 스페인의 장군] 엘 시드El Cid의 이야기를 곁들이면서, 명예 개념의 역사에 대한 개괄적이고도 거시적인 논평들을 독창적으로 엮어

                                          인류학자처럼 생각하는 법

낸다. 두 번째 부분에서는 그가 현지조사를 수행했던 안달루시아의 마을 상황을 더욱 집중적이고 실제적으로 분석한다. 본인의 출신 배경이 그 연구와 밀접히 연결돼 있었던 탓에(물론 그는 스페인 농민 출신은 아니다), 피트-리버스에 대해 아는 이들에게 이 논문은 특별히 흥미로웠을 것이다.

줄리언 앨프리드 레인 폭스 피트-리버스는 귀족 가문 출신이었다. 역시 옥스퍼드 출신인 그의 증조부는 옥스퍼드대학의 박물관을 설립한 고고학자였다(불행히도 그의 부친은 우생학자이자 나치 신봉자였으며 제2차 세계대전 기간 중 잠시 런던타워에 감금되기도 했다). 피트-리버스는 미국, 영국, 프랑스를 옮겨 다니며 교수 생활을 했는데, 가까운 동료 중 한 명은 명망 있는 귀족인 그가 왜 굳이 학자로 살며 고생하는지 묻기도 했다. 그렇다. 그 같은 지위와 신분을 가진 사람이 **진짜 하고 싶은 일**이 있을 때, **직업**이란 거추장스러운 것이 되어버리기도 하는 것이다!

피트-리버스는 내부자들이 느낄법한 어떤 전형적인 양가적 감정을 품고 있었던 것으로 보인다. 명예 코드를 개괄하는 부분에서 그는 가장 먼저 귀족의 태도와 깡패gangster의 태도를 병치해 제시한다. 이 두 부류 모두에게 명예는 매우 중요하다. 이들 모두가 자신들을 규범을 벗어난 존재로 인식하기 때문이다. 귀족과 깡패는 모두 자신들을 법 너머에 있는 존재로 여긴다. 전자는 자신이 법보다 위에 있다고 생각하고, 후자는 자신이 법 밖에 있다고 생각한다. 두 경우 모두, 명예 코드는 근대 세계를 지탱하는 국가 주도의 정의 및 권리 개념과 양립할 수 없다.

국가권력의 상대적 작용은 종종 명예 문화가 지닌 힘을 예측하는 데 핵심 요소로 여겨져왔다. 국가가 강력할수록, 그러니까 비인간화된 관료체제와 정의 모델을 둘러싸고 조직된 중앙집권적 정치권력이 강력할수록, 핵심 가치로서 명예는 덜 중요해진다는 것이다. 따라서 지중해 연안에서 국가들의 힘이 비교적 약하다는 사실은 가치와 관련된 연구에서 중요한 공식 중 일부였다. 이 맥락에서 연구하던 많은 인류학자가 강조했던 것처럼, 지중해 지역에서의 권위는 다른 무엇보다 가족 단위에 귀속되어 있었다. 집단적 정체성과 관련 있는 사안일지라도 권력은 개인들에게 그리고 개인들을 통해 행사되었다. 이러한 권력과 지위의 표출은 종종 과시의 형태를 띠고 있었고, 때로는 노골적인 힘의 행사의 형태를 띠기도 했다. 양 훔치기(이는 지중해 목축민들에게 꽤 흔한 일이었다)에서부터 폭력에 의존한 반대 의견 표시와 개인적 문제 해결에 이르기까지 말이다.

또한 피트-리버스는 명예와 물리적 몸 사이에 강력한 연결성이 있음을 강조하고자 했다. 폭력을 불명예를 당한 사람에 대한 구제와 옹호의 중요한 수단으로 만드는 것이 바로 이 연결성이다. 또한 명예를 부여하거나 공인하는 의례를 떠올려보라. 왕관을 씌우는 의례에서 옥스퍼드대학의 학위수여식에 이르기까지(전통적으로 졸업생들의 머리에 신약성서를 갖다 댄다. 오늘날에는 다른 비종교적인 물건으로 대체할 수 있다) 이는 종종 머리를 부각시킨다. 누군가의 명예로운 지위를 인정하는 상황에서 모자를 벗거나 머리를 숙이는 것은 일반적인 관례다. 군인들의 경례도

인류학자처럼 생각하는 법

좋은 사례다. 남자든 여자든 머리를 가리는 것이 명예로운 지위와 자질을 드러내고 또 전달하는 방법으로 쓰인다. 우리는 머릿수건을 생각하면서 특정 부류의 독실한 무슬림 여성을 떠올리곤 한다. 그러나 시칠리아의 가톨릭 여성들이나 그리스정교 여성들의 오래전 사진을 본 적 있는가? 이들은 모두 스카프로 머리를 감싸고 있다(남성 역시 마찬가지로 모두 모자를 쓰고 있을 것이다). 피트-리버스는 이를 뒤집어 근대 초기 유럽 역사에서 가장 수치스러운 사형법은 참수형이었다는 사실을 상기시킨다. "목을 자르라!"라는 꺼림직한 말이 괜히 나온 것이 아닌 셈이다.

피트-리버스는 안달루시아를 집중적으로 다루는 두 번째 부분에서 이 거시적인 그림에 인상적인 세부 사항들을 덧붙인다. 그에 따르면 명예라는 주제는 시에라 데 카디스의 한 마을에서 모든 사람의 입에 늘 오르내린다. 이 지역에서는 명예가 사회적 접착제 역할을 하는 것이다. 강력하고 형식적인 법체계가 부재하기 때문에, 자신의 명예와 신분에 대한 관심이 사회경제적 거래를 원활하게 한다. 그러나 이런 형태의 질서에는 한계가 존재한다. 이곳 사람들은 반드시 누구에게나 명예롭게 처신해야 하는데, 특별히 가족, 친구, 사업 동업자와 같이 친밀한 유대를 형성해야 하는 경우에는 더욱 그렇다. 그러나 국가와 같이 다소 추상적인 대상과 권위와의 관계에서는 상황이 완전히 바뀐다. 그가 전하는 이야기에 따르면, 안달루시아인들은 국가를 상대로 사기를 치는 데 일말의 수치도 느끼지 않는다. 국가는 명예 코드가 요구하는 개인적 유대를 전혀 고려하지 않기 때문이다.

피트-리버스의 논의에서 가장 중요한 부분은 명예와 수치에 존재하는 모순적 역동에 관한 대목이다. 어떻게 하나의 '가치'가 역설적인 요구들을 만들어낼 수 있는지, 혹은 그 반대의 가치로 재현되는지 말이다. 피트-리버스는 그가 알게 된 마누엘이라는 사람에 대한 산발적인 일화들을 통해서 이 지점을 포착한다.

마누엘은 키가 작고 뚱뚱하며 못생긴 유부남이었다(여기에 너무 큰 의미를 두진 말자). 한번은 어떤 골짜기에서 열린 축제에서 한 아름답고 젊은 여성이 마누엘에게 눈길 한 번 주지 않고 지나쳐 가버린 일이 있었다. 마누엘은 피트-리버스를 향해 돌아서서 말했다. "여기 내 손가락에 반지만 없었다면, 저 여자를 그냥 가게 두진 않았을 거요."[2] 피트-리버스의 설명에 따르면, 마누엘은 "한 번에 두 마리 토끼를 다 잡았다". 여기서 그는 성적 갈망과 정력으로 가득 찬 남성적 인간이면서, 동시에 아내에 대한 명예를 지키는 가정적 인간이다. 그는 간신히 수치를 모면하는 어떤 말을 내뱉음으로써(명예로운 정절을 보임으로써 수치를 겨우 면한 셈이니) 특정 종류의 불명예로부터 자신을 지켰다. 이는 마을의 모든 남자가 직면하는 명백히 모순적인 요구이다. 이들은 한껏 흥을 내면서도 동시에 금욕주의적으로 살아야 한다. 명예가 지닌 다면적 성격이 이런 역설을 만들어내는 것이다.

땅딸막하고 뚱뚱하고 못생겼는데 가난하기까지 한 유부남 마누엘. 그는 초라한 배경의 신분 출신이기도 했다. 이런 그에게도 장점이 있었으니 바로 농사 기술이었다. 마누엘은 농사에 대해 많이 알고 있었기에 많은 이들이 그에게 조언을 구하러 왔으

  인류학자처럼 생각하는 법

며 그는 이런 명성에 취해 있었다. 문제는 마누엘이 그 명성에 지나치게 취했다는 것이었다. 피트-리버스는 그가 농사와 관계없는 일에, 그것도 사람들이 묻지도 않았는데 여기저기 조언을 하고 다닌 이야기를 전해준다. 때로 명예 문화는 높은 정도의 허세를 관용한다. 관용 역시 명예를 드러내고 또 지키기 위한 방법 중 하나이기 때문이다. 그러나 관용에도 정도가 있는 법이고, 마누엘은 그 정도를 상당히 넘어선 것 같았다. 그는 이런 말을 즐겨했다고 한다. "나는 그리 부유한 사람은 아니요. 다만 내게는 재산보다 더 가치 있는 게 있지. 바로 내 명예라오."[3] 이 일화에서 명예와 수치를 구분하는 경계는 매우 위태롭다. 그리고 이 공동체 내부자들의 관점에서 마누엘은 그 경계를 아예 없애버린 것처럼 보인다.

피트-리버스가 제시하는 사례들은 훌륭한 인류학의 전형적인 예시라 할 수 있다. 가장 중요한 가치들이 안정적이면서도 가변적이라는 것을 보여주기 때문이다. 이는 단지 지중해의 명예 문화를 이해하는 데만 중요한 것이 아니라 모든 문화와 사회의 가치에도 적용되는 중요한 통찰이다. 가치를 고정된 무언가로 생각해서는 안 된다. 자주 그렇게 생각하긴 해도 말이다. 가치는 마치 풍향계와 비슷하다. 고정되어 있지만 또한 공기의 상태에 따라 때때로 움직이거나 방향을 바꾼다. 이는 가치에 관한 인류학 연구를 통해 얻은 앞으로도 변치 않을 교훈 중 하나다.

초기 명예 문화 논의에 참여한 연구자들이 우리 삶을 구성하는 개념들 이면에 있는 강력한 유동성과 다의성에 이구동성으로 동의한 것은 아니었다. 시칠리아 연구의 탁월하고도 저명한 전문가 제인 슈나이더Jane Schneider는 피트 리버스를 비롯한 명예와 수치 연구의 선구자들이 한 작업들을 돌아보며 그들이 '왜?'라는 질문을 하지 않았다고 지적했다. 왜 지중해 지역 전반에 설쳐 이러한 가치들(명예와 수치)이 연속적으로 일관되게 발견되는가?

슈나이더는 매우 간단명료한 답을 내놨다. 그것은 바로 생태다. 그는 명예 문화는 목축민 사이에서 발달하는 경향이 있다고 말한다. 그런데 여기서 목축민이란 **단순한** 목축민이 아니라 시간이 흐르면서 농경민의 영향으로 점차 주변화되고, 그 결과 자원에 접근하는 것이 어려워진 사람들을 말한다. 또한 단순히 압박을 받는 목축민일 뿐만 아니라, 중앙집권적 정치체제가 부재하거나 상대적으로 약한 장소와 시기에 사는 이들을 가리킨다(《명예와 수치》가 적어도 정치체제와 명예 문화의 연결성에 대해서는 제대로 짚고 넘어간 것이다).

목축은 아주 고된 생활방식이다. 매우 많은 이동량을 요구하는 데다가 목적지에 다다른다고 해도 그들의 양이나 염소 떼가 그곳에서 풀을 뜯을 수 있다는 보장이 없기에 불안정하기까지 하다. 어떤 이들은 이동을 멈추고 다른 가축들을 훔치며 연명한다. 이와 같은 환경에서는 때로 도둑질이 허용되는데, 심지어 어떤 상황에서는 도둑질이 명예로운 일이 되기도 한다. 슈나이더는 이렇게 말했다. "사르데냐에서는 아직 아무것도 훔치지 않은 아홉 살이나 열 살쯤 된 목동을 '치스니에리chisnieri'라고 부른

     인류학자처럼 생각하는 법

다. 이는 모닥불 잿더미 곁에서 한 발짝도 떨어지지 못하는 계집애 같은 녀석이라는 뜻이다."[4]

목축생활은 사회구조를 매우 유연하게 한다. 그 기초 단위인 '가구household'는 가용한 자원의 양에 따라서 그 규모가 팽창하거나 수축할 수 있다. 풍요로운 시기에 가구는 대개 몸집이 커지지만, 척박한 시기에는 분열하고 각자 살길을 찾는데, 그 과정에서 소멸하기도 한다. 가구를 사회보험의 한 형태라고 생각해보라. 우리는 오직 같은 지붕(이 경우에는 한 차양) 아래 있는 사람들에게만 가진 것을 나눌 의무가 있다. 그 외의 다른 관계의 사람들은 저마다 알아서 살아가는 것이다.

민첩한 집단 이동이 요구되는 이동 방목 혹은 유목생활 역시 높은 정도의 정치적, 경제적 자율성을 요구한다. 목축 집단에서 성인들은(특히 남성) 권위를 행사하는 사람이 되거나 다른 누군가의 권위에 재빠르게 복종하는 사람이 되거나 둘 중 하나다. 그러므로 목축생활은 공고한 핵가족 형태로 규정된다. 비록 이러한 가족 형태의 이면에는 여러 방식으로 초개인주의가 잠재되어 있긴 하지만 말이다.

세계 곳곳에서 이러한 목축생활의 역동들이 발견된다. 몽골 대초원지대 역시 마찬가지다. 다만 슈나이더에 따르면 지중해 지역만의 독특한 점이 있는데, 이는 특정 형태의 농경 공동체가 바다를 둘러싼 건조한 산악지대에 편재한다는 것이다. 기본적으로 이 농경 공동체는 그 친족 구조와 정치 조직이 목축 공동체와 유사하게 구성되어 있었다. 구체적으로는 매우 분산되어 있으며 내분이 쉽게 일어나고 식량 확보에 민감한 가족 중심의 공동체였다는 점 등을 들 수 있다. 슈나이더는 이 현상에 대한 가설을 제시한다. 이러한 농경 공동체는 한때 목축 공동체였으나 점차 농장이나 마을에 정주하는 삶의 방식으로 바뀌었다는 것이다. 그러면서 이 농경민들의 삶의 방식이 올리브밭이라는 환경과는 잘 맞지 않는 문제가 발생하게 되었다. 그 문제란 바로 지중해 지역에 널리 퍼져 있는 분할 상속이라는 풍습이 초래한 것이었다(상속 권한이 있는 모든 이에게 유산을 골고루 나누는 것을 의미한다).* 이는 농토를 나누는 데 있어서 토지의 경계 및 농수農水를 끌어 쓰는 문제 등 형제자매 간에 매우 복잡미묘한 분쟁을 초래할 수 있다(이러한 상속 방식은 목축만으로 살아가는 집단에는 잘 맞는다. 열 마리 염소와 다섯 명의 자식이 있는 경우 간단하게 한 명당 두 마리씩 나누면 되기 때문이다).

정리해보자면 다음과 같다. 목축민으로 사는 것은 고된 일이다. 그리고 목축민의 사고방식을 가진 사람이 농사꾼으로 사는 것 역시 고된 일이다. 척박한 토양에 경사까지 가파른 땅에서 이러한 공동체들을 서로 충돌시키면 어떻게 될까? 게다가 가족 단위로 강력하게 뭉치면서도 개인에 대한 더욱 강력한 헌신으로 인해 분열되기도 하는 특성까지 고려한다면? 슈나이더는 다른 어떤 환경에서도 상상하기 어려울 만큼 사회적 관계가 "훨씬 더 복잡하고 갈등이 큰" 하나의 세계가 탄생한다고 결론 내린다.[5]

---

* 첫째 아들이 모든 것을 물려받는 장자상속권과 대조된다.

 인류학자처럼 생각하는 법

그러나 이들은 완전히 붕괴되지는 않는다. 통제 불가능한 혼란과 폭력, 가축이나 어린 여성들에 대한 무질서가 횡횡할 만큼 상황이 악화되지도 않는다. 가족은 결합하며 협동 역시 존재한다. 폭력이 생각만큼 일반적이지 않고, 양과 낙타가 모조리 도둑맞지도 않는다. 이는 지중해 사회들이 매우 강력한 명예와 수치라는 코드를 가지고 있기 때문이며, 이 코드가 긴장, 분열, 해체의 위험을 조절하기 때문이다.

결론적으로, '왜?'라는 슈나이더의 질문에 대한 그 자신의 답변이 우리에게 충분히 만족스러운 것인지는 잘 모르겠다. 오히려 다음과 같은 또 다른 질문을 낳는 것처럼 보인다. 그럼 왜 하필 명예와 수치인가? 분열적인 사회적 집단에 잘 들어맞는 본질적인 무언가가 이 한 쌍의 가치 안에 있는 것인가?

인류학에는 근본적인 원인과 그 결과를 추적하는 방식으로 인류의 기원을 설명하는 데 실패한 역사가 있다. 물론 이것이 슈나이더의 잘못은 아니지만 말이다. 우리는 이미 법칙에 기반한 접근 방식의 위험과 그 문제점들을 살펴봤다. 타일러와 사회진화론자들, 그리고 수많은 다른 학자들이 그 예다. 이 문제점은 우리가 방금 제기한 것과 같은 질문을 남긴다.

이 논의의 또 다른 핵심 인물 마이클 허츠펠드_{Michael Herzfeld}는 이 비슷한 질문들에 공통된 하나의 답변을 제시했다. 1980년에 출판된 논문에서 그는 부분적인 답으로서 이 질문 자체에 오류가 있다고 주장했다. 영어 단어 '명예_{honor}' 자체에 우리 예상보다 훨씬 더 큰 다양성과 미묘함, 그리고 여러 특징이 있기 때문이다.[6] 달리 말해, 이 단어를 공허한 용어로 받아들이지 않는 이상, 사실상 지중해 지역의 '명예와 수치' 문화라는 것은 존재하지 않는다는 말이다. 허츠펠드는 피트-리버스의 작업에서 한 걸음 더 나아갔다. 다만, 피트-리버스가 하나의 아이디어로서 명예와 수치가 지닌 모호성과 유동성의 장점을 부각했다면, 허츠펠드는 그것이 지닌 일반화라는 단점을 부각했다고 할 수 있다.

허츠펠드는 그리스의 매우 다른 공동체 두 곳, 로도스섬의 페프코와 크레타섬 서부의 글렌디에서 진행한 현지조사를 토대로 이와 같은 주장을 펼쳤다. 두 공동체 모두 티미timi[명예], 필로티모filotimo[명예, 공동체에 대한 헌신], 즉 '사회적 가치'를 몹시 중요하게 여겼지만, 이 가치들을 길러내거나 구현하는 방식은 극단적으로 달랐다. 허츠펠드에 의하면 페프코 사람들은 법을 중요시하는 온건한 이들이었던 반면, 글렌디 사람들은 양을 훔치고 도박을 하며 총을 가지고 다니는 등 권력을 조롱하는 태도를 보이면서 법을 어기는 것을 미덕으로 삼았다. 페프코 사람들에게 필로티모는 국가의 명령을 따르는 것과 공동체의 공익을 우선시하는 것에 대한 관심으로 구현되었다. 가뭄이 왔을 때 자신의 경작물에 물을 주기 위해 물을 너무 많이 사용한 이들에게 당시 시장은 "필로티모 정신을 보여야 한다"며 그들의 이기적인 태도와 필로티모의 결여를 공개적으로 비판했다. 또한 페프코에서는 필로티모가 에고이즈모스egoismos, 즉 이기심과 상반되는 것으로 받아들여졌다. 이 그리스인들은 전반적으로 행실이 바르고 공동체 지향적으로 행동했으며, 바로 이것이 그들의 명예

　　　　　　　　　　　인류학자처럼 생각하는 법

와 수치 문화를 규정하는 핵심이었다.

반면 글렌디에서는 에고이즈모스가 필로티모의 전제 조건이나 다름없었다. 양 훔치기, 도박 등의 행위를 통해 드러나는 자기 자신에 대한 매우 높은 평가를 과시하지 않고서는 사회적 가치를 인정받을 수 없었다. 가뭄이 찾아온다 해도 글렌디에서는 시장이 확성기를 통해 공개적으로 시민들을 타이르는 일은 상상할 수 없다. 그런 상황이 온다면 이곳 사람들은 아마 자기 소유의 재산과 물을 지키는 데만 골몰했을 것이다. 이처럼 글렌디에서 명예와 수치 문화는 페프코와는 확연히 달랐다. 이 점은 다음과 같은 질문을 제기한다. 굳이 '명예와 수치 문화'라는 명칭을 써야 할 이유가 무엇이란 말인가? 적어도 표면상으로는 이 명칭이 그리 많은 것을 알려주지는 않는 것 같다.

1980년대에 지중해 지역을 연구하는 인류학자들 사이에서 이처럼 더 구체적인 접근법이 보편화되기 시작했다. 특정 가치에 기반한 '문화권'에 대한 고찰에서 한층 더 세밀화된 분석으로 옮겨가면서 하나의 전통이나 언어권 **안에서** 특정 가치가 구현되는 다양한 방식에 집중하기 시작한 것이다.* 나아가 1980년대의 연구들은 분석적, 민족지적 측면에서 점차 젠더적 성격에 관

---

* 1980년은 해석적 인류학의 전성기였다는 것을 기억하라. 당시는 언어, 문화, 그리고 의미에 대한 관심이 지배적이었고(때로 '문화에 대한 기호학적 접근'이라고 표현되기도 했다), 허츠필드와 아부-루고드가 있었던 미국에서는 특히나 그랬다. 기어츠는 종종 '특수주의자particularist'라고 불렸는데, 이는 그가 일반화를 좋아하지 않았으며, 인류학은 맥락 속에 있는 문화에 관한 연구가 아니라면 아무런 의미가 없다고 생각했기 때문이었다.

심을 기울이기 시작했다. 이 지역에서 진행된 선행연구들에서 남성들은 주로 명예를 얻고 지키는 이들인 반면, 여성들은 그저 자기 자신과 가정에 수치를 안기는 이들로만 묘사되었다. 그러나 1986년 릴라 아부-루고드는 이집트의 베두인 사람들과의 연구를 바탕으로 한 뛰어난 단행본을 출판했다. 이 책에서 그는 명예가 여성들에게도 얼마나 중요한 가치인지를 보여주었다. 베두인 여성들에게 명예는 겸양이라는 관용적 표현으로 드러났으며, 아부-루고드는 전통 시에 대한 정교한 분석을 통해 이를 탐구했다.[7]

명예 문화 접근 방식은 1980년대 후반에 점차 힘을 잃었는데, 여기에는 세 가지 주요 요인이 작용했다. 첫째, (앞서 언급된 할리우드에 대한 논의와도 연결되는데) 이러한 접근 방식이 일으킨 고정관념들이 문제가 되었기 때문이다. 이 접근 방식에는 진화론적 논리와 남성중심적 시각이 작동하고 있었다. 둘째, 인류학자들의 연구 목표와 문제의식이 전반적으로 변화했기 때문이다. 앞서 언급했듯이 1980년대에는 문화를 일반화하는 것은 단순히 차이에 대한 희화화를 초래할 수 있다는 수준을 넘어, 애초에 일반화하는 것 자체가 서툰 학문적 태도로 간주되기 시작했다.

그러나 모든 진자 운동이 그렇듯이, 이 흐름 역시 흔들리고 있다. 명예(또는 필로티모, 에고이즈모스)를 다루는 연구들에 대한 반응과 태도들이 조금씩 부드러워지고 있으며, 더 나아가 새로운 관심사를 이끌어내는 듯한 추세를 보이고 있다.[8] 특히

      인류학자처럼 생각하는 법

2012년에 출간된 한 주요 연구서는 지중해 지역에서 중요한 가치 중 하나인 환대를 다루는데, 여기서 환대는 명예와 수치의 중요성을 드러내는 가치이기도 하다.[9] 여러 저자가 함께 쓴 이 연구서에서 가장 주목할 만한 부분은 요르단의 '가문 정치house politics'를 다루는 장이다. 이 글은 왜 인류학자들이 명예와 수치에 다시 관심을 기울여야 하는지 명확하게 보여준다.

1990년대 전부를 요르단에서 연구했던 앤드루 슈라이억Andrew Shryock은 그가 '가문 정치'라고 부른 것이 그 사람들의 도덕적 감수성에 얼마나 중대한 비중을 차지하는지를 보고 깊은 인상을 받았다. 요르단 하시미트 왕국[요르단 공식 국호]에서는 특히 강력한 가문 정치가 작동하고 있다. 이는 사회적, 정치적 관계가 가족이라는 틀 안에서 형성된다는 사실에서 분명히 드러난다. 비유적 언어 역시 친족관계의 언어를 따른다. 예컨대 국왕은 아버지 같은 존재이며, 그 역도 어느 정도 받아들여진다. 이러한 비유가 물론 요르단이나 아랍 국가들에만 국한되는 것은 아니다. 그러나 요르단에서는 이것이 명예와 수치를 둘러싼 특정한 관심사들과 결합되어 강력한 지배적 규범체계로 작용한다. 즉 요르단에서는 "명예라는 관념은 가족, 부족, 그리고 민족국가가 모두 동일한 도덕적 논리에 따라 책임을 지게 되는 정치 문화를 끊임없이 재생산한다".[10]

슈라이억은 이 체계를 주목하지 않고 요르단 정치를 이해하는 것은 불가능하다고 주장한다. 이를 무시하는 것은 명예 문화라는 아이디어를 사용하는 것과 관련해 학계에 남아 있는, 이른바 "지적 민망함" 때문에 현지인의 관심사와 헌신을 외면하는 것이 된다. 그렇다면 앞서 지적한 할리우드가 지닌 문제점과 다를 게 무엇이란 말인가! 그러므로 인류학자가 현지조사를 수행할 때 명예, 명성, 품위와 같은 개념들이 현시인늘에 의해 (슈라이억의 표현을 빌려) "상상할 수 있는 거의 모든 면에서" 사용되는 것을 발견한다면, 지적 민망함을 감수하면서라도 사회적 사실을 존중하는 것이 마땅하다.

여기서 강조하고자 하는 점은 앞서 이미 다뤘던 것처럼 인류학자들이 단순히 현지인의 관점을 고려해야 한다는 것이 아니다. 슈라이억은 또 다른 중요한 점을 지적하는데, 이는 인류학자들이 만약 있는 그대로의 가문 정치를 인정하지 않고 서양의 학문적 감수성에 걸맞은 언어와 용어를 고집한다면 분석적 희생이 따르게 된다는 것이다. 다시 말해 문제는 그리스, 요르단, 스페인 등에서 볼 수 있는 각각의 특수한 가문 정치나 명예의 관습들이 아니다. 문제는 그 논리, 힘, 의미를 유럽-아메리카의 기준에 미달하는 무언가로만 인식하는 무능력이다.

앞서 명예 문화 개념이 쇠퇴한 데는 세 가지 이유가 있었다고 언급했는데, 현재까지 그중 둘을 다뤘다. 가장 중요하다고 할 수 있는 세 번째 이유는 명예 문화를 다루는 문헌들이 한 번도 체계적인 구조를 갖추지 못했다는 점이다. 즉, 앞서 언급한 인류학자들 중 누구도 가치 그 자체에 대한 이론화 작업을 하지 않았다. 《명예와 수치》 집필에 참여한 학자 중 누구도 어떻게 가치를 통해 문화나 사회의 본성을 이해할 수 있는지 말한 바가 없다.

     인류학자처럼 생각하는 법

피트-리버스와 그 세대의 많은 인류학자에게 가치란 그저 문화를 유지하는 데 기능적 역할을 수행하는 것이었다. 이들은 지중해권에서 명예와 수치는 다른 방법으로는(예컨대 강력한 국가권력으로는) 해소될 수 없는 긴장과 압력을 방출하는 밸브 역할을 한다고 봤다. 반면 슈나이더에게 가치란 사회 집단의 생애 과정을 만들어내는 생태적, 경제적, 정치적 요인들을 보여주는 지표였다. 하지만 슈나이더가 애초에 가치에 관심이 있었는지는 확실치 않다. 명예와 수치에 대한 그의 주요 논문에서 그는 '가치'라는 단어를 쓰지 않는다. 명예와 수치를 '이데올로기', '관념', '규칙', '코드'라고 칭할 뿐, 결코 '가치'로 규정하지 않았다.

지중해 지역에 관한 방대한 연구들이 가치에 대해 많은 것을 가르쳐주는 것은 사실이지만, '가치 이론'을 제공하지는 않는다. 물론 이 점이 문제가 되는 것은 아니다. 오랜 시간이 지나도 남아 있는 것은 거의 항상 민족지이지 민족지를 겉포장하는 이론이 아니기 때문이다. 그리고 지중해 지역의 명예와 수치에 관한 민족지들을 통해 우리는 사회적 삶을 형성하는 데 기여하는 가치들(또는 관념, 사상)의 특징, 즉 그 고정성과 유연성에 대한 풍부하고 미묘한 감각을 이해하게 된다.

명예 문화에 대한 논의가 활발히 펼쳐지던 무렵, 가치에 대한 체계적인 이론화도 진행되고 있었다. 이제 가치 이론을 이끌어나간 파리의 루이 뒤몽에 대해 살펴보도록 하자.

전체론과 개인주의

루이 뒤몽은 인도의 카스트제도를 다룬 1966년 작 《위계적 인간 Homo Hierarchicus》으로 가장 잘 알려진 학자다. 뒤몽에 의하면 "카스트제도는 그 무엇보다 하나의 관념과 가치의 체계다".[11] 뒤몽의 연구를 구체적으로 논의하기에 앞서 인류학자들이 카스트제도를 어떻게 이해해왔는지 잠시 다루도록 하겠다(이는 아마 힌두교 사제들의 설명과는 다를 것이다).

'카스트'란 스페인어, 포르투갈어, 영어 등 로망스어군 언어와 게르만어파 언어에서 인종, 배타적 집단, 부족, 또는 "섞이지 않은 무언가"를 뜻하는 단어다.[12] 인도계 언어(힌두어, 벵골어, 타밀어, 텔루구어) 다수에서 이와 상응하는 단어는 '종류' 또는 '종'을 뜻하는 '자티jati'다. 카스트는 수천 개에 이르며, 항상 엄격하게 고정되어 있는 것은 아니다.* 이와 동시에, 사람들 사이에서는 한 카스트에서 다른 카스트로 이동할 수 없다고 널리 알려져 있다.

카스트는 대개 전통적 직업이나 기술과 연결되어 있다. 예를 들어 인도에는 목수, 가죽공, 도예공, 벽돌공 등의 직업군에 상응하는 카스트들이 존재한다. 이러한 구분들은 중요하게 작

---

* 어떤 인류학자들(이를테면 Nicholas Dirks, 2001)의 주장에 따르면 카스트의 분류를 고정시킨 것은 1000여 년간의 힌두적 사고와 실천이라기보다는 영국인들이었다. 식민 정부들은 딱 맞아떨어지는 사회적, 법적 정체성을 선호한다. 이것이 제국을 통치하는 데 훨씬 편리하기 때문이다. 영국보다 열 배는 더 복잡하고 다양하고 복합적인 인도 같은 식민지의 경우에는 더욱 그랬을 것이다.

 인류학자처럼 생각하는 법

용하며 특정 지역의 경우 가죽 작업을 할 수 있는 것은 오로지 가죽공들뿐이다. 또한 (때로 '불가촉천민untouchables'이라고 불리는) 달리트Dalits와 같이 낮은 카스트에 속하는 이들은 거리를 쓸거나 하수관을 관리하는 등 사람들이 꺼리는 일들을 한다. 카스트제도 내에서 최고층에 속하는 브라만Brahmins은 사제나 교사로서 여러 의례에서 핵심적인 역할을 하며, 그 의례는 전체 체계의 일관성과 순수성을 지키는 데 필수적이다. 브라만은 힌두교 체계의 일부이자 그것을 가장 잘 재현하는 집단으로 여겨진다.

카스트가 가장 뚜렷하게 드러나면서도 구체적으로 작동하는 곳은 바로 공동체 조직과 그 내부의 상호작용에서다. 인도 시골의 마을이나 소도시의 경우, 같은 카스트의 사람들은 그 경계가 비교적 명확한 구역에서 함께 살고, 같은 우물에서 물을 길어 마시며(다른 우물은 허용되지 않는다), 같은 공공장소에서 시간을 보낸다. 누구와 식사를 함께하는지 역시 카스트에 의해 엄격히 규제되는데, 겸상은 곧 친밀성과 연결성을 뜻하기 때문이다.

물론 현실은 훨씬 복잡하기 마련이다. 지난 200여 년 동안 다양한 역사적, 사회적, 문화적 요인들로 인해 카스트제도는 변해왔고 시험대에 오르기도 했다. 특히 개인주의에 기반해 자기역량강화self-empowerment의 메시지를 전하는 기독교 선교사들의 가르침은 달리트의 마음을 사로잡았다. 간디와 B. R. 암베드카르와 같은 유명인사들이 이끈 사회·정치 개혁 역시 대중의 인식과 정부 입법 모두에 영향을 미치기도 했다. 오늘날에는 낮은 카스트를 돕기 위한 정부 차원의 여러 정책이 존재하며, 인도의 헌법은 사회적 약자 우대 정책과 같은 방안들을 마련해왔다(여기에는 특정 카스트나 부족을 우선 지원 대상으로 지정한다는 의미에서 '지정 카스트Scheduled Castes'와 '지정 부족Scheduled Tribes'이라는 이름이 붙었다). 종종 선교사들을 통한 서양식 교육과 더불어 도시화와 세계화 역시 카스트에 기반한 구별짓기에 영향을 주었다. 적어도 컴퓨터 프로그래머나 비행 조종사 등의 직업군에 대한 자티는 존재하지 않는다.

인류학자들은 이러한 변화를 포함한 다양한 현상들을 연구해왔다. M. N. 스리니바스M. N. Srinivas의 지금은 고전이 된 1950년대 연구는 인도 남부의 마을에서 농민들이 지배적 카스트로 자리 잡는 과정을 그렸다. 이는 주로 교육을 받고 정부 일자리를 얻은 덕분이었으며, 그 결과 다량의 땅을 사들인 농민들이 결국 브라만 등 상위 카스트들의 경제적 지위를 추월해버린 것이다. 거시적, 우주적 의미에서 상위 지위를 차지한 것은 여전히 브라만들이었지만(사회적 삶을 제대로 작동하게 하는 특정 의례들을 수행할 수 있는 것은 오직 그들뿐이기에), 최종 결정권은 마을의 농민들에게 있었으며, 무엇이든 반드시 이들과 상의를 거쳐야만 했다.[13]

그럼에도 일반적인 합의는, 카스트가 고대 힌두 신학이든, 브라만 엘리트가 전파한 이데올로기이든, 혹은 영국 제국주의의 산물이든 간에, 그것은 후기식민 시대의 현실이라는 것이다. 한 전문가에 따르면 "카스트란 사회를 조직하는 숨겨진 추상적 원리가 아닌, 뚜렷하게 관찰 가능한 인도 시골 일상생활의 한 부분이다. 카스트는 모든 이들의 사회적, 개인적 정체성의 일부인 것이다. 그 영향력이 예전보다 희미해진 오늘날에도 카스트가 완전히 사라질 기미는 전혀 보이지 않는다. 소도시에서뿐만 아니라 사회 활동의 대부분이 낯선 이들과의 익명의 교류로 이루어지는 대도시에서도 마찬가지다".[14]

카스트가 일상생활에서 눈에 보이는 차원인지와 별개로, 뒤몽의 관심은 다른 곳에 있었다. 그것은 체계의 가치에 있었다. 뒤몽의 인류학이 집중한 것은 인도 한 마을의 토지 소유권을 브라만이 독점했는지, 농민들이 탈취했는지가 아니었다. 뒤몽은 구조주의자였다. 그런 만큼 그는 실제 건축 현장의 측량사가 아닌 제도판 앞의 건축사로서 카스트에 접근했다.

뒤몽의 관심은 가치의 집합으로서의 카스트에 있었고, 가치란 무엇보다 정신적 태도, 사상, 그리고 관념을 뜻했다.[15] 이러한 가치는 사회적인데, 뒤몽의 말을 빌리자면 "개개인의 정신에서 사회의 존재"를 볼 수 있다.[16] 나아가 가치는 놀라우리만큼 지속적이다. 하나의 구조로서 카스트는 존재하든지 아예 존재하지 않든지 둘 중 하나다. 그런데 뒤몽이 본 카스트는 당장 사라지거나 변화할 만한 것이 아니었다. 땅 주인이 된 농민들, 땅을 빼앗긴 브라만들, 개종한 달리트 기독교인들 등 겉보기에 변화라고 여겨질 만한 것들은, 뒤몽에 의하면, "사회 **내** 변화일 뿐, 사회**의** 변화는 아니다".[17]

현장 상황을 무시한다는 학자들의 비판부터, 뿌리 박힌 불평등을 정당화하는 변명일 뿐이라는 정치활동가들의 비판까지, 뒤몽의 접근 방식은 많은 이들의 비판을 받기도 했다. 인도를 연구하는 인류학자들 중에도 뒤몽의 분석을 못 견뎌 하는 이들이 많다. 한번은 동료들과 오슬로에서 식사하던 중 뒤몽이 언급된 적이 있었는데, 그 자리를 주최한 동료는 뒤몽에 대한 반론을 늘어놓느라 사슴 고기를 먹다 체할 뻔한 일도 있었다. 뒤몽을 겨냥한 비판들이 타당하고 또 '정치적'인 면에서 의미가 있다고 할지라도, 뒤몽에게 그런 우려들은 더 큰 그림을 보지 못하게 막는 장애물이었다. 그리고 그 더 큰 그림은 카스트제도 자체의 가치를 이해하는 것과 관련되어 있었다.

이 체계에서 위계hierarchy는 당연히 하나의 가치다. 순수성purity 역시 마찬가지이며, 실제로 뒤몽이 그의 작업에서 자주 강조하는 것이기도 하다. 예컨대, 누구와 함께 식사하거나 교류할 수 있는지, 또는 신전이나 성지를 가꿔가는 법 등에 대한 엄격한 규율들 말이다. 뒤몽이 관심을 둔 위계는 두 수준으로 나뉘는데, 그는 일상 수준의 위계에 해당하는 하위 수준이 아닌 상위 수준의 위계에 더 관심을 두고 있었다. 뒤몽에 따르면 위계를 사회적 계층화와 혼동해서는 안 된다. 그러나 그가 보기에 카스트제도를 비판하는 서양의 학자들이 흔히 이러한 혼동을 저지르고 있었다. 왜냐하면 구조적으로 봤을 때 **모**든 가치체계는 근본적으로 위계적이며, 이는 프랑스의 〈인간과 시민의 권리 선언〉부터 대서양 반대편 미국의 〈독립 선언서〉에서도 역시 마찬가지다. 이론적으로 위계란 단지 "전체를 이루고 있는 요소들이 전체와의 관계 안에서 서열화되는 원리"일 뿐이다.[18] 따라서 뒤몽의 관점에서, 선의의 뜻으로 카스트제도를 비판하는 몇몇 서양 학자들은 정작 본인들의 가치체계가 어떻게 작동하는지 인식하지 못함으로써 스스로의 논리를 약화시키고 있었다.

뒤몽의 더 큰 연구 관심사는 서구 사회와 비서구 사회의 가치 비교였는데, 그의 인도 연구를 이 맥락에서 살펴보면 도움이 될 것이다. 이 주제에 관해 뒤몽은 방대한 분량의 연구를 남겼으며, 그가 쓴 책 여러 권과 긴 논문들은 모두 기독교권 유럽에서의 개인주의의 발흥을 다룬다. 그의 저서 《위계적 인간》은 더 방대한 비교 프로젝트의 일부일 뿐이다.

뒤몽은 서구의 가치에 대한 논의에서, 서구의 최상위 가치로 본 개인주의의 중요성을 필요 이상으로 과장하거나 그것만으로 모든 것을 설명하려는 주장들을 약화시키는 데 전념한다. 무엇보다 개인주의 역시 분명 위계의 일부이기 때문이다. 그것은 '관념들의 위계' 안에서 다른 어떤 것보다 큰 가치를 지닌다.[19] 뒤몽에 따르면 서구권에서 자유는 개인성의 전제 조건이며, 서양인들이 카스트제도를 부당하다고 느끼는 것 역시 이 때문이다. 카스트제도는 자유로운 선택이나 사회적 이동을 허용하지 않으며 개인의 실현을 막기 때문이다. 적어도 수사적으로는 누구보다 열렬히 자유를 옹호하는 서양인 집단인 미국인들을 다시 주목하며 이 점을 조금 더 깊이 살펴보자.

"자유가 아니면 죽음을"이라는 문구는 뒤몽이 말하고자 하는 바를 거의 요약하고 있다. 이 문구에서 목숨을 바칠 수 있을 정도로 중요한 가치는 협동도, 존중도 아닌 자유이다. 여기서 우리는 가치의 위계를 볼 수 있다. 하지만 뒤몽이 주장하듯 자유로

워야 한다는 당위, 즉 '개인'이 되어야 한다는 당위는 두 가지 모순적 결과를 낳는다. 첫째, **반드시** 자유로워야 한다는 것 그 자체는 자유로운 선택이라 할 수 없다. 둘째, 이는 우리가 본질적으로 모두 동일하다는 뜻이며, 결국 우리 모두는 개인이기에 종종 매우 획일적인 방식으로 개인성을 표현한다. 게다가 이런 삶은 대개 자유롭게 삶을 영위하는 모든 다른 개인들과의 협력과 존중을 바탕으로 이루어질 때 가능하다.

이 점은 다양한 언어, 장소, 시대에 따른 가치의 유동적 의미에 대한 논의로 다시 한번 우리를 안내한다. 다시 말해 우리는 인류학자들이 펼쳤던 지중해의 명예와 수치에 대한 논점들로 돌아가게 된다. 피트-리버스와 허츠펠드가 강조한 논점들 말이다. 다만 뒤몽이 우리에게 제공하는 것은 한층 더 체계적으로 가치들 사이의 관계들을 고찰하는 하나의 틀이라고 할 수 있다. 그 연구의 핵심은 모든 사회에는 최고의 가치가 있으며 이는 덜 중요한 하위 가치들을 '포괄encompass'한다는 것이다. 뒤몽이 말하는 가치의 위계란 바로 이런 것이다. 뒤몽의 이론이 다른 인류학자들에게 남긴 가장 큰 유산 역시 여기에 있다.

인도와 카스트제도 이야기로 돌아가보자. 뒤몽에 의하면 인도와 카스트제도의 최고 가치는 바로 전체론holism이다. 특정 카스트든, 특정 개인이든, 하나의 부분이 아닌 전체가 중요하다는 것이다. 이 전체란 서로 경쟁하거나 적대하는 부분들이 아닌 상호보완하는 동일체들이 구성하며, 통합과 조화를 이루며 함께 작동해서 궁극적인 선善, 즉 전체론 그 자체를 만들어내는 것

    인류학자처럼 생각하는 법

이다. 이는 하나의 일관된 상징체계로서 그 스스로 정합성을 갖고, 그들이 속한 인도라는 세계의 질서뿐만 아니라 대부분의 비서구 세계를 규정하는 질서를 드러낸다.

뒤몽은 위계를 구조에 비유하면서 줄곧 가치체계들의 다양한 단계levels에 대해 언급했다. 카스트제도 같은 체계 안에서 이것이 의미하는 바는 특정 맥락 속에서 사회적 관계들이 뒤집히거나 바뀔 수도 있다는 것이다. 흔히 인용되는 예로는 브라만과 왕의 전통적 관계가 있는데(과거에 왕이 인도 사회를 통치했던 때가 있었으며 왕은 여전히 강력한 상징적 의미를 지닌다), 종교적 또는 우주적 단계에서 인류를 더 완전하고 순수하게 대표하는 이들은 브라만이다. 이들은 전체의 일부임과 동시에 전체를 가장 잘 상징한다. 적어도 종교적 단계에서는 말이다. 하지만 정치권력 측면에서 브라만은 왕에게 종속되어 있으며 복종해야만 한다. 따라서 정치적 맥락에서 '지위'(브라만에게 주어진 것)와 '권력'(왕이 행사하는 것) 사이에 간극이 존재하는 것이다. 인도의 최근 역사를 살펴보면 경제적 권력이 군주의 권력을 능가했음을 알 수 있다. 예컨대 스리니바스가 연구한 인도 남부 마을에 사는 농민들은 경제적 권력을 쥐고 있었고, 이 권력이 마을 내 관계에서 중요한 역할을 했다. 브라만들은 지역의 유력한 농민들과 반드시 상의를 거쳐야 했다. 다시 한번 이 사례를 통해서도 볼 수 있듯이 지위와 권력은 완전히 일치하지 않는다. 하지만 뒤몽의 모델을 통해 이 사례들을 바라보면 우위를 점하는 집단은 늘 영적 순수성을 대표하는 브라만이다. 순수성의 가치는 정치적 힘과 경제적 출세를 '포괄'한다.

서양에서도 비슷한 역학관계를 찾아볼 수 있는데, 항상 개인주의가 다른 가치들보다 우세하는 것은 아님을 상기해볼 필요가 있다. 심지어 뉴햄프셔에서조차 말이다. 앞서 재차 언급한 자유 없이는 차라리 죽음을 택하겠다는 미국인들 역시도 "자유와 개인이 중요한 건 맞지만 내 가족도 중요한걸!"이라고 얼마든지 생각할 수 있다. 미국에서는 가족의 가치 역시 매우 중요하기 때문이다. 그러나 이런 '전체론'은 자주(특히 최근 더) 개인주의라는 최상위 가치에 자리를 내주곤 한다. 아주 전형적인 예(반항하는 10대)에서 비극적인 예(방치된 아동을 위해 개입하는 국가), 그리고 다소 터무니없는 예까지(빨간 머리를 가지고 태어났다는 이유로 부모를 고소한 뉴욕주 로체스터의 13세 남자아이*) 다양한 사례들이 보여주듯이 말이다.

뒤몽의 관심을 끈 것은 무엇보다 서구 사회와 비서구 사회 사이의 차이였다. 하지만 그에 의하면 이런 차이들은 서구와 비서구의 차이뿐만 아니라 근대와 비근대 간의 차이에서 비롯되기도 한다. 뒤몽에 의하면 서구 개인주의는 유럽의 역사, 특히 종교(기독교)와 경제(자본주의)의 흐름에서 파생된 것이다. 빨간 머리를 가졌다는 이유로 부모를 고소하는 것을 상상할 수 없었던 때가 미국에도 있었다.

---

*　이 마지막 예시는 버지니아 소재 개인자유증진센터Center for Individual Freedom의 웹사이트의 게시물에서 가져온 것이다. 다음 웹페이지 참조. http://cfif.org/v/index.php/jesters-courtroom/3068-a-colorful-lawsuit.

여기서 그 역사를 상세히 파헤칠 수는 없다. 다만 잉글랜드의 작가 줄리언 펠로스Julian Fellowes의 흥행작 〈다운튼 애비Downton Abbey〉와 같은 드라마를 즐기는 독자들이라면 내가 하고자 하는 말을 대강 이해하고 있을 것이다. 말할 필요도 없이 요크셔(이 드라마의 배경이다)와 인도 사이에는 큰 차이가 있으며, 다운튼 애비는 카스트가 아닌 계급class에 의해 조직된다. 그럼에도 다운튼 애비와 인도를 비교하는 것은 매우 유용하다(카스트와 계급은 서로 다른 제도지만 공통점이 있기도 하다).

〈다운튼 애비〉는 제1차 세계대전 무렵 잉글랜드 귀족계급의 쇠퇴를 그린다. 러시아혁명, 여성 참정권, 왕족 출신 엘리트들보다 뛰어난 사업 감각과 재력을 보유한 중산층의 발흥 등으로 이 시기 유럽은 큰 전환점을 마주하고 있었다. 시대극의 배경이 되는 다운튼 애비는 그랜섬 백작과 그 일가의 사유지로서 당대에 꽤 드문, 실제 사용되고 있던 귀족 저택 부지였다. 하지만 이 저택은 여러 측면에서 위기에 처해 있었으며, 사실상 백작이 미국의 상속녀와 결혼했기 때문에 간신히 유지되고 있었다. 그 백작은 잘못된 캐나다 철도 투자로 아내의 재산마저 잃어버리고, 결국 다운튼은 맨체스터 출신의 중산층 변호사 사촌에 의해 구제된다.

그리하여 다운튼의 수명이 연장되는 가운데, 그 가족 구성원들과 하인들은 영국의 사회질서를 각자 저마다의 방식으로 다르게 구현해나간다. 몇몇 하인들과 심지어 귀족 중 일부는 새로운 시대의 자유와 변화를 추구한다. 개인주의라는 신세계 말이다. 그런가 하면 어떤 이들은 전체론 안에서 익숙함을 추구하며 옛날 방식으로 평화롭게 도의를 지키며 산다. 전반적으로는, 모든 사람에게 주어진 자리가 있는 귀족 저택의 삶에 대한 향수가 승리를 거두고 저택의 삶은 순탄히 돌아간다. 하인들은 마치 가족과 같이 존중과 보살핌을 받으며, 저녁식사 자리에서는 함께 치즈와 와인을 즐기고 퇴직 후 살 수 있는 작은 집을 약속받는다. 필요시에는 가문에서 고용한 런던의 변호사를 쓸 수 있는 권한도 주어진다. 가장 중요한 것은 다운튼 애비의 귀족들이 자신에게 돌봄의 의무가 있다고 느낀다는 점이다. 이 의무는 저택에서 일하는 요리사, 식모, 하인 등 고용된 이들에 대한 의무뿐만 아니라 소작인들과 주변 마을 사람들에 대한 돌봄까지 포함한다. 종종 그랜섬 백작은 상당히 전체론적인 방식으로 자신을 가리켜 그저 다운튼을 돌보는 사람이라고 말한다. 그는 거친 의미의 개인주의적 소유주가 아닌 한 명의 관리인인 셈이다.

〈다운튼 애비〉의 이야기는 변화하는 사회에서 의무, 명예, 자유, 충성과 같은 가치들이 엎치락뒤치락하며 펼쳐진다. 그리고 이 중심에는 전체론과 개인주의라는 두 최상위 가치들이 경합하고 있다. 여섯 시즌이 지나는 동안 시청자들은 천천히 귀족 체계의 전체론이 역사의 뒷길로 사라지고 근대 국가의 개인주의가 그 자리를 차지하는 것을 보게 된다. 그러나 여기에는 사라져가는 것들에 대한 슬픔 역시 뒤얽혀 있다.

〈다운튼 애비〉는 뒤몽의 인도 연구보다 가치가 실제로 어떻게 작동하는지를 보여주는 생생한 사례일지도 모른다. 가치가 삶이라는 드라마를 어떻게 만들어나가는지 보여주는 데는 〈다운튼 애비〉가 《위계적 인간》보다 훨씬 더 효과적이라고 할 수 있겠다. 하지만 인류학에서 뒤몽의 이론을 빌려오면서도 동시에 삶의 세부적, 극적 요소를 놓치지 않는 연구들 역시 찾아볼 수 있다. 그중 하나는 1970년대 후반 급격한 변화를 겪은 파푸아뉴기니 고지대에 사는 소규모 집단에 관한 연구다.

도덕적 고뇌

우라프민Urapmin은 파푸아뉴기니 서부에 있는 390여 명가량 되는 집단이다. 오늘날까지도 파푸아뉴기니의 대부분은 산맥과 무성한 숲들로 인해 고립되어 있다. 이 때문에 남아시아, 아프리카, 대부분의 남아메리카(아마존 일대를 빼고) 지역과는 달리, 식민 지배 시기에도 많은 멜라네시아 사람들은 외부 세계와 직접적으로 접촉하지 않을 수 있었다.

이런 이유로 1970년대 말까지도 우라프민 사람들은 본격적인 선교의 대상이 된 적이 없었다. 하지만 소수의 우라프민 남성들은 타지의 미션스쿨에서 교육을 받았으며, 이들이 고향으로 돌아와 펼친 포교 활동은 우라프민 공동체의 대규모 개종으로 이어졌다. 거의 모든 우라프민 사람들이 기독교로 개종하게 된 것이다.

1990년대 초반 조엘 로빈스Joel Robbins가 우라프민을 연구하기 위해 나섰을 때, 이렇게 열렬한 기독교인들을 만나게 되리라고는 상상하지 못했다.[20] 로빈스는 본래 멜라네시아 관련 연구에서 주요 주제인 의례적 비밀secrecy에 관해 연구하고자 했다. 하지만 로빈스를 맞이한 것은 이런 의례들로부터 이미 거리를 둔 채 살아가는 헌신적인 기독교인들이었다. 이곳의 기독교는 매우 은사주의적 성향을 띠고 있었으며 죄와 구원이 그 핵심을 차지했다. 이러한 신앙이 바로 우라프민 사람들에게 전통적인 의례체계와 이와 연관된 금기 사항들을 폐지하게 만든 것이다. 그들은 올바른 기독교인이 되려면 자신들의 이교도적 방식을 완전히 뒤엎어야 한다고 판단했다. 그들이 이해한 기독교의 계율을 따르기 위해서는, 그들의 표현을 빌리자면 규범적lawful 존재가 되어야 했다.*

기독교가 강조하는 규범적 삶과 구원은 우라프민 사람들에게 새로운 인격성personhood의 표준을 요구했다. 구원은(적어도 보수적 복음주의 기독 신앙에서는) 개인적인 것이었기 때문에, 개인의 마음에서 우러나오는 구원에 대한 진정한 받아들임을 요구했다. 한 우라프민 남성이 말한 바와 같이 "내 아내가 자신의 신

---

* 로빈스는《죄인 되어가기: 한 파푸아뉴기니 사회에서 기독교와 도덕적 고뇌》에서 우라프민 문화의 전통적 행위 양식을 의지성/규범성willfullness/lawfulness이라는 한 쌍의 개념으로 분석한다. 우라프민 사회에서 좋은 삶이란 의지성과 규범성이 변증법적으로 균형 잡힌 삶이었다. 그러나 기독교의 규범 중심 윤리가 들어오면서 의지성과 규범성의 관계는 뒤틀린다. 그 뒤 우라프민 사람들은 의지성의 영역을 죄의 영역으로 악마화하면서 도덕적 고뇌를 안고 살아가게 된다.—옮긴이

  인류학자처럼 생각하는 법

앙을 나에게 나눠줄 수는 없는 법”이다.[21] 말하자면 개인주의가 최상위 가치로 자리 잡은 것이다. 삶의 다양한 영역에서 개인주의가 작동하기 시작했고 지역 교회는 번창해나갔다. 하지만 로빈스 역시 주목하듯이, 이러한 변화들은 ‘한 명의 개인’이라는 개념 자체가 존재하지 않았던 기독교 이전의 우라프민의 사회성과는 상반된 것이었다.

멜라네시아에 관한 탁월한 연구를 펼친 인류학자들이 주장해온 바와 같이, 그곳의 전통적인 최상위 가치는 개인주의도, 전체론도 아닌 ‘관계주의relationalism’다. 이는 멜라네시아 사람들이 다른 이들과 맺는 관계를 가장 중요시한다는 의미이다. 마치 뉴햄프셔 사람처럼 개인이 되는 것이나, 케랄라 사람들처럼 어떤 우주적 전체의 일원이 되는 것이 아니라, 관계 그 자체가 좋은 삶을 만드는 핵심 조건이었다.

다른 가치와 마찬가지로 관계주의에도 어려움이 따른다. 관계를 더 많이 맺을수록 기존 관계들은 위태로워진다. 의미 있는 관계를 유지하려면 노력과 관심이 필요한데, 오래 알아온 이들을 서운하게 하지 않으면서도 새로운 인연들을 만들어나가는 것은 무척 어려울 수밖에 없다. 우라프민 사람들은 이러한 어려움을 ‘의지적willful’ 행동(새로운 관계들을 만들어나가려는 욕구)과 ‘규범적’ 행동(기존 관계들을 지속적으로 살피고 관리해야 한다는 인식) 사이의 긴장으로 이해했다. 즉 의지와 규범은 최상위 가치인 관계주의 아래에 자리한 하위 가치들인 셈이다.

기독교는 의지성이 번영할 여지를 거의 남기지 않은 채 우라프민 사람들에게 새로운 형태의 규범성만을 요구했다. 마을 대소사에서 의지적 행동은 종종 긴장, 분노, 질투를 유발했고 이 모든 것은 비기독교적인 것으로 여겨졌다. 따라서 이전 사회체계에서는 (적절한 선 안에서) 용납 가능한 삶의 현실로 받아들여졌던 것들이 절대적인 죄악으로 바뀌었고, 이는 우라프민 사람들에게 도덕적 고뇌와 죄책감을 안겨주었다.

우라프민 사람들의 삶의 일부분은 비교적 쉽게 기독교적 가치들에 부합하는 방식으로 바뀔 수 있었으나, 친족이나 혼인, 식량 생산과 마을 간 관계 등 다른 여러 영역에서는 그리 간단한 문제가 아니었다. 이는 이 상황을 더욱 복잡하게 만들었다. 쉽게 바뀔 수 없었던 특정 영역들을 관계주의가 계속 지배하면서, 우라프민 사람들은 로빈스가 '양면적two-sided' 문화라고 이름 붙인 방식으로 삶을 영위해야만 했다.

가치에 관한 로빈스의 연구는 반향을 불러일으켰다. 우라프민은 많은 인류학자들에게 가치 이론뿐만 아니라 기독교, 문화 변동, 도덕성 같은 더 구체적인 주제들과 관련해 인용하고 토론하는 대표적 사례 연구가 되었다. 우리는 우라프민의 사례를 통해, 또는 로빈스의 자세한 민족지적 묘사를 통해 '가치들의 경합'이 우리가 인간으로서 겪는 모든 일에 얼마나 핵심적인지 이해할 수 있다. 물론 세상 모든 사람이 우라프민 사람들처럼 도덕적 가책과 갈등을 느끼며 살아가는 것은 아니다. 390명가량으로 이루어진 고지대 사회에서는 그보다 더 크고 다양한 구성원들로 이루어진 사회에서보다 도덕적 가책과 갈등이 일어나고

                                      인류학자처럼 생각하는 법

유지되기 쉬우며, 더 도드라져 보이는 것도 사실일 것이다. 더 나아가, 양면적 문화라는 것이 늘 어디서든 존재하는 것 또한 아니다. 하지만 그렇다고 해서 파푸아뉴기니의 한 고립된 지역의 이야기가 결코 드물거나 유일무이한 것은 아니다.

가치는 인간이 의미를 만들어내는 존재라는 것을 강조한다. 가치는 우리가 삶을 조직해나가는 데 중요할 뿐만 아니라, 삶의 질을 측정하는 데도 매우 중요하다. 가치는 또한 기능적인 역할을 수행한다. 사회에 맞는 가치가 정해져 있다거나 예측 가능한 것은 아닐지라도, 특정 가치들이 특정 사회조직에 걸맞은 것은 사실이다. 다운튼 애비 같은 저택은 개인주의적 에토스 아래에서는 결코 살아남지 못할 것이다. 다운튼 애비의 종말의 이유가 바로 여기에 있고, 그 과정을 잘 담아냈기에 이 드라마는 좋은 평가를 받았다. 사람들이 영위하는 가치들에 대해 배우면서 우리는 그들의 삶의 전반적 구조와 배경을 알 수 있게 된다. 그들의 정치체계, 종교적 감수성, 가족관계를 포함한 사회적 관계들, 경제적 연결망 등 말이다. 하지만 결코 사회적 실용성이나 '기능' 자체로만 가치를 이해할 수는 없다. 우라프민 사람들의 사례처럼, 어떤 이들은 도덕적 고뇌를 무릅쓰고도 특정 가치들을 붙들고 살아간다. 의미란 다양한 기준으로 측정되며 어떤 이들에게는 순탄하고 평온한 삶보다 중요한 게 있을 수 있다. 실제로 쉬운 길을 거부하고 살아가는 이들이 존재한다. 이는 다음 장에서 우리가 더 깊이 살펴볼 주제이기도 하다.

4장. 값

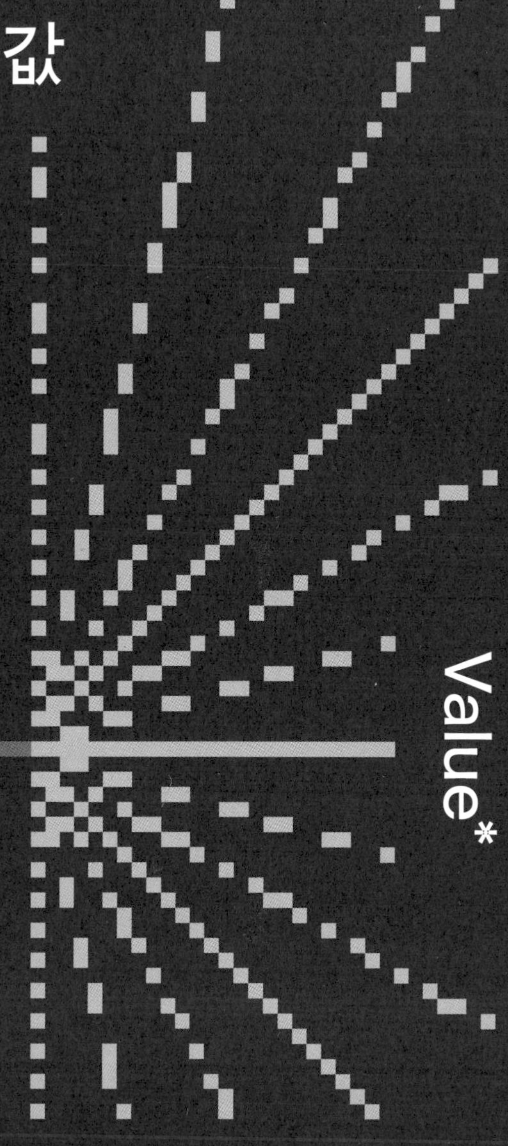

---

* 3장에서 논하는 values는 '좋은 사회와 삶을 위해 개인과 집단이 추구하는 것'으로서의 '가치'라면, 4장의 value는 사람들이 대상에 부여하는 '값어치' 혹은 '값'을 뜻한다. 인류학자 데이비드 그레이버David Graeber는 《가치이론에 대한 인류학적 탐구》(2001)에서 values와 value의 차이를 다루며 각각을 '사회학적 가치들'과 '경제학적 가치'라는 표현으로 정의하면서, 이 개념이 오늘날 인류학 계에서는 복수와 단수의 구분 없이 사용되고 있다고 말하기도 한다. 이를 염두에 두며 4장에서 value를 '값', '값어치'로 번역했다. 그러나 맥락에 따라 '가치'로 번역하기도 했다.─옮긴이

1983년, 레소토의 마샤이 마을 가축의 40%가 폐사한 일이 있었다. 이 지역에 찾아온 심각한 가뭄으로 가축들이 굶어 죽은 것이다. 정부는 가뭄에 대비할 것을 마을 사람들에게 미리 경고했고, 오랜 기간 가축 사육 중심의 생활을 해온 바소토Basotho* 사람들 역시 닥쳐올 위기를 모르지 않았다. 지역 공무원 한 명은 마을 사람들에게 더 늦기 전에 자산 중 얼마라도 지키려면 가축들을 팔아야 한다고 강력히 권하기도 했다. 그러나 가뭄이 가장 극심했던 6월과 7월, 레소토 내 많은 지역의 가축 판매량은 오히려 감소했다. 사람들은 손해를 최소화하는 쪽을 택하지 않았다. 어떤 한 바소토 사람이 인류학자 제임스 퍼거슨James Ferguson에게

---

*   남아프리카의 레소토와 남아프리카공화국 일부 지역에 사는 선주민 집단 소토 Sotho의 복수형. 레소토는 '소토인의 나라'라는 뜻이다.—옮긴이

말한 대로, 가축은 "그 무엇보다 중요한 것"이기 때문이었다.[1]

　퍼거슨은 가뭄이 닥친 마샤이 마을에서 현지조사를 진행하고 있었다. 퍼거슨은 이 남자가 말하는 가축의 중요성을 이해한 후 그것에 '소의 신비Bovine Mystique'라는 이름을 붙였다. 이는 신성해서 건드릴 수 없는 무언가에 대한 절대적 신봉을 뜻하는 것은 아니었다. 이 신비로움은 가축 그 자체보다는 가축이 지닌 사회적 관계와 가정 내 관계에 미치는 영향에서 비롯되는 것이었다. 가축은 다양한 이유로 남성들에게 특히 중요했다. 첫째로 마을에 사는 남성들의 대부분은 특정 나이가 되면 광산 노동을 하기 위해 남아프리카공화국으로 이주했는데, 그 가족에게 남겨진 가축은 떠난 남성의 권위를 상기시키는 역할을 했다. 둘째로 가축은 사회적 관계의 발생과 유지에 핵심적 역할을 했다. 그중 가장 중요한 것은 아마 바소토 관습인 '신부대bridewealth'일 것이다. 신부대란 남편의 가족이 신부의 가족에게 가축을 선물하는 혼례 절차를 말한다. 더 흔하게 찾아볼 수 있는 또 다른 사례는 가축을 가진 남성이 자신의 가축을 다른 이들에게 빌려주는 것이다(그렇게 하도록 요구되기도 한다). 이러한 피호제도patron-client system는 아프리카 전역에 퍼져 있다. 셋째로 광산 노동을 마치고 귀향한 남성들에게 가축은 그 어떤 재산보다 중요한 연금이나 다름없었다. 마지막으로 친족과 가정 내 규칙에 따르면 가축은 가족의 재산임에도 그 가축의 쓰임새와 운명을 결정하는 것은 남성이었다. 퍼거슨이 우리에게 말하려는 것의 핵심은 다음과 같다. 만약 남성이 돈을 가지고 귀향한다면, 온 가족(특히 그의 아

　　　　　　　　　　　　　　　　인류학자처럼 생각하는 법

내)이 그 몫을 주장하려 들 것이다. 그러나 만약 그 남성이 돈을 가축으로 바꾼다면 상황은 완전히 달라진다.

퍼거슨의 분석은 몇 가지를 지적한다. 그중 하나는 여기서 신비가 젠더적이라는 것이다. 소의 신비는 그 누구보다 남성의 이익에 봉사한다. 더 나아가 퍼거슨은 아프리카 소작농들이 비이성적이고 비경제적이라는 관념을 허물고자 한다. 퍼거슨의 주장은 아프리카의 마을 사람들에게 개발의 기초, 가뭄에 대한 대책, 또는 수요와 공급 법칙 등 여러 교육이 필요하다는 것이 아니다. 그들의 관행에는 나름의 논리가 있다. 퍼거슨은 앞서 말한 소의 '신비'란 어떤 신성하고도 절대적인 태곳적 관습이 아님을 강조한다. 명백한 것은 소의 신비는 바소토 사람들이 참여하는 더 큰 세계, 즉 임금노동과 국제적인 상품 거래를 중심으로 돌아가는 '현대'사회의 일부라는 것이다.

소의 신비는 이전 장에서 논의한 '가치values'와 다소 경제적 의미를 내포하는 '값value'의 긴밀한 연결성을 보여준다. 나아가 레소토라는 현장에서 우리는 오랫동안 인류학자들의 관심을 끌어왔던 주제를 만나볼 수 있다. 바로 교환이라는 주제 말이다. 인류학적 관점에서 값에 대해 고찰해보고자 한다면, 교환은 아주 좋은 출발점이다.

소의 신비는 비틀스의 곡 〈돈으로 사랑을 살 수 없어Can't Buy Me Love〉에 깔린 정서와 공명한다(가축보다 록 음악이 더 익숙한 독자들이라면 쉽게 이해할 것이다). 어떤 것들은, 특히 대개 가장 중요한 것일수록 상품처럼 사고팔 수 없다. 사랑을 통조림 한 캔처럼 사고팔 수 없듯이 세계 많은 곳에서 가축 역시 마찬가지다. 이러한 예를 통해 우리는 '가치'(사랑, 믿음, 명성, 안전)가 '값'에 미치는 영향을 볼 수 있다.

비틀스의 가사 이면에 담긴 진리, 혹은 바소토 사람들이 팔기를 거부한 그 무언가는 현대사회에서 정반대 방향으로 강화되고 있다. 아주 간단히 말하자면 현대사회는 모든 것에 가격을 매긴다. 더 냉소적으로 말하자면 모든 것의 상품화가 불가피한 세상인 셈이다. 비록 사랑은 아직 상품화되지 않았다고 하더라도 서구권에서 대학생들이 '고객'(어쩌면 어마어마한 학비를 내야 하기 때문일 수도 있겠다)으로 일컬어지는 것을 보면 적어도 교육은 분명 상품화되고 있다. 대학 행정 직원들의 업무 서류에서 흔히 볼 수 있는 이런 용어는 교수들을 분노하게 한다. 셰익스피어를 공부하는 것은 딜러에게 차를 매매하는 것과 그 어떤 면에서도 같다고 볼 수 없으니 말이다!

'특별한 사물'의 세계(그것이 가축이든, 사랑이든, 〈햄릿〉에 대한 학생의 과제물이든, 또는 여러분의 할머니가 1923년에 구매한 은장 브로치든)는 오랜 시간 인류학자들의 주목을 받아왔다. 특별한 사물은 교환 같은 중요한 관행과 이로 인해 만들어지는 사회적 관계가 작동하는 방식을 탐구할 수 있게 해준다. 레소토의 경우 가축과 돈의 교환은 사회적 관계들의 붕괴를 야기할 것이다. 퍼거슨이 논한 바와 같이, 가축이 만들어내는 사회적 부(남에게 빌려주거나 혼례의 일부로 증여되어 가정들 사이에 맺어지는 결연)는 가축을 팔아서 축적되는 경제적 부보다 훨씬 값진 것이다. 가뭄으로 인해 그 사회적 부를 한순간에 잃게 되더라도 말이다.

소의 신비는 이런 규칙들의 작동 원리를 시험해볼 수 있는 사례 중 하나이며, 이 규칙들은 때로 외부자들로서는 이해할 수 없는 행동을 하게 한다. "가능한 피해를 줄여야 하는 가뭄 상황에서 도대체 왜 가축을 팔지 않는 거지? 도저히 이해할 수 없군." 그러나 인류학의 역사에서 가장 많은 관심과 토론을 끌어낸 것이 바로 이런 것들이다. 외부자들이 봤을 때 하지 말아야 할 것들, 또는 '현실적 목적', '실제적 가치'가 없거나 '비경제적인' 행동들 말이다.

세계 곳곳에서 사람들은 경제적 상식(예컨대 마샤이 마을 사람들에 대한 레소토 정부의 1983년 권고에 전제된 상식)을 벗어나는 다양한 결정을 내린다. 최소 저항 경로를 따르는 것이 물리학의 세계에서는 자명한 원리겠지만, 문화의 세계에서는 늘 그렇지만은 않다. 직관에 반하는 것처럼 보이는 행동들은 무척 다채롭다. 태평양 연안 북서부 선주민들의 관습인 '포틀래치potlatch'(한 혈연집단이 그 모든 소유물을 그저 나눠주거나 불태워버린다) 역시 여기에 해당하는 사례다. 다시 사랑이라는 주제로 돌아가서, 오늘날 영국에서 결혼식에 들어가는 평균 비용 역시도 유사한 사례라고 할 수 있다. 한 유명 잡지에 따르면 2013년 기준, 영국 결혼식에는 평균 3만 111파운드의 비용이 들어간다.[2] 같은 해 영국의 중위 임금은 2만 7000파운드였다.[3]

쿨라

브로니스와프 말리노프스키의 트로브리안드제도에 관한 연구
는 인류학 안에서도 지나칠 만큼 세세한 설명으로 이름난 사례
중 하나다. 이 연구는 수백 마일씩 떨어져 있는 파푸아뉴기니의
동쪽에 있는 여러 섬 사이에 빨간 조개 목걸이와 하얀 조개 팔찌
가 오고 가는 교환에 대한 것이다. 책에서는 이를 '쿨라 링'이라
고 부른다.

말리노프스키는 쿨라를 일종의 '교역체계system of trade'라고
부르면서도, 동시에 쿨라의 "주요 목적은 실용적인 쓸모가 전혀
없는 물품들을 교환하는 데 있다"고 말한다.[4] 쿨라 링 안에서 목
걸이(술라바soulava)는 시계 방향으로, 팔찌(므왈리mwali)는 시계 반
대 방향으로 순환한다. 말리노프스키에 따르면 이 물품들은 '쓸
모'가 전혀 없을 뿐만 아니라 장신구로서 착용되는 경우도 거의
없다. 대개 팔찌는 어린아이가 착용하기에도 어려울 만큼 작은
크기이기에 전혀 쓸모가 없어 보인다. 하지만 쿨라에 참여하는
이들, 즉 트로브리안드 사람들Trobrianders, 도부 사람들Dobuans, 시
나케탄 사람들Sinaketans 등에게 이 팔찌는 길고 험난한 항해를 감
수하고라도 다른 장신구들과 맞바꿀 정도로 가치 있는 물건들
이다. 이 역시 언뜻 보기에는 이해하기 어려울 수 있다. 가장 인
기 있는 목걸이와 팔찌는 그 고유의 역사와 의미(때로는 이름까지
도)가 있기 때문이다. 즉 각 장신구는 모두 "중요한 정서적 유대
를 틀림없이 담고 있는 매개체"이다.[5] 그렇다면 이렇게 소중한

　　　　　　　　　　　　인류학자처럼 생각하는 법

물건들을 왜 남에게 주는 것일까? (이렇게 교환된 물건들은 길어봐야 1~2년가량 간직할 뿐이다.)

쿨라를 통해 이루어지는 교환은 우리의 생각보다 훨씬 더 복잡하다. 목걸이와 팔찌 사이의 교환은 의식과 형식적 절차가 갖춰져 있는데, 그중에는 두 물건의 교환이 절대 동시에 이루어져서는 안 된다는 규칙이 있다. 엄밀히 따지자면 교환이 아닌 **증여되어야**gifted 하는 것이다. 또한 이미 본인의 물건을 증여한 후 받는 입장이 된 사람은 절대 그가 받는 답례의 값어치가 더 적은 것에 대해 공공연히 문제 삼아서는 안 된다. 이 점에서 역시 증여의 특성이 드러난다. 더 나아가 이 모든 절차는 오직 '그he'에 의해서만 이루어진다. 쿨라 교환에 참여하는 것은 오로지 남성뿐이다.

다른 면에서는 가치가 거의 없으면서도 '정서적 가치'를 지닐 수 있다는 생각 자체는 이해하기 그리 어렵지 않다. 우리는 정서적 가치는 있지만 '사용가치'나 '교환가치'가 없는 것들을 쉽게 떠올릴 수 있다. 은장 브로치를 찬 할머니의 낡은 사진이 돈이 되진 않지만, 당신에게는 값을 매길 수 없을 만큼 소중하듯이 말이다. 그것은 사진이 '의미'를 담고 있기 때문이다. 하지만 쿨라 링이 작동하는 정교한 방식은 가치라는 문제 전체를 부각시킨다. 쿨라에는 사회성의 전반적인 역학을 내포하는 수많은 것들이 담겨 있기 때문이다.

말리노프스키는 쿨라와 이를 둘러싼 사회적 관계들에 대해 어쩌면 모순적으로 보일 수 있는 결론을 내린다. 한편으로 말리노프스키는 쿨라 교환은 "교환 외에 다른 목적이 없으며 소유에 대한 깊은 욕망을 채워준다"고 분명히 말했다.[6] 그런가 하면 약간은 모호하게, "소유한다는 것은 주는 것과 같다"고 쓰기도 했다.[7] 또한 처음에 말리노프스키는 쿨라 교환품들이 실용성이 없다는 것을 강조했는데, 결론에 가서는 이와 배치되게 순환적 교환을 통해 다른 섬과 공동체 안의 남성들 사이에 형성되는 사회적 관계들의 중요성을 역설한다. 예컨대 교환되는 목걸이와 팔찌를 통해 소유자들은 명성을 얻곤 한다는 것이다. 물론 쿨라 팔찌가 카누나 도끼와 같은 의미에서 실용성이 있는 것은 아니지만, 사회적 관계와 명성이라는 것은 꽤 실용적이지 않은가?

가치에 관한 말리노프스키의 탐구는 오늘날까지도 인류학자들의 관심을 끌고 있는 사회적 관계에 대한 중요한 논의의 시발점이 된다. 그 논의의 핵심에는 이런 질문들이 있다. 인간은 **왜** 교환을 하는가? 오로지 '교환만을 위한' 교환은 가능한가? 아니면 이 교환은 언제나 답례에 대한 기대로 인해 이루어지는 것인가? 다르게 말하자면, 인간은 진정 이타적일 수 있을까? 아니면 우리는 늘 어느 정도의 이기주의에 따라 움직이는 것일까?

선물과 공짜 선물

위 질문은 '시장'의 논리가 세계를 지배하는 오늘날 특히 의의가 있다. 비틀스를 비롯한 수많은 가수의 그 흔한 사랑 노래가 늘 인

                                      인류학자처럼 생각하는 법

기를 끄는 이유도 여기에 있다. 하지만 비틀스보다 이를 가장 잘 드러낸 사람을 꼽자면 "공짜 점심은 없다"고 말한 경제학자 밀턴 프리드먼_{Milton Friedman}일 것이다.

이기주의에 기반한 프리드먼의 자유시장 원칙들은 교환에 대한 보편적인 관념들을 담고 있다. 공짜 점심 없는 세계는 프리드먼에겐 전혀 문제가 되지 않는다. 이기주의는 세상을 돌아가게 하며 이는 결코 부끄러운 일이 아니기 때문이다. "내가 샌드위치를, 아니, 랍스터 샐러드까지도 당신에게 줄게요. 하지만 그 대가로 내 정원을 정리해주거나 이사를 도와주거나 광고계에서 일하려는 우리 아들에게 조언을 좀 해줘요(당신이 동업자로 있는 회사에 취직할 수 있게 도와주면 더 좋고요)." 이러한 태도가 꼭 부끄러운 것일까? 이와 같은 논리가 우리 사회의 기반이라는 걸 그냥 솔직히 직면하면 안 되는 것일까? 프리드먼과 같은 자유시장주의자들은 이기주의냐 이타주의냐 하는 질문에 대해 이 둘은 사실상 같은 것이라고 답한다.

서구 경제학 사상을 거슬러 올라가보면 이기주의는 오랫동안 중요한 역할을 했음을 알 수 있다. 이기주의는 초기 근대의 사회계약을 떠받치고 있을 뿐 아니라, (섹스, 돈, 권력, 포켓몬 카드 등에 대한) 인간의 욕망은 끝이 없다는 우리의 본성에 관한 이론들로 이어진다. 서론에서 언급한 마셜 살린스의 원초적 풍요 사회에 관한 주장 역시 이 맥락에서 이해할 수 있다. 호주와 아프리카의 소규모 수렵채집사회들을 통해 살린스가 말하고자 했던 것이 무엇이었던가? 이는 곧 트로브리안드제도 사람들이 가진 '소</sub>

유에 대한 깊은 욕망'이라는 말리노프스키의 호소 이면에 어떤 문화적 해석이 가미되었다는 것이다. 다른 글에서 살린스는 말리노프스키의 논리는 "개인의 욕구와 욕심을 사회성의 토대로 놓으려는 빈번한 시도"의 일환이라고 말하기도 했다.[8] 그렇다면 우리가 다음으로 물어야 할 중요한 질문은 이와 같다. 여기에는 누구의 문화적 해석이 가미된 것일까? 말리노프스키만의 해석일까, 아니면 트로브리안드제도의 사람들 역시 그렇게 생각하는 걸까?

쿨라에 관한 말리노프스키의 연구서가 출간된 지 3년 후, 프랑스 인류학자 마르셀 모스는 《증여론Essai sur le don》이라는 긴 책에서 같은 질문들을 다뤘다. 말리노프스키의 연구를 비롯한 다양한 민족지적 연구의 연장선상에서 모스는 이기주의와 이타주의의 대립 자체가 잘못된 전제라고 주장한다. 사람들은 '계산적으로'(또는 비계산적으로) 교환과 교환이 만들어내는 사회적 관계들에 접근하지 않는다는 것이다. 이를 이해하는 가장 좋은 방법은 모스가 '선물 경제gift economies'라고 부른 다소 이국적이고도 기이해 보이는 멜라네시아, 폴리네시아, 북미 선주민들의 교환을 살펴보는 것이다.

《증여론》은 많은 인류학자에게 호혜성과 교환에 관한 한 가장 중요한 저서로 꼽힌다. 수십 권의 책과 논문이 모스의 주장을 밝혀내는 데 바쳐졌는데, 이는 그의 가장 우호적인 독자들조차 인정하듯이 그 주장이 항상 명확하지 않다는 이유 때문이기도 했다. 이에 더해 모스의 주장에서 핵심적인 역할을 하는 토착

용어들의 의미에 대해서도 많은 논의가 이뤄져왔다. 이 중 마오리 용어인 '하우hau'가 대표적이다. '선물에 깃든 혼'으로 번역되는 이 용어는 그 개념에 대한 별도의 논의를 낳기도 했다(잠시 후 하우에 대한 논의로 다시 돌아오게 될 것이다).

《증여론》의 핵심은 공짜 선물이란 그 어디에도 존재하지 않는다는 것이다. 달리 말해, 우리는 모두 선물에 대한 답례를 기대한다는 점에서 답례는 분명 의무적이라고 모스는 말한다. 일견 정당한 주장이다. 우리가 살아가는 일상에는 주면 받아야 하고 받으면 줘야 한다는 암묵적인 기대감이 존재한다는 사실을 모르는 사람은 없을 것이다. 독자들 역시 멀리 살아서 자주 보지 못하는 친척에게서 선물을 받았는데, 그를 위한 또는 그의 자녀들을 위한 선물을 미처 준비하지 못했을 때 당혹스러웠던 경험이 있을 것이다. 이 당혹스러움은 아마 다음과 같은 이유 때문이리라. ① 답례를 준비하지 못했다는 것이 친척이나 그의 자녀들에 대한 무심함을 드러내기에(또는 그렇게 보일까봐) ② 그 친척이 당신의 외삼촌일 경우, 외삼촌에 대한 무심함뿐만 아니라 어머니에 대한 무심함을 드러낼까봐(또는 그렇게 보일까봐) ③ 선물을 살 경제적 여유가 없는 못난 사람으로 비칠까봐(반대로, 선물이 너무 비싸거나 사적인 것이라면 이 역시 당혹감을 유발할 수도 있다. 예컨대, 당신의 선물이 상사의 선물보다 과해서는 안 된다는 암묵적 규칙처럼 말이다).*

또한 만약 우리가 선물을 했는데 답례를 받지 못하는 입장이 되었다면 친척이 당혹스러워하지 않도록 "걱정할 것 없어! 별

거 아닌 선물인데, 바보 같은 소리 하지 마"라는 말을 재빨리 덧붙일 것이다. 이 말은 어쩌면 진심일 수도 있다. 그리고 적어도 우리는, 무언가를 주면서도 대가를 기대하거나 바라지 않을 수 있다는 점만큼은 아마 강조하려 들 것이다.

모스가 말하는 '선물'은 이런 사례의 선물보다 더 다양하다는 점을 강조할 필요가 있다. 여기서 선물이란 크리스마스, [유대교의 축제일인] 하누카Hanukkah, 생일, 또는 결혼식 등 특별한 날에 주고받는 선물 등에 제한되지 않는다. 사적 관계를 나타내는 이런 선물들은 모스가 말하는 선물의 일부일 뿐이다. 이 점은 쿨라에도 적용된다. 모스는 말리노프스키가 쿨라에 접근할 때 특정 종류의 선물 교환에만 집중한 것을 지적하며 그의 분석이 상품과 선물을 명확하게 나누는 서양의 관점을 반영하고 있다고 말했다(말리노프스키가 강조한 원주민의 관점이라는 것의 한계를 보게 된다).

* 사회적 위계는 허락되는 호혜성의 종류를 결정짓는 데 중요한 역할을 한다. 예를 들어 나는 종종 박사과정 학생들과 만나 그들이 수행하는 연구를 논의할 때 커피를 사주기도 하고 때로는 케이크도 사지만 그들이 내 커피값을 내길 기대한 적은 없다. 나는 임금을 받는 사람이고 그들의 지도교수이기 때문이다(내가 위계적인 지도교수여서 그런 것은 아니다. 그저 이게 옳다고 생각할 뿐). 돌이켜보면 나의 지도교수들은 내게 커피를 사주곤 했으니 어찌 보면 여기에도 특정 종류의 호혜성이 있다고 볼 수 있겠다. 이번 장에서 논의하게 될 데이비드 그레이버는 이런 관계를 어느 정도 '열린' 형태의 호혜성이라고 불렀다. 이는 선물에 대한 답례가 지정된 기한 안에 이루어지지 않거나, 아예 안 이루어지거나, 본래 증여자에게 가지 않는 관계를 가리킨다. 여기에는 선물의 보답이 해당 공동체의 누군가에게 돌아가는 경우가 있는데, 내 사례가 여기에 속하며 이때 수혜자는 계속해서 증식해나가는 인류학자 집단이라고 할 수 있다.

    인류학자처럼 생각하는 법

그러나 공짜 선물은 없다는 다소 메마르고 냉정한 결론은 오히려 특정 교환 및 관계의 종류들을 다른 것들로부터 분리하려는 근대 서구의 집착과 더 맞닿아 있다. 다시 말하지만, 사랑은 돈으로 살 수 없다. 이에 대한 모스식 대답은 "그래, 사랑은 살 수 없는 거지. 그런데 얌도 마찬가지야"라고 할 수 있을 것이다. 트로브리안드제도 사람들, 마오리와 콰키우틀 사람들의 삶을 들여다보면 그 사고방식이 현대 서양인들과는 출발부터 완전히 다르다는 것을 알 수 있다. (트로브리안드의 사례를 두고 본다면) 사랑과 얌, 이 두 가지 교환 모두에는 인격적인 것과 비인격적인 것, 공짜인 것과 그렇지 않은 것, 이윤 추구적인 것과 그렇지 않은 것을 동시에 담고 있다. 모스가 선물이라는 범주를 통해 회복하고자 했던 것은, 서로를 묶어주는 유대에 대한 인식을 바탕으로 한 경제와 사회 모델이다. 모스에 따르면 교환의 핵심에는 결속, 즉 사람들 사이의 연결이 언제나 있어야만 한다.

"언제나 있어야만 한다"는 말은 나의 표현이지만, 모스가 의도한 바를 정확하게 포착한다고 생각한다. 그 어느 인류학자보다 모스는 연구 결과에서 도출되는 도덕적 교훈을 중요시했다. 모스는 사회주의자였으며, 이후 강한 정치적 신념을 지닌 인류학자들에게 지대한 영감을 주었다. 다른 사회주의자들뿐만 아니라 아나키스트들, 독실한 가톨릭 신자들, 심지어 고질적인 도박꾼에게도 말이다.

무엇보다도 결속과 연결에 관한 모스의 주장을 가장 잘 뒷받침하는 것은 마오리 용어 '하우'에 대한 그의 분석이다. 앞서 말했듯이 하우란 '선물에 깃든 혼' 또는 '사물 안에 있는 혼'을 뜻한다. 이는 마오리 사람들이 선물 안에 증여자의 일부가 담겨 있다고 생각하는 방식을 보여준다는 점에서 모스에게 몹시 중요한 개념이다. "그러므로 누군가에게 무언가를 선물한다는 것은 곧 자신의 일부를 주는 것과 같다."[9] 우리가 답례에 대해 의무를 느끼는 것 역시 이 때문이라고 모스는 주장한다. 우리에겐 다소 생소하게 다가올 수 있는 표현이지만, 모스는 선물이 그 본래의 주인인 증여자에게 돌아가고 싶어 한다고 표현했다. 나아가 그는 쿨라 링 역시 비슷한 방식으로 작동한다고 논했다. 독자들이 기억하다시피 쿨라를 통해 교환되는 귀중한 장신구들과 그 주인들은 깊은 유대관계를 맺고 있을 뿐만 아니라 일련의 교환 과정을 통해 그 사물들만의 일대기를 갖게 된다. 그러므로 이 사물들이 갖는 일대기는 곧 그들이 지닌 정서적 가치를 역설하는 셈이다.

잠시 멈춰 생각해보면 이는 서양에서 오랜 기간 지속되어 온 인간과 사물 사이의 관계와 그리 다르지 않다. 우리 삶에서 특별한 것들(그것이 가축이든, 할머니의 은장 브로치든, 직접 짠 목도리든)은 우리의 일부를 담고 있다. 우리가 이 물건들을 팔지 않고, 이것을 가게에서 산 빵 한 덩이처럼 취급하지 않는 이유이다. 물론 그 제빵사가 소량의 빵을 수제로 굽는 장인이라고 한다면, 그의 일부가 그 빵에 깃들어 있다고 느낄 수도 있다. 하지만 이런 경우에 우리는 단지 빵을 사는 것이 아니라, 본질적으로 그 제빵사의 특별한 솜씨를 사는 것이기 때문에 추가 금액을 지급한

     인류학자처럼 생각하는 법

다. 이것이 바로 고급 브랜드나 고급 제품에 값이 매겨지는 방식이다. 그리고 이는 모스가 마오리의 하우에 대해 말한 것과 그리 다르지 않다.*

이는 카를 마르크스가 노동 소외alienation of labor라고 불렀던 것과 관련이 있다. 비록 모스가 이 개념을 사용하지는 않았지만 말이다. 산업혁명에 관한 글에서 마르크스는 공장의 노동자들은 본질적으로 그들이 생산하는 제품과의 유대를 포기하고 있다고 주장했다. 공장주는 "당신은 나를 위해 이 제품을 생산해야 합니다. 그 소유권은 나에게 있고, 판매권 역시 나에게 있소. 그 대가로 당신에게 6펜스를 주겠소"라고 말한다. 이것이 노동 소외의 기본 원리이다. 여기에는 노동의 결실이 화폐화될 때, **우리 자신이 누구인가**라는 측면에서 어떤 소중한 것이 상실된다는 전제가 깔려 있다.

《증여론》은 모스가 '냉담'하고 '무자비'할 뿐이라고 본 현대 자본주의체계, 즉 사람과 사물을 갈라놓는 자본주의체계와 이를 뒷받침하는 법적 체계들에 대한 공공연한 비판이다. 모스는 도덕적 결론을 내리는 것을 꺼리지 않는다. 하지만 이 상황을 전적으로 비관하지도 않는다. "다행히도 모든 것이 사고파는 행위로 환원되는 것만은 아니다. 사물들 속에는 속물적 가치뿐 아니

---

* 브랜드의 '영적 힘'에 대한 고찰은 윌리엄 마자렐라William Mazzarella의 2003년 뭄바이의 한 광고 대행사 연구에서 찾아볼 수 있다. 마자렐라는 하우 개념을 빌려 오늘날 브랜드가 소비자를 매혹하는 방법에 대해 길고도 매우 흥미로운 설명을 제시한다. 유능한 브랜드들은 주체와 객체의 구분을 흐릿하게 만든다. "당신은 아르마니 스타일의 사람인가? 아니면 버버리 스타일의 사람인가?"

라 정서적 가치도 여전히 존재한다. 이 두 종류의 가치만 존재한다고 가정한다면 말이다."[10] 여기서 '속물'은 꽤 강한 표현이다. 가장 먼저 연상되는 이미지는 도덕적 부패이기도 하지만, '돈을 주고 무언가를 사는 것'을 연상시키기도 한다. 바로 여기서 가치와 돈의 교차점을 볼 수 있다.

돈, 돈, 돈

인류학은 오랜 기간 돈에 관심을 보여왔다. 선물거래인에 대한 케이틀린 잘룸의 연구는 그 빙산의 일각에 불과하다. 19세기 중반부터 이후 세계정세와 인류학의 역사를 함께 되돌아보면 이는 더욱 분명해진다. 이 시대는 식민 확장에서 시작해 상업이 전례 없는 속도로 발달하던 시기였다. 많은 곳에서 이전에 존재하지 않았던 화폐제도가 시행되었고, 어떤 곳에서는 거래에 사용되던 조개껍데기, 구슬 등이 화폐로 바뀌게 되었다.

레소토를 예로 들어보자. 1980년대에 제임스 퍼거슨이 만난 바소토 사람들의 먼 조상들은 아마 돈이 존재하지 않은 세계에 살았을 것이다. 이뿐만 아니라 남아프리카에 광산이 없던 시절, 비누, 통조림, 코카콜라 따위를 파는 가게도 없는 세상에서 살았을 것이다. 광산 일자리와 통조림은 돈의 존재로 인해 가능해진 '근대 세계 시장'의 일부다. 이처럼 문화 변동의 중요한 촉매제인 돈은 자연스레 인류학의 주요 관심사일 수밖에 없었다.

인류학자처럼 생각하는 법

돈에 관한 인류학적 연구의 가장 큰 공통적 관심사는 돈이 얼마나 급진적으로 사회적 관계들을 변화시키는가 하는 것이다. 다시 한번 우리는 결혼을 하면서 집안 간에 현찰이 오고 가는 대신 남편과 아내 사이에 왜 이주노동 및 그와 관련된 협상이 벌어지는지, 또한 '소의 신비'가 여기서 어떤 역할을 하는지를 다루는 퍼거슨의 예시를 통해 실마리를 발견할 수 있다. 많은 경우 그 이유는 (현찰) 화폐가 교환과 거래의 비인격화된 수단이기 때문이다. 달리 말하면 현찰에는 혼의 자리가 없다. 하우가 존재하지 않는 것이다.

하우 없는 교환은 말할 것도 없이 무척 유용하다. 빠르고 효율적인 여러 거래 방식을 가능하게 한다. 빵 한 덩이를 사면서 긴 의례에 참여하지 않아도 되고, 나의 일부를 내어놓길 요구받지 않아도 된다(수제 빵을 만드는 장인이 무엇을 내놓는지는 앞서 이미 다뤘다. 그러나 이것은 더 큰 값에 상응하는 것이다). 더욱이 우리는 똑같은 5달러짜리 지폐를 사용해 빵뿐만 아니라, 젤리, 아스피린, 퓨즈, 잔디 씨앗, 버스표를 구매할 수도 있다(물론 거스름돈은 확실하게 받아야 하겠지만). 또한 5달러 지폐를 쓰기 위해서 이 지폐를 앞서 소유했던 47명이 이걸로 뭘 했는지 알 이유도, 알 필요도 전혀 없다.* 지폐에는 그 47명의 흔적이 전혀 담겨 있지 않

---

* 내가 10대였을 때 유통되던 20달러짜리 지폐 중 절반(정확히 기억은 안 나지만 매우 높은 비율이었다)은 코카인을 흡입하는 데 사용된 것이라는 이야기가 도시에 떠돌았다. 끔찍한 소문이었다. 오늘날 저명한 경제학자 중 최소한 한 명(Rogoff, 2016)은 대부분의 현금이 부적절하게 이용되고 있다는 이유로 모든 현금을 한 번에 폐기해버리기를 원한다. 2016년에 인도 정부는 실제로 하루아침

다. 바로 이런 이유로 많은 이들이 불법적인 무언가를 사거나 은밀하게 돈을 지급해야 하는 경우 현금을 이용하는 것이다. 무척 유용하게도, 비인격성과 익명성이 보장되기 때문이다. 마약을 사면서 신용카드를 이용하거나, 탈세를 시도하면서 은행 입출금 내역서에 모든 기록을 남기는 사람은 없을 것이다.

돈이 지닌 또 다른 특징들 역시 중요하다. 특히 돈이 교환과 사회적 관계를 어떻게 조직하는지에 대해서 말이다. 당연한 말이지만, 돈은 그 값이 고정되어 있다. 잉글랜드은행에서 발행하는 지폐 중 "이 지폐는 특정 물건의 가치에 상응합니다"라고 쓰인 것은 존재하지 않는다. 액면가는 보편적으로 적용되는 것이며, 렌치 하나(£2.5), 메르세데스 벤츠 한 대(£43,000)와 같이 무언가에 금전적 값을 매기는 데 이용된다. 이렇듯 액면가를 규정하는 능력은 모든 것을 하나의 기준으로 잴 수 있게 만든다. 적어도 이론적으로는 그렇다는 말이다. 예컨대 1만 7200개의 렌치는 메르세데스 벤츠 한 대와 같다. 누구든 **이론상** 왜 이 둘이 같은 것인지 이해할 수 있다. 그러나 이 '이론상'이라는 지점이 바로 돈이 가치의 체계를 구조화하는 방식의 핵심이다.

겉보기에는 돈이 가진 비인격성과 보편성이라는 특징이 문화의 존속이라는 측면에서는 재앙의 근원인 것처럼 보인다. 실제로 돈을 둘러싼 많은 갈등은 바로 이런 종류기도 하다. 예컨대

에 가장 큰 단위의 루피 지폐를 폐기함으로써 이런 정책을 일부 시행한 바 있다. 많은 사람이 정해진 기한 내에 지폐를 바꾸려고 하면서 결국 큰 혼란이 일어났다.

　　　　　　　　　　　　인류학자처럼 생각하는 법

바소토의 사례처럼, 돈이라는 교환의 매체와 그 값어치의 단위가 모든 것을 돈의 단위로 환원함으로써 삶의 방식을 특징짓는 여러 요소들이 지워질 위험이 있는 것이다.

돈에 대한 거의 대부분의 인류학 연구가 이와 같은 현상이 구체적인 맥락에서 어떻게 펼쳐지는지를 다룬다. 그러나 다른 한편으로, 돈이 지니는 상징적 가치 및 그것이 문화와 결부되는 방식에 관한 중요한 연구들도 있다. 키스 하트Keith Hart의 연구들이 그 예다. 그의 한 고전적인 논문에서 그는 당시 쓰이던 일반적인 동전을 통해 주장을 펼친다.[11] 호주머니 속 동전을 꺼내서 보라. 동전에 앞면과 뒷면이 있다는 사실을 모르는 사람은 없을 것이다. 대체로 동전의 앞면에는 누군가의 초상이 새겨져 있다. 특히 영국과 영연방 대부분의 경우는 국왕의 초상이, 미국의 경우는 대통령의 초상이 있다(1달러 동전의 경우 수전 B. 앤서니Susan B. Anthony 혹은 북미 선주민 여인 새커저위아Sacagawea의 초상이 있다). 이는 그 값어치와 권한의 출처를 가리키는 하나의 상징이다. 달리 말해, 이는 동전을 발행한 국가의 징표이자 이 동전이 그 고유한 '통용성currency'을 지닐 수 있는 사회적 장을 표시한다. 동전의 뒷면에는 그 액면가가 새겨져 있다. 5펜스, 10펜스, 5센트, 10센트와 같이 말이다. 오늘날의 세계에서 동전의 앞면은 점점 덜 중요해지고 있다는 것이 하트의 논지다. 사물이 지닌 사회적 관계의 측면, 즉 이 교환의 매체가 인격성 및 공동체와 연결되어 있다는 중요한 측면을 우리는 쉽게 잊곤 한다.

동전의 뒷면이 우리의 관심을 끄는 데 얼마나 큰 힘을 발휘하는지 생각해보면 놀라울 정도다. 국왕의 초상에 누가 신경 쓰기나 하는가? 우리가 알고 싶은 것은 거기에 쓰인 5, 10, 20 혹은 50과 같은 숫자뿐이다. 잉글랜드은행의 지폐의 경우, 거기에 있는 인물들이 지닌 상징적 중요성은 훨씬 덜 중요하다. 물론 모든 종류의 지폐에 국왕이 있다는 걸 모르는 사람은 없을 것이다.* 애덤 스미스, 찰스 다윈과 같은 인물이 그려진 지폐도 있지만, 대부분은 이 사실을 알지도 못한다. 사람들이 보는 것은 5, 10, 20이라고 크게 쓰인 숫자뿐이다. 그러나 여기 그려진 이런 인물들은 민족의 위대함만을 상징하는 것이 아니다. 지폐와 동전은 우리가 모두 '잉글랜드은행은 언제든 해당 액면가를 지급해줄 것'을 신뢰하기 때문에 비로소 그 가치가 성립한다는 점(이것은 분명한 사실이다)을 드러내는 상징이기도 하다. 하트를 비롯해 많은 인류학자가 주장하듯, 돈은 신뢰라는 인간관계를 나타내는 하나의 지표인 것이다.

우리는 이미 여러 형태의 현대적인 상품 거래가 어떻게 **인격을** 제거하는지 살펴봤다. 시카고와 런던에서 이루어진 선물 거래의 경우, 잘룸의 표현을 빌리면, 그것은 문자 그대로 거래를 '거래소' 밖으로 끌어내 컴퓨터 위로 옮기는 방식으로 이루어졌다. 이는 인격 대 인격의 관계를 인격 대 사물(컴퓨터)의 관계로, 그리고 비로소 오늘날 우리가 아는 금융 세계와 같이 알고리즘

---

* 물론 지폐에 국왕의 초상을 담는 것은 20세기 중반 이후부터였다. 반면 동전에 국왕을 새기는 것은 매우 오래전부터였으며, 고대 그리스와 로마에서도 그 흔적이 발견된다.

 인류학자처럼 생각하는 법

의 연계로 변화시킨다. 실제로 현재 몇몇 투자가들은 '알고리즘 거래'를 이용해 투자 결정을 내린다. 어떤 개인 투자자들은 직접 컴퓨터 코드를 짜서 컴퓨터에 언제 사고팔지 등등의 모든 결정을 내리게 한다. 이러한 변화들은 '비즈니스는 사적인 게 아니다' 라는 오랜 격언의 논리적 연장인 셈이다. 성공을 위해서는 모스가 묘사했던 냉담하고 냉철한 사람이 되어야 한다.

하트는 이러한 격언이 여러 영화에 감초처럼 사용되는 방식에 주목함으로써 이 지점을 더욱 유쾌하게 탐구했다. 할리우드와 발리우드의 조폭 영화들을 인용하면서 하트는 "청부 살인자의 딜레마"라는 것을 설명한다.[12] 모두에게 익숙한 장면일 것이다. 청부 살인자가 총을 든 채로 그의 타깃 앞에 선다. 그리고 총을 쏘기 전에 이렇게 말한다. "사적인 감정은 없어, 그저 비즈니스일 뿐이야!" 탕! 탕! 탕!

이런 말을 하는 이유는 무엇인가? 아마 한 사람의 인생을 끝장내기 전 인간으로서 일말의 양심이 표현된 것일 수도 있다. 그가 이런 말을 하는 근본적인 이유는 그가 속한 문화가 인격적인 것the personal과 인격적이지 않은 것the impersonal을 엄격히 구분하기 때문이다. "따라서 어떤 측면에서 보면, 목숨과 사고방식 중무엇에 더 우선순위를 둬야 하는지가 쟁점이다. 만남이 이루어진 것 자체가 이미 인격적인 것이기에 청부 살인자는 그 대상에게(어쩌면 그 자신에게도) 이걸 사적으로 받아들이지 말라고 알려야 하는 것이다. 일상적인 실천들 안에서 인격적인 것과 인격적이지 않은 것을 분리하는 작업은 매우 어려워 보인다. 우리의 언어와 문화는 사회적 삶을 이 두 영역으로 명료하게 구분하려는 시도의 현재 진행형 역사를 보여준다.”[13] 돈은 이렇듯 불가피하게 분리에 관한 문제를 제기한다. 이것은 돈을 가진 사람들에게나 가지지 못한 사람들에게나 마찬가지다. 이 지점에서 우리는 또 다른 핵심적인 연구 영역에 다다르게 된다.

부채

내가 처음으로 짐바브웨에서 현지조사를 했을 때, 젊은 남성들과 그 부모들은 때로 신부대(이곳에서는 흔히 로볼라lobola라고 불렸다)에 대해 염려하곤 했다. 치웨세에 사는 내 친구 필립은 20대 중반까지도 결혼하지 않았는데, 이것은 바람직하지 않은 것으로 여겨졌다(한 세대 전에는 상상도 할 수 없는 일이었다고 한다). 그러나 그가 결혼하지 않은 이유는 그의 가족이 신부대를 낼 여력이 없기 때문이었다.

이러한 염려는 아마 늘 존재해왔을 것이다. 다만 1990년대에 들어 신부대의 수준에 대한 신부 측 가족의 기대치가 변함에 따라 상황은 더욱 심각하게 악화했다. 이따금 신문에 몇몇 부모들의 요구가 얼마나 커지고 있는지 보도되기도 했다. 가축으로는 이제 어림도 없었고 현금이나 여러 대의 휴대전화, 심지어 승용차를 기대하기까지 했다.

이는 많은 사람들의 염려와 불만을 불러일으키기에 충분했

　　　　　　　　　　인류학자처럼 생각하는 법

다. 대다수 사람들은 이런 이야기들은 과장되었다며 '전통'은 여전히 건재하다고 주장했지만 말이다. 어쨌든 몇몇 짐바브웨인들은 결혼 시장의 급격한 과열에 당황스러워했다. 한 친구가 내게 설명해준 바에 따르면 통상적으로 남편 측은 로볼라를 전부내지는 않는다. 신부 측 가족이 그 값을 제안하면서도 그것을 전부 다 받을 것으로 기대하지 않는다는 말이다. 실제로 전부 다 받기를 원하지도 않는다. 만약 그 값 전액을 받는다면 그것은 오히려 적개심과 경멸의 의미로 받아들여진다. 왜 관계의 끈을 끊으려 한단 말인가? 이는 사회적 관계를 끊는 것과 다름없는 것이다. 이러한 관습은 아프리카 사하라사막 이남 전역에서도 일반적으로 통용된다. 부채는 사회적으로 긍정적인 가치를 지닐 수있다.

남아프리카 내 많은 지역에서 소의 신비는 여러 도전을 마주하고 있다. 소가 갖는 특별한 가치는 상품 문화와 삶의 화폐화에 의해 잊혀져가는 중이다. 줄루Zulu 사람들을 연구한 인류학자 크리스틴 제스키Christine Jeske는 승용차가 신비로운 성격을 얻기 시작했다고 설명한다. 그가 알게 된 젊은 남성과 여성들은 가축으로 가득 찬 크랄kraal[우리]이 아니라 승용차를 성공의 상징으로 간주한다.[14] 더욱이 이는 전혀 다른 종류의 성공이기도 한데, 자동차는 가축이 만들어내는 서로의 유대에 기반한 것이 아니고 개인화되고 원자화된 성공이기에, 가족이나 이웃들의 요구에서 더 자유로워진 소유물인 것이다. 한 청년은 제스키에게 이렇게 말하기도 했다. "오, 맙소사! 승용차는 전부야! 말 그대로 전부, 전부, 전부라고!"[15]

퍼거슨이 1983년 연구를 진행한 곳과 제스키가 연구를 진행한 곳이 그리 멀지 않음에도 우리는 확연히 달라진 점을 볼 수 있다. 그러나 많은 짐바브웨인이 내게 말해줬던 것과 유사하게 제스키는 특정 영역 안에서 다시 작동하기 시작한 가축의 가치에 대해서도 이야기하고 있다. 그에 따르면 승용차는 결혼같이 생애사적으로 의미 있는 행사에서는 그리 중요하게 여겨지지 않는다. 심지어 차에 가장 열광하는 사람들이라 할지라도 아마 승용차를 신부대로 적절하다고 생각하지 않을 것이다. "승용차는 현찰과 관련 있는 상품이지 공동체와 가정사에 참여하고 또 그 안에서 인정받는 사회적 과정들과는 관련이 없다."[16] 그럼에도 콰줄루-나탈주(제스키가 연구했던 남아프리카공화국의 주다)에서는 혼인율이 현저하게 줄었다. 1970년부터 지금까지 20퍼센트나 감소했다.[17] 그리고 여기에는 시장경제가 전통적인 관습들의 형태를 바꿔놓은 정도가 분명 적지 않은 영향을 미쳤을 것이다(근대화가 완전히 마무리된 경우에도).

남아프리카공화국 사람들은 아파르트헤이트 체제의 몰락 이후 새로운 경제적 호기를 기다리고 있었다. 흑인 중산층의 대두는 그 대표적인 갈망 중 하나였다. 그러나 현실은 침울했고 그런 계층은 뚜렷하게 등장하지 않았다. 그나마 계층 사다리를 타고 올라간 사람들은 종종 은행이나 사채에 진 막대한 빚으로 고통받으면서 그 대가를 치렀다. 신부대 역시 이러한 역동과 무관하지 않았다.

  인류학자처럼 생각하는 법

데보라 제임스Deborah James는 현재 남아프리카공화국의 경제
와 사회적 상황에 대한 폭넓은 관점을 바탕으로 성공을 향한 남
아프리카공화국 흑인들의 열망이 불러일으키는 주요 변화들에
대해 글을 써왔다.[18] 전문직 중산층과 그 자리에 가고 싶어 하는
이들이 맞닥뜨린 신부대를 비롯한 일반적인 결혼 상황에서, 그
들을 기다리고 있는 것은 가혹한 경제적 현실과 축소된 선물 경
제 및 피호 관계다. 이런 상황은 이들에게 사회적 사다리를 타고
올라가는 '상승' 그 자체에 대한 양가적 감정을 갖게 했다. 신부
측 가족들은 여전히 결혼 과정의 일부로 신부대를 요구하며(가
축도 포함해서), 이를 위해 남성 청년들은 빚을 져야만 한다. 이러
한 관례는 상품 문화와 관습 사이의 경계를 더욱 흐리게 만들며,
결국 근대화 및 세계화가 진행 중인 세계에서 '전통적 관습'이라
는 것을 지키기 더더욱 어렵게 만든다. 굳이 표현하자면, '좋은'
부채였던 가축들은 '나쁜' 부채인 돈으로 대체되고 있다. 시름에
빠진 이들은 남성 청년뿐만이 아니다. 제임스는 결혼을 하지 않
으려 하는 한 여성 청년을 주목한다. 결혼하자마자 은행과 자기
부모에게 큰 빚을 지게 될 남편과는 가족 생활을 하고 싶지 않다
는 것이다. "이에 따라 부상하는 신부대의 근대적 이미지는 장기
적인 도덕적 유대나 약속을 확인하려는 제도의 모습을 하고 있
지만, 그 이면에는 상당한 재정적 부담이 짓누르고 있다."[19]

좋은 부채와 나쁜 부채라는 개념은 가치에 관한 인류학적
연구에서 매우 중요하다. 제임스와 제스키의 연구와 같이 서로
다른 가치의 체제(경제적 체제, 문화적 체제라고도 할 수 있지 않을

까?)가 갈등을 빚으며 재구성되는 과정을 추적하는 연구들이 무수히 많이 있다. 이 과정들은 남아프리카공화국에서 몽골에 이르기까지 전 세계에서 벌어지고 있다. 이러한 현상은 말리노프스키와 모스가 다루고자 했던 문제들의 현대판인 셈이다.

인류학에서 가치에 관한 한 가장 중요한 학자 중 한 명인 데이비드 그레이버에게 부채는 경제적 장과 도덕적 삶의 접점을 설명하는 데 특별히 유용한 개념이었다. 앞서 봤듯 모스의 전통은 모든 시장은 도덕적이며, 따라서 어떤 면에서 모든 도덕은 시장화되었다고 본다. 이러한 모스적인 전통 안에서 그레이버는 그의 이력의 대부분을 이 점을 탐구하는 데 쏟았다. 현장연구자로서 그의 첫 번째 연구는 마다가스카르의 지역 단위 정치와 권위에 대한 것이었으며, 그는 상류층의 후손과 노예의 후손이 함께 살아가는 고지대 마을 사람들의 삶을 탐구했다.[20] 그의 연구에서 가장 주목할 만한 대목은 이전에 노예였던 사람들이 어떻게 수십 년에 걸쳐 대부분의 토지에 대한 권리를 빼앗고, 초자연적 권력의 원천에 대한 권리를 주장할 수 있었는가였다. 비록 명시적으로 부채의 관점에서 연구되지는 않았지만, 그레이버의 이 초기 민족지는 앞으로 그가 수행할 부채, 값, 도덕성, 그리고 권위에 관한 연구의 전조였다.

2011년에 출판된 그의 책《부채: 첫 5,000년의 역사Debt: The First 5000 Years》는 최근 몇십 년을 통틀어 인류학계에서 나온 책 중 종합 분야 베스트셀러에 가장 근접한 책이었으며 위와 같은 그레이버의 모든 관심 주제들이 엮여 있다. 이 책은 민족지는 아니

    인류학자처럼 생각하는 법

지만 민족지적 자료들과 역사, 경제, 작가의 개인적 고찰들을(웨스트민스터 의회 여름 파티의 잡담에서 마다가스카르 시장에서 스웨터를 사는 자세한 과정에 이르기까지) 엮어가며 교환과 경제적 관계들의 성격에 관한 아직까지도 계속되는 통념들을 파헤치고 이에 대해 문제를 제기한다.[21] 그레이버의 핵심 주장 중 하나는 우리가 이 장에서 살펴보고 있는 것과 같다. 바로 모든 교환행위를 호혜성의 관점에서만 생각하는 것은 인간의 사회적 관계들에 대한 빈약한 관점이라는 것이다.

특히 그 호혜성이 완전하고 종결적인 경우는 더욱 그렇다. 우리가 이미 논한 바와 같이 돈을 주고 빵 한 덩이를 사는 것의 이점은 점원의 행복과 건강을 신경 쓸 필요가 없다는 것이다. 그러나 많은 경우에 이와 같은 완전하고 종결적인 교환은 보증될 수 없고 바람직하지도 않다. 달리 말해 세상에는 무수히 많은 종류의 교환이 있고 그 안에는 부채를 원하는 교환, 그러니까 계속 이어지는 사회적 관계 및 사회적 연결을 만들어내길 원하는 교환이 있다. 어쩌면 그레이버가 주장한 바와 같이 '교환'은 그리 적절한 표현이 아닐지 모른다. 교환이라고 하면 우리는 '등가적이어야만 하는 것'으로서 값을 상쇄하는 무언가를 떠올리는 경향이 있기 때문이다.[22] 이것이 왜 신부대라는 '부채'가 결코 완전하게 지급되지 않을 뿐만 아니라 왜 현금이 아닌 가축으로 지급되는지에 대한 이유이다. 거래 방법으로서 현금은 지나치게 명료하다. 너무 정확하고 비인격적이다. 또한 이것은 쿨라 링 안에서 교환이 왜 그런 방식으로 이루어져야 하는지에 대한 설명이기도 하다. 늘 순환하는 사물들에 대해 아무도 그 각각의 값어치를 공개적으로 묻지 않으며, 이 교환은 상징적인 측면에서 단 몇 분일지라도 시차를 두고 행해진다. 바로 이것이 우리가 이렇게 노래하는 이유이기도 한 것이다. "사랑은 돈으로 살 수 없어!"

 인류학자처럼 생각하는 법

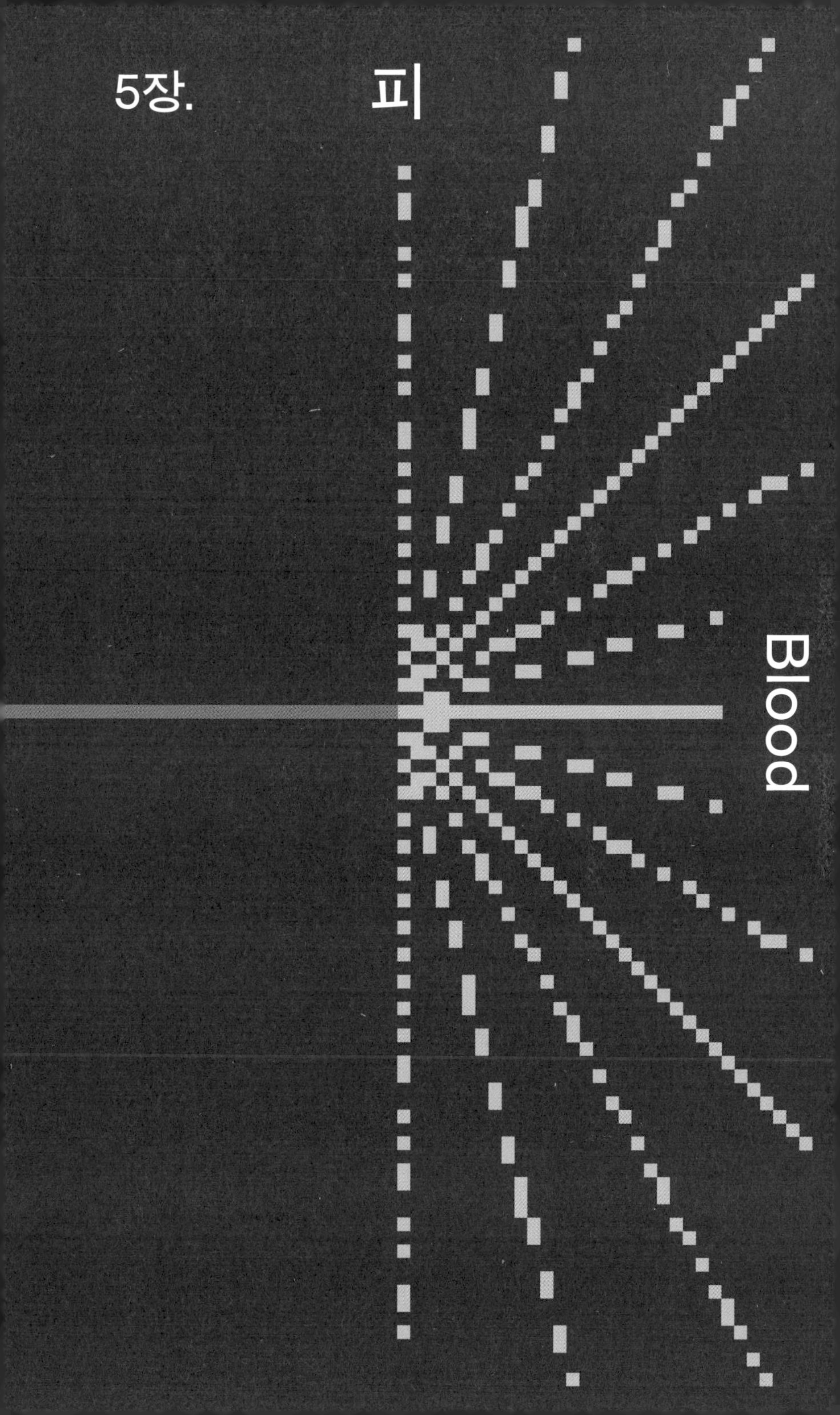
5장.
피
Blood

이 책에서 우리가 다루는 개념 중 피blood에는 분명 특별한 게 있다. 피는 우리가 실제로 가지고 있는 유일한 것이다. '피'와 달리 문화, 권위, 이성은 어디에 있는 걸까? 하우라는 것은 도대체 어디에 있는 것인가?

이러한 피의 현실성은 인류학적 작업에 유용하기도 하지만, 어려움이 되기도 한다. 한편으로, 피는 하나의 공통분모로 일종의 보편성을 제공함으로써 인간을 구성하는 것이 무엇인지 상기시켜준다. 반면 이러한 보편성 때문에 인간됨과 인간의 연결성을 이해하는 데 문화적 측면을 간과하게 될 수도 있다. 피의 현실성은 인간의 연결성에 대한 과한 확신을 불러일으키는 경향이 있다.

1871년 루이스 헨리 모건은《인간 가족의 혈족과 인척 체계 Systems of Consanguinity and Affinity of the Human Familiy》를 출판했다. 이는 친

족 연구의 필수 도서로 자리 잡았으며 그 업적은 오늘날까지도 널리 인정받고 있다. 모건은 그의 연구 결과를 사회진화론적 관점에서 풀어냈는데, 이 접근 방식의 과학적, 도덕적 한계에 대해서는 앞서 논의한 바 있다. 그럼에도 친족 용어(특히 미국 선주민들 사이에서 사용되는)에 관한 모건의 광범위한 작업은 친족을 하나의 관념체계로 이해할 수 있는 틀을 제공했다. 모건의 자료는 그 깊이와 범위 역시 방대했는데, 이후 이어진 친족 연구의 토대를 마련했다고 해도 과언이 아니다.

모건의 초점을 '혈연blood과 혼인marriage의 체계'라고 요약해 볼 수도 있을 것이다. 이는 각각 혈족consanguinity과 인척affinity이 의미하는 바와 같다. 피는 그의 친족 연구에서 중심을 차지했는데, 앞서 말한 그의 책은 문자적, 은유적 의미의 피에 관한 관심으로 가득 차 있다. 가장 널리 알려진 표현 중 하나는 가족을 "피의 공동체"라고 풀어낸 것이다.[1]

바로 이러한 피에 대한 강조가 모건의 가장 강력한 비판자 중 한 명의 관심을 끌었고, 동시에 분노를 자아냈다. 데이비드 슈나이더David Schneider는 1960년대에 《미국의 친족: 문화적 해석American Kinship: A cultural account》이라는 얇은 책을 통해 모건의 정설을 뒤집고자 했다.[2] 출간 후 반세기가 넘는 시간이 지났지만, 슈나이더의 주장 중 많은 것이 오늘날까지도 유효하다. 미국뿐만 아니라 '근대성'이라는 틀 안에서 친족이 생물학과 자연에 의해 만들어진다고 믿는 어디에서나 말이다. 슈나이더에 의하면 미국인은 조부모, 이모, 삼촌 또는 고모, 고모부, 사촌 등과의 '혈연'

　　　　　　　　　　　　　인류학자처럼 생각하는 법

을 근본적이며 영속적이라고 생각한다.* 이에 더해 미국인들은 피와 유전자의 연관성을 강조하기도 한다. 성격적 특성이나 특정 행동을 설명할 때, '~이 내 핏속에 흐르고 있어!'라고 말하곤 한다. 물론 은유적 표현이지만 문자 그대로의 의미로 받아들여질 정도로 강력한 표현이기도 하다. 그저 상징적인 표현이라고만 보기에는 어려울 정도로 일상화된 것이다.

이러한 미국의 친족은 피를 통한 관계들에만 국한되지 않는다. 대부분의 다른 문화권과 마찬가지로, 혼인을 통해서도 형성된다. 하지만 혼인을 통한 유대는 주관적이며 취소될 수 있다는 점에서 차이가 있다. 혈연은 그렇지 않으며, 더 일반적인 기준을 규정한다. 이를테면 '의붓형제'라는 말은 그 형제가 혈연관계가 아니라는 것을 의미하며, '이복자매'라고 할 때는 부모님 중 한 명만 같고 '피를 반만 나눈' 사이라는 것을 의미하듯이 말이다. 피는 궁극적인 정체성의 형태이자 모든 다른 관계들이 분류

---

*　이 중에는 전문적인 맥락에서는 완전히 부적절한 것으로 간주할 수 있는 용어들이 있다. 많은 것을 내포하고 있는, 문화적으로 특수하며 몹시 모호한 표현들 말이다. 친족 연구는 '어머니', '아버지', '자매', '형제' 등 '자아ego'를 중심으로 한 인간 집합에 관한 연구로, 꽤 전문적인 용어 범위를 갖고 있다고 할 수 있다. 여기에 '외삼촌'이나 '이모' 또는 '외할머니'는 포함되지 않는다. '어머니의 형제'(외삼촌), '어머니의 어머니', 또는 '어머니의 어머니의 어머니' 등으로 표기된다. 이는 기본 단위에 해당하는 용어들을 사용해 다양한 조합을 만들 수 있다는 것을 전제로 한다. 소수prime numbers처럼 자기 자신만으로 나뉠 수 있는 단위인 것이다. 또한 친족 연구에서는 종종 다양한 관계들을 나타내는 도표, 기호, 부호가 등장하는데, 모든 인류학자가 이런 방식을 높이 사는 것은 아니다. 예를 들어 말리노프스키는 이렇게 말했다. "솔직히 말하건대, 과학 흉내를 내는 지나치게 수식화된 친족 분석들은 나를 언제나 혼란스럽게 만든다"(1930, 20).

되는 기준이다. 심지어 슈나이더는 미국 문화에서 혈연은 "거의 신비적인" 특성을 띤다고 말하기도 했다.[3]

슈나이더의 분석에 의하면, 미국의 문화체계에서 가장 눈에 띄는 점은 바로 생물학적 관계와 사회적 관계 간의 위계이다. 생물학, 즉 피는 항상 진정한 실재로 간주하며 그 외의 다른 관계들(의붓형제, 인척, 대부/대모, 또는 '피를 나눈 형제'까지도)은 그 기반 위에서 작동한다.* 이러한 미국의 체계, 그리고 앞서 말했듯 전반적으로 '근대'사회에서 친족관계와 생물학은 하나의 접점으로 수렴한다. 친족관계는 본질적으로 생물학과 생식에 대한 것이며, 친족 용어의 기준을 설정하는 것 역시 생물학이다. 그리고 바로 이 지점에서, 슈나이더가 보기에 모건의 인류학과 미국의 습속이 교차하고 있다.

오늘날에는 자연의 권위가 절대적인 것으로 여겨지지 않으며, 여기에 새로운 이야기들이 덧붙여지고 있다. 근대성을 영위한다는 것은 신생식기술New Reproductive Technologies, NRTs 등과 같은 과학적 진보를 누리는 것을 의미하기도 한다. 체외 수정(자궁이 아닌 시험관에서 난자가 수정되는 기술), 대리모 출산(한 여성의 수정된 난자를 다른 여성이 배는 경우)은 과학이 생물학의 한계에 어떻게 도전하는지 보여주는 수많은 사례 중 두 가지일 뿐이다. '시험관 아기'보다 **문화적**인 것이 과연 존재할까? 동성 혼인 역시 이

---

* '인척관계in-law'라는 용어도 주목할 만하다. 피를 통해 '자연적으로' 이루어진 관계에 근접하기 위해서는 법의 힘이 필요하다는 것을 보여준다.

 인류학자처럼 생각하는 법

러한 생물학의 지배에 균열을 내고 있다. 이 두 가지 사례 모두 자연과 문화 간의 구분이 항상 바뀌고 있음을 보여준다. 친족이라는 제도는 이 사실을 체감하게 해주는 지표이기도 하다.

슈나이더가 직접 다루지는 않았지만, 그가 논의하는 친족의 논리는 인종의 논리와도 연결된다. 이 부분을 논의하기 전에 슈나이더의 연구에서 인종이 빠져 있다는 점을 먼저 짚고 넘어가자.《미국의 친족》에서 그가 인종을 다루지 않는다는 점은 그가 '미국'이라는 용어를 어떤 방식으로 사용했는지 이해하는 데 중요한 시사점을 준다. 슈나이더의 분석에는 많은 장점이 있지만, 동시에 그것은 사회적 상황, 개별 인간들의 관계와 삶으로부터 추상해낸 "문화적 서술cultural account"(슈나이더의 용어다)을 제시하는 일이 얼마나 어려운지를 드러내기도 한다. 슈나이더가 사용한 연구 자료의 주요 출처는 "중산층 백인들"과의 인터뷰였다.[4] 다만 그는 자신의 연구 자료가 아프리카계 미국인, 일본계 미국인, 몇몇 다른 소수인종, 그리고 모든 계층과 미국 전역의 사람들을 포함한다고 언급한다. 그는 또한 자신의 접근 방식이 매우 일반적인 수준에서 작동하는 상징과 의미에 초점을 맞추고 있음을 분명히 한다. 하지만 이 일반적 수준에서조차 우리는 차이점과 특수성을 인식해야 할 필요가 있다.

이와 관련된 좋은 예는 캐럴 스택Carol Stack의 고전적인 연구 《우리의 모든 친족All Our Kin》(1976)이다. 이 연구는 '플랫츠flats'**

**   캐럴 스택이 익명성을 위해 붙인 가상의 지역.—옮긴이

라는 미국 중서부의 소도시 아프리카계 미국인 공동체에 관한 내용이다. (스택은 슈나이더와 같은 시기인 1960년대에 이 연구를 수행했다.) 스택은 슈나이더가 미국 친족관계의 중심이라고 주장했던 혈연이 플랫츠에서는 다르게 받아들여진다는 것을 보여주었다. 그의 연구에 의하면 돌봄과 지지에 기반한 '사적인 친척 personal kindreds'과의 관계들이 결국에는 혈연관계를 능가했다.[5] 이와 동시에 플랫츠의 가족들은 그들만의 체계가 국가의 인정을 받지 못한다는 것을 알고 있었다. 이는 곧 슈나이더의 친족 모델이 미국 친족관계의 규범적 형태라는 의미이기도 하다. 슈나이더의 연구는 미국의 많은 곳에서 친족이 어떤 양상을 띠는지뿐만 아니라, 더 중요한 의미에서(국가, 전문 과학자, 도덕적 권위자들 등이 규정한 바에 따라) 어떤 양상을 **띠어야 하는지** 보여주고 있다.

피 한 방울

6장 '정체성'에서 우리는 인류학이 인류의 이해에 기여한 가장 큰 공헌 중 하나를 자세히 살펴보게 될 것이다.[6] 이는 바로 생물인류학자인 나의 동료가 '인종이라는 신화'라고 부르는 개념이다. 우리가 매일 사용하는 의미에서 인종은 과학적으로 무의미하다. '백인 인종', '아프리카 인종', '중국 인종' 같은 것들은 존재하지 않는다. 우리가 이러한 구분을 인식하는 이상 이는 이미 문화적인 것이다. 하지만 이 정도 사실에만 안주하거나 유전학이

인류학자처럼 생각하는 법

모든 것을 정리해주길 기다릴 수는 없다. 나아가 특정 시간과 장소에서 이러한 인종적 구분이 어떻게 자연화되었는지를 이해하며 많은 것을 배울 수 있다.

예를 들어, 피와 인종은 문화적 체계 내에서 종종 서로 밀접하게 연결되어 있다. 미국 역사에서 혈통법blood quantum laws과 '한 방울 법칙one-drop rule'은 사람들의 인종 정체성을 정의하는 데 사용되어왔다. 이 중 한 방울 법칙이 더 잘 알려져 있으며 그 악명 역시 높은데, 이는 아프리카계 '피'가 '한 방울'이라도 섞여 있으면(즉 단 한 명이라도 아프리카계 조상이 있다면) '흑인'으로 분류되는 것을 뜻한다. 몇몇 미국 주에서 이 원칙은 인종적 순수성을 유지하기 위한 법률의 근거로 사용되기도 했다. 대표적인 예로 1924년 버지니아주의 인종순수법령Racial Purity Act 서문에 나오는 주민등록관의 말을 살펴보자.

추정컨대, 버지니아주에는 약 1만에서 2만 명 사이, 혹은 그 이상에 달하는 유사 백인들이 거주하며 이들은 유색인종의 피가 어느 정도 섞여 있다고 알려져 있다. 일부 사례에서는 혼혈의 정도가 아주 미미한 수준일 수 있지만, 여전히 이들을 백인으로 분류할 수는 없다. …… 이러한 사람들은 실제적으로도, 본 법률에 의해서도 백인이 아니다. …… [또한] 혼혈에 관한 식별 가능한 증거가 모두 사라졌더라도 그 자녀들은 흑인 유형으로 되돌아갈 가능성이 크다.[7]

이 인종순수법은 1967년 미국 대법원으로부터 위헌 판결을 받았다. 그렇지만 이러한 사고방식이 미국을 비롯한 다른 곳에서 완전히 사라진 것은 아니었다. 훨씬 약한 가벼운 오락의 형태로 등장하는 것을 볼 수 있다. 전 런던 시장이자 한때 외무부 장관이었던 보리스 존슨_{Boris Johnson}은 BBC 인기 프로그램 〈당신이 누구라고 생각하나요?_{Who do you think You Are?}〉에 출연해 본인의 계보를 추적한다. 튀르키예 정치인이자 저널리스트인 알리 케말 베이_{Ali Kemal Bey}를 비롯해 유럽의 여러 왕실 가문들까지 거슬러 올라간 그는 이렇게 말했다. "흥미로운 것은, 저는 제가 영국인이라고 느끼지만 실제로는 완전히 잡종의 피가 흐른다는 거예요. 유전자가 우리 삶 아래에서 맥동하며 흐른다는 걸 배우게 되네요."[8] 비록 그의 의도는 버지니아주 주민등록관의 주장과는 다르지만 전반적인 논리는 같다. 그 논리는 "피로 맺어진 관계는 …… 생물 유전학적 용어를 통해 구체화된다"는 흔한 가정에 기반하고 있다.[9]

버지니아주의 인종순수법은 비록 역사 속으로 사라졌지만, 다른 혈통법들은 여전히 시행되고 있다. 이러한 법안들은 처음에는 식민지 정착민들에 의해 제정되었고, 이후에는 미국 정부의 도구로 사용되면서 미국 선주민 집단 구성원 자격을 판단하는 기준으로 사용되어왔다. 이 자격에 따라 연방 지원과 자치권 인정 여부가 결정되기도 한다. 20세기 중반 이후 많은 선주민 집단들은 부족 내 헌법에 혈통법을 포함시키기도 했다(주로 국가로부터 부족의 자치권을 인정받는 데 이것이 필수 조건이기 때문이다).

혈통을 규정하는 기준은 다양하지만, 항상 '한 방울'보다는 훨씬 높은 기준이 요구된다. 때로는 8분의 1이나 4분의 1에 해당하고, 일부는 반 이상이 요구되기도 한다.

네바다주와 캘리포니아주에 걸쳐 살고 있는 와쇼Washoe는 이러한 혈통법을 채택한 부족 중 하나이다. 와쇼는 타호호수 지역에 거주하는 1500명 이하로 구성된 상대적으로 소규모 집단으로, 몇몇 주거 지역과 일부 산악 토지를 보유하고 있다. 1937년 와쇼는 최소 '4분의 1 이상 와쇼 혈통'을 가진 이들에게만 부족 구성원 권한을 부여할 것에 동의한 후 인디언사무국Bureau of Indian Affairs으로부터 연방정부 공식 인정을 받았다. 오늘날 와쇼의 공식 웹사이트에서 부족 구성원이 되기 위한 지원서를 내려받을 수 있는데, 지원자들은 본인의 '와쇼 혈통 비율'을 명시해야 하며 '다른 인디언 혈통' 및 부모와 조부모의 혈통 비율을 밝혀야 한다.[10]

와쇼에 관한 한 연구에 따르면 이런 법들은 양날의 검과 같다.[11] 한편으로 와쇼는 인종순수법을 통해 국가 차원의 지원과 인정을 받을 수 있다. 그러나 다른 한편으로 법률이 규정하는 친족관계 형태는 와쇼의 전통(그리고 다수의 미국 선주민 전통도)과 완전히 동떨어져 있다. 와쇼 전통에서는 특정 사회적 관계와 역할이 피보다 더 중요하기 때문이다.

이 예시에서 나타나듯 수학적 정밀성을 통해 정체성을 규정하려는 시도는 많은 것을 시사한다. 슈나이더에 따르면, 이는 피(그리고 6장에서 논의할 정체성)를 하나의 사물로 전환하는 것과 같다. 마치 숫자들(1.0, 0.5, 0.25)처럼 명확한 답을 제시하는 사물 말이다. 이 법령에 따르면, 그 결과물을 만들어내는 배합은 중요하지 않다. '순수 와쇼' 할머니 한 명이든, 순수 와쇼 혈통인 증조부모 넷이든, 절반만 와쇼 혈통인 부모님이든, 수학적으로 해당 비율만 맞으면 공식적으로 인정받을 수 있는 것이다.

조금만 깊이 생각해보면 꽤 우스꽝스럽다. 당신의 증조부모가 '순수' 와쇼 혈통이라고 가정해보자. 그들은 와쇼 사람들 다수가 이주했던 로스앤젤레스에 정착해서 아이들을 낳았고, 그 아이들은 와쇼가 아닌 사람들(이민 3세의 아일랜드계 미국인 남성일 수도, 라틴계 여성일 수도, 광둥 출신 사람일 수도 있다)과 혼인했다고 하자. 그리고 이들의 후손은 시애틀, 피스캐터웨이 등 여기저기에 정착하고 다양한 피가 섞인 미국인들(보리스 존슨이 말한 "잡종"들)과 혼인해 자동차 정비공, 변호사, 재즈 가수 등으로 살아간다. 이들 중에는 지도에서 와쇼의 거주지를 짚어낼 수 없는 사람들, 어쩌면 타호호수가 어디에 있는지도 모르는 이들도 있을 것이다. 그리고 당신은 뉴저지주 피스캐터웨이에서 굴뚝 청소부가 되기 위해 견습 중에 마음씨 좋은 유대인 남성과 사랑에 빠진다. 이로써 인종의 용광로인 미국에 완벽하게 들어맞는 가족 서사가 당신으로 인해 한층 더 풍성해진다. 그럼에도 혈통 비율 기준에 의하면 당신은 와쇼 사람이다. 반면 타호호수 인근에 사는 당신의 먼 친척은 와쇼 사람으로 인정받지 못할 수도 있다. 그는 20세기 초반의 와쇼 전통 바구니 세공 거장으로 알려진 매기 메이오 제임스_{Maggie Mayo James}의 미학적 양식에 관한 권위 있는

   인류학자처럼 생각하는 법

전문가이며 와쇼의 언어를 유창하게 구사하지만, [다른 선주민 집단] 파이우트Paiute와 미워크Miwok 사람, 유타 출신 모르몬교도의 피가 너무 많이 섞여 있기 때문이다.

이 혈통 기반 법률체계가 발전하기 시작한 1860년경 이전까지는 이런 것이 터무니없는 생각이었을 것이다. 더 나아가 19세기 중반 이전에는 미국 정부에서 규정하는 바와 같이 안정적이고 경계가 명확한 와쇼 '부족' 혹은 '민족'이라는 개념조차 없었다고 주장할 수도 있다. 그 시대에는 와쇼어를 배우고 구사하는 이들은 모두 와쇼 사람으로 인정받았다. 그리고 와쇼어를 구사하는 이가 미워크 사람 또는 마이두Maidu 사람과 혼인하고, 그 배우자가 와쇼 관습과 생활방식을 받아들였다면 그 또한 와쇼 사람으로 인정되었을 것이다. 다시 말해 친족관계나 정체성을 판단하는 데 피는 별로 중요하지 않았다.

이는 가족과 인척관계에서도 마찬가지다. 본래의 와쇼 친족관계 중 일부는 여전히 중요하게 여겨지고 있다. 전통적으로 '무리 지어' 살아오면서 이모나 삼촌이 부모만큼 중요했던 와쇼에게 핵가족은 그리 중요한 개념이 아니다. 이모나 삼촌의 자녀, 즉 사촌들과의 관계는 매우 가까우며 이들은 친형제 자매와 똑같은 호칭으로 불린다. 많은 미국 선주민 전통에서와 마찬가지로 입양 역시 흔했다. 이 모두 와쇼 사람들에게 피 자체가 그리 중요한 것이 아님을 보여준다.[12]

이런 예시를 통해 우리는 친족과 인종에 관한 다양한 문화적 이해에서 피가 어떻게 작동하는지 볼 수 있다. 그리고 어떻게 친족, 인종, 피 사이의 경계가 흐려지는지, 혹은 (과감한 표현을 쓰자면) 서로에게 스며들게 되는지 말이다. 인종에 관한 논의는 이쯤에서 잠시 마무리 짓고 6장에서 이어가도록 하겠다. 확실한 것은 미국 정부의 혈통 비율 관련 법률들은 앞서 우리가 이미 살펴본 문화, 인종, 문명에 대한 19세기 개념들과 밀접한 관련이 있다는 것이다. 이런 면에서 이 법률을 시행한 관료들은 명백히 빅토리아시대의 사고방식을 지녔다.

와쇼와 버지니아주의 인종순수법, 심지어 보리스 존슨의 사례는 정체성을 규정하는 과정에서 문화적 이데올로기가 얼마나 큰 역할을 하는지 보여준다. 하지만 문화적 관점에서 굳이 설명하지 않더라도, 생물인류학은 아주 실제적인 의미의 인종 역시 하나의 신화이며 그 자체로 범주의 오류라는 것을 말해준다. 다시 말하지만 혈통과 관련된 표현들이 이러한 신화를 만들어내는 데 어떤 역할을 했는지 이해하는 것은 아주 중요하다. 6장에서 정체성을 살펴보면서 이를 한층 더 깊이 다룰 것이다.

일단은 일가친척에 관한 이야기로 다시 돌아가보자. 인류학적 기록에는 생물학적 친족관계가 부차적이거나 심지어 더 작은 역할을 하는 사례로 가득하다. 그중에 알래스카 선주민인 이누피악Iñupiaq 집단은 좋은 사례다.[13] 이누피악의 부모와 자녀들, 그리고 형제자매들 간의 유대관계는 반드시 강하지 않으며, 이 관계가 필수적 의무나 연결을 만들어내는 경우도 거의 없다. 이들에게는 자율성이 핵심적인 문화적 가치로 여겨지기 때문에 어린아이들조차도 중대한 결정을 스스로 내린다. 예컨대 일

곱 살짜리 소년이 조부모의 집으로 스스로 이사하기로 한 사례가 있었다. 조부모의 집은 110킬로미터가량 떨어져 있었는데 그는 이삿길에 학교에 들러 전학 관련 서류를 챙기는 등 필요한 준비를 스스로 했다.[14] 이누피악 사람들은 출산에 대해서도 비슷한 태도를 보인다. 어머니가 '아이를 낳는' 것이 아니라, 아이가 '생명을 갖는' 것이라고 표현한다. 이누피악 아이들은 스스로 태어나길 선택한다고 여겨진다. 입양 역시 흔한데, 앞서 언급한 소년처럼 자신의 의지에 따라 원 가족을 떠나기도 하고, 딸은 많은데 아들은 없는 경우 다른 가족과 아이를 맞바꾸기도 한다. 그렇다고 해서 집단 내의 결속이 전혀 없는 것은 아니다. 이러한 결속이 가족 내에서만 존재하는 것이 아니라, 이를테면 고래잡이 일행 같은 단위 안에도 존재한다. 쉽게 말하자면 이들 사이에서는 "우리는 한때 사촌이었어"라고 말하는 것이 드문 일이 아니다.[15]

유럽-미국적 근대성의 외부에서는 혈통 개념이 중요하지 않다는 말이 아니다. '생물학'이 아예 부재한 것도 아니다. 피에 관한 관심은 식민주의나 세계화, 과학의 발전을 통해서만 나타나는 것이 아니며, 이 밖에도 다양한 곳에서 그 관심을 찾아볼 수 있다. 설령 그 양상이 영국 브리스톨의 중등 성교육 자료에서 이야기하는 피 개념과는 꽤 다른 방식으로 표현되고 있더라도 말이다. 이누피악 사람들은 자신들의 '생물학적' 형제자매를 그러한 용어로 부를 수 있고, 생식이 어떻게 이루어지는지도 이해하고 있다. 다만 이들은 생물학이 친족관계를 결정한다거나 필수적인 요소라고 생각하지 않는다. 앞서 설명한 사례에서 나는 '가족'이라는 단어를 몇 차례 썼다. 그러나 이 단어는 일종의 임시방편에 불과하다. 이누피악의 언어에는 '가족'에 완벽히 상응하는 직접적 표현이 없기 때문이다.

중요한 것은 와쇼와 이누피악 사람들은 혼인뿐만 아니라 더 근본적인 수준의 가족 구성 단계에서도 친족관계를 **만들어나간다**는 점이다. 가족관계는 수행되는 것이며 수행되지 않으면 사라지게 된다. 물론 와쇼와 이누피악 사람들에게뿐만 아니라 모든 가족관계는 어느 정도 '수행되는 것'이라고 할 수 있다. 가족이란 멀어질 수도, 무시될 수도, 방치될 수도, 또 잃거나 찾을 수도 있는 것이기 때문이다. 예컨대 유명한 소설가 이언 매큐언 Ian McEwan은 2002년 50대에 이르러서야 부모가 오래전 입양 보낸 형제 데이비드의 존재를 알게 되었다. 어느 인터뷰에서 그는 데이비드를 향한 "형제애"를 느끼는지 질문을 받자 이렇게 답했다. "느낍니다. 하지만 같이 자라지 않았기 때문에 조금은 추상적이라고 할 수 있어요. 어저께 통화하면서 오랫동안 이야기를 나눴죠." 그리고 잠시 멈춰 생각을 가다듬은 후에, "글쎄요 월링퍼드의 다른 벽돌공이랑은 그런 긴 통화를 하진 않겠지요?"라고 말했다.[16] 이 두 문장 사이의 정적은 영국인들의 친족 이해에 피가 문화적으로 중요한 역할을 한다는 사실을 보여준다.

신체에 있는 물질 중 피만이 중요한 의미를 갖는 것은 아니다. 우리의 신체 그 자체는 문자 그대로의 의미에서든 은유적 의미에서든 하나의 틀로서 문화적 해석들과 항상 깊이 연관되어 있다. 이런 이유에서 나는 문화란 단지 하나의 관념이 아니라는 사실을 강조해온 것이다. 문화는 물질적, 의존적인 성격을 가질 뿐만 아니라 심지어 (앞서 봤듯이) 귀뚜라미와도 얽혀 있다. 하지만 문화는 귀뚜라미보다는 피를 비롯해 우리 몸을 이루는 것들과 우리 몸이 만들어내는 것들, 즉 간, 심장, 머리카락, 손톱, 정액, 그리고 무엇보다 모유와 얽혀 있다. 이 중 특히 모유는 중요한 사례인 만큼 더 자세히 논의해볼 가치가 있다.

수유를 통한 친족관계

최근 이집트 인류학자 파드와 엘 구인디Fadwa El Guindi는 카타르대학 그의 사무실에서 동료인 카타르 출신 라일라Laila와 함께 친족 도표를 작성하고 있었다. 그때 또 다른 현지 출신 동료인 압달 카림Abdal Karim이 사무실에 들어와 그 도표를 보더니 자신은 라일라의 "부계 삼촌이자 외사촌이며 동시에 오빠"이기에 그와 결혼할 수 없는 관계라고 말했다.[17] 친족 연구 분야의 전문가인 엘 구인디조차도 이 관계에 대해 잠시 시간을 두고 골똘히 생각해봐야 했다.

혈연을 통해 이 복잡한 관계의 일부를 풀어낼 수 있지만, 완전히 이해하기 위해서는 모유를 고려해야 한다. 복잡한 인류학적 설명에 동반되는 친족 도표를 생략하고 간단히 말하자면 상황은 이렇다. 압달 카림은 그의 이복형제 아내의 모유를 먹고 자랐다. 이 여성은 또한 압달 카림의 아버지와 결혼한 여자의 자매로, 그가 라일라의 어머니이다(따라서 라일라 역시 그의 모유를 먹고 자랐다).

이슬람 전통에서 수유를 통한 친족관계는 오래된 관행이며 법적으로 인정되는 관계를 형성한다. 이러한 관계의 가장 일반적인 특징은 상호 애착, 돌봄, 지지support다. 이슬람법에 따르면 이러한 관계에 놓인 사람들 간의 혼인은 금지된다. 갓난아기 때 같은 여성의 모유를 먹고 자란 남성과 여성은 혼인할 수 없다는 것이다. '피를 나누지 않았더라도' 말이다.

비교적 최근까지만 해도 이 전통은 이슬람 세계 전역에 널리 퍼져 있었다. 샤리아sharia(이슬람법)를 잠시 제쳐두고 보더라도, 수유 관습은 인류 역사를 통틀어 광범위하게 존재해왔다.[18] 조제분유가 없던 시절이나, 유모가 없던 상황에서(다운튼 애비에는 분명 있었겠지만) 다른 방법이 무엇이 있었겠는가? 물론 수유 관습이 어떻게 해석되는지는 문화에 따라 크게 다를 수 있다. 항상 혼인 금지로 이어지거나, 친족으로 간주되는 것은 아니다. 하지만 이슬람 세계에서 이는 사실이며, 경건한 무슬림이라면 젖을 나눠 먹은 사람과 결혼할 수 없다는 것을 잘 알고 있다. 그렇게 하는 것은 혈연, 결혼, 그리고 젖이라는 세 가지 '친밀qarābah' 관계 중 하나를 위반하는 것이 된다.[19]

우리가 살펴본 다른 전통들과 마찬가지로, 수유 관습의 쇠퇴는 근대화 및 세계화와 떼어놓을 수 없는 다양한 요인들에서 기인한다. 예컨대 레바논에서는 핵가족 형식의 주거 형태가 보

                    인류학자처럼 생각하는 법

편화됨에 따라 수유 관습이 덜 흔해졌다. 유모 역시 이제는 흔치 않은데, 이는 엄마들이 주로 분유를 사용하는 경우가 많고 오늘날의 시장경제에서 유모를 대는 비용이 많이 들기 때문이다. 세계 각지에서 점점 더 보편화되고 있는 '모유 은행'은 이슬람권에서 특히 우려를 낳고 있다. 먼 훗날 자기 자녀들이 같은 모유를 먹고 자란 사람과 결혼하게 될 수도 있기 때문이다. 이에 일부 극보수 이슬람 학자들은 모유 기증자 명단을 보관해 고객들이 해당 모유의 출처를 알 수 있게 해야 한다고 요구하기도 했다.

하지만 앞 장에서 살펴본 가축과 신부대의 변화된 위치와 가치처럼, 수유를 통한 친족관계의 변화는 그 관습의 완전한 소멸로 이어지지 않았다. 사실, 수유를 통한 친족관계는 신생식기술의 등장으로 새로운 생명력을 얻고 있다. 그리고 이 기술들은 모성에 대한 이슬람적 이해에 여러 도전을 제기해왔다.

이슬람 학자들은 대체로 생식을 돕는 의학적 발전을 지지한다. 체외수정 같은 관행은 대체적으로 용인되며 그 수요 역시 높은데, 이는 많은 문화권에서 그렇듯 혼인이 출산으로 이어져야 한다는 강한 압박이 있기 때문이다. 하지만 일부 생식기술의 경우 복잡한 상황을 초래한다. 예를 들어, 대리모 출산은 법적 권한을 가진 사람들 간의 논쟁을 야기하곤 하는데, 특히 이슬람의 시아파Shi'ite 전통에서는 대리모에게 어머니의 권한이 주어질 수 있는지에 관한 논의를 찾아볼 수 있다. 어떤 이들은 대리모가 어떤 권한이나 관계성도 가질 수 없다고 주장한다. 반면 다른 학자들은 임신이 그 자체로 응축된 수유라는 점에서 수유를 통한 친족관계(양육을 통해 이루어지는 관계)를 뒷받침하는 원칙이 대리모에게도 동일하게 적용된다고 주장한다.

이처럼 수유를 통한 친족관계는 여전히 여러 모습으로 지속되고 있다. 이 책에서 소개한 '수유 친족'은 과학과 기술의 발전을 통해 가능해진 새로운 관계를 이해하는 하나의 틀을 제공한다.

그럼에도 짚고 넘어가야 할 점이자 인류학자들이 고려해야 할 사실이 있다. 수유를 통한 친족관계가 분명 중요하지만, 피로 맺어진 관계에 비하면 대개 부차적으로 여겨진다는 것이다. 이슬람 전통에서는 확실히 그렇다. 예를 들어 수유를 통한 친족에게는 상속권이 없다. 상속은 오로지 피에 의해 결정되며 여기에는 슈나이더가 미국을 두고 말한 광범위한 의미에서의 혈연 개념이 적용된다고 할 수 있다.

따라서 인간은 생물학적으로든 문화적으로든 혈연에만 매여 있는 것은 아니다. 인간의 친족관계가 다양한 방식으로 작동한다는 사실은 분명하다. 그럼에도 인류학적 연구는 피가 여전히 특별한 것임을 반복해서 보여준다.

피는 못 속인다

슈나이더의 미국 친족관계 해체 작업은 친족 연구 전반에 변화를 일으켰다. 그는 혈육을 나눈 친척 혹은 혼인만을 고려하는 '가

　　　인류학자처럼 생각하는 법

족' 개념이 사람들의 실제 삶과 생각을 이해하는 데 왜 걸림돌이 되는지를 보여준다. 우리는 앞서 이누피악의 사례를 통해 친족의 유연성을 살펴봤으며, 이와 같은 사례는 셀 수 없이 많다. 또한 우리는 수유 친족과 같은 관습 역시 결속, 연결, 일체감을 형성할 수 있다는 것을 확인했다.

그러나 이 모든 것을 고려하더라도 피는 놀라우리만큼 강력한 상징적 자원이다. 거의 모든 장소와 시대에 걸쳐 인간 집단은 피를 통해 주요 가치와 관심사를 표현해왔다. 그중 가장 일반적인 것은 삶과 죽음에 대한 것이며 순수와 오염이라는 개념 역시 그 연장선상에 있다. 이러한 개념들이 정확히 어떻게 표현되는지는 문화마다 매우 다르다. 예컨대 어떤 문화에서 피는 여성적인 물체로 젠더화되어 있는데, 이 또한 우리가 논의하는 사회문화적 역동을 형성한다.

이로써 우리는 생물학적이고 신체적인 것과 사회문화적인 것 사이의 관계로 다시 돌아오게 된다. 이 문제를 탐구하는 가장 중요한 학자 중 한 명으로 에든버러대학 사회문화인류학 교수인 재닛 카스턴Janet Carsten을 꼽을 수 있다. 그의 연구 대부분은 말레이시아의 시골과 도시 지역을 대상으로 했으며, 이 모든 연구는 그가 "연결성의 문화cultures of relatedness"라고 부른 것의 다양한 측면을 다룬다.[20] 여기서 피가 중요한 부분을 차지한다. 카스턴은 친족관계 인류학 분야의 선구적 학자로 여겨지지만, 동시에 피에 관한 관심은 그를 의료, 정치, 심지어 유령의 영역으로 이끌기도 했다. 카스턴은 슈나이더의 인류학적 분석 작업에 큰 영향을 받았을 뿐만 아니라, 파푸아뉴기니와 영국에서 수행한 연결성에 관한 연구로 친족과 젠더 연구 전체에 새로운 연구 영역을 개척한 매릴린 스트래선Marilyn Strathern의 선구자적 연구에서도 영감을 받았다.[21] 그럼에도 최근 카스턴은 문화적 설명의 범위를 재고하는 접근법을 새로 내놓았다. 왜였을까? 카스턴에 따르면 우리는 모두 "피는 못 속인다blood will out"라는 격언을 숙고해봐야만 한다.[22]

카스턴이 이 표현을 사용한 데에는 약간의 역설이 섞여 있다. 이 영어 격언은 사람의 '참된 면모'(피)는 언젠가 반드시 드러나게 되어 있다는 뜻을 지니고 있다. 우리가 앞서 살펴봤던 '~이 내 핏속에 흐르고 있어'라는 표현의 연장선상에 있는 셈이다. 그러나 카스턴이 염두에 둔 것은 이러한 의미가 **아니었다.** 여전히 그는 주어진 것으로서의 친족에 의문을 제기하는 슈나이더나 스트래선 같은 학자들의 편에 서 있다. 다만 그에게 이 어구는 상징이 전부 임의적인 것만은 아니라는 사실, 즉 주어진 상징의 물질적 측면들은 모두 그 의미와 관련해 중요할 수 있다는 사실을 가리키는 것이다. 그는 상징이 가진 물질적 측면이 드러내는 미묘한 지점을 놓치지 않는다. 몸의 물리적 구성은 여전히 우리에게 많은 것을 이야기해준다.

이 지점에서 잠시 기호학이라는 분야를 짚고 넘어가도록 하자. 기호학은 인류학에서 특히 언어와 문화와 관련해 중요한 분야이며 인류학 내 여러 영역과 주제를 아우른다. 그러나 피에 관한 우리의 논의에서 기호학을 다룰 때는 몇 가지 염두에 둘 것이 있다.

인류학자에게 기호학은 스위스 언어학자 페르디낭 드 소쉬르Ferdinand de Saussure의 연구와 뗄 수 없다. 그의 저서 《일반언어학 강의Cours de linguistique generale》는 1916년에 출간된 이후 지금까지도 꾸준히 주목을 받고 있다(사실 이 책은 그의 제자들이 모은 강의 노트다. 이는 그야말로 모든 교수의 꿈이다!). 그 제목이 말해주듯, 소쉬르는 언어에 집중했으며 구체적으로는 개별 상황에서의 사용보다는 기호의 체계로서 언어에 주목했다. 기호의 형태에는 수많은 종류가 있지만 그중 언어라는 기호를 살펴보자면, 소쉬르는 언어적 기호를 "하나의 개념과 하나의 소리 패턴의 결합"이라고 정의했다.[23] 예컨대 '나무'는 목질과 거기 달린 이파리로 이루어진 거대한 물체를 떠올리게 하는 소리 패턴이다.

소쉬르 이후 인류학자들 대부분은 기호는 임의적인 것이라고 주장해왔다. 말하자면, 우리가 이 세계에 있는 사물들의 개념을 가리키기 위해 사용하는 단어들은 모두 관습의 산물이라는 것이다. 만약 우리가 '고양이'라는 단어로 고양이를 가리키는 것을 그만두고 '아라비'라는 단어를 쓰는 데 동의한다면, 고양이는 그 즉시 아라비가 될 것이다. 이는 특별한 일도 아니고 놀라운 일도 아니다. 기호는 당연히 관습적인 것이다. 이를 시험하기 위해 단어들을 만들 필요도 없다. 그저 언어적 다양성의 사례를 살펴보기만 해도 이 사실을 알 수 있다. cat(영어)은 chat(프랑스어)이고, Katze(독일어)이고, мышык(키르기스스탄어)이고 popoki(하와이어)이다. 이런 예시는 끝이 없다. 물론 이러한 단어들은 종종 어원상 연결되어 있고 구체적인 역사적 관계성을 드러내기도 한다.* 그러나 이 모든 사례에서 우리는 관습이라는 원리를 발견한다.

우리는 이 관습이 '가족'이라는 용어를 다룰 때는 다소 애매한 지점이 생긴다는 것을 앞서 살펴봤다. 이누피악 사람들에게 '가족'에 일대일로 대응되는 용어는 존재하지 않는다. '종교' 역시 이런 사례에 해당하는 불안정한 개념 중 하나다. 또 2장에서 다룬 에세에하 사람들에 관한 논의를 생각해보라. 이들에게 인간 일반이라는 개념은 성립하지 않는다. 이렇듯 애매한 수많은 사례는 실존적인, 심지어 신학적인 질문들까지도 불러일으키곤 한다. 이러한 사례들이 시사하는바, 기호의 차원에서 중요한 것은 단순히 지시 대상('실제' 가족, 고양이, 사랑의 갖가지 사례들)과 그에 대응하는 기표('가족', '고양이', '사랑')를 찾아 일대일로 연결하는 것이 아니다. 달리 말해, 수많은 언어를 각각 여러 버전의 퍼즐 게임처럼 생각해서는 안 된다. 약간씩 다른 모양으로 잘린 각 언어의 퍼즐 조각들이 결국에는 같은 모양으로 맞춰지는 식으로 작동하는 게 아니라는 말이다. 실로 언어학 내에서 기호의 임의성에 관한 이와 같은 논의는 막대한 영향력을 끼쳐왔다. 그 예로 이와 같은 언어학 논의가 유대-그리스도교적 사고방식이 가지고 있던 권위를 해체하는 데 크게 기여한 것을 들 수 있다.

---

* 전문용어로는 이런 단어들을 '동계어cognates'라고 칭하며, 이는 라틴어로 '혈연'을 뜻하는 'cognatus'에서 유래된 단어다. 피의 은유적 표현은 이렇게나 흔히 찾아볼 수 있다.

《일반언어학 강의》는 그보다 앞서 나온《종의 기원》과 더불어 세속적인 사회과학으로 가는 길의 이정표였다.

성서 〈창세기〉에 묘사된 것처럼 창조의 행위 안에서 신은 하늘과 땅, 낮과 밤 등에 이름을 붙인다. 그러고 나서 신은 모든 동물을 에덴동산의 아담에게 모이게 하고 그에게 이름을 붙이게 한다. 그 직후 벌어진 타락으로 아담과 이브는 에덴동산에서 쫓겨난다. 〈창세기〉를 몇 장 더 넘기면 세상 모든 사람이 모여 위대한 도시에서 하늘에 닿을 듯한 거대한 탑(바벨탑)을 짓는데, 신은 이를 불경한 행위로 받아들인다. 그에 대한 처벌로 신은 사람들을 흩어지게 한 뒤 "그들의 언어를 혼잡하게 하여 그들이 서로 알아듣지 못하게" 만든다.[24] 이러한 유대-그리스도교적 창조 및 역사 초기의 사례들에서, 우리는 언어와 기호 생성에 관한 접근이 앞서 살펴본 인류학적 접근과는 근본적으로 다르다는 것을 볼 수 있다. 성서의 세계는 모든 것이 저마다의 고유한 이름, 장소, 의미를 가진 세계다.

몇 년 전, 영국에서 동성 결혼 합법화에 대한 논쟁이 있었을 때, 잉글랜드와웨일스가톨릭주교회의Catholic Bishops' Conference of England and Wales, CBCEW는 결혼은 곧 하나의 성사sacrament이며 함부로 그 의미를 변경할 수 없다는 내용을 담은 성명을 발표했다.[25] 물론 그들은 영어 단어 'marriage'의 의미를 말한 것이 아니다. 그들은 제도로서의 혼인에 관해 이야기하고 있었다. 그러나 그 배후에 있는 논리는 내가 위에서 묘사한 것과 동일하다. 즉 사물과 제도의 의미는 임의적이지 않으며, 궁극적으로는 인간의 결정으로 만들어지는 무언가가 아니라는 것이다. 혼인이 의미하는 바는 "대중의 견해로 결정할 일이 아니"라고 그들은 썼다. 그리고 "미래 세대를 위해 혼인의 참된 의미를 절대 양보하지 말아야 한다"고 모든 가톨릭 신자에게 호소했다.*

따라서 기호의 작용을 탐구하는 것에는 여러 접근법이 있다. 일반적으로 인류학적 접근은 관습과 임의성이라는 원칙을 고수한다. 거의 모든 인류학자는 결혼에 '참된 의미'가 있다고 말하지 않을 것이다. 이는 문화를 하나의 구성물로 보는 인류학의 강조점과도 분명 일맥상통한다.

그러나 우리가 언어 그 자체를 잠시 접어두고 '물질적인' 사물을 고려한다면, 이 원칙에는 주의가 필요하다. 이와 관련해 이 분야에서 큰 영향력을 행사한 미국의 철학자 찰스 샌더스 퍼스Charles Sanders Peirce의 주장을 살펴볼 필요가 있다. 퍼스는 (소쉬르와는 달리) 언어의 추상적이고 형식적인 측면 그 너머에 초점을 두었다. 특히 그는 기호학적 형식이 가진 물질적 특성에 지대한 관심이 있었다. 이미지와 물체가 작동하거나 존재하는 방식은 소리 패턴이나 개념들의 방식과는 전혀 달랐기 때문이다. 예를 들어, 십계명이 돌판에 기록되었다는 사실은 중요한가? 물론이다. 돌은 불변성과 고정성을 상징한다. 돌이 이렇게 말하는 셈이다.

---

*   우리는 종종 이와 같은 종류의 생각과 접근을 현대 인권운동에서 발견하곤 한다. 비록 그 근본 사상은 매우 다르거나 부재한 경우도 있지만 말이다. 그러나 이러한 운동들은 공통적으로 절대성과 고정성이라는 전제하에서 이루어진다. "고문은 아무리 좋게 포장해도 고문이다"라는 말에 담긴 논리가 그 예다.

　　　　　　　　　　인류학자처럼 생각하는 법

"여기에 적힌 건 진짜 중요하다." 십계명이 흙에 기록되었다고 상상해보라. 그것은 결코 동일한 의미라 할 수 없다. 물론 물성이 기호의 의미를 결정한다는 말이 아니다. 다만 물성은 특정 의미와 연상을 형성하거나 지시할 수 있다(퍼스는 이러한 역할을 수행하는 기호를 '지표index' 기호라고 불렀다).

이 지점에서 우리는 피에 대한 논의로 다시 돌아간다. '피'를 Blut(독일어), dugo(필리핀어), ropa(쇼나어)라고 하든 상관없다. 이들이 지시하는 물체는 동일한 무언가다. 색깔(붉은색)과 형태(액체)와 유래(신체)를 포괄하는 그 물성은 특정 의미와 연상을 형성하고 지시한다. 또한 생명 유지에 필수적이라는 사실 역시 물성에서 비롯된다. 예컨대 카스턴이 말했던 것처럼, 피의 액체성liquidity은 피가 어째서 단지 친족뿐만 아니라 젠더, 종교, 정치, 경제와 같이 수많은 분야에서 핵심적인 역할을 하는지 설명하는 데 도움을 준다.[26] 이 각 분야를 하나씩 차례로 살펴봄으로써 논의를 좀 더 명료하게 만들어보자.

젠더. 피가 언제나 젠더화되는 것은 아니다. 다만 그런 경우에는 거의 항상 여성으로 젠더화된다. 이는 피가 출산과 월경을 연상시키기 때문이다. 뉴기니 지역의 선주민 집단 이아트물Iatmul, 삼비아Sambia, 구루룸바Gururumba 집단에서는 보편적으로 피를 뽑는 의례와 실천을 찾아볼 수 있다. 이는 종종 청소년기 소년들에게서 여성성을 제거하기 위한 집단 의례로 실천되기도 한다.[27] 어떤 경우에는 남성들이 아내가 월경할 때 개인적으로 피 뽑기의 의례를 실천하기도 한다. 월경 중인 여성에 대한 격리 관습,

요리나 성관계 금지는 전 세계적으로 매우 널리 퍼져 있다. 이러한 관습이 변화하고 있는 곳이라 할지라도 기본 원칙은 건재하다. [인도 타밀나두 지역] 바티마 브라만 공동체에서는 월경 중인 여성은 집 뒤쪽 공간에서 3일간 격리되어야 했고, 요리나 목욕, 외출이 금지되었다. 이는 집안의 정결을 유지하는 데 가장 중요한 요소였다. 그러나 오늘날 많은 젊은 바티마 여성, 특히 도시 혹은 미국에 거주하는 이들은 이처럼 가혹한 규율을 거부한다. 인류학자 하리프리야 나라심한Haripriya Narasimhan은 이 여성 중 대다수가 격리 시간을 오전 몇 시간 정도로 줄이거나 출입 금지 구역을 부엌으로 제한한다는 사실을 발견했다.[28] 이는 남아프리카공화국의 신부대처럼 '전통의 근대성'에 해당하는 또 다른 사례다. 즉 변화가 일어나는 경우에도 어떤 면에서는 전통의 원칙이 오히려 유지된다. 그러나 다시 한번, 피가 항상 이런 방식으로 젠더화되는 것은 아니다. 많은 문화에서 피에 대한 여러 세밀한 분류를 찾아볼 수 있다. 예컨대 잠비아의 은뎀부에는 다섯 가지 부류의 피가 존재한다. 그중 출산의 피와 여성의 피는 여성으로 젠더화된다. 이와 함께 도살/살인의 피, 짐승의 피, 주술의 피가 따로 존재한다.[29]

종교. 앞서 기독교를 다뤘으니 그리스도의 피로 이야기를 시작해보자. 더 먼 사례를 굳이 찾을 필요가 없다. 피는 종교에서 핵심 역할을 하기 때문이다. 기독교인들은 상징적인 혹은 성변화된transubstantiated 피를 마신다. 그리스도의 십자가 처형과 성찬 두 사례는 모두 정화와 구원의 행위다. 피는 오염시키는 무언가가 아닌, 정결하게 하는 것이다. 이것으로도 이미 충분하지만 굳이 다른 사례들을 살펴보자면, 희생 제사의 가장 중요한 형태로서 피를 뿌리는 행위는 세계적으로 매우 흔히 발견된다. 대개 인간의 피가 사용되지는 않는다. 인간의 피를 사용하는 시베리아의 선주민 집단 추크치Chukchi에 관한 연구도 있는데, 여기서 인간의 피는 '궁극의 희생'이라 불린다. 더 일반적으로 사용되는 것은 소, 염소, 사슴과 같이 값지게 여겨지는 동물의 피다. 추크치 집단의 궁극의 희생에서 한 사람의 생명이 바쳐지기도 하지만(주로 노인의 자발적인 안락사), 사실 이는 매우 드문 일이다. 더욱 흔한 것은 사슴 한 마리를 잡거나, 여의치 않을 때는 사슴 소시지를 사용한다.* 이마저도 어려울 때는 사슴 소시지처럼 생긴 막대기를 칼로 부러트린다. 이 환유의 연쇄 및 비유적 연관성은 모두 피와 연결되어 있다.[30]

정치. 민족을 위한 군인의 죽음 역시 궁극적 희생제물의 또 다른 종류라고 할 수 있다. 여기서 친족, 종교, 정치의 경계는 아주 불분명하다. 조국을 위한 군인들의 '피 흘림'에 대한 찬사는 정치인과 선전가에게서 흔히 들을 수 있다. 또한 이러한 이미지를 정반대로 사용하는 반전反戰 슬로건과 시위도 무수히 많다.

---

* 추크치 사람들은 사슴 희생을 통해 그들의 일상 세계에 막대한 영향력을 행사하는 조상에게 제물을 바친다. 비록 특정 세계관 내에서는 희생 제사를 거부하거나 그 가치가 부인되고 덜 부각되기도 하지만, 기본적으로 희생 제사에는 달랜다는 의미가 있다. 희생 제사의 많은 형태가 선물 교환과 유사한 기능을 수행한다는 것을 생각해보면, 마르셀 모스가 희생 제사의 논리를 방대하게 논했다는 사실은 전혀 놀랍지 않다.

1991년 걸프전 중에는 "기름을 위해 피를 흘리지 말라No blood for oil"는 구호가 등장했다. 인도의 경우 피 흘리는 애국 영웅을 묘사하는 회화 장르가 있다. 또한 심지어는 물감이 아닌 실제 피로 그리는 초상화 장르도 있는데, 이런 작품들에 쓰일 피를 기증한 사람들은 그 행위 자체를 애국적 희생이라고 생각했다.[31] 일부 국가에서는 군인, 경찰, 병원 직원들에게 사실상 의무적으로 헌혈을 요구하기도 하는데, 이는 꽤 흔한 일이다. 파푸아뉴기니 고지대에 사는 삼비아Sambia 사람들이 (1960년대까지) 피 흘림의 의례를 행했던 것은 젊은 남성들을 전사로 만들어내기 위해서였다.[32]

경제. 은행이나 사업을 운영하는 사람이라면 유동성liquidity을 원할 것이다. 이 역시 피와 관련된 은유적 표현이다. 돈(혹은 신용)은 경제체계를 돌아가게끔 하는 혈액과 같기 때문이다. 가끔 사업에는 자금 '수혈'이 필요할 때가 있다. 경제의 '심장'이라는 은유 역시도 가능하다. 그러나 피와 돈의 연결고리가 항상 긍정적인 것만은 아니다. '피 묻은 돈'은 생명을 대가로 한 부정한 거래를 의미한다. 현재는 남수단이 된 지역에 사는 누에르Nuer 사람들은 돈에 대해서 부정적인 시선을 지니고 있으며, 이는 피에 대한 관용어를 통해 표현된다. "돈에는 피가 없다"라는 이들의 말은, 돈은 사회적 관계를 지탱하거나 자라게 할 수 없다는 의미다. 돈에는 사람이나 가축에게서 발견할 수 있는 생명력이 존재하지 않는다. 지금까지 살펴봤던 다른 여러 집단처럼 누에르 사람들에게 가축은 그들의 가치체계에서 매우 특별한 위치를 차지한다. 그 가치의 일부는 소의 피와 연결되어 있다. 피는 생명

　　　　　　　　　　　　인류학자처럼 생각하는 법

의 원천이자 창조적 능력을 지니고 있다. 누에르 사람들은 돈을 좋은 투자 대상으로 생각하지 않는다. 누에르 사람들이 속한 국가는 1950년대 중반부터 거의 끊임없이 갈등과 고통을 겪어왔는데, 이런 맥락에서 돈이란 '이자'를 창출할 수 있는 잠재적 가능성과는 전혀 상관없는 그 무언가다. 돈이 기껏 하는 것이라곤 인플레이션으로 인해 그 가치를 잃는 것뿐이었다.[33] 2008년 세계 금융위기 이후 태국의 시위대는 '붉은 셔츠'라는 별명을 얻었다. 이는 옷을 자신의 피로 적심으로써 민족을 위한 희생정신뿐만 아니라 새로운 경제 정책으로 그들을 압박하는 정부에 대한 배신감을 표현한 것이었다. 붉은 셔츠 시위대는 그들의 피를 정부 청사에 흩뿌리기도 했다.[34]

피의 물질적, 은유적 특징을 보여주는 이 모든 사례는 몇 가지 인류학적 교훈을 완벽하게 요약해준다. 그 첫째는 우리가 '자연'이라고 부르는 것과 '문화'라고 부르는 것이 결코 구분하기 쉽지 않다는 사실이다. 이 논점은 친족, 젠더, 정치, 경제, 종교 사이의 경계에 관한 이야기로도 확장될 수 있다. 이 모든 명칭은 불완전하기에 이 명칭들이 구획하는 공간을 완전히 격리하는 것 역시 **불가능**하다. 피가 이 모든 영역에 물질적, 상직적으로 얽혀 있다는 사실이 이를 분명히 보여준다.

둘째, 상징은 겉보기에 양극단에 있는 것, 혹은 정반대되는 것들을 결합하곤 한다. 피는 생명이면서 동시에 죽음이다. 피는 정화하며 동시에 오염시킨다. 빅터 터너는 은뎀부 사람들의 의례 속 상징들에 대한 분석을 통해 이 지점을 탁월하게 포착했

다.[35] 피를 예로 들자면, 생명력은 그가 "이질적 기호체disparate sig-
nificata"라고 부른 것들을 연결하면서 모든 것을 아우르는 주제가
된다. 이와 같은 주장의 모호함과 변덕스러움을 지적하면서 이
는 단단한 사실이 아니라고 불평하는 사람들도 있을 것이다. 그
러나 상징의 힘과 그것이 갖는 연상의 논리야말로 아마 가장 단
단한 사실일 것이다.

끝으로, 몸과 그 구성은 그 자체로 비유적 상상의 핵심적인
원천이다. 어느 사례를 보든 인간은 스스로의 몸을 은유적, 환유
적 도구로 여기며 이를 여러 가지로 결합하고 확장하여 자신에
대한 지식, 서로가 맺는 관계, 자신을 둘러싼 세계와 우주를 탐색
한다. 여기에 가장 많이 그리고 널리 사용되는 것이 바로 피다.
모유, 심장, 간, 피부, 머리, 손(대개 오른손과 왼손이 구분된다), 눈
등 많은 것이 함께 사용되지만 말이다. 우리가 가진 문화는 우리
의 살과 피다.

 인류학자처럼 생각하는 법

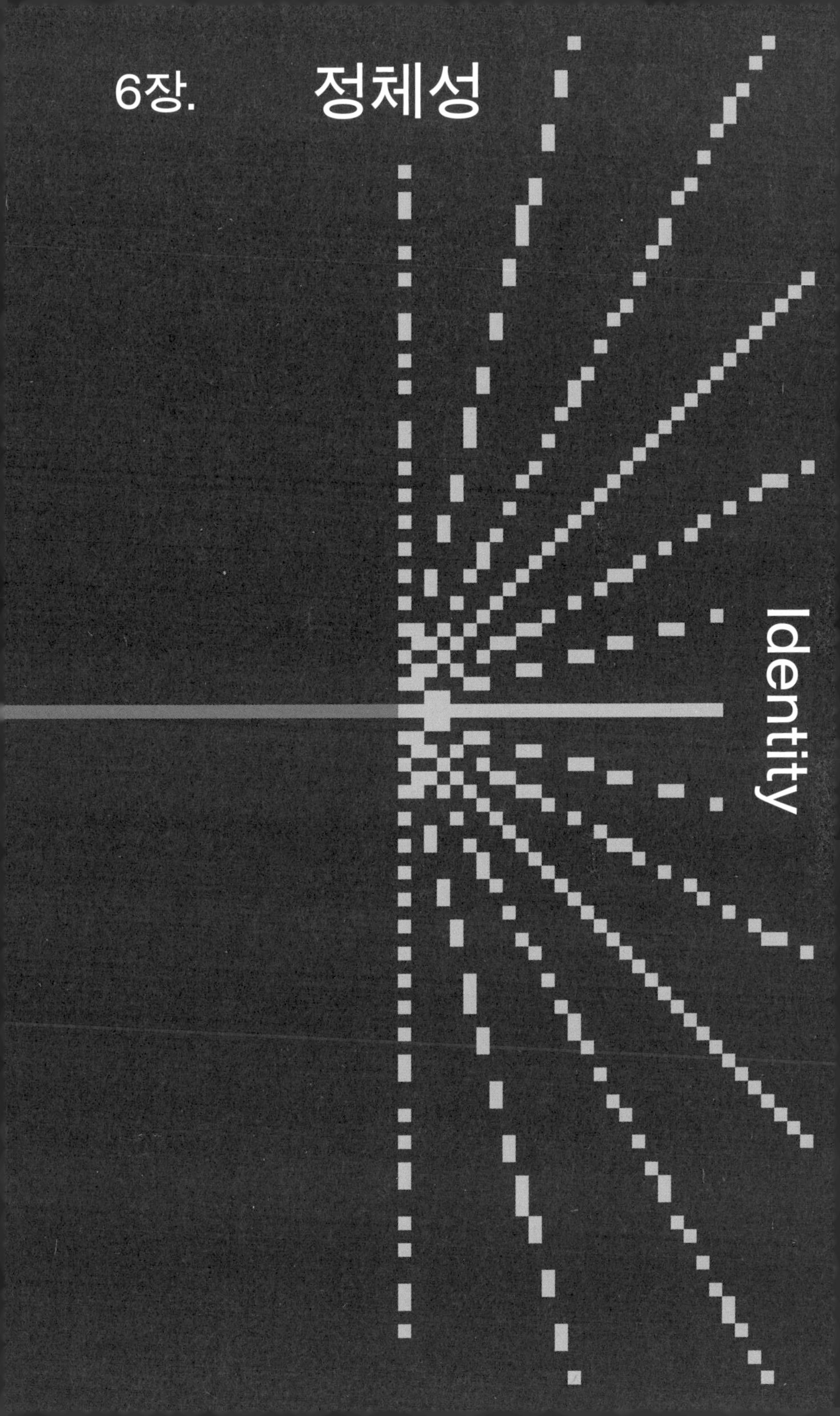

6장.
정체성
Identity

초창기 인류학 이야기를 통해 정체성에 대한 장을 여는 것은 불가능한 일이다. 빅토리아시대 인류학자들은 정체성에 관해서 거의 쓴 바가 없기 때문이다. 정체성은 인류학 학술지에 늘 등장하는 용어가 아니었으며, 마치 '가족'이 그렇듯 노력을 들여 비교문화적 용법을 살펴봐야 하는 단어 중 하나다.

다소 의외이지 않은가? 오늘날 정체성이라는 용어가 얼마나 중요하고도 보편적으로 쓰이고 있는지 생각해보면 말이다. 현대 인류학 연구 중 많은 연구가 정체성 개념과 관련되어 있으나, 이는 1980년대부터 시작된 일이었다. 이런 변화가 일어나게 된 중요한 이유 중 하나를 꼽자면, 전 세계의 사람들이 '정체성'이라는 개념으로 사고하고 이를 의식적으로 활용하기 시작했다는 점을 들 수 있다. 정체성이라는 용어는 자신을 스스로 정의할 때뿐만 아니라 정치적 동원과 행동, 그리고 통치에 사용되는 주요한 도구이다. 이뿐만 아니라 '나는 누구인가?'라는 철학적 성찰에도 사용된다는 것은 질풍노도 시기의 10대들이 누구보다 잘 알고 있을 것이다.

'정체성'이라는 단어 자체는 새로운 것이 아니다. 이 단어의 현대 용례 중 몇은 사실 아주 긴 역사를 지녔다.《옥스퍼드 영어 사전》에 나오는 '정체성'의 첫 번째 정의는 "본질적으로 같은 상태나 조건"이다. 이는 숫자, 토마토, 별 등 어디에나 다 적용될 수 있지만 지난 50~60년 동안 우리의 자아와 집단을 정의하는 어휘로 주로 사용되어왔다. 이와 더불어 사전은 이 같은 상태나 조건이 오랜 시간 지속적이어야 한다고 강조한다. 정체성의 두 번째 측면인 지속성 역시 동일성만큼이나 중요하다고 할 수 있다.

심리학자 에릭 H. 에릭슨_{Erik H. Erikson}은 이런 변화를 주도한 사람으로 자주 언급된다. 1968년에 출간된 저서《정체성: 청소년과 위기_{Identity: Youth and Crisis}》에서 그는 "정체성의 혼란"이라는 표현을 만들어냈다.[1] 청소년에 대한 에릭슨의 관심은 시민권 운동, 흑인민권운동, 페미니즘, 더 넓게는 1968년 멕시코에서부터 체코슬로바키아에 걸쳐 일어난 반전주의와 반체제 저항운동의 부상과 맞물려 있다. 이 모든 운동에서 정체성 정치는 비판과 자기규정의 강력한 도구가 되었다. 맬컴 엑스_{Malcolm X}를 예로 들어보자. 그가 이 이름을 택한 것은 본래 이름인 맬컴 리틀_{Malcolm Little}이 자신이나 가족에게서 온 것이 아니라는 사실을 조명하기 위해서였다. 자신의 본명은 조상들이 노예무역으로 인해 사고팔리는 가운데 진짜 이름이 지워져버리게 된 역사의 유산이라는 것이다. 이름에 대한 이런 식의 강조는 정체성을 다루는 흔한 방식 중 하나다. 이름은 우리가 우리 존재에 깊고 본질적이라고 생각하는 무언가를 상징한다. 설령 환경적 요인이나 역사적 힘이 그것을 억누르거나 지우려 할 때라도 말이다. 이와 유사한 정체성에 관한 관심은 프란츠 파농을 비롯한 여러 반식민주의 학자들의 연구에서도 찾아볼 수 있다. 정체성 정치는 반식민주의 운동의 핵심이 되었으며, 브라질과 보츠와나에서 과테말라와 미국에 이르기까지 토착 집단이 민족국가와의 관계에서 벌이는 투쟁에서도 마찬가지다.

에릭슨의 연구 이력은 한 연구자의 개념 규정이 비교적 짧은 시간에 어떻게 변하는지를 보여주는 사례로 사용될 수 있다. 정체성과 청소년에 대한 그의 이론은 1960년대의 시대정신 분석에 사용됐지만, 사실 그것은 더 고전적인 인류학적 관심사에 뿌리를 두고 있었다. 1930년대에 에릭슨이 학계에서 활동을 시작했을 무렵, 그는 인류학자 H. S. 메킬H. S. Mekeel과 함께 선주민 집단 오글랄라 수Oglala Sioux 보존사업의 교육 및 아동심리학에 관한 공동연구를 진행했다. 이에 관한 에릭슨의 연구는 여러 측면에서 흥미로운데, 특히 그가 아동의 심리적 건강을 위한 '문명화 사명'의 효과에 대해 비판적 태도를 보이는 부분이 그렇다. 에릭슨은 많은 사람이 가장 중요하게 꼽는 그의 1950년 저작《유년기와 사회Childhood and Society》에서 이 공동연구의 몇몇 논점을 제시한다. 그러면서 정체성을 몇 차례 언급하는데, 여기에는 오글랄라 수 집단의 "집단 정체성 형성의 기반이 부정"되어온 것에 대한 우려도 포함되어 있다.[2] 그러나 정작 메킬과의 공동연구 결과로 나온 1937년 논문에는 '정체성'에 대한 분석이나 언급이 전혀 등장하지 않는다.[3] 하지만 1968년경 정체성은 그의 주요 주제가 되었다.

도대체 그 30년 사이에 무슨 바람이 분 것일까? 에릭슨의 연구를 풍향계로 본다면, 그 풍향계가 가리키는 것은 무엇인가? 여러 가지가 있겠지만 그중 하나는 분명 우리가 권리를 지닌 개인이라는 사실을 인식하게 되었다는 점과 관련이 있다. 그런 점에서 이 30년은 중요한 시기였다.

'권리'라는 현대어는 17세기 잉글랜드혁명[1642~1649년의 청교도혁명과 1688년의 명예혁명], [그리고 18세기의] 미국혁명, 프랑스혁명으로 거슬러 올라간다. 그러나 그것이 완전히 구현된 것은 역시 〈세계인권선언〉이라고 할 수 있을 것이다. 〈세계인권선언〉은 단일 문서로서는 20세기에서 가장 중요할 뿐만 아니라, 우리가 '근대적 주체'라고 부르는 것이 무엇을 의미하는지 보여주는 매우 유용한 지표다. UN이 1948년에 제정한 〈세계인권선언〉은 상당히 구체적인 인류의 비전을 제시하는데, 그 비전의 토대를 이루는 단위는 개인이다. 〈세계인권선언〉의 거의 모든 조항은 "모든 사람은_everyone_"이라는 단어로 시작한다. 모든 사람은 생명권, 표현의 자유, 종교의 자유, 인격의 발전, 거주 및 이동의 자유, 재산 소유권, 평화적인 집회 및 결사의 자유, 노동권, 심지어 유급휴가를 받을 권리(제24조)가 있다. 국가나 문화 역시 등장하긴 하지만 이는 모든 사람이 지니는 개인 권리의 실현을 돕

　　　　　　　　　　　　인류학자처럼 생각하는 법

거나 막는 대목에서만 언급될 뿐이다. 가족도 잠깐 언급되는데, 이는 "사회의 자연적이고 기초적인 단위"로서 묘사된다. 그리고 마지막 부분에는 의무에 대한 언급도 있다(권리와는 아주 다른 것으로, 개인이 특정 행동을 할 것을 요구한다). 그러나 그 무엇보다 중요한 것은 역시 개인이다.

〈세계인권선언〉에서 말하는 개인the individual이란 개별적인 **사람**the individual person이다.* 그러나 내가 강조하려는 개인이란 살과 피를 가진 개별적인 사람만을 의미하는 것은 아니다. 이는 하나로 묶인 집단이나 문화를 가리키는 용어로도 사용할 수 있다. 우리는 흔히 '개인'이라는 말을 존, 셀레나, 토모코 등의 개별 인간을 가리킬 때 사용한다. 우리가 '개인individual'과 '사람person'을 동의어로 사용한다는 사실은 사람을 중심으로 하는 연상이 우리에게 얼마나 중요한지를 보여주는 증거다. 그러나 '개인'이 명사일 뿐만 아니라 형용사이기도 하다는 사실을 잊어서는 안 된다. 'individual candies(낱개 사탕)', 'individual shoes(한 짝 신발)', 심지어 'individual groups(개별 집단)'이라는 말 역시 흔히 사용된다. 1970년대까지는 집단적 권리(때로 문화적 권리라고도 불리던) 역시 개인의 인권만큼이나 중요했다. 이를 다루지 않은 것은 〈세계인권선언〉의 주요한 한계점이라고 할 수 있다. 이 선언은 인간이 문화적 맥락 밖에서 존재할 수 있음을 암시하고 있는 셈

---

*   《옥스퍼드 영어사전》에서 '개인individual'의 첫 번째 뜻은 "그 실체 혹은 본질이 하나인 것"이다. '정체성'과 거의 동의어인 셈이다.

이다. 〈세계인권선언〉에 가장 먼저 반기를 든 사람들 가운데 일부는 보아스학파였으며, 이들에게 선언은 전혀 말이 안 되는 것이었다. 또한 모든 사람을 마치 맨체스터나 디트로이트의 공장 노동자인 것처럼 상정해 권리를 규정하는 방식이 그들에게는 터무니없게 느껴졌다(오해하지 마시길. 유급휴가는 바람직한 제도다. 그러나 만약 당신이 [멕시코 남부] 오아하카 지역의 소농이라면, 이는 무의미한 이야기일 뿐이다).

이는 20세기 중반에 일어난 또 다른 중요한 변화, 즉 세계화라 불리는 현상과의 관계 속에서 개인과 집단의 이해가 점점 더 구조화되었다는 논의로 이어진다. 인류학에서 세계화란 "자본, 사람, 상품, 이미지, 그리고 이데올로기의 급격한 흐름이 세계의 더욱더 많은 영역을 상호연결의 망으로 빨아들이고 시공간에 대한 우리의 감각을 압축시켜 세상을 더 작고 가까운 곳으로 느끼게 하는 세계"가 만들어지는 과정이라고 정의되어왔다.[4] 여기에 대해서는 할 수 있는 이야기가 아주 많다. 그러나 핵심은 강력한 상호연결성의 효과 중 하나가 바로 정체성에 관한 질문을 불러일으킨다는 것이다. 우리는 모두 점점 더 동일해지고 있는가? 세계화는 동일성이 차이를 대체하도록 강요하고 있는가?

이 문제에 직면하여 나온 한 가지 반응은 강력한 문화적 정체성을 주장하는 것이었다. [영연방 국가 중 하나인 중앙아메리카의] 벨리즈의 사례를 한번 살펴보자.[5] 1980년대 후반과 1990년대 초반, 벨리즈에서는 점점 더 많은 사람이 위성 텔레비전을 접할 수 있게 되었다. 벨리즈는 식민 지배국이었던 영국의 영향에

인류학자처럼 생각하는 법

서 비교적 빨리 벗어나기 시작했다. 벨리즈 사람들은 더 이상 오래되고 시대에 뒤떨어진 BBC 및 미국 방송들을 재활용한 프로그램들로 가득한 탈식민 정부의 텔레비전 편성표에 의존하지 않아도 됐다. 이로써 현지인들은 더 넓은 세계와 연결되었다는 느낌, 말하자면 다른 모든 사람과 같은 시간을 살고 있다는 감각을 갖기 시작했다. 위성 텔레비전은 **실시간** 방송이었다. 어떠한 중간 개입도 거치지 않았으며, 벨리즈인들에게 '구시대 사람들'이라는 식민적 이미지를 심어주었던 방송 지연 문제 역시 사라졌다. 그들은 하루아침에 케이블 뉴스와 당시 최고 인기를 구가하던 미국 야구 경기 채널에 접근할 수 있게 됐다. 위성 텔레비전은 세계 무대로의 진입을 상징하는 지표 역할을 했고 그 무엇보다 사람들에게 자신감을 주었다. 그러나 이런 변화는 벨리즈 정체성에 대한 우려를 불러일으키기도 했다. 같은 시기에 일어난 또 다른 변화가 이 문제를 잘 포착해준다. '푼타 록punta rock' 스타일(칼립소와 유사한 음악)과 같은 벨리즈 전통 음악들이 급작스럽게 인기를 얻은 현상이 그 예다. 옛 식민 시기에는 다소 정겹고 예스러운 장르로 여겨졌던 이런 전통 음악이 이제는 관심과 자부심의 원천이 된 것이다. 벨리즈 특유의 이런 음악은 현지인들의 예술적 역량을 보여줄 뿐 아니라 MTV 같은 방송에서는 결코 찾아볼 수 없던 '월드뮤직'이라는 광범위한 장르에 한몫 기여하기도 했다.*

이로부터 얻을 수 있는 교훈 중 하나는 세계화가 반드시 문화 간 차이를 없애는 것만은 아니라는 사실이다. 인류학자들은 문화적 균질화의 위협이(그것이 실제든 상상이든 상관없이) 반대로 새로운 문화의 번영으로 이어진다는 것을 계속해서 목격하고 있다. 이는 종종 벨리즈 음악의 사례와 같이 부활한 전통일 수도 있고, 혹은 발명된 전통일 수도 있다. 그리고 대부분은 이 둘이 섞인 형태를 띠곤 한다. 이렇게 생각해보자. 바이올린과 피들은 같은 악기를 가리키는 두 가지 이름이다. 빈 출신의 사람들은 바이올린이 협주곡을 위한 악기라고 생각할지 모른다. 그러나 [아일랜드의] 코크 카운티나 [미국] 웨스트버지니아주의 엘킨스의 거장들 손에 이 악기를 쥐여주면 완전히 다른 소리를 낸다. 물론 현악기의 보급이 세계화의 논의에서 주요 논점이 된 적은 없었다. 그러나 여기서 내가 말하려 하는 핵심 논지는 텔레비전, 휴대전화, 코카콜라에서부터 UN 기관, 인권 NGO에 의해 배포된 팸플릿 버전의 〈세계인권선언〉에 이르기까지 세계화의 대상이 되는 수많은 다른 것들에도 동일하게 적용할 수 있다.

나는 벨리즈 사례를 다른 사례에도 적용해볼 수 있도록 추상적으로 다뤘다. 이렇게 거리를 두고 보면, 한 국가의 정체성 역시 쉽게 변할 수 있다는 것을 인정하는 것은 어렵지 않다. 모든 정체성은 시간에 따라 변하고 부분적으로는 역사적, 사회적 요

---

* 물론 '월드뮤직'은 비서구에서 만들어진 음악을 모두 포괄하는 범주다. 마이클 잭슨의 음악은 '월드뮤직'이 아니다. 반면 짐바브웨의 인기 가수 토마스 맵푸모 Thomas Mapfumo의 노래는 '월드뮤직'이다. 생각해보면 이상한 일이다. 정작 세계적인 인기를 구가하는 것은 마이클 잭슨의 음악 아닌가. 이는 토마스 맵푸모의 훌륭한 음악 작업을 폄훼하는 것이 아니다. 다만 이름표를 붙이는 힘이 누구에게 있는지를 보여줄 뿐이다.

　인류학자처럼 생각하는 법

소의 영향도 받는다. 영국 식민 통치의 배경과 세계화라는 전경 속에서 새로운 텔레비전 플랫폼처럼 간단해 보이는 무언가라 할지라도 정체성의 변화에 기여할 수 있다.

사건은 정체성의 방정식에서 언제나 중요한 요소다. 상황, 관점, 장소도 마찬가지다. 정체성에 관해 연구했던 모든 사회과학자는 이 점을 지적한다. 즉 정체성은 상대적이다. 그것은 타자와의 관계 속에서 조정된다. 가나에 있을 때면, 나는 늘 미국 출신이라고 나를 소개한다(하지만 런던에 산다고 덧붙인다). 미국 동부 해안에 있을 때는 뉴욕에서 왔다고 말한다. 그러나 캘리포니아에 간다면, 나는 아마 동부 출신이라고 말할 것이다. 뉴욕에 있을 때, 나는 수도 지구Capital District 출신이라고 말한다. 수도 지구([미국 뉴욕주의 주도] 올버니 지역을 가리킨다)에 있을 때, 나는 [미국 뉴욕주의 도시] 스키넥터디(모호크Mohawk의 말 '소나무숲 너머'에서 유래한 말이다) 출신이라고 말한다. 스키넥터디에 있을 때, 나는 공원 근처에 산다고 말하거나 린튼고등학교 출신이라고 말한다. 이런 예를 들자면 끝이 없을 거다. 이 장소 중 한 곳에서 동료 인류학자들과 대화하면서 스키넥터디 이야기가 나온다면, 나는 아마 루이스 헨리 모건이 이 동네에서 대학을 다녔다는 말을 빼먹지 않을 것이다. 이 모든 것이 바로 '정체성'이다. 혹은 나를 정체화하려는 시도일 것이며, 이런 모든 요소가 나라고 할 수 있다.

이 맥락에서, 빠르게 성장하는 온라인 소셜미디어를 주목할 필요가 있다. 소셜미디어의 상황을 생각하면 스키넥터디와 루이스 헨리 모건을 통해 나를 정체화한 것은 아이들 장난처럼 보일 지경이다. 온라인에서의 사회적 삶과 가상세계에 관한 인류학자들의 연구는 사이버스페이스를 비롯한 다른 미디어 공간에서 사람들이 얼마나 자유롭게 새로운 정체성을 구성해가는지를 보여준다. 가장 오래된 가상세계이자 100만 명 이상의 회원이 있는 세컨드라이프Second Life를 생각해보자. 이 웹사이트에 가입한 사람들은 모두 자신의 '아바타', 말 그대로 온라인 분신을 만들어야 한다. 웹사이트에 들어가면 "언제든지 당신의 가상 정체성을 만들고, 맞춤 설정하고, 마음대로 바꿔보세요"라는 말이 가장 먼저 당신을 반긴다.[6] 이 사이트를 현지조사했던 인류학자 톰 보엘스토르프Tom Boellstorff는 다람쥐, 엘프족, 관능적인 여성 아바타로 등장한 남성들의 이야기를 전해준다. 어떤 성인은 자신을 아이로 정체화하고 "가상으로" 입양되기도 한다.[7] 이러한 가상세계에 관한 인류학적 연구 안에서 한 가지 확실한 것은 이 모든 것이 진짜가 아니라거나 그저 놀이일 뿐이라거나 중요하지 않은 것이 결코 아니라는 사실이다. "아바타는 제 내면의 깊은 누군가를 드러내요."[8] 이 사이트 광고 영상의 한 여성은 이렇게 말했다. 보엘스토르프를 비롯한 다른 학자들이 지적하듯이 가상 정체성은 진짜가 되어가고 있다. 이러한 현상은 우리가 자신을 자기-연출적self-fashioning 존재라고 인식하는 일반적인 경향성을 보여준다. 따라서 '나는 누구인가?'라는 10대들의 질문은 이제 다음과 같은 더욱 개방적인, 포스트모던적인 질문으로 급격하게 보완되고 있다. "나는 어떤 사람이 되고 싶은가?"

다시 인종으로

정체성은 상황에 따라 바뀔 수 있다는 인식이 널리 퍼지게 되었음에도 정체성을 고정된 것, 지속적이며 변치 않는 것으로 여기는 경향이 여전히 만연하다. 권리를 지닌 개인들이 자신을 자유롭게 표현하는 세계화된 시대가 되었는데도 말이다. "피는 못 속인다!"라는 말이 그 예다. 재닛 카스턴이 말하는 섬세한 의미에서가 아니라 인종차별과 '한 방울 법칙'의 논리가 보이는 거친 감각에서 그렇다.

이 지점에서 내가 인종 주제로 돌아온 이유는 인종이 인류학자들에게는 정체성 문제와 관련해 매우 주요한 도전을 제기하기 때문이다. 먼저, 인류학 연구는 생물학적 관점에서 볼 때 인종이 하나의 신화임을 보여줄 수 있다. 다른 한편으로, 인종이라는 신화는 다른 모든 신화와 마찬가지로 상당한 문화적 의의를 담고 있다. 즉 인종이란 근거 없는 사회적 통념일 수 있지만 '인종'이라는 분류체계는 여전히 강력한 힘을 지닌다.

애슐리 몬터규Ashley Montagu의 1942년 저서 《인간의 가장 위험한 신화: 인종 개념의 오류Man's Most Dangerous Myth: The Fallacy of Race》는 이 분야의 기념비적인 연구서다. (말리노프스키의 런던 세미나로 인류학에 입문하긴 했지만) 프란츠 보아스와 루스 베네딕트의 제자인 몬터규는 생물학에서 사상사에 이르기까지 믿을 수 없을 만큼 방대한 자료들을 이용하며, 특히 이 사상사는 근대적 인종 개념은 유럽 식민주의에서 기원한다는 것을 명확히 보여준다. 물론 1942년 당시의 증거 자료들이 오늘날 기준으로 보면 방대하지 않다. 그러나 1990년대에 이르러 체질인류학사들과 유전학자들이 인간은 단일 종이라는 점을 확실하게 입증했다. 다시 말해, 전문용어로 표현하면 생물학적 관점에서 인간 '아종亞種, subspecies'은 존재하지 않는다. 인간들 사이에 유전적 다양성은 극도로 미미하며, 특히 대형 포유류 종과 비교하면 더욱 그렇다. 또한 분자유전학으로 인해 진화의 역사를 추적하는 기술이 발전하면서 몬터규가 활동했던 당시 무척 흔했던 특수 진화 계통(아프리카인과 유라시아인)에 관한 가설들은 폐기되었다. 이 분야의 주요 학자 중 한 명이 말한 바에 의하면, "모든 인류는 하나의 장기 진화적 운명을 공유하는 단일 계통 안에 있다".[9]

1장에서 나는 동일한 논점을 뒷받침하기 위해 루스 베네딕트를 언급했다. 물론 베네딕트는 오늘날 이용 가능한 유전학과 진화생물학 데이터를 가지고 있지 않았다. 대신 그는 문화와 관습을 중심으로 논의를 펼쳐나갔다. 그럼에도 그의 주장은 매우 중요한 논거였으며, 그 목적은 버지니아주 주민등록관의 관행 같은 것들에 반대하는 것이었다. 그 관행이란 이른바 인종 혼합을 척결해야 한다는 것인데, 이는 단 한 방울이라도 '유색 계통의 피'를 지녔다면 언제든 '흑인 유형'이 출현할 수 있다는 인종차별주의적 주장에 기반하고 있었다. 인종과 문화적 행동이 연결된 것이라는 이런 주장에 맞서기 위해 베네딕트는 '인종 간' 입양에 관한 가상의 사례를 사용했다. "서양 가정에 입양된 동양 아이는 영어를 배우고, 함께 노는 아이들 사이에서 통용되는 태도를

 인류학자처럼 생각하는 법

그 양부모에게 보이고, 그들과 같은 직업을 선택한다. 그 아이는 자신을 입양한 사회의 모든 문화적 특성을 습득하며 친부모 집단의 문화는 그에게 아무런 역할도 하지 못한다."[10] 베네딕트의 이 모든 주장은 반인종적, 반인종차별적 논점을 견지하기 위함이었다. "문화라는 복합체는 생물학적으로 유전되는 것이 아니다."[11] 피는 못 속인다는 말은 틀렸다. 흑인, 백인, 동양인, 서양인 등 그 어떠한 인종적 정체성도 본래 존재하지 않는다.

그러나 베네딕트가 인종의 생물학을 제거하기 위해 문화로 방향을 전환한 것에는 오해의 소지가 있다. 미국이든 영국이든, 동서 구분의 유산이 남아 있는 수많은 다른 현대사회에서든, 아이의 '실제 부모'의 '문화적 특성'이 정체성 규정에 주요한 역할을 할 것이라는 점은 매우 확실하다. 피를 속일 수 없다는 이야기를 하는 게 아니다. 다만 이 아이 주변에 있는 서양인 대다수는 (대놓고 말하든 그렇지 않든) 인종이 중요한 영향을 미친다고 생각하기 때문에, 아이 역시 인종적 정체성과 관련해 생각할 수밖에 없다. 설령 그로 인해 이도 저도 아닌 애매한 정체성을 갖게 될지라도 말이다.

앞서 다룬 인종과 문화에 대한 논의에서 리 D. 베이커의 현대적 연구를 언급한 바 있다. 듀크대학 교수인 그는 보아스와 그 제자들 사이에 있었던 인종과 문화에 관한 논쟁을 주제로 한 역사인류학적 글을 남겼다. 다만 지금 주목하고 싶은 것은 것은 베이커의 연구가 아닌 그의 삶이다. 그는 한 저서에서 정체성에 관한 중요한 논점을 제시하기 위해 자기 자신의 이야기를 언급한

적이 있다.[12] 베이커는 아프리카계 미국인이지만 (스웨덴인이자 루터교도인) 백인 가정에 입양되었고, 어린 시절 거의 전부를 오리건주의 백인 커뮤니티에서 자랐다. 그러나 아주 어릴 때부터 그는 인종, 즉 흑인으로서의 정체성을 생각하기 시작했다. 그 시작은 쓰레기 수거원들과의 만남이었다. 1969년 당시 세 살이던 그가 표현했던 대로, 그들은 베이커가 처음 만난 "깜둥이들"이었다. 이런 정체화의 과정은 그의 내면에서 나온 것이 아니라 그의 주변에서 이뤄졌다. 그가 들었던 말, 혹은 듣지 못했던 말 같은 것들에서 말이다. 그런 말들은 사랑과 선의가 담긴 양부모의 것이기도 했고, 때로는 학교에서 경험하는 매우 잔혹한 것이기도 했다. 이후 대학 시절까지 그는 "흑인으로 살기 위해 부단히 노력했다"고 말한다. 그는 이렇게 적기도 했다. "백인성을 수행하거나 흑인성을 모방하는 법을 배워야 한다는 생각이 내 사회화 과정의 중심에 늘 자리 잡고 있었다."[13]

베이커는 베네딕트가 꾸며낸 가상의 입양아가 될 수 없었다. 베네딕트가 제시한 그림 안에서 인류학자들은 인종을 하나의 문화적 구성물이라고 주장할 수 있을 것이다. 그러나 여기에는 위험이 도사리고 있다. 이러한 우리의 지식으로 이 세계에서 실제로 일어나는 일을 덮어버릴 위험 말이다. 베이커가 말했듯이 "미국에서 인종이란 완전한 환상이면서 동시에 [엄연히 존재하는] 물질적 실재다".[14] 달리 말해 생물학적 허구이자 문화적 사실인 셈이다. 유전학자와 생물인류학자들 역시 이 사실을 알아챘다. 《사이언스》의 최근 논문에서 한 연구팀은 베이커가 말한

이 역설을 인정했다. 그들은 인종적 정체성이 얼마나 큰 문화적 의의가 있는지 결코 모른 체할 수 없다고 논한다. 그럼에도 이들은 다음과 같이 말한다. "전미과학공학의학한림원National Academies of Sciences, Engineering, and Medicine은 생물학, 사회과학, 인문학의 전문가 집단을 소집하여 실험실과 임상 연구 모두에서 인종을 분류 도구로 사용하던 과거에서 벗어나 인간의 생물다양성에 관한 연구를 발전시킬 방법을 권고해야 한다."[15]

매슈피 정체성

오늘날 정체성의 복잡성을 보여주는 가장 좋은 사례는 아마 매슈피Mashpee 인디언들일 것이다.[16] 매슈피는 매사추세츠주 케이프 코드에 있는 마을이다. 1976년, 매슈피 왐파노아그Wampanoag 부족위원회는 약 300명의 구성원을 대표해 연방법원에 마을 대지 약 4분의 3에 해당하는 주거 지역에 대한 권리를 요구하며 소송을 제기했다. 당시 미국 북동부를 중심으로 선주민들이 토지와 주권을 요구하는 대규모 운동을 펼치고 있었는데, 이 소송 역시 그중 하나로 이루어진 것이었다. 또한 이 행동은 브라질에서 인도와 호주에 이르기까지 세계 곳곳의 많은 토착 집단들이 땅에 대한 권리와 주권을 주장하게 된 물결의 시발점이기도 했다. 1980년대 초반에 이르러 문화적 권리는 인권과 더불어 강력한 도덕적 힘을 지닌 주요 이슈로 부상했다. 그리고 위와 같은 권리 주장들은 주로 정체성 정치가 규합한 힘에 의존하고 있었다.

이러한 시도들은 대부분 성공을 거뒀다. 예컨대 1976년과 1981년 호주에서는 주요 토지권 법안이 통과됐다. 브라질의 경우 1988년 헌법에 선주민의 권리가 공식적으로 인정되었다(즉각적 변화로 이어지지는 않았지만). 과테말라의 리고베르타 멘추 툼Rigoberta Menchú Tum은 1983년 자서전 《나, 리고베르타 멘추》의 출간과 그로 인해 마야 집단의 고통스런 현실이 주목받게 되면서 아마도 최초의 '세계적인 토착민'이 되었다고 할 수 있다. 그러나 매슈피 집단의 경우 먼저 해결해야 할 근본적인 질문이 있었다. 과연 그들을 토착 집단으로 볼 수 있는가? 그들에게 문화적 정체성이 존재하는가?

매슈피는 1869년 공식적으로 행정구역에 편입된 이래 '인디언 마을'로 인정받았으며, 청교도 시대부터 남해인디언South Sea Indians이라고 불리던 집단과 긴밀하게 연결되어 있었다. 이러한 인정은 비공식적인 것이었지만, 1960년대까지 마을 정치가 인디언 가문들에 의해 주도되었다는 사실 덕분에 그 의미는 더욱 공고해졌고, 그들은 일정한 형태의 주권과 자결권을 누릴 수 있었다. 그러나 1960년대에 케이프 코드가 점점 더 관광지와 은퇴지로 유명세를 얻으면서 마을의 인구 구성이 바뀌게 되었고, 이내 인디언들은 수적 우세와 정치적 지배력을 잃게 되었다. 1960년대까지 인디언 대 백인 비율은 3 대 1이었다. 1960년대가 끝날 무렵 이 비율은 완전히 뒤집혀 1 대 4에 가까워졌다. 처음에 인디언들은 관광이 가져다준 새로운 세금과 상업적 수입원

　　　　　　　　　　　　　　　인류학자처럼 생각하는 법

을 환영했지만, 이후에는 과도한 개발, 특히 사냥과 어업에 이용되던 토지의 손실에 대한 불만을 제기할 수밖에 없었다. 1972년에 부족위원회가 설립되었고, 1974년에 인디언사무국에 공식 인정 요청을 제기했다.

매슈피 인디언들에게 오랜 기간 집단 정체성을 부여해왔던 것은 다름 아닌 정치적 지배력이었다. 그 지역 내 거의 모든 사람이 이를 인정하고 당연하게 받아들였다. 그러나 이 이상으로 매슈피 왐파노아그 문화만의 뚜렷한 특징은 그리 많지 않았다. 문화 부흥운동이 간헐적으로 일어나긴 했으나, 이는 드문 일이었다. 몇 안 되는 문화 전통들이 살아남아 삶의 일부분에 영향을 미치긴 했지만, 이 역시 아주 미미했다. 정치 구조 그 자체도 '부족의 방식'이 아니었다. 인디언들의 마을 정치는 대체로 소규모 마을의 관행과 해당 주의 법에 따르고 있었다. 토착 언어인 왐파노아그어 혹은 매사추세츠어는 19세기에 이미 사라졌기 때문에 토착적 요소로 작용할 수 없었다. 토착 종교에서 기인한 전통이 있는 것도 아니었다. 인디언의 대부분은 침례교인이었다.

연방법원의 소송은 41일간 진행되었고, 그동안 원고 측은 부족 정체성이 사라진 것이 아니라 잠재되어 있었고, 그 잠재된 부족 정체성은 뉴잉글랜드[매사추세츠주, 코네티컷주, 로드아일랜드주, 버몬트주, 메인주, 뉴햄프셔주의 6개 주로 이루어진 지역]의 다양한 사회적 정치적 맥락 안에서 여러 이슈에 민감하게 반응해왔다는 주장을 펼쳤다. 부족위원회는 지난 청교도 시기를 언급하면서 기독교로 개종한 것은 생존을 위한 필수적인 선택이었다고 주장했다. 이와 같은 이유에서 지역 공동체와 지역 경제 안으로 편입되어 매사추세츠주의 일원이 되는 것 역시 선택의 여지가 없었다. 그렇지 않고서 어떻게 살 수 있었겠는가? 인디언들은 이 주장을 뒷받침하기 위해 문화 부흥운동이 일어났던 1860년대와 1920년대를 언급할 수도 있었다. 다시 말해, 원고 측의 주장에 따르면 인디언으로서 그들의 정체성은 지속되어왔고, 그 정통성 역시 여전했다. 다만 식민화된 부족들이 경험하는 권력 불균형의 문제로 인해 그것이 외적으로 두드러지지 않았을 뿐이다.

반면 피고 측 변호인단은 완전히 다른 관점을 취하며 원고 측이 외부 압력으로부터 그들의 정체성을 지키기 위해 했던 노력은 사실 또 다른 형태의 미국 역사일 뿐이라고 주장했다. 매슈피 인디언들은 이미 미국인이 되었고, 미국 체계에 동화되었기 때문에 그런 주장은 불가능하다는 것이다. 그들의 문화가 대체 어디에 있다는 것인가?

원고 측에서는 여러 인류학자들을 전문가 증인으로 불렀다. 판사는 물론이고 피고측 변호인단은 인류학자들을 무참하게 짓밟았다. 인류학자들이 법정에서 요구하는 예/아니오 식의 답변을 거부했기 때문이다. 내가 이 책 전반에 걸쳐 설명하려고 노력한 바와 같이, 문화는 묘사하거나 정의하기 쉬운 대상이 아니다. 문화적 정체성은 체크박스 질문으로 환원될 수 없다. 요컨대 피고 측 주장은 그곳에 인디언의 정체성은 존재하지 않는다는 것이었다. 미국 대중의 상상력에서 설정한 기준으로 보면, 매

　　　　　　　　　　　　　　　인류학자처럼 생각하는 법

슈피 사람들은 인디언처럼 보이지 않고, 인디언처럼 말하지 않고, 인디언처럼 행동하지 않았다. 간단히 말해, 매슈피 사람들은 충분히 '문화적'이지 않았다. 이 주장이 승리를 거머쥐었다. 매슈피는 결국 소송에서 졌다.

매슈피의 사례는 선주민 정체성 정치의 회색 지대에 위치한다.《옥스퍼드 영어사전》의 정체성 정의(시간이 지나도 실질적으로 동일하게 지속되는 무언가)에 부합하는 흑백이 분명한 사례들은 더 성공적인 결과를 이끌었다. 법원, 정치 엘리트, 주류 대중이 매슈피와 같은 주장을 검토할 때, 그들이 흔히 기대하는 것은 눈에 띄는 차이들의 화려한 전시이다.

토착민으로 인정받고 싶다면 달라야 한다. 전통적이어야 하며 말 그대로 문화를 몸에 걸치고 있어야 한다. 같은 논리가 글로벌 관광산업에도 그대로 적용된다. 케냐의 사파리나 발리의 리조트에 다녀온 사람들이라면 버스에서 내리자마자 전통 음악에 맞춰 춤추는 '현지인' 무리의 환영을 받아본 적이 있을 것이다. 그러나 한번 생각해보면, 다음 버스가 오기 전까지 그 현지인들은 스마트폰으로 페이스북을 하고 있을 가능성이 크다.

마치 인종처럼 정체성은 완전한 환상이면서 동시에 물질적 실재다. 또한 정체성은 인종과 마찬가지로 자연적인 것인 동시에 인위적인 것으로 여겨지는 무언가다. 우리는 정체성이 내면 깊숙이 존재한다고 가정하면서도 동시에 그것이 수행되는 것임을 알고 있다. 예컨대 케냐 사파리 오두막에서 춤추는 마사이Masai 사람들, 혹은 웹사이트 세컨드라이프 안에서 아바타로 살아가는 사람들처럼 말이다. 또한 어떤 경우에는, 베이커가 자신이 미국에서 겪은 성년기를 설명하듯이, 정체성은 일상의 삶과 사회적 기대에 부응해나가는 과정으로서 수행되기도 한다.

언어 이데올로기

만약 1970년대에 매사추세츠어를 구사하는 매슈피 사람이 있었다면, 심지어 그들이 소수의 노인뿐이라 할지라도 매슈피는 틀림없이 다른 결말을 맞이했을 것이다. 언어와 문화는 동전의 양면처럼 여겨지곤 한다. 피와 마찬가지로 언어는 성격과 존재를 구성하는 본질, 즉 얼굴을 구성하는 코만큼이나 정체성에 필수적인 요소다. 모국어, 어머니의 젖, 피는 명확한 비유적 연결망을 보여준다.

인류학의 네 분과 중 사회문화인류학과 언어인류학은 가장 긴밀하게 연결되어 있다. 이는 특히나 사회인류학자와 문화인류학자의 관점에서 보면 당연한 사실이기도 하다. 이들은 런던 혹은 [나이지리아의] 라고스에서 고생물병리학적 기록들이나 탄소연대 측정이 필요한 도자기 파편에 대한 자료 없이도 현지조사를 하는 데 별 지장이 없다. 그러나 언어에 주의하지 않고 현지조사를 한다는 것은 불가능한 일이다.

모든 언어인류학 연구가 현장조사나 실제 언어 사용에 대한 면밀한 관찰을 포함하는 것은 아니다. 문법, 구문, 말하자면

   인류학자처럼 생각하는 법

반투어 명사격의 비교 구조와 같은 이론적 주제를 문헌 자료와 기록을 통해 추상적으로 연구하는 것도 가치가 있지만, 이는 일상생활에서의 언어 사용을 연구하는 것과는 엄연히 다르다. 이러한 차이를 랑그langue(언어)와 파롤parole(발화)이라는 용어로 구분해서 설명하곤 하는데, 이 용어들은 랑그에 초점을 맞췄던 소쉬르의 연구에서 유래했다. 그러나 언어인류학 연구는 주로 파롤에 주목하며 이러한 연구를 사회언어학 혹은 더 전문적으로 화용론pragmatics이라고 부르기도 한다. 이 학문 전통이 가지고 있는 주요한 질문 중 하나는 특정 언어의 화자들이 어떻게 그 언어의 문화적 가치를 이해하는가이다.

지난 40년간 언어 사용 연구에서 가장 활발하게 연구된 주제 중 하나는 전문가들이 '언어 이데올로기'(혹은 종종 '언어적 이데올로기')라고 부른 것이다.[17] 이 주제를 설명하는 데 잠시 시간을 할애하고자 하는 이유는 이것이 정체성에 대한 문화적 접근을 이해하는 데 매우 유익하기 때문이다. 사실 더 넓게 봤을 때, 이 언어 이데올로기를 이해하면 문화의 작동 방식에 대해 놀라울 정도로 깊은 통찰을 얻게 된다.

우리는 모두 나름의 언어 이데올로기를 지니고 있다. 잘 모르고 있을 수도 있고, 생각해보지 않았을 수도 있지만 말이다. 기본적으로 언어 이데올로기란 우리가 모두 구조, 의미, 언어 사용에 관한 특정 가정이나 신념을 가지고 있다는 것을 의미한다. 우리가 지닌 언어 이데올로기는 우리가 사물의 질서나 권위의 본질과 같은 문제들을 어떻게 이해하며, 어떤 가치를 중요하게 여기는지, 무엇을 현실로 받아들이는지를 보여준다.

언어 이데올로기를 보여주는 유명한 한 예시로 내가 이 책에서 몇 차례 했던 일, 즉《옥스퍼드 영어사전》에서 단어의 정의를 인용하는 행위를 들 수 있다.[18] 이 행동은 무엇을 말해주는가? 사전적 정의는 단어의 진정한 의미를 제공한다는 (혹은 어쩌면 독자들이 그렇게 생각할 거라는) 내 생각, 또한 그 연장선상에서 진리나 실재는 전문가에 의해 만들어진 텍스트 자료를 통해 권위를 획득한다는 나의 (혹은 독자들의, 어쩌면 우리 모두의) 가정을 보여준다. 만약 내가 독자들에게 어떤 정의를, 말 그대로 권위 있는 것으로 받아들이길 기대했다면 나는 결코 "옛날에 나의 어머니가 말한 바에 따르면, 정체성은 **동일한 성격**이나 조건을 의미한다"라고 쓸 수 없었을 것이다. 우리는 이런 문제들에 관해 사람보다는 책을 더 신뢰하고, 평범한 사람들(그게 어머니라 할지라도)보다는 전문가들을 더 신뢰한다. 옥스퍼드대학출판사의 전문가들이라면 더더욱 그렇지 않겠는가?

언어 이데올로기의 또 다른 흔한 예시는 이와 연결된 것이면서 역시 내가 이 책에서 사용한 방식이다. 단어의 어원을 추적하는 것 말이다. 나는 2장에서 이런 취지의 말을 한 적이 있다. "가장 오래된 라틴어 용례에 따르면 '야만인savage'이란……" 이 문장에는 어떤 전제가 담겨 있는가? 한 단어의 진정한 의미는 그것의 본래적 용례와 연결된다는 (혹은 독자들이 그렇게 생각할 거라는) 내 생각, 또한 종종 내가 어떤 단어를 사용할 때 그 단어의 잊힌 본래 형태의 일부가 작용한다는 생각이 그 안에 담겨 있다. 종

     인류학자처럼 생각하는 법

교religion를 예로 들어보자. 라틴어 religare는 '묶다'라는 뜻이고, religio는 '신성한/숭배'라는 뜻이다. 종교는 인간과 신을 묶어주는 공동체 같은 것이 아닌가! 또한 **신성한** 것이기도 하고 말이다. 이로써 꽤 훌륭한 설명이 완성된다. 서양에서 라틴어와 그리스어는 특별한 권위를 지니고 있다(이는 고대의 가치를 중요시하는 우리의 태도를 설명해준다). 이는 또한 의미의 근본 요소들이 우리의 집단의식 속에 남아 있다는 것을 시사한다. 결혼에 '진정한 의미'가 있다는 주장은 가톨릭 주교들이나 하는 생각이라는 것은 강경한 무신론자들만의 착각이다.

이외에도 많은 예시를 들 수 있다. 그중 내가 가장 좋아하는 예시는 무신론자이자 코미디언 겸 작곡가, 음악가인 팀 민친Tim Minchin에 관한 것이다. 그는 서로 간섭하지 말고 살자는 식의 가벼운 무신론자가 아니라 불신unbelief을 하나의 신조로 여기는 진지한 무신론자다. 어느 날, 그는 초월적인 것이나 영적인 것이 존재하지 않는다는 논지를 입증하기 위해 자신의 팬으로 가득 찬 문학 축제에서 이렇게 말했다. "저는 내일 제 딸이 교통사고로 사망하길 바랍니다."[19] 청중 사이에서는 탄식이 터져 나왔다. 그는 영어권 언어 이데올로기의 몇 가지 특징들에 문제를 제기하려 한 것이었다. 첫째, 우리의 발화는 진실해야 한다는 것. 우리는 언어를 진리의 매개체로 생각하는 경향이 있다. "의도하는 바를 말하고, 말한 것에 의미를 담아라", 이것이 그의 요점은 아니었지만 어쨌든 이 점을 보여주었다. 그가 전달하려 했던 요점은 언어 이데올로기의 두 번째 측면과 관련된다. 곧 우리의 발화는 타자에게뿐만 아니라 사건의 흐름에도 물리적인 영향을 미칠 수 있다는 생각 말이다. 예컨대 "좋은 말을 하지 않으려거든, 아예 아무 말도 하지 말아라"라는 관용적 표현에서 엿볼 수 있다. 이는 우리가 어떤 말을 내뱉고 나서 그 일이 일어나지 않을까봐 염려될 때 "터치 우드touch wood(나무를 만져라)"라고 말하거나 실제로 나무를 만지며 말하는 이유이기도 하다. "그는 분명 취업할 거야! 터치 우드." 사람들은 대개 왜 "터치 우드"라는 말을 쓰게 되었는지 잘 모르지만, 그건 별로 중요하지 않다. 중요한 것은 이 주문 같은 표현이 가지는 '주술적' 효과다. 그리고 바로 이것이 이 열렬한 무신론자가 지적하려는 요점이다. 민친은 청중들에게 충격을 줌으로써 미신으로 가득 찬, 언어적 이데올로기가 만들어낸 무감각 상태를 벗겨내려 한 것이다. 그가 설득하려 했던 것은 두 가지다. ① 우리가 나쁜 언행을 하는지 엿듣다가 이후에 응징하는 초자연적 힘 따위는 존재하지 않는다. ② 어떠한 발화도 미래의 사건 전개에 결코 영향을 미치지 않는다(이는 또한 열렬한 무신론자들이 기도를 비합리적인 것으로 생각하는 이유이기도 하다).

지난 20년 동안, 많은 언어인류학자가 근대 서구 사회의 언어 이데올로기를 거시적으로 파악하는 데 몰두했다.[20] 간단히 말해, 그들의 주장에 따르면 오늘날 서양의 언어 이데올로기는 진정성authenticity 이데올로기와 익명성anonymity 이데올로기로 나뉜다. 이 둘은 어떤 측면에서 서로 구별되지만, 카탈루냐의 언어 이데올로기와 정체성 정치를 다룬 최근 주요 연구에서 캐서린

　　　　　　　　　인류학자처럼 생각하는 법

울라드Kathryn Woolard가 사회언어학적 자연주의라고 부른 개념에 공통된 토대를 두고 있다.[21] 이 연구에 대해서는 잠시 후 자세히 다루고 지금은 관련 논의 전반을 더 살펴보도록 하자.

진정성 이데올로기는 이미 우리가 이 장에서 다룬 많은 내용과 연관되어 있다. 이는 본질주의에 기반을 두고 있으며, 우리의 언어가 개인적으로나 집단적으로 우리 자신에게 내재된 무언가를 표현한다고 주장한다. "본연의 목소리가 갖는 가장 중요한 의의는 그 **내용**이 무엇인지가 아니라, 발화자가 **누구인지** 드러내는 데 있다."[22] 이와 관련한 대표적인 대중적 고정관념들이 있다. 이를테면, 달콤한 속삭임으로 그 매력이 규정되는 멋진 프랑스 남자, 겨울 햇살이 드러내는 바를 시구에 담아내는 심오한 러시아 시인 같은 모습이 그것이다. 그러나 진정성을 강조하려는 충동은 대개 소수자적 위치에 있을 때 발생한다. 예컨대 퀘벡과 브르타뉴*의 민족주의 운동의 핵심에 늘 진정성에 대한 강조가 있었다. 이런 경향은 가난한 도시 지역의 소수자 공동체에서도 흔히 발견된다. 또한 억양과 발음에서 표현되는 계급 역시 주요 결정 요소일 수 있다. 이러한 모든 경우에서, 언어의 사용 방식은 특정 장소에 굳게 기반을 둔 지역 공동체의 정체성을 지시하며, 흔히 어떤 특정 성격이나 감수성을 표현한다. 런던의 코크니 억양, 뉴욕 혹은 미국 서부 해안 지역의 랩이 가진 고유한 특

---

*　프랑스 북서부에 있는 반도로 독자적 문화권을 형성하고 있으며 켈트어파 계열의 언어인 브르타뉴어를 사용한다.—옮긴이

징들, [남아프리카공화국] 소웨토 지역 속어의 독특함은 모두 좋은 예시들이다. 물론 이러한 종류의 진정성은 배워서 익힐 수 있는 것이 아니다. 가지고 있거나, 없거나 둘 중 하나다. 그렇다고 '진짜처럼 보이려는', 또는 '녹아들기 위해 애쓰는' 이들이 없는 것은 아니다. 주류 정치인들은 종종 그렇게 하다가 망신을 당하곤 한다. 토니 블레어는 정치 경력 내내 자신의 옥스퍼드식, 즉 '웨스트민스터 정치권Westminster-bubble' 특유의 깔끔하고 격식 차린 말투에서 벗어나 좀 더 소탈하고 인간적인 면모를 풍기는 서민 노동계급의 말투인 에스추어리 잉글리시Estuary English로 슬쩍 바꾸는 습관 때문에 조롱을 받았다. 매번 그는 [영국 잉글랜드 동남부] 베이즐던 출신 소년처럼 들리려 노력했지만, 그럴 때마다 사람들의 짜증만 더 부추길 뿐이었다.

익명성 이데올로기란 지배적인 언어의 정당성을 뒷받침하는 개념이다. 영어는 단일 언어로서 가장 널리 사용되고 있다. 누군가가 영어를 쓴다는 사실만으로 그의 출신 지역을 특정할 수 없다. 영어는 지역을 초월하면서 어디에나 있고 또 어디에도 속하지 않는 언어다. 영어가 국제적 가치를 갖는 공용어이기에 영어를 모국어로 쓰는 사람들(특히 잉글랜드인들)은 가장 강력한 진정성[소유권] 주장들 가운데 일부를 어느 정도 포기해야만 했다. 물론 많은 사람들, 그중에서도 특히 미국인들은 근사한 잉글랜드 억양을 좋아한다. 그러나 그렇게 영국식 영어를 좋아하는 미국인들이라 할지라도 영어가 자신들의 것이라는 생각에는 결코 휴 그랜트Hugh Grant나 심지어 엘리자베스 2세 여왕에 뒤지지 않는다고 느낀다. 이런 이데올로기는 공론장이 제대로 기능하는 데 결정적으로 중요하다. 따라서 이는 영어나 스페인어 같은 세계적인 언어들만의 문제가 아니라, 서로 다른 집단이나 공동체를 아우르는 하나의 정치적 장 안에서 주요 언어가 작동하는 방식에도 마찬가지로 적용된다. 인도네시아어는 또 다른 좋은 예시다. 인도네시아어는 300개가 넘는 언어가 사용되는 군도 국가에서 공통의 매개체를 이루기 위해 만들어진 언어이기 때문이다.

우리가 알 수 있듯이 진정성, 익명성 이데올로기는 한 언어에도 동시에 적용될 수 있으며 이 둘 사이의 구분은 그 언어를 어떤 거리와 맥락에서 바라보느냐에 따라 달라진다. 만일 당신이 에식스주의 베이질던 출신이라면 다음 두 가지 상황이 모두 완벽하게 가능하다. ① 마치 당신과 같은 동네에 살았던 것처럼 그곳 억양을 따라 하는 토니 블레어를 보고 짜증 내기. ② 동시에, 영어는 모든 이들에게 동등한 언어라는 이유로 UN에서 영어가 공용어로 사용되는 것을 지지하기. 실제로 UN 사무총장이 포르투갈어, 한국어, 혹은 아칸어[가나 남부에서 주로 쓰이는 언어]를 사용해 국제 청중 앞에서 연설하는 것은 분열과 배제를 초래하는 행위로 여겨질 수 있다.

이 두 이데올로기의 밑바탕에는 울라드가 말한 사회언어학적 자연주의가 작용한다. 이는 이데올로기가 자연스러운 것, 당연한 것으로 여겨진다는 의미다. 다시 말해 사람들은 진정성과 익명성 모두를 인간의 결정, 정치적 설계, 경제 환경에 의한 결과

라고 여기지 않는다. 대신 그것은 주어진 것, 원래 그러한 것처럼
보인다.

사람에서 수행으로

1930년대에서 1960년대 사이에 정체성 개념이 발흥했다면, 그
이후 지금까지는 또 다른 변화가 일어나고 있다. 연구자들에 따
르면, 인류학자들은 여전히 문화적 정체성이 본질적으로 고정
된 것이며 변화할 수 없다는 가정이나 기대감을 발견하곤 한다.
이국적인 느낌에는 여전히 높은 프리미엄이 붙는다. 여전히 마
사이 사람들은 아르바이트로 사파리 캠프에서 영국 관광객들을
위해 춤을 추곤 한다.

그러나 21세기 초, 정체성에 대한 더욱 수행적인performative
접근법이 주목받고 신뢰를 얻기 시작했다. 이는 웹사이트 세컨
드라이프와 같은 가상세계의 아바타 외에도, 가장 그런 것을 기
대하기 힘든 곳에서도 뚜렷하게 관찰된다. 유럽의 민족주의 운
동의 현장이 그 예시다.

유럽의 민족주의는 늘 긍정적인 평가를 받지는 않는다. 소
수의 예외를 빼면 대다수는 정치 스펙트럼에서 우파였고, 때로
는 극우에 속하기도 했다. 헝가리의 요비크Jobbik[더나은헝가리를
위한운동], 프랑스의 국민전선, 영국의 영국국민당이 그 예다. 이
런 부류의 정당들은 노골적으로든 은밀하게든 외국인 혐오를

　　　　　　　　　　　인류학자처럼 생각하는 법

활용한다. 이들은 아주 20세기적인, 피는 못 속인다는 식의 정체성 이해를 지니고 있고, 언어의 이해와 사용 또한 진정성 이데올로기와 사회언어학적 자연주의에 근거하고 있다. 이를 위해 영국국민당은 심지어 제국주의적 언어를 역으로 이용한다. 정당웹사이트의 한 게시물에서 그들은 런던의 타워햄리츠 지역이 제3세계 이주민들에 의해 "식민화"되었으며 그들이 "토착 인구"를 쫓아냈다고 말하기도 했다.[23]

카탈루냐는 이와는 다른 사례다. 1978년 프란시스코 프랑코Francisco Franco 독재정권의 몰락 이후 새로운 스페인 헌법이 채택되었다. 카탈루냐는 상당한 권력을 행사하고 높은 수준의 자치권을 누리는 17개의 '자치 주' 중 하나가 되었다. 카탈루냐는 그중 인구 규모로 따졌을 때 스페인에서 가장 큰 편에 속하고, 또한 가장 부유한 지역 가운데 하나다. 이 지역 언어인 카탈루냐어는 스페인어(스페인에서는 카스티야어라고 부른다)와 아주 다르며, 사람들이 종종 잘못 생각하는 것처럼 스페인어의 방언이 아니다. 1980년대에 카탈루냐어의 권위는 앞서 살핀 진정성 이데올로기에 기반을 두고 있었다. 카탈루냐인은 타고나는 것이지, 되고 싶다고 해서 될 수 있는 것이 아니었다. 그러나 시간이 지나면서 이는 변화했고, 지역 토박이 혹은 '모국어'에 두었던 가치는 더 유연한 소속감과 정체성으로 바뀌게 되었다. 달리 말해 진정성은 타고나는 것만이 아니며 만들어질 수도 있는 무언가로 바뀐 것이다.

울라드는 프랑코 독재정권이 몰락한 바로 다음 해인 1979년에 카탈루냐의 정체성 정치를 연구하기 시작했다. 언어인류학자로서 기가 막힌 연구 현장 선택이었다. 하나의 언어로서 카탈루냐어는 다수의 안정적인 모국어 화자를 가진 언어였고, 카탈루냐의 특별함을 주장하는 정치적 전략에서 핵심적인 역할을 하고 있었다. 더욱이 카탈루냐의 경제가 다른 스페인 지역에 비해 좋았기 때문에 그 언어와 정체성은 남다른 위세와 가치를 지녔다. 그러나 스페인 전반을 두고 봤을 때도 그렇지만, 자치 지역 내에서도 카탈루냐어를 쓰는 수는 절대적으로 소수였으며, 자치 주 내에서도 인구의 약 4분의 3가량은 1900년 이후에 이주해온 사람들이었다. 오늘날까지도 약 3분의 1도 되지 않는 사람들만 카탈루냐어를 주 언어로 쓰며, 약 55퍼센트는 스페인어를 사용한다.[24]

자치권 획득 초기부터 카탈루냐의 새로운 정부는 명확한 민족정체성의 기틀을 다지기 위해 여러 언어 정책을 시행했다. 이 중 대부분이 교육 시스템을 통해 구현되었다. 1980년대에 정부는 학교에 카탈루냐어 수업 개설을 권장했다. 처음에는 선택 수업이었지만 결국에는 카탈루냐어가 주 교육 언어가 되었다. 2000년대에 들어섰을 때, 거의 모든 교육과정은 카탈루냐어로 이루어졌다.

울라드가 카탈루냐의 "기획 정체성project identity"이라고 부른 것과 관련해 교육 정책의 중요성을 고려할 때, 그가 현지조사의 대부분을 학교에서 수행한 것은 그리 놀랍지 않다. 1987년 울라드는 카탈루냐 지향적이라는 평가를 받는 한 고등학교에서

     인류학자처럼 생각하는 법

10대 학생들을 연구했다. 그 학교는 다양한 배경의 아이들을 받았기에 그 안에는 카탈루냐어 사용 가정과 스페인어 사용 가정 출신 학생들이 고르게 섞여 있었다. 후자의 경우는 노동계급 이주민의 자녀나 손주들이었다. 울라드의 연구는 정체성 정치가 본질주의적 관점에서 논의되는 다른 상황들에서 우리가 흔히 보게 되는 것과 비슷한 결과를 보여준다. 카탈루냐어와 스페인어 구사자는 대개 명확하게 구분되었고, 후자는 두 세대에 걸쳐 그곳에 살았다고 하더라도 현지인으로 간주되지 않는 노동계급 가정 출신일 뿐이었다. 울라드는 10대 고등학생들과 대화하는 도중 스페인어가 카탈루냐어보다 더 교양 없고, 거칠고, 세련되지 않다는 말을 듣게 되었다. "스페인어를 쓰는 사람들은, 말하자면 교양 있는 사람들은 아니죠"라고 한 소년이 말했다.[25] 이는 열띤 논쟁을 불러일으켰지만, 스페인어 구사자들이 제도적으로 (또한 또래 집단 안에서) 느끼는 소외감을 통해 어느 정도 확인되었다. 또한 스페인어 사용자들에 따르면, 그들은 카탈루냐어를 쓸 때마다 창피함과 부끄러움을 느꼈다. 마치 자신을 속이는 것 같고, 그 언어를 쓸 권리가 자신들에게는 없는 것 같은 느낌을 받았기 때문이다.

2007년에 울라드는 1980년대에 처음 만났던 학생 중 몇을 추적해 다시 만났다. 당시 모국어가 스페인어였던 이들 중 상당수는 한때 민족주의자들의 '기획 정체성'에서 소외되었다는 느낌을 표현했지만, 이제 그들에게서 확연히 달라진 태도를 확인할 수 있었다. 이제 30대 중반이 된 이 남녀들은 자신들을 거의 완전한 카탈루냐인으로 인식하고 있었고 그 언어를 자신감 있게 사용하고, 심지어는 주인의식까지도 느끼고 있었다. 물론 이들은 10대 때 받았던 상처를 잊지 않고 있었다. 그들이 느꼈던 소외감은 의미 있었고 실재하는 것이었다. 다만 대부분은 이를 청소년기의 성장통으로 여기고 있었다. 더욱이 이들에 따르면 자신들이 카탈루냐 정체성을 받아들인 것은 거창한 정치적 기획이나 선언 때문이 아니었다. 실제로 많은 이들은 이런 변화는 사적인 것이라고 강조하면서 민족주의적 표현을 비웃기도 했다. 정체성에 대한 이들의 접근은 "양자택일해야 하는 문제가 아닌 양자 모두를 택할 수 있는 문제"가 되었다.[26]

울라드가 연구 현장에 다시 갔던 2007년, 그는 기존 연구 참여자들을 만났을 뿐만 아니라 기존에 방문했던 학교에도 찾아갔다. 그는 그곳에서 매우 다른 상황을 마주했다. 자기 정체성을 확립하기 위한 학생들의 모습은 여전했지만, 이제 자신의 가족이 쓰는 언어가 무엇인지는 상관이 없어졌다. 10대 학생들은 1987년 때와는 달리 언어를 정체성의 주요 구성 요소로 생각하지 않았다. 카탈루냐어와 스페인어가 가지고 있던 상징적 역할이 사라진 것이다. 울라드가 그들에게 서로를 어떻게 식별하는지 묻자, 언어를 그 지표로 언급하는 학생은 한 명도 없었다. 대신 옷차림, 음악 등 사춘기 시절에 민감한 스타일에 대한 것들뿐이었다. 달리 말해, 언어로서 카탈루냐어는 앞서 이야기했듯 누구나 사용할 수 있는 더 익명적인 성격을 띠게 된 것이다. 이는 하나의 정체성으로서 누구나 선택할 수 있는 것이었고, 누구에

인류학자처럼 생각하는 법

게나 열려 있었다. 이제는 정체성이 지닌 독창성에 대한 자기 생각과 의지가 가장 중요한 기준이 되었다. 울라드는 "아무 문제 없어요"라는 말을 반복해서 들었다.[27]

울라드는 아무 문제 없다는 말 이면에 주의를 기울였다. 카탈루냐의 상황은 더 복잡했다. 스페인어를 구사하는 현지인 중에는 편안함이나 소속감을 느끼지 못한 채 여전히 소외감을 느끼는 사람들이 있었다. 문제 없다는 말은 아프리카 등지에서 카탈루냐로 들어오는 이주민들이 만들어내는 최근의 흐름에 대해 아무것도 설명해주지 않는다. 그러나 개개인 사이의 미시적 차원과 민족 정치 차원 모두에서 변화는 뚜렷했다. 2006년부터 2010년에 집권했던 카탈루냐 자치정부 수반president은 안달루시아계 노동계급 출신이었다. 그의 카탈루냐어는 형편없었으며 이로 인해 조롱받기도 했다. 그럼에도 그는 수반의 자리에 올랐다. 2010년부터 카탈루냐인들은 스페인으로부터 독립을 요구하는 시위를 벌이기 시작했다. 2012년 9월에는 150만 명이 바르셀로나 거리를 행진하면서 자기들의 미래를 '스스로 결정할 권리'를 요구했다. 그들의 현수막에는 "Catalunya, nou estat d'Europa"라고 적혀 있었다. 당연하게도 카탈루냐어로 적힌 이 문구는 '카탈루냐, 유럽의 새로운 국가'라는 뜻이다. 그러나 그 행진과 이후 계속된 독립운동에 가장 앞장섰던 이들이 전형적인 민족주의 운동처럼 카탈루냐 토박이들로만 이루어진 것은 아니었다. 거기엔 스페인어를 모국어로 사용하는 이들도 함께 있었다.

오늘날의 매슈피

1976년 매슈피 부족위원회의 소송 판결 이후에도 위원회는 계속 존속해왔다. 어려운 시간을 견뎌낸 그들은 2007년에 인디언사무국으로부터 하나의 부족으로서 연방의 공식 인정을 받아냈다. 최종 판결에서 인디언사무국은 1970년대 판례를 길게 언급하며, 당시의 결론과는 달리 문화적 독특성이라는 것이 반드시 특정 공동체를 인준하는 기준은 아니라고 주장했다. 이와 관련해 최종 판결은 피고 측이 제출한 전문가 자료가 부적절하며 비현실적이라고 단호하게 평가했다. 그것이 부적절한 이유는 인디언사무국 규정이 "청원자가 인디언 부족이나 공동체로 인정받기 위해 반드시 '문화적 독특성'을 유지해야 할 필요는 없다"고 명시하고 있기 때문이다. 또 그것이 비현실적인 이유는 문화가 무엇이든 간에 결코 변치 않아야 한다는 기대를 요구했기 때문이다. 이 지점에서 최종 판결은 피고의 주장에 특히 회의적이었는데, 한 역사학자의 전문가적 견해가 "전통 종교의 유지와 비-인디언 사회로부터의 본질적으로 완전한 사회적 자율성 등 불변하는 문화를 요구하고 있다"는 점을 지적했다(이는 판사 및 배심원단 의견과도 일치했다).[28]

2001년에 한 저명한 법인류학자가 발표한 문화와 권리를 주제로 한 논문은 매우 복잡한 상황을 다루고 있다.[29] 한편으로, 학계 안에서는 문화는 늘 변하는 유동적인 것이라는 사실이 이미 확립된 지식이었다. 또한 학자 집단뿐만 아니라 UN 역시도 권리에 대한 우리의 이해는 변화, 수정, 확장을 겪을 수 있다는 점을 오래전부터 인식하고 있었다. 개인을 강조한 1948년 〈세계 인권선언〉 이후 국제사회는 아동, 여성, 그리고 토착 공동체와 같은 더 구체적이고 범주화된 정체성을 기반으로 하는 다수의 선언과 협약을 비준해왔다. 다른 한편으로, 이렇게 다양한 인식에도 권리 기반 활동 및 정책 수립의 영역에서는 여전히 문화와 권리가 대립적이며 고정된 것으로 여겨지는 경우가 많았다.

매슈피 인디언에 대한 인디언사무국의 최종 판결문 작성자들이 인류학의 문화 이론을 얼마나 읽었는지는 알 수 없다. 그러나 인류학을 가르치는 사람들이라면 인디언이 '변하지 않은 문화'를 유지해야만 집단적 권리를 가진 공동체로 인정받을 수 있다는 생각이 비판받는 것을 보고 기뻐했을 것이다.

그럼에도 문화는 매슈피의 공동체 의식과 정체성에 결코 부수적인 것이 아니다. 1970년대 창립 이래 부족위원회는 주권과 인정을 받기 위해 문화를 전면에 내세워왔다. 1993년에는 언어 복원 사업이 시작되었다. 사업 책임자는 이렇게 말했다. "우리의 언어를 복원하는 것은 곧 문화적 상실과 아픔을 회복하는 일입니다. 언어를 이해하고 말할 수 있게 된다는 것은 곧 우리 조상들이 수백 년간 대대로 세상을 바라봐온 방식대로 이 세상을 바라보는 것을 의미합니다. 이것은 조물주께서 주신 우리 민족, 땅, 철학, 진리와 연결될 수 있는 방법 중 하나일 것입니다."[30] 2009년에 부족위원회는 "언어가 사람들의 관습, 문화, 영적 안녕을 보호하는 데 중심적인 역할을 한다는 점을 공언"하며 언어

부서를 설립했다.[31] 우리는 여기서 진정성에 대한 언어 이데올로기를 발견할 수 있다. 그리고 이런 진정성은 저극적으로 양성해야 하는 무언가로 이해되고 있다. 진정성이란 하루아침에 갑자기 생길 수 있는 것이 아니다.

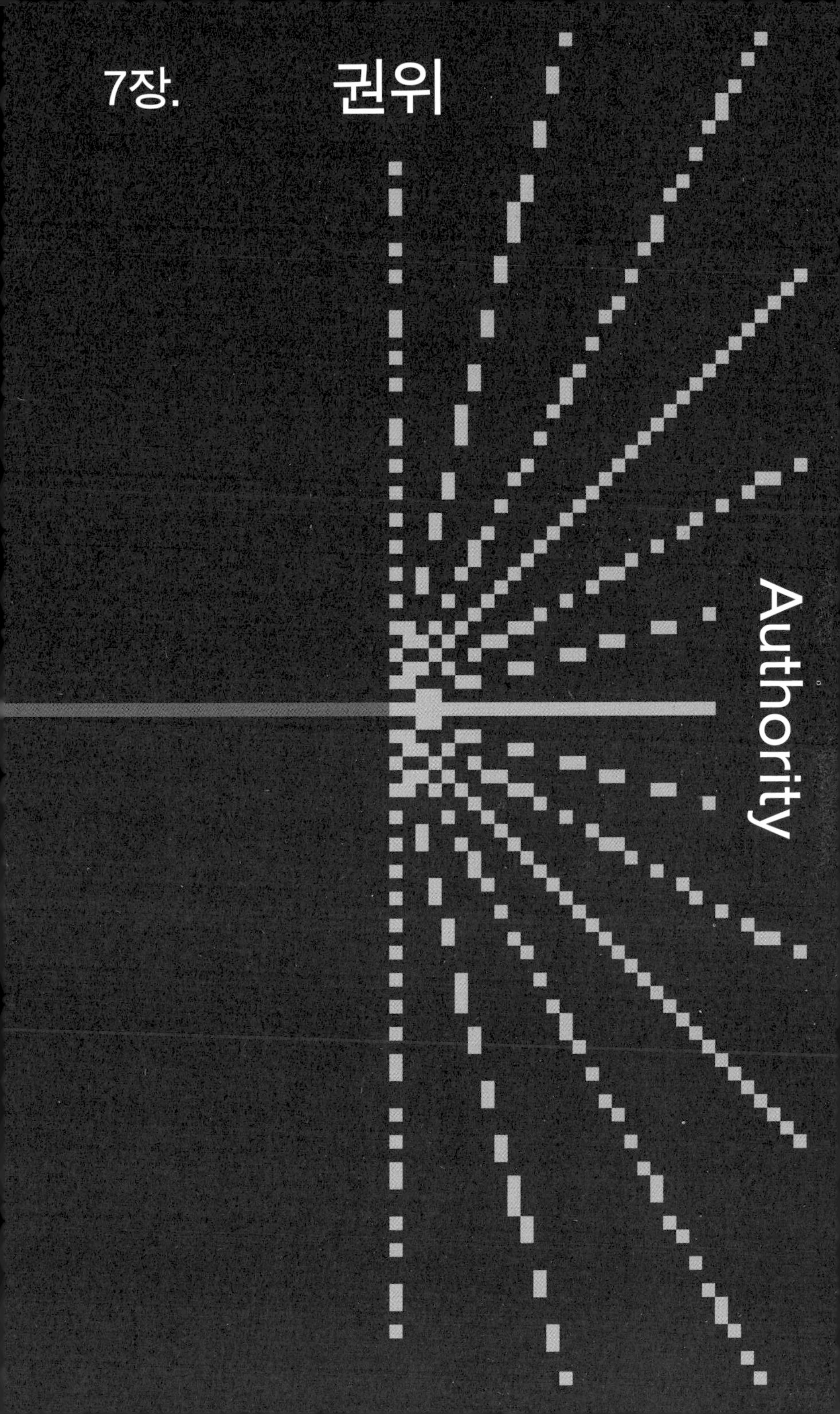
7장.
권위
Authority

1971년에 아네트 와이너_{Annette Weiner}가 위대한 인류학자 브로니스와프 말리노프스키의 발자취를 좇아 트로브리안드제도에 발을 내디뎠을 때, 그는 말리노프스키의 연구와 분석에 빈틈이 여럿 있음을 깨닫고 충격받았다. 그 아무리 저명한 인류학자의 연구라도 비판의 여지가 있는 법이고 어떤 인류학적 분석도 모든 면에서 완벽할 수는 없다. 말리노프스키처럼 극도로 확신에 찬 목소리를 내는 경우도 마찬가지다. 말리노프스키의 연구를 절대적으로 포괄적이고도 권위적인 것으로 받아들인다면 오산이다. 와이너가 분명히 보여주듯이 말리노프스키의 글에는 트로브리안드제도에서의 삶의 중요한 영역들이 누락되어 있다.[1] 특히 여성들의 삶에 해당하는 부분들이 그렇다. 예컨대 말리노프스키의 글만 읽는다면 트로브리안드의 여성들이 생산과 교환의 영역에 전혀 관여하지 않는다고 오해할 수 있다. 그의 연구는 남성들에 의해 이루어지는 쿨라 링과 이를 중심으로 이루어지는 다른 부차적 교환에 초점을 맞췄기 때문이다.

실제로, 말리노프스키의 글만 읽으면 트로브리안드 사례가 성 역할에 대한 일반적 고정관념을 확인해준다고 생각할 수도 있다. 즉 생산하는 남성들과 재생산하는 여성들, 공적인 영역에서 활동하는 남성들과 사적인 영역에 머무는 여성들, 정치와 노동 등 '문화적'인 것들을 담당하는 남성들과 출산과 요리 같은 '자연적'인 것들을 담당하는 여성들의 이야기 말이다. 하지만 이는 사실과 다르다. 와이너는 이러한 결론에 몇 가지 문제가 있음을 보여준다. 첫째로, 말리노프스키의 설명은 경험적 상황을 반영하지 못한다. 여성들은 바나나 잎과 섬유로 직물을 짜는 생산 활동을 한다. 이뿐만 아니라 이러한 물품들의 유통을 관리한다. 이 직물은 매우 중요한 가치가 있으며, 강한 모계 혈통을 유지하고 정치적 안정을 보장하는 핵심 요소다(트로브리안드 사회는 모계사회다). 모계 친족이 죽으면 여성들은 직물을 통해 창출한 재산으로 친족이 생전에 쌓은 사회적 빚을 청산한다. 원칙상 이에 사용되는 직물은 새것이고 미사용 상태여야 하는데(시간이 흐르고 유통될수록 그 가치가 쌓이는 쿨라 링의 물품들과는 상반된다), 이는 모계의 순수성을 상징한다. 즉 직물 자체가 여성들에게 직접적인 정치적, 경제적 권위를 부여하는 것은 아니지만, 중요한 형태의 주체성agency과 자율성을 제공한다. 젠더의 위계는 일반적으로 생각하는 것처럼 단순하고 명확하게 구분되지 않는다.

와이너가 지적한 또 다른 중요한 점은, 말리노프스키의 연

 인류학자처럼 생각하는 법

구가 그의 성장 배경에서 비롯된 편향을 반영하고 있다는 것이다. 쉽게 말해서 말리노프스키의 분석은 남성중심적이다. 와이너는 다음과 같이 표현했다. "트로브리안드에서 내 첫 질문은 이러했다. 만약 바나나 잎을 생산하고 교환하는 주체가 남성이었다고 해도 말리노프스키가 이를 무시했을까?"[2] 민족지 연구에서 권위의 문제를 다룰 때 '원주민들'이 하나 이상의 관점을 가지고 있다는 점을 주목하는 것은 무척 중요하다. 이 책에서 여러 차례 언급했던 말리노프스키의 그 유명한 인류학적 사명 선언을 다시 떠올려보자. 그는 '원주민의 관점을 이해하는 것'이 인류학자의 임무라고 했다. 비록 이만큼 간결하고 입에 붙는 표현은 아니겠지만, 이제 우리는 인류학자의 임무를 '**원주민의 관점들**'을 이해하는 것이라고 바꿔 말할 수 있겠다. 그 시작으로 말리노프스키가 1922년의 시대상에 걸맞은 대명사를 사용해 다음과 같이 덧붙인 구절, "**그의**his 세계에 대한 **그의**his 시각"뿐만 아니라 여성의 생각과 여성의 세계 역시도 읽어내야 한다.

나는 이 장을 시작하면서 인류학의 연구 내용이 아닌 인류학이 작동하는 방식, 즉 그 연구 결과가 세상에 알려지는 방식에 주목했다. 왜냐하면 '권위'라는 주제에 관한 한, 인류학은 사회문화적 삶의 일반적인 역학 속에서 인류학 자신의 권위를 어떻게 위치시키고 이해해야 하는가를 고민할 때 가장 빛을 발해왔기 때문이다.

이와 관련해 말리노프스키는 우리에게 훌륭한 하나의 사례다. 그의 화려한 수사적 기법과 자신감 넘치는 문체는 그의 연구가 권위적이며 의심의 여지 없이 자명하다는 인상을 준다. 이 얼마나 역설적인가. 이 사례는 (민족지적 권위를 포함한) 특정 종류의 권위가 권위 자체를 둘러싼 일련의 전제들을 어떻게 더 공고하게 하는지 그 위험성을 보여준다.

'여성 문제'

트로브리안드제도의 직물은 수많은 예시 중 하나에 불과하다. 와이너가 보여주듯 민족지 기록들을 살펴보면 직물은 종종 정치적 권위와 권력의 핵심적인 상징으로 작용한다. 이는 부족장들의 망토나 매트, 왕족들이 입는 예복, 성직자들의 제의, 고인에게 입히는 수의에 이르기까지 다양하다. 그리고 대체로 이 모든 것을 생산하는 것은 여성들이다. 이런 점에서 보자면 트로브리안드의 사례는 오히려 비교적 미미한 편에 속한다. 폴리네시아를 포함해 더 넓은 태평양 지역에서 직물은 권력, 명성과 권위의 주요 상징이기 때문이다. 더 나아가 와이너는 모스의 증여 논의를 이해하려면 마오리 사람들의 망토가 지닌 정치적 중요성을 고려해야 한다고까지 주장한다. 이 망토는 쿨라에서 교환되는 물건들처럼 일종의 개성과 행위성을 지닌다. 모스가 주장한바 모든 선물에는 '영혼'(마오리의 유명한 예시인 하우)이 깃들어 있기에, 선물은 보답을 요구한다는 개념을 제대로 이해하려면 이러한 맥락을 파악해야 한다는 것이다.[3]

 인류학자처럼 생각하는 법

이렇듯 민족지의 일부를 바로잡는 문제와는 별개로, 우리는 앞서 살펴본 여러 민족지의 사례들에서 실제로 가부장제가 지배적인 것이었는지 물어야 한다. 그렇다. 말리노프스키는 여성들에 대해 거의 논하지 않았다. 하지만 와이너조차도 직물 생산을 통해 여성들이 누렸던 권위와 주체성은 남성들에 비해 제한적이었다는 점을 인정한다. 이뿐만 아니라 명예와 수치 개념 역시 뚜렷하게 젠더화되곤 한다. 대개 남성들은 명예를 얻고 여성들은 명예를 잃는다. 바소토의 소의 신비를 떠올려보라. 바소토 사회에서 소와 관련된 상징적 의미는 남성들이 가정과 공동체 내에서 권위를 주장하는 수단으로 작용하며, 여성들은 이러한 구조에서 별 이득을 보지 못한다. 소의 신비의 기반이 되는 신부대 관습은 또 어떤가. 빅토리아시대 선교사들부터 현대 페미니스트 활동가들에 이르기까지 많은 이들이 여성을 사고팔 수 있는 상품처럼 취급한다는 이유로 신부대를 비판해왔다. 그렇다면 모계 친족체계는 어떨까? 물론 이 체계 안에서 권위의 형태를 규정하는 것은 여성이다. 하지만 모계사회에서 정치적 관계에 대한 민족지 연구들을 살펴보면, 이 체계는 다른 부류의 남성, 즉 남편이 아니라 여성의 남자 형제에 의해 권력이 행사되는 체계라는 사실을 확인하게 된다. '피'라는 개념은 어떨까? 우리는 앞서 피가 생명력과 활력의 강력한 상징이지만, 동시에 여성의 오염, 위험, 그리고 죽음에 대한 상징이라는 점을 살펴봤다. '근대적' 바티마 브라만 여성들은 월경 기간의 격리와 관련된 금기의 범위와 방식을 재구성해왔지만, 여전히 격리의 관습은 유지하고 있다. 수많은 여성들 스스로가 이러한 관습을 고수해야 한다고 주장한다.

그렇다면 결국 모든 문화는 항상 가부장적인 것일까? 여성은 제2의 성에 불과한 것일까?

짧게 답하자면, 아니다. 약간 더 길게 답하자면 질문이 잘못되었다. 나의 이 두 답변 모두 여성의 사회적 역할과 지위, 그리고 여성 자체가 남성에 의해 가려져왔다는 사실을 부정하거나 축소하려는 것은 아니다. 권력에서 비롯되곤 하는 추악한 현실을 얼버무리려는 것 역시 아니다. 그럼에도 내가 '아니다'라고 답한 이유는 결코 젠더관계를 자연적인 것으로 여겨서는 안 되기 때문이다. 민족지적 증거를 바탕으로, 인류학자로서 제대로 된 양심을 가진 이라면, 쿨라 링과 소의 신비, 그리고 심지어 드라마 〈다운튼 애비〉 속 상속법과 같은 제도가 결국 남성이 항상 우위에 있다는 사실을 지시한다고 단정할 수 없다.

'질문이 잘못되었다'는 답변에 관해서는 두 가지를 고려해보자. 첫째는 단순히 관점의 문제, 곧 권위, 명성, 권력을 어떻게 평가하는지를 결정짓는 가치의 정치학이다. 만약 우리가 직물 생산을 분석의 중심에 둔다면? 또는 자녀 양육을 중심에 둔다면 어떨까? 더 나아가 어디서든 대개 여성들이 주를 이루는 초등교육 교사의 역할을 중심에 둔다면? 만약 어딘가에 혹은 우리 안에 '가부장제'라는 것이 존재한다면 이는 우리가 앞선 장에서 유럽 선교사들과 아프리카인들의 만남에서 살펴본 의식의 식민화와 유사한 무언가를 반영하는 것이다.

　　　　　　　　　　　　　　　인류학자처럼 생각하는 법

두 번째 요점은 덜 직관적이지만 오히려 더 중요할 수 있다. 어떤 경우에는 관점의 문제가 아니라, 실제로 인식할 고정된 대상이 존재하는지 여부가 문제이기 때문이다. 일부 인류학자들의 경우, '남성'과 '여성'을 마치 체스판 위의 말처럼 설정하고, 그들이 우리와 똑같은 게임을 하고 있거나 우리와 똑같은 투쟁을 벌이고 있다고 가정하는 데서 착오가 발생한다.

여러 인류학자가 이와 같은 논의를 이끌어왔지만, 그중에서도 메릴린 스트래선의 연구를 통해 중요한 주제로 자리 잡았다. 그의 1988년 저서 《증여의 젠더: 멜라네시아에서 여성의 문제와 사회의 문제The Gender of the Gift: Problems with Women and Problems with Society in Melanesia》는 이러한 논의를 구체화한 책이다. 부제에서 스트래선이 '문제'라고 부르는 것은 서구의 분석가들(특히 인류학자들, 페미니스트들, 그리고 페미니스트 인류학자들)이 멜라네시아의 젠더관계에 대해 품고 있는 전제들을 뜻한다. 스트래선이 보기에 젠더관계 및 남성의 여성 지배에 대한 서구의 비판들은 현지인의 관점(남성 현지인이든 여성 현지인이든)을 충분히 고려하지 않는다. 스트래선은 어쩌면 관점이라는 은유에서 벗어나야 한다고 주장하는 듯하다. 왜냐하면 관점이라는 표현은 우리가 분류할 수 있는 모든 차이가 결국 같은 기반 위에 놓여 있다고 전제하기 때문이다.

지금부터 다룰 내용은 대부분 관점에 대한 것이겠지만, 스트래선의 접근법의 연장선에 있는 이집트의 파트와fatwa와 [말레이시아의] 추웡Chewong 수렵채집인 연구 사례 또한 다루게 될 것이다. 이제 다시 신부대 논의로 돌아가 관점에 관한 이야기를 이어가보자. 신부대라는 관행은 분명 '여성에 관한 문제'를 제기하며, 이는 권위와도 직결된다.

젠더와 세대

신부대는 혼인 시에 주로 남성의 부모 또는 친척이 여성의 부모와 친척에게 특정 물건(상품이나 현금보다는 대개 특별한 의미가 담긴 물건)을 증여하는 것을 의미한다. 앞서 언급했듯이 '신부대'라는 말은 어떤 현대 독자들에게는 그저 여성을 상품화하는 관습을 정치적으로 올바르게 포장한 표현에 지나지 않을 수도 있다. 실제로 신부대가 '신부값bride price'이라고 불리던 시절이 있었는데, 어쩌면 이것이 더 정직한 표현처럼 보이기도 한다. 그러나 오래전 1931년에 저명한 인류학자 E. E. 에반스-프리차드는 '신부값'이라는 표현이 오해를 불러일으킨다며 아예 사용을 중단할 것을 제안했다.* 그의 제안은 학술지에서 두 해에 걸쳐 진행된 논쟁을 통해 이루어졌으며, 이 과정에서 다양한 대체 용어들이 제시되었는데 그 일부는 상당히 이상했다. 에반스-프리차드는 '신부대'가 그중 가장 나은 표현이라고 주장하며 '신부값'을 지지

---

*　당시만 해도 에반스-프리차드는 잘 알려진 인류학자가 아니었다. 그는 나중에 명성을 얻게 되었는데, 그를 유명인사로 만들어준 연구를 다음 장에서 살펴볼 것이다.

하는 사람들이 거의 없다는 점에 만족스러워했다.

전문가들 사이에서 적어도 한 가지 점에서는 거의 완전한 합의가 존재한다. 그것은 '신부값'이라는 표현을 유지하는 것이 바람직하지 않다는 것이다. 민족지 연구에서 이 용어를 폐기 처분해야 하는 데는 여러 이유가 있다. 이 용어는 기껏해야 경제적 기능만을 강조하면서, 이 관습이 지닌 다른 중요한 사회적 기능들을 배제하는 결과를 낳는다. 이러한 이유로 최악의 경우 일반 대중은 '값'이라는 표현을 일상 영어에서 사용되는 '구매'와 같은 의미로 오해하게 될 것이다. 마치 유럽 시장에서 상품들을 사고파는 것처럼 아프리카에서는 여성들이 사고 팔리는 것으로 생각하게 될 위험이 있다. 이와 같은 무지가 아프리카인들에게 초래한 해악은 아무리 강조해도 지나치지 않다.[4]

에반스-프리차드는 옳았다. 이후 발전되어온 인류학 연구들이 강조하듯 교환, 젠더관계, 그리고 사회적 인간성에 대한 서구의 이해가 보편적이라고 생각해서는 안 된다. 그리고 신부대를 여성의 종속적, 부차적 지위, 상품화의 분명한 표지로 여기는 이해 방식 아래에는 교환, 젠더관계, 인간성에 대한 매우 특수한 사고방식이 자리하고 있다.

하지만 이게 다가 아니다. 권위의 문제와 관련해 신부대가 우선적으로 가리키는 것은 젠더 간 차이가 아닌 세대 간 차이이기 때문이다. 신부대의 '신부'에 초점을 두는 것은 몇 가지 이유에서 오해를 낳을 수 있다. 우선, 신부대는 신부가 아닌 신부의 부모에게 증여된다. 실제로 인간 사회에서 가장 근원적인 불평등을 찾고자 한다면 그건 성sex이나 젠더가 아닌 나이 문제일 가능성이 크다. 결정권을 행사하는 것은 거의 항상 연장자들이다. 게다가 신부대의 경우 오히려 여성들의 힘을 강화한 사례도 존재한다.

중국의 신부대를 예로 들어보자. 옌윈샹Yunxiang Yan은 중국 북동부의 한 마을에서 일어나는 사회적, 문화적 변화를 30년 넘게 추적했다. 옌은 이 변화들을 통틀어 "중국 사회의 개인화"라고 일컫는다.5 이 변화들 중 많은 부분은 1980년대 중국 경제가 시장 중심으로 재편되면서 시작되었다. 이러한 재편은 세계화의 역동과 개인주의적 사상에서 영향을 받은 것이다. 옌이 강조하듯 1949년부터 중국공산당은 이러한 변화에 기여하는 정책들을 수립해나갔다. 아이러니하게도 원래 이러한 정책들은 공동체주의와 상호부조라는 사회주의의 주요 원칙에 기반하고 있었다.*

그렇게 시행된 정책 중 하나가 신부대 폐지였다. 중국공산당은 1950년대에 결혼 지참금을 금지했다. 공산주의의 관점에서 신부대는 사회주의의 현대화를 방해하는 낡고 전통적인 관

---

* 지금은 없어졌지만 오랜 시간 지속되었던 중국의 한 자녀 정책도 이러한 변화 중 하나로 볼 수 있다. 물론 옌이 연구한 농촌 마을에서는 이 정책이 도시 지역만큼 가족 역학에 큰 영향을 미치지는 않았다. 한편, 핀란드의 인류학자 아니 카야누스Anni Kajanus의 2015년 연구는 중국의 한 자녀 정책이 도시 가정에서 여성 교육에 대한 상당한 투자를 촉진했다고 보고한 바 있다.

행일 뿐이었다. 중국공산당은 대가족 중심의 사회적 유대를 핵가족으로 재편해 국가가 더 큰 영향력을 행사할 수 있기를 원했다. 이외에도 중요한 요소로서 '효filial piety'라는 강력한 전통이 있었는데, 유교가 지배적인 지역에서 효는 부모에게 순종할 것을 요구했다. 이는 부모의 의사를 존중하거나 노후를 부양하는 것뿐만 아니라 인생의 중요한 결정을 내릴 때(예를 들어 혼인 상대를 정할 때) 부모의 바람과 가문의 이익을 고려해야 하는 것을 의미했다. 강력한 지령으로 움직이는 국가에서 효라는 가치는 분명 국가에 대한 충성을 분열시킬 수 있는 요소다. 한 인류학자의 표현을 빌리자면 중국공산당의 목표는 "효" 개념을 "국가에 대한 효filial nationalism"로 대체하거나, 최소한 보완하는 데 있었다.[6] 앞서 봤듯이 정치 지도자들은 국가를 친족관계의 관점에서 생각하도록 유도하곤 한다.

그러나 신부대는 완전히 사라지지 않았다. 1950년대에 신부대가 금지되었을 때, 중국인들은 법을 위반하지 않고서 비슷한 관행을 이어갈 수 있는 우회적인 방법들을 만들어냈다. 하지만 문화대혁명 기간에 중국공산당의 적극적인 개입으로 1970년대에는 이 관행의 구조에 중요한 변화가 일어났다. 정치적 압력과 감시를 피하기 위해 가족들은 신부대를 신부에게 직접 증여하기 시작했다. 신부의 가족이 아니라 신부에게 직접 증여하는 이러한 방식은 시장화와 세계화의 영향과 맞물려 더욱 강화되었다. 1990년대에 옌이 연구를 수행한 마을에 사는 어린 여성들은 자유, 선택, 권리 등의 새로운 언어를 사용해 자신의 입지를 주장하기 시작했다. 이는 전통 가족 구조와 효 개념의 절대성을 약화시키려 했던 중국공산당의 40여 년간의 노력과 맞먹는 셈이었다.

그 결과 신부대는 공산주의와 자본주의가 묘하게 결합된 방식으로(마오쩌둥과 밀턴 프리드먼의 만남이라 할 수 있겠다) 젊은 여성들이 실질적 권위를 주장하고 행사할 수 있는 수단이 되었다. 우선, 배우자 선택에서 젊은이들이 훨씬 더 큰 발언권을 갖게 되었다. 이와 관련된 통계는 매우 인상적이다. 1950년대에 옌이 연구했던 마을의 결혼 중 73%가 중매였으나, 1990년대에는 중매 결혼이 완전히 사라졌다.[7] 하지만 더 흥미로운 변화는 결혼 과정에서 신부가 새로운 주체로 등장했다는 점이다. 1990년대부터 2000년대에 걸쳐 옌은 여러 여성이 시부모와 결혼 조건을 적극적으로 협상하며 신부대의 조건뿐만 아니라 결혼 후 가정 지원 내용까지 재조정하는 극도로 복잡한 과정들을 지켜봤다. 따라서 효가 사라진 것이라기보다는 효가 '부모 마음parental heart'이라는 개념과 균형을 이루기 시작했다. 즉 부모와 시부모가 자녀의 바람과 요구를 수용하는 경향이 강해진 것이다.

한 22세 여성의 사례가 옌에게 특히 인상적이었다. 그 여성은 시댁과의 신부대 협상에서 너무나 냉철한 태도를 보였기 때문에 마을 사람 중 일부는 그가 이기적이라며 혀를 차기도 했지만 여성은 개의치 않았다. 그가 옌에게 말했다. "그래서 이후에 어떻게 되었는지 보세요. 저는 사랑스러운 아들을 낳았고, 젖소두 마리를 키우며, 집에는 최신 가전제품을 다 장만했죠. 그리고

    인류학자처럼 생각하는 법

제 말을 잘 들어주는 좋은 남편이 있잖아요! 시부모님은 저를 존중해주시고 때로는 집안일도 도와주세요. 만약 제 개인성individuality, 有个性이 없었다면 얻지 못했을 것들이죠. 우리 마을 여자아이들은 모두 저를 부러워한답니다.”[8]

이것이 ‘이기적’일까? 글쎄, 이는 관점의 문제다. 한 가지 분명한 점은, 우리가 이 고분고분한 남편의 목소리를 직접 듣지는 못했지만, 남편이 신부의 강경한 협상 방식을 전적으로 지지해준다는 것이다. 남편 역시 그 혜택을 누리기 때문이다. 따라서 이러한 새로운 형태의 결혼을 둘러싼 재산 이동은 개인이 아닌 부부를 위한 것이라고 볼 수 있다. 따라서 핵가족이라는 또 다른 형태의 가족 단위가 오래된 가족 단위인 부계 혈통 중심의 대가족과 나란히 등장한 셈이다. 게다가 아들의 존재를 강조한다는 점을 보면 이 부부는 여전히 매우 ‘전통적인’ 기대에 부응하고 있다. 남편이자 아버지인 남성, 그리고 그의 부모에게 가장 중요한 전통적 가치는 부계의 계승이기 때문이다.

옌은 이러한 새로운 세대의 등장을 보며 일종의 상실감과 약간의 아쉬움을 드러낸다. 그러나 달리 보면 이러한 권위 구조의 변화는 급격한 경제적, 정치적 변화 속에서 윤리적으로 살아가기 위한 진지한 몸부림이기도 하다.[9] 어쨌든 여기에서도 근대적이 되고자 하는 노력은 종종 전통적인 요소들을 예상치 못한 방식으로 활용하면서 이루어진다는 점을 다시 한번 발견하게 된다.

산 자부터 죽은 자까지

인격성_{personhood}의 재구성을 통해 현대적 변화를 꾀하는 사례는 혼인 관습에서만 발견되는 것은 아니다. 사실 살아 있는 사람들뿐만 아니라 심지어 죽은 자들조차도 이러한 변화에서 중요한 역할을 담당한다.

신부대는 중국공산당이 몰아내려 했던 '시대에 뒤처진' 여러 관습 중 하나에 불과하다. 더 넓게 보면 다양한 형태의 의례들도 크게 두 가지 이유로 중국공산당의 표적이 되었다. 먼저는 종교가 공산당보다 더 높은 권위를 암시해서 충성심을 분열시킬 가능성이 있기 때문이었고, 의례들이 수반하는 시끄러운 음악, 춤, 신내림, 대성통곡 같은 것들이 이성적인 사회주의 농민이라는 공산당의 이상에 반한다고 여겨졌기 때문이다.

그렇기에 의례적 곡哭, ritual laments 역시 신부대처럼 중국공산당 통치 첫 몇십 년간 상당한 억압을 받았다. 중국 내 여러 지역에서 의례적 곡이란 다른 곳에서와 마찬가지로 장례식과 애도 기간에 행해지는 관행이다. 외부인이 보기에 이러한 곡은 여성 집단의 과장되고 통제되지 않은 울부짖음으로 보일 수도 있다(곡은 주로 여성들이 담당한다). 하지만 실제로 곡은 정교하게 조율된 시적 표현 형식이며, 오랜 전통을 지닌 의례적 행위다. 곡은 죽음으로 인한 비통함을 해소하는 탁월한 방법 중 하나다. 곡하는 이들뿐만 아니라 애도하는 다른 이들에게도 말이다. 외부인들은 때로 곡하는 이들이 흘리는 눈물의 진정성을 의심하기도 한다. **"정말로** 저 여성들이 저 정도로 슬픈 걸까?" 물론 곡하는 모든 이가 같은 감정을 공유하는 것은 아닐 수도 있다. 그러나 그 것은 곡이 단순히 치료적 기능만을 지니는 것이 아니기 때문이 다. 곡은 사회적, 정치적 상황에 대한 공동의 불안감 또는 근심을 나타내기도 한다. 사람들은 죽음이라는 사건을 통해 우회적으 로 사회에 대한 우려와 비판을 표출할 수 있으며 이것이 공산당 이 곡을 그다지 달가워하지 않은 또 다른 이유이기도 했다. 그러 나 이런 현세적 문제를 넘어, 곡은 조상에 대한 존경을 표하고 우 주의 질서를 인정하는 더 큰 의례적 체계의 일부이기도 하다. 곡 은 이러한 여러 방식을 통해 '좋은' 죽음을 만들어낸다.

좋은 죽음을 만들고자 하는 욕망은 매우 흔하게 발견되며, 공산당 관료들을 난처하게 하는 농민들만의 전유물도 아니다. 미국 정부가 베트남전 참전 중 전사한 군인들의 유해를 되찾는 데 쏟은 비용 역시 이 맥락에서 설명할 수 있다. 미국의 문화체계 에서(많은 문화체계에서 그렇듯이) 올바른 유해 수습 절차는 죽음 을 받아들이고 고인이 안식하는 데 필수 조건으로 여겨진다. 따 라서 가족들뿐만 아니라 국가 역시 유해를 찾는 데 노력을 기울 인다(정부 차원에서는 국가의 권력, 권위와도 이어지는 문제다). 칠레 의 강제 실종자들*이나 런던, 바스, 방콕 등에서 유괴 살해된 아 이들에 대해 유가족들이 최우선적으로 원하는 것은 언제나 고

---

* 칠레의 독재정권 시기(1973~1990) 정치범으로 몰려 군부정권에 의해 실종된
이들.—옮긴이

인의 유해다. 유해 없이 좋은 죽음을 만들어내려는 노력은 늘 불완전하며 반드시 유령 출몰의 위험을 남기기 때문이다.

다시 중국으로 돌아가보면, 의례적 곡은 죽은 이들만을 위한 것이 아니다. 곡을 하는 과정에서 고인의 개성은 거의 드러나지 않는다. 1990년대 초반, 윈난성의 시골 산골짜기에서 현지조사를 했던 에릭 뮈글러Erik Mueggler는 이 점에 주목한다.* 당시 중국 전역에서 그랬듯이 윈난성에서도 사람들이 전통문화를 되돌아보고 일부 요소를 부활시킬 수 있게 되었다. 많은 지역 주민은 오랜 시간 경시되었던 장례 절차에서의 곡 전통을 되살리고자 했으며, 가능한 예전 방식을 충실히 지키려 했다. 옛 방식을 확실하고도 충실하게 따르는 것이 중요했기에 고인을 크게 부각시키지는 않았다. 뮈글러의 분석에 따르면 이 곡 풍습 안에는 사회적, 가족적 역할을 강조하는 다양한 은유와 이미지들이 풍부하게 담겨 있었다.[10] 이 구비시가oral poetry의 형식성은 고인의 개인적인 회고와는 잘 어울리지 않는다. 중요한 것은 특정 개인의 삶이 아니라 "사회적 관계들의 관습적 결합 양식"이었다.[11]

하지만 뮈글러가 2011년에 다시 윈난성을 방문했을 때, 그는 전혀 다른 상황을 목격했다. 곡 풍습은 여전히 널리 찾아볼 수 있었고 중요했지만, 그 목적과 초점이 근본적으로 바뀐 것이다.

---

* 윈난성은 옌윈샹이 신부대의 변화를 연구한 지역과는 멀리 떨어져 있다. 뮈글러가 연구한 이들은 중국 한족이 아니라 소수민족인 이족이며, 이들은 티베트-버마계 언어를 사용한다. '이족The Yi'이라는 명칭 자체도 논란의 여지가 있다. 이는 중국 정부가 다양한 집단을 묶어 부르는 명칭이며, 여기 속한 이들 모두가 같은 정체성을 띠고 있는 것은 아니기 때문이다.

이는 중국 대륙 반대편에서 옌윈샹이 본 것과 비슷했다. 뮈글러는 국가 차원의 경제개혁과 세계화의 역동 속에서 형성된 근대화를 향한 열망이 어떻게 개인성을 전면에 내세우게 했는지에 대해 이야기해준다. 이제 곡은 철저히 개인에 관한 것이 되었다. 곡을 통해 근대성을 드러내려는 이족 사람들은 고인의 인격적 특성과 구체적인 기억, 그리고 생전의 주요 사건들에 중점을 두었다. 곡의 예술적 형태 역시 변화했다. 가장 강력한 곡은 기술적 완성도가 높은 것이 아닌 진심에서 우러나오는 감정이 드러나는 것이었다. 21세기가 되었을 때, 이러한 의례를 효과적으로 만드는 것은 형식적인 능숙함이 아니라 진실성sincerity이었다.

의례와 권위/의례에서의 권위

여기서 잠시 멈추고 의례가 무엇인지 짚고 넘어가는 것이 좋겠다. 인류학자들은 의례 연구를 매우 좋아하는데, 이는 의례가 더 넓은 문화적 지형을 보여주는 일종의 지도라고 생각하기 때문이다. 말하자면 의례의 의미를 풀어냄으로써 문화를 이해할 수 있다는 것이다. 물론 모든 인류학자가 이러한 접근법을 취하는 것은 아니지만, 많은 이들이 이렇게 생각하는 것은 사실이다. 하지만 의례 연구의 이러한 측면은 잠시 제쳐두고, 의례가 권위의 작동 방식에 대해 무엇을 말해줄 수 있는지에 더 초점을 맞춰보자.[12]

　　의례는 주로 일종의 구경거리나 공연을 동반한다. 의례는 때로 화려하고 즐겁고 떠들썩하기까지 하다. 그러나 모든 의례의 공통분모는 일상의 삶과 구별되는 무언가가 있다는 것이다. 많은 인류학자가 이러한 연극적인 요소에 주목했는데, 바로 여기에서 권위라는 중요한 문제가 제기된다. 의례에서 누가, 혹은 무엇이 결정권을 갖는가? 그리고 그 목적은 무엇인가?

　　이 질문들에 대한 합의된 답은 없다. 대체로 인류학자들의 견해는 스펙트럼의 어딘가에 위치한다. 그 한쪽 끝에는 의례가 곧 권위 그 자체라는 입장이 있다. 즉 의례는 전통을 유지하는 도구이자 기득권층이 대중을 통제하려는 장치라는 주장이다. 스펙트럼의 반대편 끝에는 의례가 주체성을 가능케 한다는 견해가 있다. 의례는 인간이 창조적, 비판적 능력을 표현하는 수단이며 실질적인 변화를 불러일으키고 의견을 표출할 수 있는 도구라는 것이다.

　　대다수의 인류학자가 공통적으로 동의하는 점은 의례의 본질적 특성, 즉 '구별됨set-apartness'이다. 누구라도 의례를 보면 즉시 그것이 의례임을 알 수 있을 것이다. 춤이나 곡처럼 일상적이지 않은 행위를 하거나, 노래하듯 말하거나 팔꿈치나 무릎을 써서 움직이는 등 평범한 행동을 비일상적인 방식으로 하기 때문이다. 또한 의례는 종종 사람들이 입고 있는 (혹은 입지 않은) 옷으로도 구분할 수 있다. 특별한 복장, 두꺼운 화장과 분장, 전혀 실용적이지 않아 보이는 값비싼 머리 장식, 가면, 장신구 등이 이런 구별을 가능케 한다.

　　　　　　　　　　　　　　　　인류학자처럼 생각하는 법

문화적 소통의 측면에서 보면, 의례의 이러한 양상은 다음과 같은 일종의 메타 수준의 메시지를 전달하고 있다. "여기서 일어나고 있는 일은 세상의 질서에 대한 중요한 무언가를 **말하고 있다**." 달리 말해, 의례의 '의미'를 이해하고자 한다면, 단순히 사람들이 무엇을 말하고 무엇을 하는지에만 집중할 것이 아니라, 어떻게 말하고 어떻게 행동하는지도 살펴야 한다.

의례는 전적으로 권위에 관한 것이라는 주장, 즉 의례는 사람들에게 자신의 위치를 알게 하는 수단이라는 주장은 사실 우리 모두에게 익숙하다. 의례에 참여하다 보면 전통의 힘에 짓눌리거나 개인 고유의 생각, 감정, 의견이 집단에 흡수되는 것처럼 느껴지곤 한다. 물론 많은 이들에게 더 큰 무언가의 일부가 되는 것은 가치 있는 경험이기도 하다. 하지만 영국 성공회 예배에 참여해본 비기독교인이라면 "잠깐, 내가 왜 하느님을 찬양하며 '아멘, 주여 우리에게 은혜를 베푸소서'라고 하고 있는 거지?" 하고 생각해본 적이 있을 것이다. 혹은 당신이 민족주의자나 애국자가 아니라면, 운동 경기 시작 전 국가를 제창할 때 "신이시여 여왕 폐하를 지켜주소서"나 "자유인의 땅, 용감한 자들의 보금자리"와 같은 노랫말에 거리끼는 감정을 느낀 적이 있을 것이다.

의례가 이렇게 권위를 행사하고 참여자를 **규율하는** 한 가지 방식은 바로 정해진 대본을 사용하는 데 있다. 공식적인 기도문, 전례liturgy, 국가 등이 여기에 해당한다. 의례 이론의 가장 영향력 있는 학자 중 한 명인 모리스 블로흐Maurice Bloch가 말했듯, "노래와 논쟁할 수는 없다".[13]

정해진 대본뿐만 아니라 정해진 행동 절차 또한 중요한 역할을 한다. 제단 앞에 무릎을 꿇는 행위, 상급자에게 나마스카라나 나마스테 같은 인사 동작을 취하는 것, 또는 혼인한 신랑 신부에게 쌀을 뿌리는 행위 같은 것 등이 그 예다. 이는 그런 행위의 권위 자체를 의례를 수행하는 개인 너머에 위치시킨다. 의례에서는 즉흥적으로 무엇인가를 만들어내는 것이 아니라 정해진 방식을 따라야 한다. 인류학자들이 의례 참가자들에게 **왜** 성호를 세 번 긋는 것인지, 샤먼의 얼굴은 왜 흰색으로 칠해진 것인지, 소년들이 왜 나흘 동안 격리되어야 하는 것인지 묻는다면 종종 "원래 그렇게 하는 거예요"라는 답을 듣게 되거나, 혹은 더 단순하게 "글쎄요" 또는 "그건 샤먼에게 직접 물어보세요"와 같은 답이 돌아올 것이다. 인류학자들이 묻지 않을 수 없는 질문들이지만 이처럼 돌아오는 대답들은 대게 별 쓸모없는 것들뿐이다. 다만 이런 대답을 통해서도 알 수 있는 것이 있다. 여기서 벌어지고 있는 일이 의례라는 것, 그리고 그 의례의 "저자authors"는 권위의 안개 속으로 사라져버렸다는 것 말이다. 블로흐는 이러한 현상을 "의례적 맹종ritual deference"이라고 칭한다.[14]

성공회 예배의 전례를 생각해보자. 전례에는 저자가 명시되어 있지 않다. 누가 그것을 썼는가? 그 권위는 누구에게 있는가? 사제일 리는 없다. 회중 앞에 서 있는 사제는 단지 한 명의 인간일 뿐이다. 물론 잘 훈련된 사람이긴 하다. 성직 서품을 받았고, 어쩌면 무척 경건한 사람일 수도 있다. 하지만 신자들은 사제의 말을 개인적인 생각에서 나온 것이라고 여기지 않는다. 만약

　　　　　　　　　　　　　　　인류학자처럼 생각하는 법

"제 생각에 하느님은 전능하신 것 같습니다"라고 말하는 사제가 있다면 아마 그 예배당은 텅 비어버릴 것이다. 전례 안에서 말의 권위는 개인을 넘어선 곳에 위치한다. 이것이 의례의 초시간적, 혹은 초월적인 성격이다. 의례가 현재를 초월하여 영속성을 가질수록 의례는 더욱 권위 있게 받아들여진다.

반복 역시 같은 기능을 수행한다. 무언가를 반복해서 말한다고 해서 실현 가능성이 커진다는 것은 아니다(종종 우리는 이렇게 믿기도 하지만 말이다). 중요한 것은 반복이 말하는 사람과 말 자체 사이의 간극을 만들어낸다는 점이다. 다르게 말하자면 반복되는 말들은 '대상화'됨으로써 개인의 의도나 의견에서 독립적인 것이 된다. 같은 논리가 의례적 행위에도 적용될 수 있다. 의례는 주로 반복되는 행위들을 포함하는데, 어떤 경우에는 의례의 성공이 진정성이나 믿음이 아니라 이러한 행위들이 올바르게 수행되는지에 달려 있다고 여겨지기도 한다. 이러한 반복의 효과 중 하나는 의례 수행자의 주체성을 약화시킴으로써 더 거대한 우주적 질서, 또는 위계를 재현하거나 강화하는 것이다.

권위와 안정성은 밀접한 관계에 있다. 많은 의례의 목적은 현상 유지에 있다. 상징적인 무언가를 질서 정연하게 반복함으로써 특정 현상을 재현하는 것이다. 장례식과 장례 의례는 이를 보여주는 좋은 예시다. 죽음은 공동체에 균열을 일으키고 그 구조를 뒤흔든다. 장례식은 균열을 봉합하는 작업의 일환이며, 이는 장례식이 갖는 심리적 치유의 효과 때문만이 아니라 장례식 자체가 삶이 죽음을 극복한다는 것을 상징적으로 나타내기 때문이다. 장례식에 흔히 등장하는 이미지는 재생과 관련 있다. 재탄생, 재성장, 생명의 재생 등의 상징이 주요하게 나타난다.[15] 음식, 술, 생식은 이러한 이미지를 구성하는 핵심 요소들이다. 나아가 장례식 같은 죽음 이후의 의례들은 일정한 형식을 따르는데, 이를 반복적으로 수행하는 것은 사회질서의 안정성을 암시하는 또 하나의 기능을 갖고 있다. 같은 행위가 반복적으로 수행된다는 것은 지속성을 뜻하기 때문이다.

장례식은 오랫동안 인류학자들의 관심을 받은 특별한 종류의 의례인 통과의례이기도 하다. 할례 의식, 결혼식, 장례식이 모두 통과의례에 해당한다. 이런 의례들은 아이에서 어른으로, 미혼에서 기혼으로, 산 자에서 죽은 자로 사람들의 사회적 지위를 변화시킨다. 따라서 의례는 단순히 현상 유지를 위한 것이 아니라, 개인이나 집단의 사회적 지위, 또는 집단의 구성을 변화시키는 데도 핵심적인 역할을 한다.

여러 종류의 통과의례를 포함해 어떤 의례는 특정한 언어 사용을 통해 권위를 드러내기도 한다. 의례에서 말은 실제로 그것이 의미하는 바를 실현하는 힘을 가질 수 있다. 흔한 예로 "이로써 두 사람이 부부가 되었음을 선포합니다" 또는 "10년 형을 선고한다"와 같은 것들이 있다. 조금 더 넓게 보자면, 다소 논의의 여지가 있지만 불교 신자들이 깨달음에 이르기 위해 진언眞言, mantra을 반복적으로 암송하는 것도 하나의 예시가 될 수 있다. 이러한 발화 행위들은 철학자 존 오스틴John Austin이 "발화수반력illocutionary force"이라고 부른 것을 가지고 있다.[16] 이 개념은 인류학에

  인류학자처럼 생각하는 법

서 널리 사용되었으며 이는 마치 말이 '주술처럼' 실제 행위를 수행하는 능력이 있는 것처럼 보이는 현상, 다시 말해 발화speech가 곧 행동action이 되기도 하는 경우들을 설명하는 데 유용하기 때문이다.*

이러한 주술은 현대 국가권력의 작동 방식에서 중심적인 역할을 한다. 정치는 우리가 생각할 수 있는 가장 화려하고 이국적인 종교적 전통만큼이나 의례를 필요로 한다. 그리고 이러한 의례적 작동이 제대로 이루어지지 않을 때, 그 중요성이 더욱 분명해진다. 버락 오바마의 첫 번째 대통령 취임식을 예로 들어보자. 2009년 1월 오바마의 취임 선서식은 발화수반력의 중요성이 전면에 드러난 사건이었다. 대통령 당선인에서 대통령이 되기 위해 오바마는 미국 연방대법원장이 주관하는 취임 선서를 해야 했다. 이 의례 중 대법원장이 선서문을 약간 틀린 순서로 읽었고, 이로 인해 오바마 역시 선서를 따라 읽는 과정에서 실수하게 되었다. 일부 오바마의 참모들은 이 실수로 인해 대통령 취임에 문제가 생긴 것은 아닐까 걱정했으며, 특히 그의 정적들이 이러한 논란을 제기할 가능성에 대해 우려했다. 백악관 법률고문은 논란의 여지를 피하고자 "단어 하나의 순서가 바뀌었기 때문에, 만약에 대비하는 취지에서" 선서를 다시 하는 것이 좋겠다고

---

*　발화수반력은 의례 언어에만 국한되지 않으며 일상적인 소통과 대화에서도 흔히 찾아볼 수 있다. 다만 의례는 무언가를 '하기' 위해 수행되기 때문에 그 안에서 발화수반력이 특히 두드러지는 것이다. 예를 들면, 결혼을 성립시키거나, 사람을 매장하거나, 죄를 씻어내거나, 시바Shiva의 형상에 신성한 힘을 회복시키거나, 젊은 여성의 복통을 치료하는 것 등이 그 예시가 될 수 있다.

조언했다. 결국, 오바마는 취임식 다음 날 한 번 더 선서를 했다. 의례적 각본을 충실히 따르는 것은 매우 중요한 문제였다. 모든 것이 정해진 대로 정확히 이루어져야 했다.[17]

오바마는 **굳이** 선서를 다시 해야만 했을까? 여기서 '굳이'가 무엇을 의미하는지에 대한 답은 없다. 다만 그의 선서가 어떻게 받아들여졌는지에 대한 '인식'의 문제가 있을 뿐이다. 오스틴은 이를 "수용의 확보securing of uptake"라고 불렀다.[18] 즉 발화수반력의 권위는 그 발화가 사회적으로 얼마나 인정받느냐에 달려 있다는 것이다.

특별한 맥락이자 사건인 의례는 권위에 정당성을 부여한다. 두 번째로 집행된 선서식에서는 공식 취임식 같은 화려함과 격식은 찾아볼 수 없었다. 수십만 명의 관중도, 역대 대통령이나 귀빈도, 아레사 프랭클린Aretha Franklin의 노래도, 요요마Yo-Yo Ma의 첼로 연주도 없었다. 대법원장은 저녁 7시경 백악관으로 조용히 불려와 짧고 신속하게 선서를 다시 진행했다. 특별한 의식도, 엄숙한 분위기도 없었다. 심지어 오바마는 성경에 손을 얹지도 않았다. 딱 한 가지 특별한 점이 있었다면 대법원장이 법복을 입고 있었다는 점이었다. 그는 여전히 검은 법복을 입음으로써 의례를 수행할 권위와 힘이 자신에게 있음을, 그리고 이 순간이 특별한 힘을 지닌 중요한 순간임을 강조할 필요를 느꼈던 것이다.

미국 판사들이 입는 검은 법복 역시 시사하는 바가 크다. 여기서도 일종의 '수용uptake'이 요구되기 때문이다. 왜 법복이 중요한가? 우리가 그렇다고 믿기 때문이다. 우리는 '판사들은 원래

　　　　　　　　　　　　인류학자처럼 생각하는 법

법복을 입는다'고 생각한다. 다시 말해, 이것이 바로 모리스 블로흐가 말한 '의례적 맹종'의 한 형태이다. 마치 시대를 초월하는 전통 같은 것 말이다. 사실 미국 법원 시스템에는 판사가 반드시 법복을 입어야 한다는 공식적인 규정이 없다. 그렇다면 이 전통은 대체 어디서 온 것일까? 정확히 아는 이는 없지만, 한 가지 설에 따르면 토머스 제퍼슨Thomas Jefferson이 영국 사법부의 화려한 법복과 차별화하기 위해 간소한 검은 법복을 제안했다는 이야기가 있다.[19] 이는 권위에 대한 서로 다른 인식과 태도를 잘 보여준다. 영국 제국주의 시대에는 계급과 서열을 강조하는 문화가 존재했다. 이것이 오랜 기간 잉글랜드(와 영국) 사회와 정치의 중심에 있는 위계의 논리를 떠받쳐왔다. 신생 국가 미국에서는 차이를 인정하면서도 평등이라는 원칙에 따라 이를 최소화하고자 했다. 이에 따라 모든 판사가 동일하게 단순한 검은 법복을 입게 된 것이다.

노래와 논쟁하기

그렇다. 지금까지 살펴본 것처럼 의례에는 우리의 행동과 반응, 그리고 삶 전반에 대한 이해를 형성하는 여러 종류의 규율적 효과가 있다. 그러나 동시에 우리는 의례와 같이 형식화되고, 규정되어 있고, 일상과 구별되는 행위가 창조성의 원천이 되기도 한다는 사실을 알고 있다. 의례는 새로운 무언가를 만들어낸다.

이미 우리는 이에 해당하는 한 가지 사례를 살펴봤다. 중국 공산당이 수십 년간 윈난성의 전통적인 장례를 억압했지만, 사람들의 좋은 죽음을 만들어내려는 열망을 완전히 없애지는 못했다. 다른 공동체들과 마찬가지로 이족은 이러한 의례를 사회적 삶의 올바른 기능을 유지하는 데 필수적인 요소로 이해했다. 전통은 억압됐지만 완전히 잊히지는 않았고, 의례를 수행할 기회가 주어지자마자 사람들은 그 기회를 놓치지 않았다. 그리고 처음에는 의례의 전통적 형식에 대한 충실함, 즉 원래 하던 방식대로 수행하는 것이 그 무엇보다 중요했다.

이 충실함은 의례가 우리에게 미치는 강력한 영향력의 증거로 볼 수 있다. 달리 말하면 의례가 참여자들의 자율성, 선택권, 스스로 생각하는 능력을 앗아가기 때문이다. 하지만 동시에 우리는 20년 후 그와 '같은' 의례가 전혀 다르게 변모했다는 사실도 알고 있다. 1990년대 무렵, 곡 풍습에는 당시 사회질서의 일반적인 구조가 반영되었다. 부모와 아이들의 관계는 전형적으로 딱 떨어지는 의미상의 2행 연구couplets로 표현되었고, 세대 간에 반복되는 고통의 형태는 끊임없이 순환하는 것으로 그려졌다. 이족이 애도하는 대상은 특정한 어머니가 아닌 어머니됨 그 자체였다. 2011년 무렵 그들의 애도는 점차 변화해 동일한 형식적 구조와 패턴을 유지하면서도 개인성과 전기적 서사, 그리고 애도하는 이의 진심 어린 슬픔을 반영하게 되었다. 2011년 뮈글러가 들은 곡에는 모녀간의 추상적인 이야기가 아니라 임종을 앞둔 특정한 어머니의 고통이 담겨 있었다. 예를 들어, "발의 통증이 머리까지 퍼진다"라는 말이 그러했다. 또한 "나는 나의 고통을 산에게 말하고 / 소나무 틈새로 바람이 답을 건넨다"와 같이 특정한 딸의 애통함이 표현되기도 했다. 심지어 당대의 정치적 상황을 반영하는 구절도 등장했다. "나라의 정책은 나아졌는데 / 좋은 음식 대접해드릴 어머니는 이제 없구나 / 좋은 옷 입혀드릴 어머니는 이제 없구나."[20]

역설적이게도, 우리는 종종 가장 큰 제약이 있는 듯한 순간에 비판적 사고의 능력을 발휘하고 혁신의 수단을 활용하는 사람들의 모습을 발견하곤 한다. 노래와 논쟁**할 수 있다**. 혹은, 적어도 노래를 **통해서는**.

권위를 부여하는 권위

의례의 형식성과 구조화에 집중하면 권위가 작동하는 전반적인 방식에 대해 많은 것을 이해할 수 있다. 그 권위의 출처가 변화한다고 할지라도 말이다. 어떤 경우 의례의 권위는 초월적인 것처럼 보인다. 이는 의례 속 말과 행동이 지닌 '당연히 이렇게 하는 것'이라는 특성, 영원불변한다는 감각, 안정감을 주면서도 동시에 통제하는 듯한 느낌에서 비롯된다. 하지만 때로 의례의 권위는 무척 일상적인 것이기도 하다. 예를 들어, [중국 윈난성의] 즈쥐直苴 유역에 사는 한 여성의 곡은 특정한 개인의 슬픔에서 비롯된 것처럼 보인다. 그녀는 곡을 통해 유난히 각별했던 어머니와의 관계를 표현할 뿐만 아니라 정부의 더딘 경제발전에 분노해 위험을 무릅쓰고 이를 비난했다. 하지만 이렇듯 평범해 보이는 권위의 사례조차도 다른 요인들에 의해서 가능해진 것이다. 즉, 세계화의 영향과 더불어 공동체 안에서 '근대적인' 방식으로 진정성 있는 애도를 하려는 욕망으로 길러진 결과였다.

의례가 만들어지고 유지되는 방식에는 정해진 공식이 없다. 각종 제도, 종교 전통, 정치 지도자, 또는 농촌 여성의 경우도 마찬가지다. 분명한 것은 이것이 기계적인 방식으로 설명할 수 있는 문제가 아니라는 사실이다. 단순히 '권력'에 대한 문제만도 아니다. 총을 겨누는 자의 권력이든, 징역을 선고할 수 있는 사법 권력이든, 연금 지불을 통제하는 권력이든 말이다. 강한 국가들은 이러한 형태의 권위를 모두 가지고 있다. 그러나 우리는 그 권력이 항상 효과적인 것은 아니라는 점을 잘 알고 있다. 강한 국가 중 하나인 중국공산당조차도 모든 것을 자기 뜻대로 할 수 없었다. 권위는 단순히 권력이나 힘의 문제만이 아니다. 중국에서 신부대와 장례 곡 풍습이 지속되었을 뿐만 아니라 오히려 번성한 것은 이러한 사실을 잘 보여준다.

따라서 권위를 이해하려면 그 정당성의 본질을 이해해야 한다. 사람들은 왜 어떤 권위는 받아들이고 어떤 권위는 거부하는 것일까? 권위는 어떻게 **권위를 부여받는가?**

이 질문을 생각해보기 위해 이집트를 연구한 인류학자 후세인 알리 아그라마_{Hussein Ali Agrama}의 연구를 살펴보자. 그는 이집트에서 두 가지 중요한 제도에 대해 사람들이 얼마나 다른 태

　　　　　　　　　　　　인류학자처럼 생각하는 법

도를 보이는지를 연구했다.[21] 하나는 가정법원이고, 다른 하나는 파트와 위원회Fatwa Council다. 가정법원은 혼인, 이혼, 양육비(위자료), 상속 등 가족과 관련된 문제들을 다루는 법원이다. 파트와 위원회 역시 비슷한 문제들을 다루지만 더 폭넓은 주제들에 대해 상담을 제공하는 기관이다.

이 두 기관은 다루는 문제의 종류뿐만 아니라, 국가기관이라는 점에서도 유사하다. 그리고 어쩌면 가장 중요한 공동점은 둘 다 이슬람 샤리아를 따른다는 것이다. 언론에서는 이를 주로 '샤리아 법'이라고 부르지만, 샤리아를 서구적 의미의 '법'으로 제한하는 것은 잘못된 이해다. 샤리아가 특정 규칙들과 규범적 기대를 포함하는 것은 사실이지만, 그 근원에는 어떤 종류의 사람이 되어야 하는가에 대한 윤리적 질문이 자리하고 있다. 샤리아는 신실한 무슬림이 따라야 하는 '길path'이라고 할 수 있다.

그러나 법원과 위원회 사이에는 차이점 역시 존재한다. 법적 지위를 예로 들어보자. 샤리아는 단순히 '법'으로 환원될 수 없지만, 가정법원은 법을 통해 샤리아가 적용되는 기관이다. 즉, 법원의 판결과 결정은 법적으로 유효하다. 반면 파트와 위원회의 결정은 그렇지 않다. 다시 말해, 가정법원은 공식적인 법체계의 일부이며 그 판결은 구속력이 있지만, 파트와 위원회는 단순히 자문 역할만 수행한다. 파트와의 결정은 법적 구속력이 없으며, 그 결정을 내리는 셰이크sheikh*들 역시 일반적으로 법적 구속

<hr>

*   이슬람 지도자, 학자, 원로 등을 일컫는 명칭.―옮긴이

력을 주장하지 않는다.

서구에서는 파트와에 대한 많은 오해가 존재한다. 1989년에 아야톨라 호메이니Ayatollah Khomeini가 소설가 살만 루슈디Salman Rushdie의 죽음을 촉구하는 파트와를 선포한 이후 이 용어는 대놓고 비자유주의적 '정치적 이슬람교'를 옹호하는 성난 종교 지도자의 표상과 결합됐고, 9·11 이후로 이러한 이미지는 더 깊이 각인됐다.

하지만 대다수의 파트와는 이러한 이미지와는 전혀 다르다. 쉽게 말해 파트와란 학식 있는 인물, 즉 셰이크의 의견이나 조언을 일컫는데, 늘 그렇진 않지만 보통은 숙련된 이슬람 학자 무프티mufti가 이런 일을 한다. 파트와를 찾아 나서는 이들의 대부분은 샤리아를 따르는 경건한 무슬림으로서 살아가기 위해 조언을 구하려는 이들이다. 달리 말해 파트와는 주로 굉장히 사적인 내용이며 특정 개인의 삶과 상황을 반영한다. 실제로 이집트 파트와 위원회의 임무도 평범한 대중이 일상적인 문제를 해결하도록 돕는 것이지, 소설가를 단죄하는 것이 아니다.

아그라마는 2000년대 초반 카이로에서 2년 동안 가정법원과 파트와 위원회를 연구했다. 그 과정에서 흥미로운 양상을 발견했는데, 두 제도 모두 가족에 대한 문제들을 다룰 수 있음에도 가정법원보다 위원회가 훨씬 인기 있고 긍정적으로 평가받는다는 점이었다. 더욱 흥미로운 것은, 파트와의 의견과 조언들은 법적 구속력이 없음에도 사람들은 법원의 공식적인 판결보다 위원회의 조언을 훨씬 더 따랐다. 파트와가 본인들의 이익이나 기

　　　　　　　　　　　　　　　인류학자처럼 생각하는 법

대에 반할 때도 마찬가지였다. 일반적으로 셰이크의 조언이 마음에 들지 않으면 언제든 다른 셰이크의 조언을 구할 수 있지만, 아그라마에 따르면 이런 경우는 거의 없었다. 한 사례에서는 어떤 가족이 먼 친척과의 토지 상속 분쟁에서 큰 손실을 감당하면서까지 셰이크의 파트와를 따랐다.

아그라마의 연구에서 특히 주목할 만한 점은 셰이크들이 샤리아를 적용하는 방식이 매우 유연하다는 것이다. 셰이크들은 단순히 경청하기만 하는 것이 아니라, 의뢰인이 처한 상황의 더 넓은 맥락을 파악하기 위해 질문하기도 한다. 그리고 의뢰인이 어떤 사람인지 파악하려고 한다. '이 사람은 이성적인가?' '이 사람은 진정으로 뉘우치고 있는가?' 결과적으로 같은 문제로 셰이크를 찾은 두 사람이 전혀 다른 조언을 받을 수도 있다. 이혼 후 화해를 원하는 한 부부에게는 재결합이 불가능하다고 하는 반면, 다른 부부에게는 가능하다고 말할 수도 있다. 이는 의뢰인의 상황뿐만 아니라 두 남녀의 태도에 따라 달라진다. 심지어 같은 셰이크도 경우에 따라 태도와 접근 방식을 달리할 수 있다. 셰이크들은 어떤 경우에는 단호한 모습을 보이기도, 장난스러운 모습을 보이기도 하며, 때로는 질책하는 모습을 보이기도 한다. 모든 것은 맥락에 달려 있다.

셰이크들의 유연성은 그들이 제공하는 조언에서도 나타난다. 도덕성과 삶이 얽히는 복잡한 문제에 대해 때로 '둘 중 덜 나쁜 선택'을 권하기도 한다. 아그라마가 관찰한 한 사례에서, 한 여성과 두 차례 간통을 저지른 젊은 남성이 셰이크를 찾아와 미래에 또다시 유혹을 받으면 어떻게 해야 하느냐고 물었다. 이에 셰이크는 "비밀스러운 일을 하라", 즉 자위행위를 하라고 조언했다. 자위행위는 마크루makruh(비난받을 만함)로 간주되는 일이기에 젊은 남성은 놀라움을 감추지 못했다. 이에 셰이크는 간통은 하람haram(금지됨) 행위이기에 자위가 그보다 덜 나쁘다고 답했다.[22] 이러한 조언이 특히 주목할 만한 이유는, 셰이크들이 자신들이 처방한 조언에 대해 어느 정도 책임을 진다는 점 때문이다. 파트와는 셰이크와 의뢰인 사이에 관계를 만들어내며, 이 관계는 어떤 면에서 셰이크와 의뢰인을 하나로 묶는다.

아그라마의 파트와에 관한 인류학적 연구는 종교적 경건함을 넘어 더욱 일반적인 인류학적 주제 및 역학들과 맞닿아 있다. 권위를 논할 때, 우리는 윤리적 문제를 함께 논하는 경우가 매우 많다. 파트와는 분명 윤리와 관련된 문제다. 파트와는 무슬림에게 삶의 방향성을 제시해준다. 이집트 파트와 위원회는 사람들의 "윤리 수양의 여정"을 촉진하는 만큼 권위를 얻는다.[23] 가정법원은 이러한 기능을 수행하지 않는다.

윤리를 통해 권위를 생각해보면 사람들이 왜 특정 방식으로 행동하는지, 왜 특정 기관을 지지하는지, 왜 특정 가치를 가장 중요하게 여기는지 이해할 수 있게 된다. 9장에서 윤리라는 주제를 다시 다룰 것이다. 윤리는 최근 몇 년 사이에 인류학의 중요한 연구 분야로 자리 잡았다. 하지만 이 장의 마지막 부분에서는 지금까지 논의한 내용을 더 깊이 탐구하기 위해 권위의 문제를 다룰 때 종종 등장하는, 인류학 연구사에서 신화에 가까운 사

　　　　　　　　　　　　인류학자처럼 생각하는 법

례, 즉 완전한 평등주의 사회를 살펴보고자 한다. 이는 권위에 관한 논의에서 일종의 극단에 해당하는 사례라고 볼 수 있으며, 이런 사회에서는 권위의 부재만이 유일한 권위다.

국가와 국가 없는 사회

루이스 헨리 모건이 이로쿼이 사람들의 친족체계를 연구하게 된 것은 혈족과 인척관계에 대한 관심 때문만은 아니었다. 모건은 모계제도 내에서 정치적 권위가 작동하는 방식에 깊이 매료되었다. '결정권은 누구에게 있으며, 어떻게 부여되는 걸까?' 사회진화론자에게 이는 문화의 발전 단계를 측정하는 데 핵심적인 질문이었다. 사회진화론이 영향력을 잃은 후에도 이 질문은 여전히 인류학자들의 관심사로 남아 있다. 우리가 앞서 살펴본 중국과 이집트 사례 또한 친족인류학이나 종교인류학인 동시에, 정치인류학이기도 하고 더 나아가 국가인류학의 연구이기도 하다.

국가는 인류학자들이 정치 조직과 권위를 이해하는 방식에 있어 언제나 핵심적인 역할을 해왔다. 1970년대까지 국가는 하나의 기준점 역할을 했으며, 당시 인류학자들은 정치 조직을 '국가 사회state society'와 '무국가 사회stateless society'로 나누곤 했다. 물론 이 두 개념 사이에도 다양한 범주가 있었지만 말이다. 당시 문헌을 살펴보면 '원시국가', '근대국가', '복합국가' 등 다양한 국가 개념을 접할 수 있다. 무국가 사회에도 다양한 형태가 존재한다. 이제는 고전이 된 아프리카의 정치체계에 관한 한 연구에서 편집자들은 무국가 사회를 두 가지 유형으로 구분했다. ① 정치적 권위가 친족관계, 특히 혈연에 기반을 둔 사회와 ② "정치적 관계와 친족관계가 구별되지 않으며, 친족 구조와 정치 조직이 완전히 융합된 사회"이다.[24] 오늘날 인류학자들의 대다수는 '융합fusion'이라는 개념을 피하는 경향이 있다. '정치'라는 사물과 '친족'이라는 사물이 존재해서 둘이 마치 결합될 수 있는 것 같은 느낌을 주기 때문이다. 하지만 우리는 피에 관한 앞선 논의를 통해 친족과 정치는 그런 사물 같은 것이 아님을 알고 있다.

융합 여부와 관계없이 두 번째 유형의 '무국가' 사회는 권위와 권력의 작동 방식에 관해 많은 것을 시사한다. 이러한 사회에서 우리는 인류 역사상 가장 평등주의적인 사회 형태를 찾아볼 수 있다. 소규모 수렵채집사회 중 권위나 차별을 찾아보기 어려운 사례들이 존재한다.

추웡은 말레이반도의 소규모 선주민 집단이며 말레이시아에서는 오랑 아슬리Orang Asli, 즉 '원래 사람들Original People'로 알려진 집단 중 하나다. 1970년대 후반과 1980년대 초반, 노르웨이 인류학자 시그네 하월Signe Howell은 두 차례에 걸쳐 모두 20개월 동안 열대 우림의 추웡 사람들과 함께 생활하며 현지조사를 수행했다.[25]

추웡은 (적어도 1980년대 중반까지는) 가장 포스트모던하고 비빅토리아적인 인류학자조차도 경이로움을 느낄 만한 사회 유

  인류학자처럼 생각하는 법

형이었다.* 하월의 현지조사 이전에는 추웡 사람들과 살았던 외부인은 단 한 명도 없었으며 그들은 바깥세상과 거의 접촉이 없는 상태였다. 1930년대 이 지역에 발령받은 영국인 공원 관리인을 제외하면 말이다. 그 결과 외진 지역에서 현지조사를 하는 인류학자들이 종종 그렇듯, 하월이 사용할 수 있었던 인류학적 개념 틀이 거의 없었다.

하월의 연구가 우리 인류의 태곳적 모습을 엿볼 수 있게 해주는가? 그렇지 않다. 그렇다면 꾸밈없고 순수한 인간 본성의 단면을 보여주는가? 역시 아니다. 다만 그의 연구는 인류학자들이 때로 '급진적 타자성radical alterity'이라고 부르는 것의 가능성을 이해하는 데 도움을 준다. 추웡 사람들의 삶은 완전히 다른 존재 방식이다. 거기에는 위계, 지위, 권위가 아예 존재하지 않는다. 사회적 관계는 평등하며 자율성이 매우 중요한 가치로 여겨진다.[26] 예컨대 에세에하 사람들이 축구 경기에서 이기기를 꺼리는 것처럼 추웡 사람들 역시 일부러 경쟁을 피하려고 한다. 누군가가 힘이 더 세다거나 손재주가 더 뛰어나다고 해도 그 사실을 언급하거나 강조하지 않는다. 아이들의 놀이에도 경쟁은 찾아볼 수 없다. 성과 젠더에 따른 차이들이 존재하지만, 이 차이들이 위계질서로 연결되는 것은 아니다. 더 나아가 추웡의 신화와

---

*　말레이시아 정부는 1980년대 중반 추웡 사람들을 마을에 정착시켰다. 국가 주도의 이런 정책은 여러 나라에서 매우 흔하게 이루어졌는데, 선주민 집단 산San(나로Naro, 줄호안Jul'hoan 등) 사람들이 사는 보츠와나나 나미비아 역시 마찬가지였다. 이러한 이주 정책은 대개 강제로 이루어졌으며, 격렬한 저항을 불러일으키기도 했다.

우주론은 성별 간 평등을 강조한다. 특히 창조신화에서는 남성과 여성이 동시에 같은 방법으로 창조되며, 남성과 여성은 함께 아이를 양육하고 아버지는 어머니에게 모유 수유를 배운다. 평등하고도 동등한 육아의 감각은 일상 속에서 두 단계의 과정으로 남성과 여성이 차례로 육아에 참여하면서 이루어진다. 남성은 임신 기간 중에도 아내와의 성관계를 지속하는데, 그들의 언어에서 정액은 모유와 어휘적으로 동일하며 이들은 정액이 태아 발달에 필수적이라고 믿는다. 출산 이후에는 여성이 모유를 제공하며 아이를 돌본다. 임신 기간 중 남성과 여성은 똑같이 음식 금기 사항을 지킨다.[27]

추웡을 비롯한 일부 다른 수렵채집사회에서 위계와 권위는 거북스러운 무언가라기보다는 이해할 수 없는 무언가imponderable다.* 그들의 전통적인 삶의 방식은 앞서 언급한 매를린 스트래선의 주장을 상기시킨다. 우리가 가진 분류체계와 윤리적 틀을 가지고 다른 이들을 이해하는 데에는 분명 한계가 있다는 주장 말이다. 추웡 사람들은 권위에 관한 질문 자체를 하지 않는다. 스트래선이 말한 '여성에 관한 문제'도 마찬가지다. 스트래선이 여

---

*　한편 어떤 사회에서는 권위가 이해할 수 없는 것이 아니라 절대 용납될 수 없는 것이다. 예를 들어, 탄자니아의 또 다른 수렵채집사회인 하드자의 경우 명목상 집단 '지도자' 형태로 사소한 수준의 권위가 존재하기도 한다. 하지만 이 권위는 여러 요인에 의해 제한된다. 집단 구성원은 자유롭게 이동할 수 있으며, 재산 소유 개념이 약하고, 소속의 의무가 없기에 누구도 권력을 축적할 수 없다. 하드자와 그 밖의 소수의 아프리카 평등주의 사회 사례들은 제임스 우드번James Woodburn의 중요한 논문(1982) 주제이다.

성의 종속에 관한 서구 페미니스트들의 비판과 멜라네시아 사람들 '특유의' 이해 사이에서 균형을 맞추려 했던 반면, 하월의 연구에서는 이러한 균형이 전혀 불필요해 보인다.

8장.　이성

*　이 장의 제목은 인간의 논리적, 개념적 사유 및 도덕 판단 능력을 함축하는 서구 철학 개념 '이성'과는 거리가 멀다. 여기서 '이성'이란 모든 인류, 더 나아가 비인간이 지니고 있는 생각하는 능력 그 자체를 가리키며, 저자는 이성의 문화적 구성과 그 다원성이 제기하는 인류학적 쟁점들에 대한 탐구를 염두에 두고 있다.—옮긴이

지금까지 현지인의 관점에 대해 여러 이야기를 했다. 이는 인류학에 대한 가장 일반적인 요약이라고 할 수 있을 것이다. 그런데 인류학을 요약하는 또 하나의 오랜 전통을 지닌 방법이 있다. 바로 현지인의 생각이다. 이는 눈보다는 정신에 관련된 것이며, 보는 방식이 아니라 사고하는 방식에 대한 것이다.

이 둘이 완전히 다른 것은 아니다. 사실상 인류학의 창시자들이 이성reason에 관심을 두고 작업했을 때는 이 둘을 구분하지 않았다. 브로니스와프 말리노프스키에게 사고방식이나 정신은 궁극적으로 가장 중요한 요소였을 것이다. 그에 따르면 관점을 갖는다는 것은 의견을 갖는다는 것이었으며, 이는 곧 생각을 한다는 의미이자 무언가를 특정한 방식으로 '본다'는 것과 다르지 않았다. 프란츠 보아스의 용어인 문화적 안경도 마찬가지다. 안경이라는 표현에서 알 수 있듯, 보아스에게 문화는 인식에 관한 문제였다. 그러나 정신과 정신적 능력 또한 그의 보완적인 관심사였다. 그가 1911년에 펴낸《원시인의 사고와 감정The Mind of Primitive Man》은 이를 명확히 보여준다. 이는 그가 모든 사람이 알아야 할 중요한 내용이라고 느낀 것을 담은 가장 대중적인 책이었다. 이와 같은 사고에 대한 강조점은 인류학의 신조라고 할 수 있는 인류의 정신적 통일성을 떠받치고 있기도 하다. 인류학자들은 문화와 감각을 정신에서 분리하는 시도를 무의미한 일이라고 여겨왔다. 우리는 세계 안에 있고 세계는 우리 안에 있다.

이제 생각과 인지에 관련된 문제들을 다뤄보도록 하자. 이를 위해 인류학사에 존재하는 서로 다른 흐름을 함께 엮어볼 것이다. 이 모든 흐름은 '현지인은 어떻게 생각하는가?'라는 문제를 다루며, 동시에 인류학자들이 제기해온 곤혹스러운 철학적 질문들을 불러일으킨다. 이성과 관련해서, 우리는 이따금 인류학이 아주 까다로운 특정 용어와 벌이는 말씨름을 발견하곤 한다. 그 단어는 바로 현실reality이다. 현실이 무엇인지 이해하기 위해 먼저 그것이 언어 및 사고와 얼마나 밀접하게 연결되어 있는지 살펴보도록 하자.

여기 드럼통 두 개가 있다. 하나에는 "비어 있음"이라고 쓰여 있고, 다른 하나에는 아무것도 쓰여 있지 않다. 어느 것이 더 위험할까?

1930년대 코네티컷의 한 소방안전감독관은 창고나 공장에서 일하는 사람들이 기름이 가득 찬 드럼통을 더 위험하게 생각하고, 그 주변에서는 담배를 끄는 등 특별히 조심한다는 것을 알게 되었다. 그러나 사실은 빈 드럼통이 훨씬 더 위험하다. 빈 드럼통에는 인화성과 폭발성이 매우 높은 유독가스가 차 있을 수 있기 때문이다. "비어 있음"이라는 이름표가 붙은 드럼통 옆에서 담배를 피우다가는 큰 폭발로 목숨이 달아나게 될지도 모른다. 소방안전감독관의 말에 따르면 이 이름표가 문제다. 작업자들이 단순히 "비어 있음"이라는 말의 의미만을 가지고 위험도를 예상한다는 것이다. 여기서 "비어 있음"이란 단순히 '없음, 공백'과 같은 의미로서 빈 총, 빈 협박과 같이 아무 위험이 없는 상태로 인식된다. 즉 언어가 현실을 잘못 포착하면서 그릇된 안정감을 제공하는 것이다. 안전감독관이 말하듯, "우리의 집단적 언어 분석은 우리가 기대하는 것만큼 현실을 잘 반영하지는 못한다".[1]

이러한 이야기를 한 소방안전감독관의 이름은 벤저민 리 워프Benjamin Lee Whorf다. 그는 하트퍼드 화재보험사의 우수 직원이었을 뿐만 아니라, 언어학자이자 아마추어 인류학자이기도 했다. 워프는 인류학적 언어학 연구 분야에서 언어, 사고, 현실이 밀접하게 얽혀 있다는 점을 그 누구보다 더 강조한 사람일 것이다. 언어는 세계를 비추는 맑은 창이 아니며, 생각은 그 세계와 무관하게 이루어지지 않는다. "우리는 세계 안에 있고 세계는 우리 안에 있다"는 말과 일맥상통하지 않은가?

이성과 언어

워프는 소방안전 관련 업무로 코네티컷 전역을 돌아다녔지만, 그렇지 않을 때는 [미국 애리조나주 북동부 메사 지역에 거주하는 선주민 집단] 호피Hopi의 언어, 마야의 상형문자, 고대 아즈텍어의 문법과 어휘 연구에 매진했다. 그는 뛰어난 언어학자였으며, 대개 독학으로 학문을 익혔으나 보아스의 제자이자 언어학의 선구자였던 에드워드 사피어의 지도를 받기도 했다. 워프는 사피어가 교수직을 맡고 있던 예일대학교에서 1년간 강의를 맡은 적도 있었다.

그의 가장 유명한 1939년 논문 〈언어와 습관적 사고 및 행동과의 관계The Relation of Habitual Thought and Behavior to Language〉는 우리가 구사하는 언어의 구조가 우리가 세계 안에서 인식하고 행동하는 방식을 형성한다고 주장한다. 그는 앞에서 언급한 보험사 업무에서 얻은 사례들을 통해 이 점을 간단히 설명한다. 그러나 워프의 결론은 언어 표기("비어 있음")와 그 의미('극도로 위험')의 불일치로 발생하는 개별적인 인간의 오류 사례에서 도출된 것보다 훨씬 더 광범위한 의의가 있다. 드럼통 사례만 놓고 보면, 이는 미국인들의 언어 이데올로기, 즉 그들이 기록된 문자를 (지나치게?) 신뢰한다는 사실만을 말해줄 뿐인지도 모른다. 그러나 워프가 말하려고 했던 바는 언어가 우리의 현실 경험 자체, 그리고 시공간에 대한 이해를 형성한다는 점이다.

이에 대한 사례로 워프는 시공간에 대한 호피의 언어와 그가 표준평균유럽어Standard Average European languages라고 이름 붙인 것을 비교한다. 여기서 그의 요점은, 언어가 현실에 대한 행동과 경험을 어떻게 형성하는지 이해하기 위해서는 영어와 독일어처럼 같은 어족 내에서의 사소한 차이를 연구하는 데 그치지 않고, 서로 다른 언어 계통들을 병치해봐야 한다는 것이다(이 경우는 호피의 유트아즈텍어족Uto-Aztecan* 언어와 인도-유럽어를 비교한 것이다). 이 언어들을 비교해보면 표준평균유럽어에서 시간적, 공간적 은유가 얼마나 중요한지 알 수 있다. 호피 말에는 이러한 은유가 거의 없다는 것을 볼 때, 그 차이는 더욱 명확하게 드러난다.

표준평균유럽어는 거의 모든 것을 대상화한다. 영어는 의자와 날days을 같은 방식으로 다룬다. 예컨대 영어에서는 의자와 날의 개수를 셀 수 있다. "나는 의자 열 개를 가지고 있다." "집을 칠하는 데 열흘이 걸린다." 그러나 '열흘'은 시간의 길이를 재는 단위라는 점에서 분명 '의자 열 개'와는 다르다. 호피 사람들은 이 차이를 표준평균유럽어 구사자들보다 더 잘 인식하는 것 같다. 호피어에서는 '날'과 일치하는 어휘가 존재하지 않는다. 호피어로는 '열흘'이라고 말할 수 없으며 수량을 관계적으로만 표현한다. '10'을 서수 형태로 표현해 관계를 나타내는 것이다. 따라서 영어에서는 "그들은 열흘간 머물렀다"라고 하지만, 호피어로는 "그들은 열 번째 날 후에 떠났다"라고 말한다.

---

*   미국 서부와 멕시코에 분포하는 아메리카 선주민이 쓰는 언어. 이 어족의 이름은 미국 유타주의 유트어와 멕시코의 나와어파(아즈텍어파)를 포괄한다는 뜻에서 지어졌다. 호피의 언어도 여기에 속한다.—옮긴이

이런 패턴에 대해, 워프는 시간의 주기에 관한 또 다른 예시를 제시한다. 여름을 예로 들어보면, 표준평균유럽어에서 계절은 천문학적 달력에 따른 시작일과 종료일이 있다(2016년 북반구의 경우 6월 20일부터 9월 22일까지가 여름이다). 반면 호피어에서 '여름'은 곧 열기의 **경험**이다. 오직 더운 날만이 여름이기 때문에 만일 5월 23일과 9월 29일에 온도가 가장 높았다면, 그 역시 여름인 것이다. 더욱이 호피어에서 여름을 표현할 때 한정사를 사용하지 않고 부사를 쓴다. 따라서 '올여름this summer'이라고 하지 않고 '지금 여름summer now'이라고 말한다.

따라서 표준평균유럽어의 언어 구조는 시간과 같은 사용자의 주관적 경험을 대상화한다. 호피어에는 이와 같은 구조나 특징이 발견되지 않는다. 시간, 사건, 인격의 관계는 관계적이고 주관적이다.

물론 우리가 날day을 이해하는 방식이 지구의 자전 및 해가 뜨고 지는 것과 무관하다는 의미는 아니다. 또한 호피 사람들이 매일 새로운 동이 트는 원리를 이해하지 못한다는 뜻도 아니다.* 다만 각 언어 구조에는 현실을 이해하는 각자의 방식이 있고 그것은 행동과 사고 패턴에 영향을 미친다는 것이다.

워프는 자신의 저서에서 제스처 사용과 관련한 짧은 예시

---

* 이는 매우 중요한 지점이다. 우리는 한 문화 안에서도 시간에 대한 다른 이해와 시간성에 대한 다른 경험이 존재한다는 것을 알고 있다(Munn, 1992). 동시에 시간의 선형성과 인과성에 대한 기본적인 감각은 인간 인지의 일반적 특성이다(Bloch, 2012). 인류학자들은 사람들이 삶은 달걀을 먹고, 그러고 나서 그것을 다시 삶는 문화를 아직 발견한 적이 없다.

　인류학자처럼 생각하는 법

하나를 보여준다. 표준평균유럽어 사용자들은 말하면서 종종 손짓과 몸짓을 사용하는데, 특히 정의나 사랑과 같이 추상적인 주제를 말할 때 더 그렇다. 이는 그들이 대상화하는 것을 강조하기 위함인데, 제스처가 아이디어를 명료하게 하는 데 도움이 된다고 생각하기 때문이다. 반면 호피 사람들은 제스처를 거의 사용하지 않는다.

최근 연구들을 보면 공간의 분류가 어떻게 인접 환경에 대한 지각을 형성하는지 알 수 있다.[2] 호주 선주민 집단이 쓰는 언어인 쿠크 타요레어Kuuk Thaayorre**는 방위적cardinal 표현으로 공간을 정의하며 상대적 용어는 사용하지 않는다. 반면 영어 원어민들은 상대적 표현을 매우 흔하게 쓴다. 두 그루의 나무를 보고 "왼쪽에 있는 나무", "오른쪽에 있는 나무"라는 식으로 상대적으로 말하곤 하는 것이다. 이는 특정한 주체의 위치를 전제하는 것이고, 반복하자면 영어 원어민들은 종종 자기 주체의 위치를 가장 중요한 것이라고 가정한다! 이를 전문용어로 '상대적 공간 구분'이라고 한다(그 안에는 절대적 개인의 이데올로기가 숨어 있다). 물론 영어 구사자가 방위적 용어를 사용하여 "동쪽 나무", "서쪽 나무"라고 표현하는 것도 완벽하게 가능하다. 그러나 그런 정밀한 용어는 나무 의사 혹은 숲속에서 방향을 찾는 정찰병 같은 특정 분야 전문가들만 사용할 법한 표현이다. 그러나 쿠크 타요레

** 호주 북부 케이프요크반도 지역의 선주민 언어. 이 언어의 특징은 '왼쪽', '오른쪽'과 같은 상대적 방향 대신 동서남북의 방위 방향만을 사용한다. ─옮긴이

의 언어적인 구분은 언제나 방위적 표현으로 쓰인다. 극도로 사소하거나 매우 구체적인 상황일지라도 그렇다. 그렇기 때문에 "너 왼쪽 볼에 페인트 묻었어"라고 말하지 않고 "너 서쪽 볼에 페인트 묻었어"라고 말한다. 이는 쿠크 타요레어를 쓰는 사람들이 감각이나 행동 면에서 자신이 있는 위치를 얼마나 면밀하게 주시하고 있는지를 보여준다. 이들은 탁월한 모험가이자 길잡이이기도 하다.

워프의 연구에는 더 중요하고 궁극적으로는 더 광범위하게 적용되는 한 사례가 있다. 바로 그가 호피의 "준비 행동" 경향이라고 부르는 것이다. 이는 부분적으로 시간에 대한 그들의 태도 때문이며, 그 태도는 언어에도 반영된다. 워프에 따르면 호피 사람들은 작물을 수확하는 것과 같은 중대한 활동을 수행하기 전에 아주 정교한 준비 작업을 한다. 이 준비 작업은 매우 다양하며 개인 기도, 명상, 활동 자체에 대한 숙고, ('알림대장the crier chief'이라는 특별한 인물을 통한) 공개 알림에서부터 달리기를 비롯한 고강도 운동같이 상징적 교감을 만들어내는(작물을 더 '튼튼'하고 '건강'하게 만들기 위한 것이다) 여러 형태의 활동을 포함한다. 이런 행동들은 실제로 영향력을 행사한다고 여겨진다. 긴 여행이나 작물 수확에 앞서 철저하게 준비함으로써 그 성공 가능성이 향상된다는 것이다. 호피 사람들에게 생각이란 곧 세상에 존재하는 하나의 힘이며 "모든 곳에 그 효과와 흔적을 남긴다".[3]

비록 둘 사이에 직접적인 접점은 없지만, 호피 사람들의 언어와 문화에 대한 워프의 묘사와 '원시 사회' 내 교환에 대한 마

   인류학자처럼 생각하는 법

르셀 모스의 이해를 연결 짓는 것은 그리 어렵지 않다. 다시 떠올려보자. 쿨라 링이나 마오리 문화 안에서 얼마나 많은 물체가 행위자성agency*과 인격성을 띠고 있는가. 그 핵심은 워프의 표현대로 "모든 곳에 그 효과와 흔적을 남기는 것"이다. 선물은 호혜적이다. 되갚기를 요구하는 증여자의 혼의 일부가 그 안에 들어 있기 때문이다(마오리어로 '하우'). 이는 세계를 이해하는 하나의 방식이며 그 안에서는 활동하는 것과 활동하지 않는 것, 인격적인 것과 비인격적인 것, 영적인 것과 물적인 것 사이의 경계가 현대 서구적 관점보다 훨씬 더 다공적porous이다. 표준평균유럽어의 구조 역시 교환에 관한 서양 이데올로기에 중요한 역할을 하는데, 이 언어는 모든 것을 인격이 아닌 사물처럼 취급하는 이해 방식의 일부다. 즉 대상화에 대한 서양의 집착을 보여주는 한 측면이라고 할 수 있다.

이러한 논점을 통해 서구에서 자본주의가 발달한 이유를 설명해볼 수도 있지 않을까? 표준평균유럽어의 구조가 인간의 노동에서 모래시계 속 모래까지, 심지어 사랑까지 모든 것의 가

---

*   agency는 행위 능력을 의미하며 그 맥락에 따라 행위자성, 주체성, 행위주체성, 주도성 등 여러 가지로 번역되고 있다. agency의 용례를 크게 두 가지로 볼 수 있는데, 먼저는 여러 종류의 불평등, 식민주의 등과 같은 사회문제 분석의 맥락에서 핵심 개념으로 쓰일 때다. 여기서 agency는 억압받는 사람 및 집단의 주체적인 활동 능력을 가리킨다. 다음으로 21세기 들어 활발하게 전개되는 비인간 행위자 연구의 맥락에서도 agency는 핵심 개념 중 하나인데, 여기서는 비인간 생물 및 무생물의 행위 능력 자체를 가리킨다. 이 책은 agency가 전자의 맥락에서 사용될 때는 '주체성', 후자의 맥락에서 사용될 때는 '행위자성'으로 옮겼다. —옮긴이

치를 손쉽게 대상화하고 수량화하는 경제체계의 발전에 미친 영향이 있는 게 아닐까? 워프는 그 정도로 과감한 결론에까지 다다르지는 않았다. 또한 언어가 생각과 행동의 패턴을 형성하는 **유일한** 요소라고 주장하지도 않았다.[4] 이 점에서 워프를 비판하는 어떤 사람들은 그의 주장을 오해하고 있는 것 같다. 워프는 언어는 여러 요소 중 하나라는 점을 잘 알고 있었다. 그는 언어, 경제, 과학의 발전이 상호구성적으로 이루어진 중세 이후 서구 문화의 발전에 대한 자신만의 흥미로운 주장을 다음과 같이 펼친 바 있다. "산업과 무역에 있어서 계량법의 필요, 수치와 무게 단위의 표준화, 시계의 발명과 '시간'의 측정, 수치, 회계, 연대, 역사의 기록, 수학의 발전, 수학과 과학의 연대 이 모든 것이 함께 작용해 우리의 사고와 언어의 세계를 오늘날의 형태로 만들었다."[5]

만약 사람들이 사고하는 방식을 이해하고 싶다면, 언어의 원리를 상대적으로 탐구해보는 것은 매우 큰 도움이 될 것이다. 다들 알다시피 '상대성'이라는 말이 나오기만 하면, '기준이 없다면 의미도 없는 것 아닌가' 하는 우려의 목소리를 내는 반대자들이 있다. 그러나 앞서 도덕적, 윤리적 문제와 관련해 논한 바와 같이, 언어에서 상대적 탐구의 원리란 기준의 부재를 뜻하지 않는다는 사실을 인지하는 것이 중요하다. 워프의 논의는 현실에서 시작한다. 이 현실이란 따옴표를 붙인 '실재'를 말하는 게 아니다. 그는 '진짜 현실really real'을 그대로 인정하는 데 아무런 주저함이 없다. 워프는 현실을 잘 알고 있다. 그는 보험사 직원이 아니었던가. 가스가 들어 있는 드럼통은 폭발할 가능성이 있다. 그 드럼통이 푸에블로에 있는지 뉴잉글랜드 공장의 작업장에 있는지는 중요하지 않다. 정말 중요한 것은 우리가 언어를 통해 그것을 위험한 물체로 코드화하는 방식이다.

"우리는 앵무새다"

언어, 생각, 현실에 관한 관심의 또 다른 측면은 의미와 이해의 본질을 둘러싼 질문들이다. 이는 우리를 인류학의 영원한 관심사로 안내한다. 가끔 사람들이 쓰는 겉보기에 이상하고 낯선 표현들 말이다. 인류학자들은 항상 다음과 같은 짧고 강렬한 주장들에 관심을 가져왔다. 고전적인 사례로서 "우리는 앵무새다"(브라질의 선주민 집단 보로로Bororo)와 "쌍둥이는 새다"(나일강 유역의 선주민 집단 누에르)가 있다. 누에르 사람들은 상황에 따라 오이를 황소라고 말하기도 한다. 이런 고전적인 예시의 현대판 사례들도 있다. 예컨대 모잠비크의 선주민 집단 마콘데Makonde에는 '사자-인간'이라는 것이 있고, 아마존의 선주민 집단 아라웨테Araweté의 경우 재규어가 사람으로 여겨지기도 한다(사람으로 여겨지는 동물 종이 그 외에도 많다). 이런 사례들의 대다수는 논쟁적인 질문을 불러일으키며 종종 민감한 정치적 논의를 야기하기도 한다. 그중 가장 잘 알려진 것은 1779년 하와이인들이 제임스 쿡James Cook* 선장을 살해했을 때, 과연 그들이 쿡 선장을 이 땅에 내려온 신 로노Lono라고 생각했는지 여부다. 더 일반적으로, 특정 사고가 담긴 숙어와 말하기 방식이 여전히 인류학자들의 관심을 끌고 있다. "우리는 앵무새다"처럼 반드시 특이한 문장일 필요는 없으며, 초자연적인 것, 신비한 것, 혹은 주술적인 것처럼 보편적으로 퍼져 있는 표현들에 대한 관심이 그렇다. 나는 우주 거미, 주술 정령, 지방 도둑fat stealer,** 뱀파이어 같은 것들에 대해 이야기하는 여러 인류학 세미나에 참여해본 적이 있다. 이 세미나들에서 나는 솔로몬제도에 있다는 지하부대(지하에 주둔한 비밀 군부대), [유명 패션 브랜드인] 토미 힐피거 셔츠에 주술적 힘이 깃들어 있다고 믿는 코트디아부르 아비장의 청년들, 애리조나주 세도나 인근의 풍수지리적으로 길한 지형에서 쥐불놀이를 통해 에너지와 통찰력을 얻는 뉴에이지 신봉자들에 관한 이야기를 들었다.

여기서 더 나아가기 전에, 이런 세미나에서 인류학자들끼리 우주 거미, 뱀파이어, 풍수지리를 '믿는지', 이 중 하나라도 '진짜 현실'이라고 생각하는지 **결코** 서로 묻지 않는다는 점을 짚고

---

*   1728~1779. 영국의 탐험가로 1778년 유럽인으로서는 처음으로 하와이에 상륙했고, 1979년 하와이 선주민들에게 살해되었다. 하와이인들이 제임스 쿡 선장을 신으로 오인해 살인했는지, 혹은 그런 식의 이해가 서구 인류학자의 과잉 해석인지에 관한 논쟁은 1990년대 인류학 내의 가장 큰 해석학적 충돌이자 탈식민주의 논쟁의 전환점이기도 했다. 이 논쟁에 대해 더 깊이 알고 싶다면 이를 촉발한 마셜 살린스와 가나나스 오베예세케레Gananath Obeyesekere의 논쟁을 참고하라.—옮긴이

**   페루의 안데스산맥 지역 선주민 전설에 의하면, 인간을 죽인 후 지방을 빼간다고 알려져 있다. 피슈타코Pishtaco라고 불리기도 한다.—옮긴이

   인류학자처럼 생각하는 법

넘어가야겠다. (중국 남서부에서 있었던) 우주 거미에 대한 세미나를 예로 들자면, 질의응답 시간에 거기에 있던 어느 누구도 "잠깐만요, 대체 **무슨** 말을 하는 거예요?"라고 말하지 않았다. 설령 누군가가 직설적으로든 완곡하게든 그런 질문을 한다면 그 답변은 '사회적 사실'에 대한 관심에 기반하고 있을 것이다. 즉 그것이 진짜든 아니든 그 사람들이 세계를 이해하고 그 안에서 행동하는 방식을 알려준다는 의미다. 나는 짐바브웨에서 18개월을 보내면서 매주 구마 의식이 열리는 한 교회를 연구했다. 나는 그 의식을 수십 번 관찰했다. 내 역할은 신학자, 철학자, 구마사가 아니었다. 내가 그곳에 있었던 이유는 그런 역할을 수행하는 사람들이 구마 의식을 어떻게 경험하고 목격하는지, 또한 귀신들림이 그들의 인격성, 도덕, 육체적 안녕, 식민 지배의 유산, 기독교의 윤리와 어떻게 더 넓게 연결되는지 알아내기 위함이었다. 이런 것들을 알기 위해 영혼이 진짜인지 아닌지는 알 필요는 없다.

그러나 이게 이야기의 전부는 아니다. 인류학을 통해 배울 수 있는 이성과 현실에 대한 더 중요한 질문들이 남아 있다. '명백히 비이성적인 신념들'이라고 종종 불리는 사례들을 소개했으니 이제 원래 논점으로 돌아가서, 아마 그 어느 집단보다 더 많은 연구가 이뤄졌던 보로로와 함께 다시 이야기를 시작해보자.[6]

보로로 사람들은 브라질과 볼리비아 사이의 아마존 분지 지역에 살고 있다. 이들은 1880년대에 브라질 중앙지역으로 두 차례 연구 탐험을 떠났던 독일의 민족지학자이자 의사인 카를 폰 덴 슈타이넨Karl von den Steinen 이후 줄곧 인류학적 관심의 대상이 되어왔다. 슈타이넨의 보고 중 하나는 보로로 사람들이 "우리는 앵무새다"라고 말한다는 것이었다. 이 발언은 1950년대까지 인류학계의 주요 인물들이 모두 언급할 정도로 큰 관심을 받았다. 제임스 프레이저, 에밀 뒤르켐, 모스, 말리노프스키, E. E. 에반스-프리차드, 클로드 레비-스트로스, 클리퍼드 기어츠. 이들 모두가 보로로 사람들과 앵무새에 대해 한마디씩 했다. 이전보다는 덜하긴 해도, 이에 대한 관심은 아직도 이어지고 있다.

짐작할 수 있듯이, 보로로 사람들을 시적이라고 간단히 결론 내릴 일은 아니다. "우리는 앵무새다"와 같은 문장을 비유적인 표현이라고 간편하게 생각할 수도 있다. 그러나 초기 인류학자들은 그렇게 생각하지 않았다. 그들은 보로로인과 같은 부류의 사람들('원시적인' 사람들 말이다)이 그런 말을 한다면, 그것은 곧 문자 그대로의 의미일 것이라고 믿었다.

빅토리아시대와 19세기 말 프랑스에서 비유적 사고와 언어를 사용하는 능력은 진화적 발전의 표시로 여겨졌다. 에드워드 버넷 타일러와 그 동시대 학자들은 진화 단계를 진단할 때 친족 체계, 정치 조직 외에도 정신과 정신적 능력에 대해서도 주목했다. 이러한 맥락에서, 《인류 초기 역사와 문명의 발전에 관한 연구Researches into the Early History of Mankind and the Development of Civilization》에서 타일러는 '주관적 결합'을 이해하는 능력이 미개인에게는 결여되어 있다고 주장한다. '주관적 결합'이란 기호와 지시 대상 사이의 상징적 연결을 가리킨다. 타일러는 한 남자의 초상화를 예로 든다. 그의 주장에 따르면 원시인들은 초상화 속 그림과 초상화의 대상이 된 남성 사이의 차이를 인식하지 못할 것이다. 이 둘은 같은 것의 부분들로 여겨질 것이며 초상화에 상처가 나면 그 남자 역시도 다치게 된다고 생각할 것이다. 원시인들은 또한 세상을 '주물fetish'로 채운다고도 했는데, 즉 이들은 무생물을 살아 있는 힘으로 착각한다는 것이다. (사실 이러한 착각은 미개의 단계에만 존재하는 것이 아니다. 타일러의 관점에서 보자면 심지어 로마 가톨릭 역시도 같은 실수를 범하고 있다. 성물과 성상이 그 예시다.)

슈타이넨은 그보다는 조금 더 신중한 관점을 취했다. 그런데도 문자적 의미에 관한 그의 언급은 다른 사람들의 관심을 끌었고, 그중에서도 프랑스 철학자 뤼시앵 레비-브륄Lucien Lévy-Bruhl은 1910년 기념비적 저작 《원주민의 사고방식How Natives Think》에서 이를 다뤘다.* 타일러와 마찬가지로 레비-브륄은 원시인들이 비유적 사고와 언어를 이해할 수 없다고 주장했다. 다만 타일러와 달리, 레비-브륄은 그들 본질 자체에 근거해 주장을 펼쳤다. 달리 말해, 그는 그때나 지금이나 거의 모든 인류학자가 인정하는 정신적 통일성의 원칙을 부인했다. 레비-브륄에게 보로

---

*   사실 이 책의 프랑스어 원제는 *Les fonctions mentales dans les societes inferieures*[하등 사회들에서의 정신적 기능]이다. 영어 번역본은 1926년이 되어서야 출간되었으며 영어 제목인 *How natives think*는 '원주민'이라는 용어에 대한 앵글로색슨적인 집착을 더 짙게 반영하지만, 그렇다고 해서 정신과 사고에 대한 프랑스의 관심을 누그러뜨리지는 않는다. 실제로 프랑스 인류학은 사고에 더 많은 관심을 보여왔으며, 이는 우리가 앞으로 클로드 레비-스트로스에 대해 논할 때 다룰 내용이다.

로 사람들은 단순히 사회진화 사다리의 아래쪽에 있는 사람들이 아니라, 대문자 D로 표기되는 전혀 다른 존재들Different beings이었다.

《원주민의 사고방식》은 방대한 범위의 민족지적 자료를 다루지만, 그중에서도 가장 중요한 것은 (슈타이넨이 수집한) 보로로 사람들에 관한 자료다. 레비-브륄은 거듭하여 "우리는 앵무새다"라는 주장과 그에 대한 슈타이넨의 해석을 언급한다. 그는 이렇게 썼다. "이는 그들이 스스로에게 붙이는 이름이나 관계성이 아니다. 그들이 표현하고 싶은 것은 실제적 정체성이다."[7] 레비-브륄은 이 정체화를 "참여의 법칙law of participation"이라는 자신만의 용어를 통해 설명한다. 이것은 "대상, 존재, 현상이 곧 그 자체로 존재하는 동시에 다른 무언가도 될 수 있는, 우리로서는 이해할 수 없는 원시적 정신세계"를 가리킨다.[8]

이 지점에서 레비-브륄은 그보다 몇 살 어린 동료 마르셀 모스보다 더 나아간다. 우리는 특정 물체의 경우 '그 자체로 존재하면서 다른 무엇'도 될 수 있다는 모스의 주장을 살펴본 바 있다. 국보나 가보의 사례를 통해 이러한 유의 사고방식을 서구 사회에서도 찾아볼 수 있다. 그러나 레비-브륄은 참여의 법칙을 통해 사회진화론자조차도 발견하지 못했던 종류의 차이를 주장하면서 인간 정신의 작용에 대한 더 야심 찬 주장을 펼친 것이다.

레비-브륄은 정신적 통일성을 거부했다는 점 때문에 그의 연구를 통찰력 있다고 호평했던 이들에게조차도 줄곧 비판을 받아왔다. 또한 많은 인류학자는 그가 보로로인과 영국인 같은

 인류학자처럼 생각하는 법

부류의 사람들 간의 차이를 지나치게 과장했다고 비판했다. 사실 그 사고방식을 따지면 전자는 그 정도로 낯설지는 않고, 후자는 그리 단조롭지만은 않기 때문이다. 차이를 지나치게 강조했다는 이 주장은 분명 일리가 있다. 보로로 남성이 자신을 앵무새라고 주장한다고 하더라도, 그들 집단 안에는 완벽하게 '이성적'이고 지극히 평범한 주장과 신념들이 그보다 훨씬 많다는 점을 간과해서는 안 된다.

주술과 상식

에반스-프리차드는 레비-브릴의 가장 중요한 비판자 중 한 명이다. 그의 역작 《아잔데의 마법, 신탁, 그리고 주술Witchcraft, Oracles and Magic among the Azande》은 레비-브릴의 악명 높은 주장에 대한 한 권짜리 반박으로 여겨지기까지 한다. 물론 이 책은 그보다 더 큰 의미가 있는 책이다. 인류학 역사에서 손에 꼽는 명작이자 세대 불문 모든 인류학도의 필독서이며 지금까지도 아프리카 지역 연구를 넘어서는 논쟁과 관심을 불러일으키고 있다.

E-P라고도 불리는 에반스-프리차드는 1920년대에 런던정경대에서 공부해 박사학위를 받았다. 이후 카이로대학과 케임브리지대학에서 잠시 일했으며, 그 후에는 옥스퍼드대학으로 옮겨 학자로서 평생을 살았다. 그의 현지조사는 대부분 지금의 수단과 남수단에 해당하는 지역에서 이루어졌다. 아잔데 연구

와 더불어 누에르에 관한 연구 역시 널리 알려져 있다(누에르인에 대해서는 앞서 돈과 피에 대한 그들의 태도를 잠깐 살펴본 바 있다).

《아잔데의 마법, 신탁, 그리고 주술》은 아잔데 집단 안에서 마법, 신탁, 주술의 역할을 설명하는 책이다(에반스-프리차드는 1920년대에 그곳에 있었다).* 에반스-프리차드는 아잔데 사람들과 함께 단 몇 주만이라도 지내본 사람이라면 그들에게 이러한 것들이 얼마나 중요한지 알게 될 것이라고 말한다. 이것들이 그 사람들의 일상적 관심사에서 핵심을 차지하기 때문이다. 불의의 사고나 불운은 주술의 결과라고 여겨지며, 그 반대로 신탁과 마법은 각기 방식대로 주술의 효과를 막거나 경감시킨다. 이 세 가지 모두가 중요하고 서로 관련이 있지만 나는 주술에 대한 에반스-프리차드의 해설에 집중할 것이다. 그 이유 중 하나는 주술 연구가 오늘날까지도 인류학에서 중심적인 위치를 차지하고 있기 때문이다. 실제로, 민족지 기록에 따르면 주술은 근대적 조건 안에서도 전혀 낯설지 않게 찾아볼 수 있는 겉보기에만 '전통적인' 관습 중 하나다.

주술이 마녀에 의해 행해진다는 것은 당연한 사실이다. 그

---

* 아잔데의 문화에서 주술은 삶의 핵심 요소이며, 여러 종류의 불행한 사건의 원인으로 여겨진다. 주술은 감정적 적대의 대상이 되는 특정 개인에게 해를 가하기 위해 사용되며 가까운 거리에서만 작용한다. 마녀는 주술사sorcerer와는 달리 주문이나 약물을 쓰지 않고 신체적 행위를 통해 주술을 수행한다. 주술 피해를 판단하고 대응하기 위해서는 신탁의 조언을 반드시 구해야 한다. 에반스-프리차드는 이와 관련된 연구를 통해 당시 서양인들의 눈에 비합리적으로 보이는 믿음도 그 사회의 논리와 맥락 안에서는 철저히 합리적이라는 점을 보였다.—옮긴이

　　　　인류학자처럼 생각하는 법

러나 아잔데의 주술에서 가장 주목할 점 중 하나는 그들이 마녀 자체에 대해서는 거의 신경 쓰지 않는다는 점이다. 그들은 마녀가 누구이며 어떤 존재인지에 대한 정교하고 복잡한 지식을 추상적으로만 가지고 있을 뿐이다. 남성과 여성 모두 마녀가 될 수 있으며, 이는 유전되는 '특질'로서 아버지에게서 아들로, 어머니에게서 딸로 전달된다(교차될 수 없다). 또한 이는 소장小腸 안에 존재하는 신체적 물질이기도 하다. 에반스-프리차드에 따르면 아잔데 사람들이 마녀에 대해 관심을 두지 않는 이유는 마녀가 주술을 부릴 때조차 자신이 마녀인지 모르기 때문이다. 애초에 개인 및 구획된 인격성이라는 개념이 미미한 것이 또 하나의 이유이기도 하다.

그렇기 때문에 주술은 담화와 그 효과 안에서만 존재한다. 사람들은 주술에 대해 말하고, 이를 통해 '사고'하며, 그 효과를 관찰한다. 그래서 에반스-프리차드는 주술을 하나의 관용구로 봤다. 세상에서 벌어지는 사건들, 특히 질병, 죽음, 가정사, 흉작, 실패한 여행 등 불의의 사건에 대해 사람들이 말하고 사고하는 하나의 방식으로 말이다. 이 모든 불행은 주술의 결과로 여겨지곤 한다.

그렇다고 해서 아잔데 사람들이 물질, 화학, 생물학적 과학의 작동 원리, 즉 자연 법칙, 더 평이하게 말하자면 현실 세계의 작동 방식을 이해하지 못한다는 의미는 아니다. 그렇다면 여기에 어떤 의미가 있는가? 에반스-프리차드는 아잔데 사람들이 어떤 일이 **어떻게** 발생했는지와 **왜** 발생했는지를 명확히 구분하며, 주술은 이 둘을 연결하는 역할을 한다고 설명한다. 그가 말한 유명한 사례 중 하나는 곡물 창고 붕괴에 관한 것이다. 아잔데 사람들은 해충과 습기를 피하기 위해 창고를 바닥에서 어느 정도 띄워놓고 곡물을 보관한다. 곡물 창고 아래는 그럴싸한 그늘이 되며 사람들은 이를 이용하곤 한다. 그런데 습기와 흰개미의 영향에서 완전히 자유로울 수 없기 때문에 아주 가끔 이 곡물 창고가 무너져 그 밑에 사람이 깔리는 사고가 난다. 아잔데 사람들은 창고의 붕괴가 습기와 흰개미 때문이라는 사실을 완벽하게 이해한다. 그들이 제기하는 질문은 왜 하필이면 그 일이, 그 창고에서, 그 사람에게 일어났는가 하는 것이다. 답은 주술이다. 그 사람이 그런 일을 당한 이유는 마녀의 기분을 상하게 했거나 잘못을 저질렀기 때문이다. 그들의 행동과 그들의 안녕은 도덕적으로 연결되어 있다.

이 책에서 에반스-프리차드는 주술은 실재하지 않음을, 말하자면 '진짜 현실'이 아니라는 점을 독자들에게 거듭 상기시킨다. 동시에 그는 아잔데의 세계를 덜 낯설게 만들고, 서양 독자들의 세계를 덜 친숙하게 만들기 위해 끊임없이 노력한다. 그는 아잔데의 세계는 낯설며 특정 상식에 어긋난다고 말한다. 그러나 또한 섬세하고도 정중하게 이렇게 주장한다. 그 상식 자체는 특정 맥락에서 비롯된 것이며, 아잔데 사람들이 주술을 믿는 것 역시 그들의 논리 안에서는 완벽하게 합리적이라고 말이다. 그 믿음의 핵심 기능은 사람들의 관계를 조정하면서 그들이 지닌 문화적 가치를 강화하는 것이다. 이 역시도 훌륭한 자연철학의 한

　　　　　　　　　　　　　　　인류학자처럼 생각하는 법

형태라고 할 수 있다. 우리 모두 삶에서 일어나는 신비와 난제 앞에서 '왜?'라는 질문을 던지지 않는가? "주술에 대한 믿음은 인간의 책임과 자연에 대한 이성적 이해와 완전히 양립 가능하다."[9]

더 나아가 에반스-프리차드는 주술에 대한 아잔데 사람들의 관용구가 행운에 대한 서양인들의 관용구와 상당히 유사하다는 점을 언급한다. 서구 독자들에게 겸손함을 일깨우는 그의 이 노력은 그가 얼마나 세심한 분석가인지 보여준다. 그의 주장은 일리가 있다. 만약 우리가 곡식 창고 아래에 앉아 있다가 창고에 깔리게 되었다면, 아마 우리는 운이 나빴다고 말할 것이다. 어쩌면 아잔데 사람들처럼 왜 하필 나인지, 대체 내가 뭘 잘못한 건지 물을지도 모른다. 이러한 질문들은 사실상 누가 보기에도 자연스러운 것인 만큼, 행운에 대한 에반스-프리차드의 논점을 그가 선을 그었던 것보다 더 멀리 확장해볼 수도 있다. 예를 들어, 그는 질병에 대해서는 과학적 사실에 기반해 선을 긋는다. 암에 걸린 것은 이웃에게 못된 짓을 했기 때문이 아니라는 걸 우리는 안다. 우리는 또한 헤로인 중독자의 감염된 주사기를 사용한 결과로 HIV에 걸릴 수는 있지만, '약물 사용'과 'HIV 양성' 사이에 도덕적 차원의 인과관계가 없다는 것도 안다. 그럼에도 HIV 감염자에 대한 낙인은 여전히 존재하며, 에이즈에 대한 도덕적 비난은 사회적 사실이다. 이는 현실적 근거와 관계없이 효과를 발휘하고 있다. 암 역시도 마찬가지다. 암은 종종 낙인을 만들어내며 사람들에게 이런 질문을 하게 한다. "도대체 내가 뭘 잘못한 거야?"

다시 옛날 인류학의 방식으로 돌아가서 표현하자면, '우리'
는 그리 문명화되지 않았고, '그들'은 그리 원시적이지 않다. 우
리는 그다지 현대적이지 않고, 그들은 그리 전통적이지 않다. 우
리는 그리 과학적이지 않고, 그들은 그리 미신적이지 않다. 우리
는 그리 이성적이지 않고, 그들은 그리 비이성적이지 않다. "불
운을 주술 탓으로 돌리는 것은 우리가 말하는 실제 원인을 배제
하는 것이 아니라, 실제 원인 위에 덧붙여져 사회적 사건에 도덕
적 가치를 부여한다."[10] '주술'이라는 단어를 '운'이나 '나쁜 행동',
심지어 '죄'로 바꿔보라. 클리블랜드나 콜로라도 스프링스에도
적용할 수 있을법한 설명이 된다.

아잔데 사람들을 친숙하게 만들기 위한 에반스-프리차드
의 노력은 계몽주의가 만든 우상들을 무너뜨려온 인류학자들의
길고도 탁월한 전통의 일부이다. 에반스-프리차드는 상식을 높
이 평가하고 미신을 낮추어 말하는 것을 주저하지 않았지만, 동
시에 그의 글에는 주술화된 세계에 열려 있는 듯한 암시도 드물
게 등장한다. 아잔데의 주술에 대한 저서 초반부에서, 아잔데 사
람들은 주술이 발생하는 순간을 불꽃이나 빛으로 묘사한다고
설명한다. "나는 주술이 지나가는 모습을 딱 한 번 본 적이 있다"
고 그는 썼다. 그의 글은 명료하고 절제된 옥스브리지식의 문체
에서 한 치도 벗어나지 않는다. 에반스-프리차드는 밤 산책 중에
그 빛을 봤으나 그 정체를 확인할 수 없었다. 그리고 다음 날 아
침, 그는 한 이웃이 사망했다는 소식을 들었다. 그는 이렇게 말한
다. "아마도 누군가가 풀 한 움큼에 불을 붙여 변소 가는 길을 밝

　　　　　　　　　　　　　　　인류학자처럼 생각하는 법

힌 것일지도 모른다. 그러나 그 빛이 이동한 방향과 그 후 발생한 죽음 사이의 우연의 일치는 아잔데의 관념과 잘 들어맞았다."[11]

많은 인류학자가 이러한 가능성을 열어두고 있으며, 이런 내용을 최소한 공개적으로 비웃지는 않을 것이다. 그럼에도 대부분의 인류학자들은 이를 기록으로 남기지 않는다. 다만 명백히 비이성적인 믿음, 신비적 참여의 형태, 주술 등이 그들의 관점에서(어쩌면 우리의 관점에서도) 어떤 의미를 지니는지 알아내기 위해 노력할 것이다.

다시 보로로

보로로 사람들이 스스로를 앵무새라고 말하는 것의 의미를 둘러싼 인류학적 논의는 이와 같은 방향으로 흘러왔다. 레비-브륄 이후로 보로로의 발언에 대한 관심은 그것을 비유적으로 설명하는 데 집중되었고, 보로로의 비유적 표현 능력은 오랫동안 부정당하지 않았다. 예컨대 레비-스트로스는 레비-브륄의 결론에 큰 관심을 두지 않았고, 보로로 사람들의 말은 은유적 표현이며 그들의 문화에서 토템이 지니는 중요성을 반영한다고 주장했다. 이후 1970년대에 J. 크리스토퍼 크로커J. Christopher Crocker라는 인류학자가 마침내 보라질에서 현지조사에 기반한 심층 연구를 최초로 수행했고, 이로써 여러 중요한 세부 사항들이 밝혀지게 되었다.*

첫째, 크로커에 따르면 자신을 앵무새라고 부르는 것은 오직 남성만이 특정한 상황에서 하는 언행이다. 둘째, 앵무새, 더 정확히 말하면 붉은마코앵무는 혼과 연관되어 있는데, 이는 혼과 앵무새 모두 밝은색을 띠고, 외딴 절벽이나 특정 나무 꼭대기에서 발견되기 때문이다. 이러한 이유로 남성들이 이끄는 의례 현장에서 (붉은마코앵무를 포함한 모든 종류의) 앵무새, 더 구체적으로는 그 깃털이 중요한 장식물로 여겨진다. 따라서 앵무새 깃털은 매우 높은 가치를 지니고 있으며, 남성과 여성 모두가 야자나무 줄기로 만든 특별한 상자에 저마다의 깃털 컬렉션을 보관한다. 대다수 깃털은 야생에서 수집되는데, 앵무새는 보로로의 유일한 애완동물이기도 하다. 개를 기르던 보로로 사람들은 브라질의 영향을 받아 닭, 돼지를 도입하긴 했지만, 이 동물 가운데 어느 것도 애착의 대상은 아니다. 앵무새는 다른 동물들과는 다르게 애착의 대상이자 이름을 붙이는 동물이며 심지어 장례식도 치러준다. 이토록 귀한 애완동물임에도 마을 의례를 앞두고 온몸의 깃털이 다 뽑히는 수난을 치러야 하지만 말이다. 잠깐이긴 하지만 그 귀한 동물이 "앙상하게 살과 뼈만 남은 헐벗은" 신세가 되는 것이다.[12]

어쨌든 앵무새는 분명 중요한 존재다. 앵무새는 복잡한 의례체계를 통해 남성, 혼, 협력 집단(씨족)을 묶어주는 상징적 고

---

* 그전까지 이 논의는 슈타이넨의 초기 관찰, 일부 가톨릭 신부들의 몇 안 되는 연구, 1930년대에 보로로 사람들과 단 몇 주 머물렀을 뿐인 레비-스트로스의 저서들에 기초해서 이루어졌다.

　　　　　　　　　　인류학자처럼 생각하는 법

리다. 그러나 여기서 핵심은, 여성만이 애완동물 앵무새를 소유한다는 사실이다. 또한 어떤 의미에서는 남성 역시 여성의 소유라고 할 수 있다. 보로로 사회는 모계사회이지만 남편이 아내의 가족과 함께 거주하는 처가거주uxorilocal 사회이기도 하다. 따라서 남성은 두 방향의 압력을 받게 되면서 두 가지 종류의 의무와 귀속을 지닌다. 남성은 친가의 여자 형제들과 그들의 자녀를 돌볼 책임이 있다. 그러나 그는 동시에 아내의 남편이기도 하다. 크로커에 따르면 종종 혼인은 사랑에 기반한 결합일 수 있다. 그런 경우일지라도 남성은 언제나 그 아내의 친족들 사이에서는 이방인 같은 느낌을 받게 된다. 이를 벗어나는 한 가지 방법은 의례체계를 이용하는 것이며, 이 의례 안에서 남성은 혼을 연기하는 중요한 역할을 수행해야 한다. 자신을 앵무새라고 말하면서 남성들은 자신과 앵무새 사이에 은유적 연상을 만들어내는데, 이 연상은 그들과 앵무새가 공유하는 여러 핵심적 특징들에 기반한다. 앵무새처럼 그들은 의례적 세계에서 중요한 역할을 감당한다. 이뿐만 아니라 그들은 앵무새처럼 애완동물이기도 하다. 강력한 힘을 갖지만 동시에 그렇지 않은 것이다. 주도권을 쥐고 있으나 동시에 그렇지 않기도 하다. 남성들이 "우리는 앵무새다"라고 말함으로써 하고자 하는 바는 곧 "남성성의 역설을 표현하는 것이다".[13]

크로커의 결론으로 이 논쟁이 끝난 것은 아니었다. 아마존 연구를 이끄는 학자 중 한 명인 테런스 터너Terence Turner는 크로커가 은유와 역설을 강조한 것에 이의를 제기했다. 그는 보로로의 사례가 제유법을 보여준다고 주장했다. 물론 그는 이를 단순한 제유법이 아닌 "초제유법super synecdoche"*이라고 불렀다.[14] 여기서 그 논거가 무엇인지, 혹은 무엇이 제유를 초제유로 만들게 했는지는 따로 다루지는 않겠다. 이 지점에서는 이것이 기발한 분석이긴 해도 '**그래서?**'라는 질문을 피할 수 없다는 점만 짚고 넘어가겠다. 어쨌든 이제 우리는 가장 헌신적이고 재능 있는 문학 비평가들만이 흥미를 느낄 법한 문제로 넘어가고 있다.

그러나 이것은 단순한 학문적 곡예가 아니다. 제유법과 역설의 차이에 대한 섬세한 논쟁은 우리가 하나의 문화적 논리를 어떻게 이해하는지에 영향을 미칠 수 있다. 어떤 공동체든 그 안에서 사용되는 비유적 표현들에 주목함으로써 해당 공동체의 가치뿐만 아니라 그 구성원들이 지식을 조직하고 구별짓는 방식을 배울 수 있다. 우리는 비유적 언어를 사용해 중요한 것이 무엇이고 그렇지 않은 것은 무엇인지, 어떤 구별짓기가 작동하고 어떤 것은 아닌지, 무엇을 이해 가능한 것으로 여기고 무엇을 불명확하거나 불확실하게 여기는지를 명료하게 표현한다.

이와 관련해 내가 가장 좋아하는 예시는 무척 간단하지만 시사하는 바가 크다. 지중해에서 멀리 떨어진 식민 지역과 더 외딴 탈식민 지역에 도착한 기독교 선교사들이 성경의 은유와 이미지를 바꿔야 했던 경우가 있었다. 그래서 파푸아뉴기니의 구

---

* 부분이 전체를 대표하는 제유적 관계가 사회·문화적 차원으로 확대된 것을 말한다. 이를테면 한 특정 부족의 관습이 '브라질 선주민 전체'를 대표하는 것처럼 쓰일 때.—옮긴이

 인류학자처럼 생각하는 법

후-사마네Guhu-Samane 사람들에게 "하나님의 어린 양"이라는 표현은 "하나님의 구운 돼지"로 바뀌었다.[15] 그곳 현지인들은 양이 무엇인지 알지 못하므로 예수의 희생 의미를 전달하기 위해서 번역가들은 돼지를 사용해야 했던 것이다. 구후-시마네 사람들은 돼지를 잘 알고 있었다. 돼지는 멜라네시아에서 가장 흔히 제물로 사용되는 동물이었기 때문이다. 은유와 다른 수사적 표현은 이처럼 작동한다. 우리가 모르는 것(예수의 성격과 특질)을 우리가 아는 것(돼지의 성격과 특질)을 통해 이해할 수 있도록 바꾸는 것이다. 은유의 역할은 공유된 의미와 연상을 강조한다. 물론 예수와 어린 양과 돼지는 여러 면에서 다르고 구별된다. 그러나 만일 어떤 구후-시마네 사람이 예수가 하나님의 구운 돼지라는 말을 처음으로 듣는다면, 그 사람은 예수가 그 짐승처럼 중요한 제물로 희생되었다고 생각할 것이다.

크로커가 보로로 남성들의 말이 지닌 비유적 측면을 이해하고 그들과 소통할 수 있었던 것은, 그가 보로로의 우주관, 토템, 성, 친족체계, 의례, 애완동물에 대한 경험적 지식을 지니고 있었기 때문이다. 그러나 여러 인류학자를 괴롭히는 성가신 문제가 여전히 남아 있다. 특히 현지인의 ('낯선') 사고방식을 이해하려 할 때, 무엇이 '문자 그대로'이고 무엇이 '비유적'인지가 모든 문화권에 일관되게 적용된다고 전제해버리는 위험이 존재하지 않을까? 우리는 현실이라는 용어와 관련된 문제로 다시 돌아오게 된다.

이는 이성과 합리성rationality에 관한 논쟁에서 일단의 인류학자들이 늘 제기하고 싶어 하는 종류의 질문이다. 극단적으로 말하자면, 유비(주술에 대한 말은 불운에 대한 말과 같다)와 비유(보로로 남성의 역설적인 말)에 의존하게 되면 결국 문화적 차이를 거의 무의미한 수준으로 환원시킬 위험이 있다. "그들은 우리와 매우 비슷하다"라는 말은 존중하는 듯 들리지만 어쩌면 또 다른 형태의 '의식의 식민화'를 낳을지도 모른다. 낯선 사람들의 말을 정교한 비유로 바꿔 이해하는 것은 한 인류학자가 말했던 특정한 "지적 존중"을 표하는 데 도움이 되지만, "그 내용이 아무리 낯설다 해도 세계에 대한 진술들을 문자 그대로 받아들이는 것이 정신의 차별화 구조가 작동하는 또 하나의 사례로 간주하는 것보다는 더 나을 수 있다".[16]

실제로 이를 실천하거나 시도하려는 인류학자들이 있다. 어떤 이들은 애초에 문자 그대로의 의미, 비유적 의미라는 특정 가정들에 의존하는 틀에서 벗어나려고 한다. 에반스-프리차드는 때때로 이러한 태도를 보였다. 예컨대 그가 주술에 의한 섬광을 목격했을 때가 그러하다. 또한 그가 아잔데에서 누에르로 관심을 돌린 후 "쌍둥이는 새다"라고 말하는 누에르 사람의 말을 비유의 형태로 이해하려 시도했지만, 동시에 '문자적'이나 '비유적' 표현 모두 이들의 관점을 정확하게 포착하지 못한다고 지적하기도 했다. 크로커 역시 보로로의 말을 해석할 때 레비-브륄의 분석이 레비-스트로스의 분석보다 더 정확하다는 언급을 슬쩍 덧붙인 바 있다. 레비-브륄의 분석은 실질적 정체성에 입각한 반면, 레비-스트로스는 보편 이성이라는 은유적 안전망에 기대고 있기 때문이다.

또 하나의 관점

지난 20년 동안 이 은유적 안전망을 해체하는 작업에 가장 매진
해온 학자 중 한 명으로 에두아르두 비베이루스 지 카스트루를
꼽을 수 있다. 리우데자네이루 국립박물관 소속 교수인 비베이
루스 지 카스트루는 투피-과라니Tupi-Guarani어파에 속하는 아마
존 지역의 선주민 집단 아라웨테Araweté를 대상으로 광범위한 현
지조사를 수행했다.* 그는 1986년에 아라웨테에 대한 영향력
있는 저서를 펴냈으며 1992년에는 영어 번역본이 나왔다. 하지
만 이 책은 단순히 아라웨테만을 다룬 것이 아니라, 그들을 아메
린디언Amerindian** 집단과의 관계 속에서 조명하며, 민족지적 기
록을 폭넓게 활용했다. 그의 접근법이 분명한 초점을 갖게 된 것
은 바로 이 책과 더불어 그가 '아메린디언 관점주의'라고 부르는
것에 관한 1998년의 후속 논문에서였다.[17] 그가 이 작업을 통해
우리에게 요구하는 바를 간단하게 말하자면, 아메린디언을 서구
적 개념으로 이해하려는 충동을 거부하라는 것이다. 즉 보편 이

---

* 아라웨테 사람들은 결코 자신들을 아라웨테라고 부르지 않는다. 이는 1977년
에 브라질 국립선주민재단이 붙인 이름이다. 그들은 언제나 자신들을 비데bide
라고 불러왔으며 이는 '인류' 혹은 '사람들'이라는 뜻이다.

** American Indian의 축약형으로, 북미·남미 전역의 아메리카 선주민을 가리키
는 말.—옮긴이

성 혹은 진짜 현실이라는 토대 위에 세워진 문화적 차이들의 경관에 그들을 끼워 맞추려 들지 말라는 것이기도 하다. 이러한 종류의 인류학 작업은 현지인의 사고방식을 이해하는 데서 그치지 않는다. 그것은 첫걸음일 뿐이다. 그다음 단계는 현지인처럼 생각하는 것이다. 최소한 그것이 우리의 통상적 사고방식을 해체할 수 있을 정도로 말이다.

비베이루스 지 카스트루에 따르면 아라웨테는 다른 아메린디언 집단과 마찬가지로 이 세계에 대해 우리와는 근본적으로 다른 수많은 전제와 추정을 가지고 있다. 아메린디언 신화를 참고하자면, 아마 그중 가장 중요한 것은 인간과 동물이 본래적 조건을 공유한다는 내용일 것이다. 그런데 이 조건이란 자연과 구별되는 인간이 동물을 지배하는 유대-기독교적 틀과는 전혀 다르며, 인간을 문화를 향유하는 하나의 동물로 여기는 자연선택의 진화과학과도 다르다. 아메린디언의 우주관에서는 '인간성 humanity'은 본래적 조건이며 모든 생물이 이를 공유한다. 여기서 인간을 다른 생명체와 다르게 하는 것은 자연의 발전이지 문화의 발전이 아니다(신적 섭리든 진화의 결과든 둘 다이든, 서구의 관점은 문화가 인간을 특별하게 만든다고 여긴다). 많은 아메린디언 신화에서 동물들은 자신의 인간성을 상실하는 존재로 묘사되는 반면, 서양의 신화나 과학에서 인간은 그들이 지닌 동물성을 초월하는 존재로 그려진다. 현지인의 사고방식을 이해하기 위해서는 이러한 차이를 진지하게 대해야 한다고 비베이루스 지 카스트루는 주장한다. 이 주장에 한 가지 중요한 제안이 담겨 있다.

　　　　　　　　　　　　　　인류학자처럼 생각하는 법

즉 인간과 비-인간, 문화와 자연, 주체와 객체 등과 같이 명료한 구분들에 기초한 인류학의 인간중심적 접근법은 완전하지도 않을뿐더러 유일한 사고방식도 아니라는 것이다.

동물이 인간성을 잃는다는 것은 무의미한 자연 생물이 되었다는 의미가 아니다. 비베이루스 지 카스트루와 여러 인류학자는 아메린디언 우주론의 공통된 특징으로 '관점주의'를 꼽아 왔다. 그들은 많은 동물 종이 행위자성과 자각 능력을 지니고 있다고 여긴다. 동물 역시 인간처럼 '관점'이 있으며 그들만의 문화적 세계를 가지고 있다는 것이다. 이것이 시사하는 바 중 하나는 아메린디언이 세계에 대해 훨씬 더 관계적이고 상호연결적인 관점을 지니고 있다는 사실이다. 이들은 자신의 행동이나 행동 방식을 생각할 때, 다른 생물들 역시 그러할 것이라는 이해와 기대를 품고 있다.

따라서 아라웨테 사람들에게는 인간과 비-인간, 주체와 객체와 같은 온갖 구분은 서구의 정식화처럼 깔끔하게 정리되지 않는다. 비베이루스 지 카스트루는 르네 데카르트에 의해 유명해진 심신이원론*을 언급하는 대목에서, "아메린디언은 데카르트적 대립과 거리를 둔다"라고 말하기도 했다.[18] 세계에 대한 아메린디언의 관점 안에서 모든 것은 서로 연결되어 영향을 미치며, 경계와 구분은 서구적 도식들보다 훨씬 더 다공적이다. 아메

---

*   인간을 정신(사유하는 실체)과 몸(공간을 차지하는 물질적 실체)으로 완전히 분리된 두 실체로 보는 철학적 입장.—옮긴이

린디언의 관점주의는 이 분야의 또 한 명의 중요한 인류학자가 "관계적 비-이원론"이라고 부른 것의 예시다.[19] 모든 것은 연결되어 있다.

비베이루스 지 카스트루가 유비적metaphorical 안전망을 걷어 냈다고 해서 은유까지도 내버린 것은 아니다. 그는 별다른 복잡한 설명 없이 보로로 사람들의 말은 비유적 표현으로 이해해야 한다고 주장한다. 아라웨테에 대한 책에서 그는 "보로로의 남성과 누에르의 쌍둥이는 모두 날지 않는다"고 못 박았다.[20] 그러나 동시에, 그는 동물들이 자신들을 인격으로 여기는 아메린디언의 관점주의에 대해서는 매우 문자적으로 접근한다. "여기서 '~으로 여긴다'라는 것은 문자 그대로의 지각을 가리키는 것이며 비유적인 개념을 말하는 것이 아니다."[21] 달리 말해, 이는 은유가 아니고 역설이나 초제유법에도 해당하지 않는다.

이렇게 두 종류의 접근을 모두 긍정하는 방식을 이해하는 가장 좋은 방법은 이와 같은 부류의 인류학 연구의 의도로 돌아가 보는 것이다. 이는 말리노프스키를 비롯한 많은 학자가 강조했던 현지인의 사고방식을 이해하는 수준을 넘어, 현지인의 사고방식을 통해 인류학자들의 관점까지 변화시키는 접근법이다. 비베이루스 지 카스트루에 따르면 모든 인류학적 연구는 낯설고 이질적인 요소를 포함해야 하며, 이는 학문적 분석의 관점을 단순히 도전하는 것을 넘어 그것이 의미하는 바와 그 사고 과정 자체를 재정의하는 것이다. 이러한 접근법을 통해, 인류학은 언제나 경이로움의 가능성에 열려 있어야 한다.[22]

비베이루스 지 카스트루의 연구 핵심은 아메린디언이 자신들을 가리켜 앵무새나 재규어라고 말할 때, 이를 단순히 우리가 '명사'라고 부르는 단어들로 지칭되는 앵무새와 재규어라는 동물의 관점에서만 생각해서는 안 된다는 것이다.* 아메린디언의 관점에서 '재규어'는 명사라기보다는 하나의 행위적 특질에 가깝다. '재규어'의 더 정확한 의미는 '재규어 되기Jaguar becoming'라고 할 수 있다. 다소 어색한 영어 표현이지만 이는 그 핵심이 "서술 대상이 아니라 동사적 특질"이라는 점을 분명 더 잘 포착한다.[23]

비베이루스 지 카스트루와 같은 인류학자들의 글을 읽는 것은 마치 제임스 조이스James Joyce, 거트루드 스타인Gertrude Stein, 데이비드 포스터 월리스David Foster Wallace와 같이 전통적인 형식을 깨트리는 소설가들의 글을 읽는 것과 같다. 말하자면, 그들의 작업을 이해하기 위해서는 그들의 세계에 전적으로 몰입하고, 심지어는 나 자신을 거기에 내던져야만 한다는 것이다. 명료한 문체로 글을 쓰는 인류학자들이라 할지라도 사정은 다르지 않다. 매릴린 스트래선을 보라. 그의 책을 읽을 때 그 시작은 늘 순조롭다. 글쓰기 스타일이 비교적 직설적이고 가독성이 높기 때문이다. 예컨대 그의 명작 《증여의 젠더》에 나오는 모든 문장 하나하나를 이해하는 데는 전혀 어려움이 없다. 그러나 그렇게 친절한 문장

---

* 비베이루스 지 카스트루는 앵무새에 대해 쓴 바가 별로 없다. 그러나 그는 재규어에 대해서는 자주 언급했는데, 재규어는 아라웨테와 더불어 여러 아메린디언 우주론에서 중요한 생명체(사람)다. 한 예로, 그는 자신의 저서에서 16세기 어떤 독일 탐험가에게 "나는 재규어입니다"라고 말했던 추장의 사례를 다룬다.

들로 이루어진 한 단락 전체를 읽고 나면 서서히 방향을 잃게 된다. 한 챕터를 다 읽고 나면 머리를 쥐어뜯는 자신을 발견하게 될 것이다. 그는 영어라는 언어를 일반적인 방식으로 사용하지 않는다. 마치 멜라네시아식 사고방식에 글을 맡기는 것만 같다. 스트래선은 독자들을 향해 완전히 다른 방식으로 생각하기를 요구한다. 따라서 그가 무엇을 말하려는지 정확하게 파악하기 위해서는 그의 문체가 가진 논리에 나 자신을 내맡겨야만 한다.

이 장에서 살펴본 모든 접근법은 본질적으로 같은 것을 지향하고 있다. 다소 독특한 언어학자인 벤저민 리 워프부터 비교적 합리적인 접근을 취하는 에드워드 에반스-프리차드 경, 그리고 자칭 급진적인 접근 방식의 에두아르두 비베이루스 지 카스트루에 이르기까지, 요점은 우리가 가진 지식의 분류체계와 범위를 자명한 것으로 여겨서는 안 된다는 것이다. 세상의 질서란 때로 존재의 흐름이기도 하다. 대다수 인류학자의 작업은 다른 삶의 방식을 기록하는 일이라고 할 수 있다. 그러나 일부 인류학자들에게 이는 단순한 기록을 넘어 다른 삶들을 열어젖히는 것이기도 하다.

생물학적 시민권

마지막으로 소개할 사례는 우리를 아마존 숲, 아잔데의 곡식 창고와는 아주 멀리 떨어진 곳으로 안내한다.[24] 이 사례는 무엇보

　　　　　　　　　　　　　인류학자처럼 생각하는 법

다도 사물의 질서가 얼마나 급진적으로 재구성될 수 있는지, 상식과 이성이 얼마나 문화적으로 조건 지어져 있는지를 보여준다는 점에서 매우 유용하다. 심지어 '문화'가 문자 그대로든 비유적으로든 거의 소멸에 가까워진 상황에서도 말이다.

1986년 4월 어느 날 한밤중, 우크라이나의 체르노빌 원자력발전소의 한 원자로가 폭발하면서 방사성 물질이 8킬로미터 상공까지 퍼졌다. 이 폭발은 엔지니어들이 원자로가 증기 공급 없이 얼마나 오래 작동할 수 있는지를 실험하던 중, 실험의 실패로 일어난 것이었다. 이후 며칠 동안 소련 당국은 사태를 수습하는 과정에서, 연소하는 흑연 노심 위에 모래, 백운석, 기타 소화용 물질들을 쏟아붓는 방식으로 진압을 시도했는데, 이것이 오히려 열을 더욱 증가시키는 결과를 초래했다. 동시에 크렘린궁은 이 사건 정보를 18일 동안 공식적으로 발표하지 않는 침묵 전략을 택했다. 그 기간에 수만 명이 방사성 요오드-131에 노출되었으며, 그로부터 4년 이내에 갑상선암 발병률이 폭발적으로 증가했다. 소련 당국은 발전소 현장에서 일했던 237명의 노동자를 모스크바의 방사선 치료 전문 연구소로 이송하는 데 집중했지만, 실제 피해 규모는 훨씬 더 광범위했다. 일부 추정에 따르면, 체르노빌 원자로 폭발로 인해 60만 명이 사망하거나 심각한 건강 문제를 겪었다.

1992년 아드리아나 페트리나Adriana Petryna는 체르노빌 참사를 연구하기 위한 인류학 연구를 시작했다. 그는 과학자, 의료 전문가, 정치인, 그리고 무엇보다도 사고 이후 정화 작업에 동원된 소방관, 군인, 노동자와 같은 피해자 집단들 사이의 복잡한 관계망에 집중했다. 그가 연구를 시작한 시점은 소련 붕괴 직후였으며, 그의 주요 연구 목적 중 하나는 새로운 독립국인 우크라이나가 소련 붕괴 전부터 존재했던 이 위기에 대응하는 방식을 이해하기 위한 것이었다. 소련 체제하에서는 체르노빌 사고 영향의 공식 인정이 매우 엄격히 제한되어 있었다. 그러나 독립 후 우크라이나 정부는 이 방침을 완전히 뒤집고, 피해자 인정 기준을 대폭 완화했다. 1990년대 동안 우크라이나 전체 인구의 5%에 해당하는 350만 명이 보상 및 국가 지원을 요구하는 피해자 신청을 했으며, 국가 예산의 5%가 체르노빌과 그 여파에 대응하는 데 사용되었다. 또한 우크라이나 국토의 약 9%가 오염된 것으로 간주되었으며, 오늘날까지도 발전소 주변 30킬로미터 지역은 출입이 금지된 제한 구역으로 남아 있다.

에반스-프리차드는 아잔데 사람들처럼 생각하는 데 그리 오랜 시간이 걸리지 않았다고 말한다. "얼마 지나지 않아 나는 그들의 사고가 담긴 표현을 배웠고 주술의 개념을 그들만큼이나 자연스럽게 적용하게 되었다."[25] 그의 논점은 간단하다. 우리는 스스로를 주변 세계에 적응시킨다. 체르노빌과 같은 참사에 관한 연구들은 여기서 더 나아가 이러한 변화가 사회적 수준에서도 일어날 수 있음을 보여준다. 이는 신호 사건signal events이며, 생물학적 삶과 문화적 삶 모두가 지닌 취약성과 가변성을 동시에 드러낸다.*

페트리나가 보여준 것처럼 우크라이나에서의 이 사건은 한

국가에 속한다는 것, 혹은 시민이 된다는 것이 무엇을 의미하는지를 완전히 재구성하는 결과를 낳았다. '정상적인' 경우에는 출생이나 귀화의 문제로 이해되는 국가에 대한 권리가 고통의 측면에서 정의되기 시작했다. 페트리나는 이를 '생물학적 시민권'이라고 부른다. 이후 10년 동안, 우크라이나에서 정상적인 일상을 유지한다는 것, 즉 국가로부터 지원을 받는 것은 방사능 중독과 관련된 과학적, 의학적, 법적 지식을 얼마나 잘 이해하고 활용할 수 있는지에 달려 있었다. 이는 새로운 언어, 새로운 사고방식, 새로운 상식을 요구했다.

체르노빌 참사는 '현지인의 사고방식'이 문화적 요소들에 의해 형성되는 방식을 극적으로, 비극적으로, 그리고 명확하게 보여주는 사례다. 동시에 이 사례는, 설령 인간이 초래한 재앙이라 하더라도 워프가 말한 현실로부터 유리될 수 없다는 점을 상기시켜준다. 이 사례가 아무리 '문화적'이라 하더라도 이는 지극히 자연적인 것이기도 하며, 자연 그 자체의 작용과 법칙에 깊이 의존하고 있다. 자, 이제 자연에 대해 살펴보도록 하자.

---

* 인류학자들은 1984년 인도에서 일어난 보팔 화학공장 폭발 사건에 대한 연구(Das, 1995)와 동남아시아의 광범한 지역과 인도네시아 아체 지역 일부를 파괴했던 2004년 인도양 쓰나미에 대한 연구(Samuels, 2012)를 통해 이 논점을 다룬 바 있다.

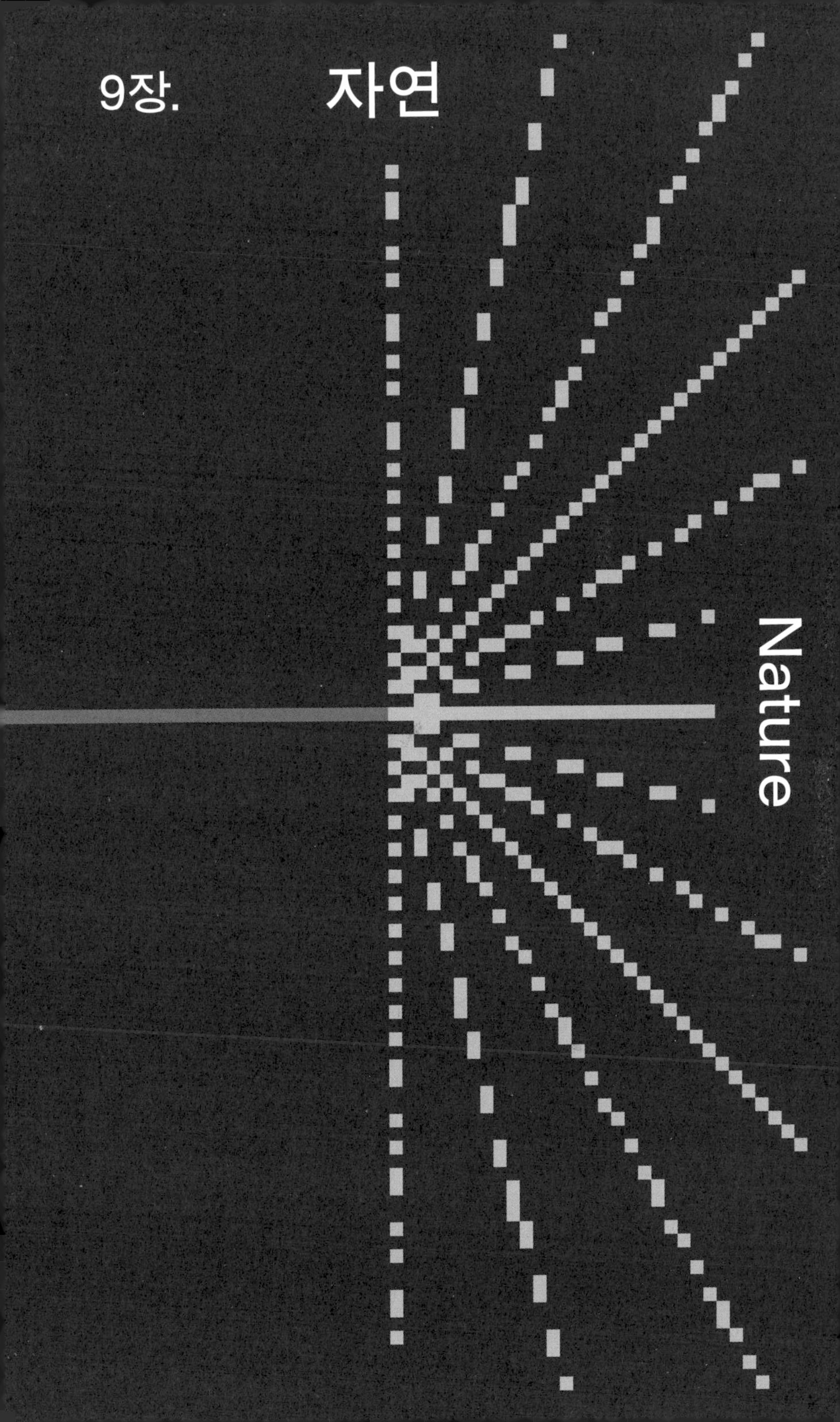

9장.
자연
Nature

팔레스타인 출신 문학비평가 에드워드 W. 사이드Edward W. Said는 식민주의와 제국주의를 연구한 학자였지만, 동시에 서양 고전음악을 열렬히 사랑하고 꾸준히 탐구한 애호가이기도 했다. 그는 음악 연구를 통해 그만의 독특한 비평 방식인 '대위법적 읽기contrapuntal reading'를 발전시켰다.[1] 음악 이론에서 대위법적 진행이란 두 개 이상의 선율이 독립적으로 움직이면서도 서로 관계 맺는 방식을 가리킨다. 선율들은 분리되어 따로 존재할 수 있지만, 함께 결합되는 순간 부분의 합을 넘어서는 무언가가 된다. 사이드에게 훌륭한 문학비평이란 이와 같았다. 즉 한 줄기 이야기나 단일한 목소리로 환원될 수 없는 무언가를 만들어내는 것이다. 그는 특히 제국주의 시대를 배경으로 한 서양 소설을 읽을 때 두드러지는 단선적 독해의 위험성을 경고하기도 했다.

이 책 전체를 통틀어 '문화'와 '자연'은 각각 인류학의 선율이라고 볼 수 있으며, 그 대위법적 진행은 인류학이라는 학문에 독특한 성격을 부여해주었다. 물론 이 책에서 살펴본바, 문화는 두드러지는 선율인 반면 자연은 안정적으로 지속되는 배경음 같은 것이었다. 그러나 피나 사고 같은 주제들을 살펴볼 때는 이러한 구도가 다소 흔들리기도 했다. 달리 말하자면, 때때로 자연이 거칠게 고개를 들고 자기 존재를 주장하는 듯 보이기도 했다. 화학, 생물학, 물리의 법칙들은 무시할 수 없다. '빈' 드럼통은 위험하고, 갑상선암은 치명적이며, 보로로 남성들은 날 수 없다.

어쩌면 많은 인류학자에게 자연은 가급적 그 소리를 줄여야 하는 음울한 선율과 같은 것처럼 보일지도 모르겠다. 루스 베네딕트, 클리퍼드 기어츠, 마셜 살린스 같은 인물들은 문화적, 사회적, 역사적 특수성을 열정적으로 옹호할 뿐만 아니라 매개하는 것 없이는 실재에 닿을 수 없다는 사실을 주장해 많은 이의 지지를 받아왔다. 이 학자들의 열정을 이끌었던 것은 살린스가 "생물학의 사용과 악용"이라고 부른 것에 대한 정치적 입장이었다.[2] 그중에서도 가장 심각한 사례로는 베네딕트와 프란츠 보아스를 비롯한 그 동료들이 인종이라는 허위 과학에 맞섰던 것을 들 수 있다.

인류학자들은 문화를 다양한 방식으로 정의해왔지만, 자연에 대해서는 그렇지 않다는 점은 특별히 짚고 넘어갈 만하다. 학부 시절을 되돌아보면, 인류학 수업에서 자연의 정의를 다루는 것을 들어본 적이 한 번도 없었다. 심화 과정 참고문헌들에서도 그런 정의는 찾기 어려웠다. 대개 문화와 관련해서 자연을 언

　　　　　　　　　　　　　　인류학자처럼 생각하는 법

급하는 정도였으며, 심지어는 '자연의 구성, 자연의 담론적 성격 등' 문화적인 용어로 자연을 다루기도 했다.

이런 상황이 얼마나 당연했던지, 인류학자들의 가장 큰 학회조차 자연을 핵심 개념 목록에서 제외했을 정도다. 2011년 미국인류학회American Anthropological Association에 논문을 발표한 학자들은 한정된 100여 개의 키워드만을 사용해 자신의 연구를 분류해야 했는데, 거기에 자연은 없었다.[3] 즉 연구에서 자연을 다루고 싶어도 그것을 분류할 수조차 없었다는 뜻이다. 행동주의, 아프리카, 국경, 도자기, 교육, 진화(거의 비슷하다!)와 같은 항목은 있었지만, 자연은 없었다.

이는 인류학이 자연을 경시한 탓이라고 말하고 싶을지도 모른다. 그러나 이는 사실이 아니다. 우리는 보아스가 배핀섬의 환경과 물리학에 관심을 가지면서 인류학자로서 이력을 시작했다는 사실을 잊어서는 안 된다. 브로니스와프 말리노프스키의 경우는 인간생물학을 통해 더욱 깊이 자연에 천착했다. 그는 생물학적 욕구라는 관점에서 모든 문화적 삶에 접근했다. 그는 '기능주의functionalism'라는 이론을 제시했는데, 이는 모든 기이하고 놀라운 문화적 현상들의 이면에는 필요와 욕구에 의해 움직이는 인간의 육체가 있다는 생각이다. 그렇다 하더라도, 자연은 언제나 배경음에 불과했다.

클로드 레비-스트로스는 이런 맥락에서 하나의 중요한 예외라 할 수 있다. 떠올려보자, 레비-스트로스에게 문화의 다양성은 그 자체로 인류학의 주요 관심이 아니었다. 인류학의 주요 관심은 (그가 때로 '혼동'과 '어지러움'이라는 용어로 표현했던) 다양성의 이면에 있는 무언가여야 했다. 그리고 그 이면을 구조화하는 것은 자연과 관련된 문제, 즉 사고mind의 문제였다.

레비-스트로스와 사고

클로드 레비-스트로스는 1908년에 태어나서 101세 생일을 앞두고 세상을 떠났다. 그는 생애 대부분을 파리에서 보냈지만, 브라질과 미국에서 중요한 시기를 보냈다. 원래 소르본대학에서 법학과 철학을 공부했던 그가 1930년대에 브라질에서 처음으로 인류학에 관심을 갖게 된 것이다. 이 관심은 그가 뉴욕시에서 망명 생활을 하던 제2차 세계대전 시기에 완성되었는데, 당시 그는 뉴욕공공도서관에서 아메리카 선주민에 관한 수많은 책을 탐독하며 프란츠 보아스의 지혜와 감수성을 빨아들였다. 레비-스트로스는 평생 보아스와 그 학생들의 작업을 흠모하며 참고했지만, 정작 그 자신은 현지조사를 거의 하지 않았다. 브라질의 오지를 몇 개월 둘러보긴 했지만, 오늘날 기준으로 현지조사라 할 수 있을 정도는 아니었다. 그중에서도 그가 보로로 사람들과 보낸 시간은 단 몇 주에 불과했으며 현지어를 익힌 적도 없었다.

나는 연구 방법으로서 현지조사의 중요성과 빅토리아시대의 안락의자 인류학이 가진 문제점을 언급한 바 있다. 그러나 레비-스트로스에 대한 논의는 모든 인류학자가 현지조사를 인류학의 필수 불가결한 요소로 여기지 않는다는 점을 상기해준다. 예를 들어 프랑스 인류학에는 여전히 현지조사를 부차적인 것으로 여기는 전통이 남아 있으며, 영어권 인류학 전통에서 가장 영향력 있는 저서 중 다수가 전적으로 이론적이거나 개념적인 분석에 관한 것이다. 매리 더글러스는 좋은 예시다. 그는 아프리카의 선주민 집단 렐레Lele를 현지조사했지만 이에 대한 책을 읽은 사람은 거의 없다. 대신 사람들은 그가 쓴 다른 책, 구약성서에 관한 구조주의적 분석인 《순수와 오염Purity and Danger》을 읽는다. 이 책은 인류학의 핵심을 현지조사라고 여겼던 말리노프스키보다는 현지조사를 거의 하지 않았던 마르셀 모스와 레비-스트로스의 영향을 더 크게 받은 책이다. (《순수와 오염》은 위대한 책이다. 강력히 추천하는 바이다.)

인류학에서 구조주의를 발전시킨 사람은 레비-스트로스였다. 이는 페르디낭 드 소쉬르와 또 한 명의 주요 언어학자인 로만 야콥슨Roman Jackobson에게서 차용한 것이었다(야콥슨 역시 레비-스트로스처럼 뉴욕의 유대인 망명자였으며 둘은 1940년대 초에 만나 교류했다). 레비-스트로스는 언어학을 아주 높이 평가했으며 인류학 역시 언어학의 작업을 따라 나아가야 한다고 생각했다. 그에 따르면 구조언어학은 다음의 몇 가지 내용에서 사태를 정확하게 짚고 있었다. 첫째, 구조언어학은 그가 언어의 '무의식적 하부구조unconscious infrastructure'라고 부른 것에 집중하는데, 이는 화자 스스로도 알지 못하는 무언가를 가리킨다. 둘째, 구조언어학은 의미를 단어 내(고양이는 고양이다, 야옹)에서 찾지 않고 단어 간의 관계 사이(개가 아니라 고양이, 멍멍이 아니라 야옹)에서 찾는다. 셋째, 이러한 관계들은 하나의 체계 안에서 작동되고 질서화되며 구조화된다. 마지막으로, 구조언어학은 일반 법칙을 파악하려 시도한다.[4]

구조인류학 연구들을 읽어보면 다른 대부분의 인류학 연구들과는 전혀 다르다는 것을 알 수 있다. 거기에는 아마 생생하고도 다채로운 등장인물들이 없을 것이다. 말하자면 치웨셰 추장이나 스컨소프의 산부인과 간호사 재닛과 같은 사람들 말이다. 대신 오스트랄라시아Australasia*의 [캥거루, 코알라 등의] 유대목 동물에 대한 여러 민속적 분류법과 같은 백과사전식 정보들이 가득할 것이다. 혹은 여러 신화에 관한 내용이 주를 이룰 수도 있다. 신화는 '무의식적 하부구조'의 작용을 잘 보여준다는 이유로 오랫동안 구조주의자들의 주목을 받아왔다. 그렇다고 해서 그림형제의 동화 같은 이야기를 기대해서는 안 된다. 그보다는 외과의사의 해부를 떠올리는 것이 정확하다. 레비-스트로스는 스토리텔러 부류가 아니었고, 그의 목적 역시 근사한 이야기를 들려주는 것이 아니었다. 그는 신화가 어떤 구성 요소들로 이루어져 있는지 이해함으로써 문화의 체계를 알아내고, 더 나아가 그로부터 사고의 작용 방식을 알고자 했다. 실제로 그 모든 구성 요소는 사고, 인지, 분류체계의 보편적 구조를 알아내기 위한 레비-스트로스의 작업을 떠받치는 데 사용된다.

---

*   호주·뉴질랜드·서남 태평양제도를 포함하는 지역.—옮긴이

레비-스트로스의 위대함에 비춰봤을 때, 그 외에 다른 누군가의 글로 구조주의를 요약하는 것은 다소 무례하게 느껴질지 모르겠다. 게다가 이 요약의 출처가 레비-스트로스가 자신의 이론을 정립하기 한 세기 전에 쓰인 것이라면, 무례를 넘어 모욕처럼 보일 수도 있을 것이다. 그러나 그런 사람이 나뿐만은 아니다. 바로 레비-스트로스 자신이 그의 저서 《토테미즘Totemism》을 여는 인용구로 철학자 오귀스트 콩트Auguste Comte의 글을 다음과 같이 인용했다. "결국 세계를 지배하는 논리 법칙은 그 속성상 본질적으로 불변한다. 그 법칙은 모든 시대와 장소에서만 아니라 어떤 주제에든 다 똑같다. 우리가 실재와 공상이라고 부르는 것 사이에도 전혀 차이가 없다. 논리 법칙은 꿈속에서도 관찰된다."[5]

이 인용구는 구조주의를 꽤 잘 요약해준다. '원시'와 '문명', 보로로인과 영국인, 샤먼과 과학자. 이들 사이에 정신적 구조나 인지 능력에서는 어떤 차이도 없다는 것이다. 이제 인류학의 임무는 문화들 사이에 존재하는 중대한 차이들과 공존 불가능해 보이는 분열들을 샅샅이 뜯어봄으로써 인간 조건의 보편적 요소들을 밝히는 것이다. 잘 알려진 레비-스트로스의 저작 《야생의 사고La Pensee Sauvage》에서 그는 이 주장을 길게 전개한다. 그는 아메리카 대륙의 쑥 분류법에서부터 보르네오의 선주민 집단 페난Penan 사이에서의 망자 명칭necronyms, 현대 엔지니어의 기술과 접근법, 그리고 장 폴 사르트르의 철학에 이르기까지 방대한 범위의 내용을 250쪽이 넘게 분석한 끝에 이렇게 결론 내린다.

"야생의 사고는 우리의 사고와 동일한 의미와 방식으로 논리적이다."[6]

레비-스트로스는 인류학계에서 자연주의자라고 불릴 수 있는 몇 안 되는 인물이다. 그는 단 한 번도 문화적 차이의 중요성을 무시하거나 소홀히 다루지 않았다. 다만 그는 이 차이들이 인식과 사고의 더 근본적인 영역에 위치해 있다고 생각했다. 모리스 블로흐는 레비-스트로스를 "사고의 작용이 지닌 모든 함의를 고려할 필요성을 진지하게 생각했던 현대 인류학자 중 첫 번째 사람"이라고 평가했다.[7]

물론 레비-스트로스가 사고의 작용을 중요하게 생각했던 유일한 현대 인류학자는 아니었다. 그럼에도 블로흐가 말한 의미에서의 사고에 대한 관심은 인류학계에서 줄곧 부차적인 주제였다. 게다가 이 주제를 연구한 대부분은 인지과학이라는 분야와 관련해 이루어졌는데, 다소 놀랍게도 정작 레비-스트로스 자신은 이 분야에 거의 관심을 두지 않았다. 인지인류학 분야를 이끌었던 블로흐가 보기에 인지과학에 대한 이런 무관심은 인류학을 현저하게 약화시켰고, 자연사 안에서 인류의 위치를 이해하는 데 장애물로 작용했다.

한편, 많은 인류학자가 가졌던 핵심적인 문제의식은 자연주의적 접근이 언제나 기대에 미치지 못했다는 데 있었다. 사회진화론은 그 안에 있는 도덕적 우월감을 차치하더라도 지속적인 영향력을 만들어내는 데 실패했다. 레비-스트로스의 연구 역시 많은 인류학자에게 전적으로 수용될 수 있을 정도의 큰 힘을 발휘하지는 못했다. 그의 박식함에는 견줄 사람이 아무도 없겠지만, 그의 글을 읽다 보면 비약이나 속임수같이 느껴지는 순간들을 자주 발견하게 된다. 예컨대 신화에 대한 그의 해석은 매우 난해하다. 대부분의 인류학자에게 더 중대한 문제는, 구조주의가 체계 안에서 실질적인 변화를 만들어내는 인간 행위자성과 그 가능성을 지우는 것처럼 보인다는 사실이었다. 이것이 살린스와 부르디외가 씨름했던 문제였다. 이들은 구조주의를 역사와 인간 주체성을 반영할 수 있는 것, 구조화되어 있지만 동시에 변화할 수 있는 것으로 재구성하려 시도했다.

잠시 후에 인지인류학 연구와 더불어 오늘날 몇몇 인류학자들이 자연과 문화에 대한 관심을 화해시키기 위해 어떤 시도들을 하는지 살펴볼 것이다. 그러나 그전에, 왜 자연이 인류학에서 이토록 홀대받게 되었는지를 조금 더 생각해보도록 하자.

자연의 한계?

시대와 장소를 불문하고 자연과 문화의 경계는 불분명하다. 기껏해야 흐릿하게 존재할 뿐이다. 많은 장소에서 그런 경계는 작동조차 하지 않는다. 바로 이것이 멜라네시아에 대한 매릴린 스트래선의 핵심 주장 중 하나다. 멜라네시아 집단들은 서양인들처럼 생각하지 않는다. 예컨대 스트래선이 현지조사를 했던 마운트하겐Mount Hagen* 사람들은 자연/문화가 아닌 야생의 것/길들여진 것wild/domestic이라는 분류체계를 사용한다. 이러한 접근법은 우리가 흔히 생각하는 자연 대 문화라는 구분을 가로지른다. 예를 들자면, 돼지를 그 동물 본성인 돼지됨이라는 관점에서 이해하는 것이 아니라 야생 동물인지 길들여진 가축인지의 관점에서 이해한다는 것이다. 어떤 이들은 아마 이렇게 말할 것이다. "알겠어요. 어떤 동물은 가축에 해당하고 어쩌면 사랑받는 애완동물일 수도 있겠죠. 뭐가 어찌 되었든 동물이니 **결국** 자연의 일부인 거 아닌가요?" 하겐 사람들은 결코 그렇게 생각하지 않는다. 야생적인 것rømi을 자연과 동일시하거나 길들여진 것mbo을 문화와 동일시하는 것은 불가능하다. 이는 세계와 그 안에서의 관계들을 근본적으로 다르게 사유하는 하나의 방식이다.

마운트하겐 사람들만 이렇게 생각하는 것은 아니다. 역사적으로 '자연과 가까이에서' 살아온 많은 사회의 경우 자연이라는 개념은 거의 존재하지도 않는다. 돼지와 함께 살거나, 숲에서 사냥하며 살거나, 낚시를 하고 가축을 기르며 산다고 상상해보라. 자신이 어떤 문화적 질서에 속해 있다는 생각 자체가 별로 의미 없게 느껴질 수 있다. 심지어 서양 사상의 전통하에서도 '자연/문화'라는 구분은 사실상 최근에 만들어진 것이다.

18~19세기 전반을 거치면서 이런 구분이 오늘날의 형태를 띠게 되었다. 이는 자연 안에 모든 살아 있는 것들이 연결되어 있

---

* 마운트하겐은 파푸아뉴기니령 뉴기니섬 중앙부에 있는 도시이며, 파푸아뉴기니에서 세 번째로 큰 규모다.—옮긴이

　인류학자처럼 생각하는 법

다는 생각이지만, 동시에 그 내부에 인간을 따로 묶어주는 고리가 하나 더 존재한다는 사고방식이었다. 그 경계에서 일어나는 모든 일은 인간 고유의 능력, 그중에서도 특히 뇌 때문에 가능하다. 인간은 문화를 소유하고 창조할 수 있기에 다른 존재들과 구별된다. 물론 이는 여러 방식으로 자연을 길들이는 것을 수반한다. 작물과 특정 동물들을 기르고, 약과 거처와 의복을 만든다. 이 시기에 형성된 가장 중요한 결론 중 하나가 아직 남았다. 즉 자연은 자율적인 영역이라는 것이다. 시간이 갈수록 신의 존재는 서서히 사라져갔고, 인간은 자연을 홀로 마주하게 되었다.

이러한 의미에서 자연은 근대적 용어이자 **근대성의 용어**로 이해되어야만 한다. 또한 이로부터 수많은 대립적 개념들이 파생되었다. 자연/문화라는 이분법 아래에서 우리는 객체/주체, 주어진 것/만들어진 것, 비인간/인간, 수동/능동, 비의도/의도, 내재/초월과 같은 구분을 통해 생각하기 시작했다. 이러한 구분들이 완전히 새롭거나 특별히 서구적 사유에만 국한된 것은 아니다(서구적 사유 방식에 특히 잘 들어맞는다고 여겨지지만 말이다). 이보다 더 중요한 것은 근대인들이 이 구분을 실제로 분리한 채로 유지할 수 있다고 믿었다는 사실이다. 에드워드 버넷 타일러와 뤼시앵 레비-브륄 같은 사람들의 주장을 떠올려보라. 그들은 '원시적(전근대적) 사고'가 이런 구분을 명확히 하지 못하고 혼동하거나 뒤섞는다고 봤다. 원시적 사고는 분리된 구분법에 따라 정보를 처리하지 못한다는 의미에서 충분히 세련되지도 진화되지도 못한 것으로 여겨졌다. 근대성의 위업이란 곧 사물의 참된 질서를 인식하는 데 있었다.

하지만 사실은 그렇지 않다. '근대인들'은 세계에 대한 자신의 사고방식을 다른 이들에게 강요했을 뿐만 아니라(예컨대 아라웨테, 하겐, 누에르, 혹은 중국 한족의 고유한 방식들을 보지 못한 채), 그들 역시도 자신의 사고방식대로 사는 데 실패했기 때문이다. 프랑스 인류학자 브뤼노 라투르Bruno Latour가 말한 대로, "우리는 결코 근대인이었던 적이 없다".

1991년에 출간된 한 짧은 책을 통해 라투르는 인문사회계를 좀처럼 보기 드문 방식으로 뒤흔들어놓았다. 《우리는 결코 근대인이었던 적이 없다Nous n'avons jamais ete modernes》는 한 편의 설교와도 같은 글로, 현대 서구 사회의 실패와 때로는 노골적인 위선을 놓고 '우리'를 꾸짖는다. 라투르는 과학사부터 아마조니아에 대한 인류학 연구에 이르기까지, 또한 1991년 당시에도 이미 헤드라인을 장식하던 기후변화부터 베를린 장벽 붕괴에 이르기까지 폭넓은 주제를 가로지르며, 17세기 이후 어떻게 과거와의 단절(서구 전통 및 바깥의 다른 삶의 방식들과의 단절)이라는 이야기가 우리(서구)가 누구인지를 규정하는 핵심 서사가 되었는지 추적한다. 그 이야기 안에서 신은 죽고, 과학이 부상하며, 민주주의 정치가 자리를 잡는다. 새로운 세계 질서가 출현함에 따라 과거의 지저분하고 혼란스러운 (또한 비서구 타자들의) 질서는 자연과 문화의 관계에 대한 합리적이고 이성적인 접근 뒤로 사라진다. 이는 분명 하나의 관계이지만, 어느 한쪽이 다른 쪽으로 붕괴되어 그 경계가 흐릿해지거나 둘을 구분하지 못하는 일이 없도록 나란히 유지되는 관계이다. 결국 이 지점이 바로 우리(서구)의 조상들이 실패했던, 그리고 서구 외부의 세계가 여전히 실패하고 있는 자리이다.

라투르에 따르면 이는 우리가 우리 자신에게 들려주는 이야기일 뿐, 진실은 아니다. 우리는 사실상 자연과 문화를 그렇게 명료하고 순수하게 분리한 적이 없으며, 과학의 확실성 때문에 주술이 주는 매력을 완전히 포기한 적도 없다. 미국 대통령 취임 연설은 자유민주주의와 계몽주의적 가치들이 가진 풍부한 유산에 기대고 있는 근대적 의례의 최정점으로 여겨진다. 힌두교 의례에서 볼 수 있는 말의 주술적 힘에 여전히 의존하고 있다는 점을 애써 무시한다면 말이다. "비즈니스는 비즈니스일 뿐"이라는 말을 기억해보라. 비즈니스는 사적인 일이 아니라는 의미다. 그러나 이는 사실이 아니다. 우리는 비즈니스와 인간적 관계를 분리해내는 데 매우 서툴다. 선물은 선물이고, 상품은 상품이며, 이둘은 성격이 전혀 다르다고들 말한다. 그러나 실제로는 그렇지 않다는 걸 우리는 모두 알고 있다.

'애완동물'이라는 중요한 사례를 더 살펴보면서 다시 인간-동물 관계 이야기로 돌아가보자. 우리는 애완동물을 기른다. 애완동물은 동물이다. 그러나 우리는 굳이 인류학 공부를 하지 않더라도, 많은 애완동물 주인들이, 아니 어쩌면 그들 거의 대부분이 자신의 애완동물을 사람처럼 대한다는 사실을 알고 있다. 이름을 짓고, 대화하고, 함께 사진을 찍고, 그들을 위한 장난감이나 옷, 심지어 보험 상품을 구입하기도 하는 등 끔찍하게 아낀다. 그러다 무지개다리를 건너는 날이 오면 크게 애도한다. 이런 행동을 자연/문화 구분에 대한 심각한 위반이라고 보는 이들도 있다. 그중 대부분은 애완동물을 길러보지 않은 사람들일 것이다(특히 개를 길러보지 않은 사람들일 가능성이 크다. 개는 분명 서양에서 최고의 애완동물로 여겨진다). 이들은 인간에게 향해야 할 것들(사랑, 돈, 시간, 사회적 삶)이 과도하게 비인간에게 향한다고 생각하며 이를 비합리적인 처사로 취급한다. 그러나 개나 다른 생명체에 대해 뼛속까지 근대적인 태도를 보이는 사람이라 할지라도 다른 영역에서는 충분히 근대적이지 못할 수도 있다. (어쩌면 그들은 의사의 말을 믿지 않거나, 성인들에게 기도하거나, '자연적이지 않다'는 이유로 비행기 여행을 **혐오**하거나, 손질된 고기를 구매하지 않고 스스로 사냥한 동물의 고기만을 먹는 사람일 수도 있다.)

때로는 근대성의 후미진 구석이 아니라 최전선에서조차 자연/문화의 구분이 위태로워지기도 한다. 만일 당신이 로마 가톨릭 신자이거나, 양말을 직접 꿰매 신거나, 가업에 참여하고 있다면 '충분히 근대적이지 않다'는 말은 이미 당신에게도 해당된다. 장기 기증에 대한 한 인류학 연구가 보여주는 것처럼, 의사들과 도덕철학자들조차도 여기에서 자유롭지 못하다.

사고의 죽음

마거릿 록Margaret Lock은 몬트리올에 있는 맥길대학교의 의료인류

   인류학자처럼 생각하는 법

학자다. 그는 원래 일본의 전통 의학을 연구하는 학자였다. 그런데 일본에서 바라보는 장기 기증에 대한 논의가 캐나다와 미국과는 전혀 달랐기 때문에 그는 이 주제에 관심을 가지게 되었다.[8] 캐나다와 미국의 경우 의료 기술의 발달로 근래 '뇌사' 환자가 증가하고 있음에도 이에 대해서는 논의라고 할 만한 것이 거의 없었으며, 뇌사상태에 들어간 환자에 대해 건강한 장기를 적출해 기증하는 데 아무 문제가 없었다. 반면 일본에서는 완전히 달랐다. 장기 기증에 대한 반대가 많았을 뿐만 아니라, 의료계와 윤리 분야 전문가들을 포함해 많은 이들이 인간의 죽음을 정신적 능력과 연관 지어 판단해야 한다는 점을 인정하지 않는다는 점을 발견했다.

록에 따르면, 북미에서 장기 기증과 뇌사가 널리 받아들여졌던 것은 '생명의 선물'이라는 개념이 조기에 정착되었기 때문이었다.* 이러한 언어는 자선과 희생 전통이라는 기독교적 개념에서 나왔지만, 동시에 근대 초기를 거치는 동안 죽음이 종교적인 것에서 의학적인 것으로 바뀌었기 때문에 가능한 것이었다.

예를 들어 오늘날 미국, 캐나다, 영국을 포함해 국가는 성직자가 아닌 의사를 통해 죽음을 공식화한다. 죽음을 선언할 수 있는 법적 권위와 의무를 지닌 것은 의사와 의료기관이다. 물론 장

---

*　　록은 북미에 초점을 맞추고 있지만, 그의 논의는 서구 유럽 내 다양한 배경에도 적용될 수 있다.

례 절차에는 성직자를 비롯한 종교인들의 역할이 여전히 존재한다. 그러나 장례식은 법적으로 필수 절차가 아니다. 대부분의 서구 사회에서 누구나 장례를 맡아 진행할 수 있고, 말하자면 아무개 아저씨를 불러 집례를 맡겨도 상관이 없다. 이렇듯 '죽음의 의료화'는 우리가 신체를 보는 방식을 구조화해서 하나의 특정 사물로, 또는 사물의 집합체로 보게 한다. 예를 들어 생명을 잃은 신체는 아직 살아 있는 다른 사람들의 몸을 위해 가치 있게 쓰일 수 있는 장기들의 집합체가 되는 것이다.

여기서 인격성이라는 개념이 중요해진다. 지금껏 우리가 살펴본 내용을 바탕으로 볼 때, 인격을 정의하는 데 사고의 엔진인 뇌가 왜 그리도 중요한지 이해하는 것은 그리 어렵지 않다. 북미에서 최고의 가치는 개인주의다. 사람들은 자유, 자율, 선택 같은 가치들을 위해 산다고 해도 과언이 아니다. 생각의 자유와 의식은 그 가치의 일부이기에 만약 누군가가 생각을 할 수 없고 의식이 없거나 몸을 통제할 수 없다면 더는 완전한 인격체로 간주되지 않는다. 뇌사상태에 대해 우리가 쓰는 비유적 표현이 이를 잘 보여준다. 뇌사는 곧 '식물인간 상태'가 되는 것이다. 일상적인 대화에서 "식물인간이 되느니 차라리 죽는 게 낫지"라는 말을 어렵지 않게 들을 수 있다. 어쩌면 당신도 그렇게 생각할지 모른다. 사랑하는 사람들과 보내는 휴일의 마지막 저녁식사 자리에서 대화의 주제가 인생의 거대한 질문들로 번질 때, 또는 차 사고로 인해 끔찍한 트라우마를 겪은 주변 사람의 이야기를 들을 때 충분히 나올 법한 이야기가 아닌가? 우리 중 대부분에게 인간이라는 것은 곧 사고력과 자의식을 가지고 스스로 삶을 이끌어 가는 주체라는 의미다. 북미에서 뇌사는 몸을 문화적인 무언가에서 그렇지 않은 무언가로 바꾼다. 뇌사는 우리를 자연상태로 환원시키는데, 그것은 인격이 머물 곳이 아니다. 그리고 이러한 상태에서 할 수 있는 유일한 것은 '생명의 선물'을 다른 누군가에게 주는 것뿐이다.

일본에는 다른 가치와 사유의 전통이 작용한다. 그리고 아마도 필연적으로 일본 문화와 세계관의 고유성 및 독특성에 대한 오랜 관심이 이런 이해 방식의 일부를 형성했을 것이다. 일본은 두말할 것도 없이 근대 국가다. G8에 속하는 경제 대국이며 국민 대부분이 고학력자이고 문해력도 높다. 기술적으로도 매우 앞서 있는데 어쩌면 미국이나 캐나다보다 더 혁신적일지도 모른다. 그럼에도 일본은 여전히 '타자'다. 서구의 영향하에, 혹은 그 결과로 근대화되었다고 여겨지기 때문이다. 따라서 일본과 북미의 차이를 설명하는 데 문화만 중요한 것은 아니다. 문화의 **정치학** 역시 중요하다. 즉 뇌사에 대한 논쟁에서 일본의 공인들이 '일본의 전통'을 언급하면서 '우리 대 그들'이라는 민족주의적 감정을 강화하는 방식이 바로 그 예다. 록이 지적하듯이, 또한 위에서 간략히 언급한 것만 보더라도, 문화와 문화의 정치학은 북미에서도 작동하고 있다. 다만 북미에서는 그것이 훨씬 더 성공적으로 자리 잡았기에 우리에게 상식이나 자명한 사실로 느껴질 뿐이다. 그러나 뇌사자를 '살아 있는 시체'로 생각하는 것은 자명한 것도 자연스러운 것도 아니다.

록은 일본인들의 태도를 형성하는 몇 가지 가치를 지적한다. 그에 따르면 일본인들은 죽음을 갑작스럽게 발생하는 사건이나 이분법적인 상태로 보지 않는다. 죽음은 하나의 과정이다. 게다가 대부분의 일본인은 인식을 인격의 중심으로 특권화하지 않는다. 몸 역시 그와 동등하게 중요하다. 더 나아가, 개인은 자율적이지 않다. 개인은 더 큰 전체인 가족의 일부다. 일본의 가족은, 심지어 가족의 개개인들조차도, 죽음을 집단에서 고립된 개인적인 사건이라고 생각하지 않는다. 마지막으로, 일본은 발달된 의료체계를 갖췄음에도 의료가 북미에서처럼 절대적인 권위와 위신을 획득하지 못했다. 죽음은 전적으로 의료화되지 못했으며, 따라서 몸 역시 완전히 자연화되지 않았다. 이 때문에 심장이나 간, 콩팥을 '사물'로 생각하는 것이 매우 어렵다. 실제로 록은 일부 의료 전문가들조차 그런 판단을 내리는 권한을 자제한다는 사실을 발견했다. 한 외과의사는 이렇게 말했다. "우리는 사망 시에 뇌에서 정확히 어떤 일이 일어나는지 아직 잘 모릅니다. 그리고 의사만 이해할 수 있는 죽음이라면, 제게 그것은 진짜 죽음이라고 할 수 없습니다."[9]

5장에서 레바논의 신생식기술 사례를 통해 본 것처럼, 인공호흡기, 얼음이 담긴 대야, 수술실 같은 사물들은 자연과 문화의 경계를 근본적으로 흔들어놓기 충분하다. '살아 있는 시체'라는 개념은 우리는 결코 근대인인 적이 없었다는 라투르의 말을 입증해주는 완벽한 예시다. 살아 있는 시체, 죽지 않은 죽은 몸. 이런 표현은 그 자체로 형용모순이다(라투르는 이런 것들을 가리켜

인류학자처럼 생각하는 법

'혼종hybrid'이라고 부른다). 우리가 '죽음'처럼 자연스럽고 생물학적으로 자명해 보이는 어떤 것을 분명히 이해했다고 생각하는 그 순간, 그 이해는 흔들리게 된다. 죽음은 더 이상 과거의 그것이 아니다. 과학기술의 발전과 윤리학의 새로운 주장들은 죽음이라는 개념이 오랫동안 계속해서 재창조되고 재정의될 것임을 예고한다. 의학적 진보의 관점에서 본다면, "자연과 문화의 구획이 과연 궁극적으로 확정될 수 있을지 의심스럽다".[10]

과학/픽션

인류학자들이 자연에 회의적이었던 또 하나의 이유는 과학의 권위를 자의적으로 이용하는 학자들의 존재 때문이었다. 분명 과학자들은 상당히 존경받는 사람들이다. 영국에서 2015년 실시한 조사에 따르면 가장 신뢰도가 높은 직종은 '의사'였으며 과학자는 4위에 올랐다. 그 둘 사이에 교사와 판사가 차례로 있었고 5위는 미용사였다.[11] 미국 역시 크게 다르지 않았다. 간호사, 약사, 의사가 가장 높은 순위를 차지했고 4위는 고등학교 교사였다.[12] 의사, 간호사, 약사가 생물학, 화학, 약리학을 공부한 사람들이라는 것에 비춰봤을 때, 과학은 미덕과 가치 면에서 두드러지는 분야임에는 의심의 여지가 없는 셈이다.

이 책에서 나는 인류학을 하나의 과학이라고 말한 적이 있다. 이는 사실이다. 다만 인류학은 사회과학이지 자연과학은 아니다. (사회과학은 종종 경성과학hard science에 반대되는 의미로 연성과학soft science이라고 불리기도 한다.) 이런 이유로 인류학의 사회적 가치는 비교적 낮게 평가된다. 인류학은 문화와 사회에 대한 학문이기에 해석하기에 달린 주관적 학문이며, 적어도 자연과학이나 경성과학처럼 객관적이지 않다고 비치는 경향이 있다. 오늘날 사회문화인류학자들은 자신들의 작업을 아예 과학이라고 생각하지 않는다. 대부분의 인류학자가 아마 생물학자나 지질학자보다는 철학자나 역사가 사이에 있을 때 더 편안함을 느낄 것이다. 오래전 1950년대에 E. E. 에반스-프리차드는 과학으로서의 인류학이라는 개념을 비판하면서 그 대신 역사학의 모델을 지지하기도 했다.

우리는 이미 보아스를 비롯한 인류학자들이 사회진화론 모델을 나쁜 과학이라고 비판한 사례를 살펴봤다. 그 이유는 ① 인간 문화를 인간 신체처럼 취급했기 때문이고, ② 과학이 모든 것의 궁극적인 해답이라는 식으로 과도할 만큼, 때로는 솔직히 민망할 정도로 과학을 찬양했기 때문이다. 사회진화론자들은 네모난 말뚝을 동그란 구멍에 끼워 넣으려 애쓰면서도 자신들의 작업에 대한 비판적인 자각을 전혀 하지 않았다. 보아스나 말리노프스키는 과학의 모델 그 자체를 저버리진 않았다. 사실 말리노프스키는 타일러나 허버트 스펜서만큼이나 과학을 열렬히 찬양하기까지 했다. 그러나 20세기를 지나는 동안 인류학자들은 점점 더 과학적 객관성에 관한 주장들은 조건이 따르는 것임을 인식하게 되었다. 신체 혹은 세계의 작용을 포함해 어떤 지식도

　　　　　　　　　　　　　　인류학자처럼 생각하는 법

문화에서 자유로울 수 없기에 그러한 주장들은 일종의 자만처럼 보이기도 한다.

오늘날의 물리학자들 역시 '객관성'이라는 관점에서 자신의 연구를 설명하려 들지 않을 것이다. 사실 물리학자들은 실재 reality라는 개념을 어느 정도 포기한 상태다. 이와 유사하게, 구조공학자, 화학자, 유전학자, 그리고 다른 많은 과학자 역시 자신들의 일이 문화적 진공 속에서 이루어지지 않으며, 그들이 만들어내는 실증적인 지식들도 저절로 흘러나와 빛을 발하는 것이 아님을 이해하고 있다. 더 나아가, 나는 산업 기술에 반대하는 인류학자 역시 만나본 적이 없다. 예컨대 페니실린이 '사회적 사실'이라거나 '문화적 구성물'에 해당한다고 생각한다거나, 에볼라 바이러스 피해자를 적절한 보호 장비 없이 돌보려 하거나, 냉장고와 비행기가 주는 편리함을 인정하지 않는다든가, 혹은 기후학이 명확하게 말하는바 냉장고와 비행기가 환경에 미치는 영향에 대해 염려하지 않는 인류학자 역시 단 한 명도 만나본 적이 없다. 그럼에도 과학이 갖는 사회적 권위는 때때로 생물학, 문화, 인간 본성과 같은 중대한 문제에 대한 맹목적인 시각, 이상한 해석, 멋들어지고도 허황된 주장으로 이어지기도 한다.

'생명에 관한 사실들'에 대한 기록은 이런 문제 중 하나를 늘 안고 있었다. 인류학자 에밀리 마틴Emily Martin은 1991년에 발표한 인간 생식에 대한 논문에서 미국의 생물학 교과서들이 난자와 정자의 생식 역할을 설명할 때 문화적으로 지배적인 성 역할과 고정관념을 어떤 식으로 투영하고 있는지 분석했다.[13] 이 연구는 과학적 정보에 대한 지식을 정립하는 데 성차별적이고도 젠더화된 언어들이 얼마나 많이 사용될 수 있는지 보여주는 놀랍고도 충격적인 논문이었다. 이는 문화적 사고가 '자연'에 대한 이해 형성에 얼마나 크게 영향을 미치는지를 보여주는 좋은 사례다.

마틴은 거의 모든 교과서가 생식 과정에 대한 남성의 기여를 긍정적으로, 여성의 기여는 부정적으로 묘사한다는 사실을 발견했다. 그 반대 사례는 하나도 없었다. 그중에서도 가장 황당했던 표준 설명 방식 중 하나는 난자세포의 생성이 비효율적이라고 설명하는 대목이었다. 심지어 한 교과서는 이를 두고 '낭비적'이라고 쓰기도 했다. 자, 난소에서 대략 700만 개의 난자세포가 생산되며 여성의 일생 동안 그중 대략 400~500개 정도만이 완전한 난자로 성장한다는 것은 사실이다. 좋다. 하지만 이것은 정자에 비하면 새 발의 피다. 남성이 하루 동안 생산하는 정자의 개수는 보수적으로 잡아도 1억 개이며 일평생 생산되는 정자는 2조 개가 넘는다. 그럼에도 교과서는 결코 이를 이상한 현상이나 낭비라고 묘사하지 않는다. 남성 생식은 오로지 생산성의 증거로만 묘사된다. 그러나 만약 평균적으로 부부가 두 명의 자식을 낳는다고 할 때, 논리상 여성이 남성보다 덜 '낭비적'이라고 말해야 하는 것 아닐까? 평균적으로 보면 여성이 생산하는 200개의 난자당 한 명의 아이가 출산되니 그 비율은 200 대 1이다. 반면, 남성의 경우 그 비율은 1조 대 1쯤 될 것이다.

젠더화된 생식 과정 묘사의 또 다른 사례는 난자는 수동적이고 정자는 능동적이라는 설명이다. 난자는 그저 가만히 있는데 반해, 정자는 난자에 '침투'하는 '임무'를 수행한다. 마틴은 심지어 한 교과서가 난자를 다음과 같이 묘사하는 것을 발견하기도 했다. "잠자는 신부는 남편으로부터 마법의 입맞춤을 기다리는 중이다. 그 키스는 신부에게 서서히 생명을 불어넣어줄 것이다."[14] 이러한 교과서들이 쏟아져 나오던 1980년대는 수태 과정에 대한 과학적 이해가 변화하던 시기이기도 했다. 연구자들은 난자가 상당히 능동적인 역할을 한다는 사실과 정자의 경우 이전 생각과는 달리 난자에 '힘으로 침투하는' 게 아니라는 사실을 이해하기 시작했으며, 생식 과정은 난자와 정자가 함께 작용하는 화학적 반응의 일부라는 사실이 널리 알려졌다. 그러나 마틴이 말하듯, 그 이후에도 정자가 난자보다 더 능동적이라는 식의 묘사들이 여전히 이어지고 있다. 같은 맥락에서, 어떤 교과서의 경우에는 단지 성별 고정관념은 유지한 채 강조점만 살짝 바꿨다. 난자를 마치 정자를 '덫'에 빠뜨리는 존재처럼 묘사한 것이다. 작고 소중한 불쌍한 정자! 난자는 위험에 처한 아가씨에서 교활하고도 매혹적인 요부 같은 존재로 바뀌게 되었다.

이것만으로도 충분히 위험한데, 마틴은 또 하나의 문제점을 지적한다. 이런 식으로 세포에 캐릭터를 입히는 시도는 인격성의 자리를 몸속 더 깊은 곳으로 밀어 넣게 될 위험이 있다는 것이다. 뇌가 생명의 정의와 관련해 만들어내는 복잡한 논의들은 일단 제쳐두자. 과학 교과서가 사용하는 언어들 안에 들어 있는 논리를 끝까지 밀고 간다면, 인류학의 진정한 연구 주제는 현미

경 아래에서 찾아야 한다고 말하는 셈이 된다. 그렇게 되면 트로 브리안드제도 사람들은 필요 없고, 정자가 현지인이 되어버린 다. 그리고 위험에 처한 아가씨와 임무를 수행하는 남성들의 이 야기가 펼쳐진다. "이러한 고정관념들이 이제 **세포 단위**에서까 지 만들어지고 있다는 사실은, 그것들을 너무나 자연스러운 것 으로 보이게 해서 더는 바꿀 수 없는 것처럼 만드는 강력한 움직 임이라고 할 수 있다."[15]

하지만 세포에 관한 이야기는 이제 20세기의 것이 되어버 렸다. 논의는 이보다도 훨씬 더 미시적으로 바뀌었다. 마틴이 묘 사했던 이 모든 성별 고정관념의 논리들은 최근 너무도 당연하 다는 듯이 유전자에 그대로 적용되었다.

유전자가 곧 우리다

유전학은 오늘날 인류학 전반에서 완전히 중심적인 위치를 차 지하게 되었다. 특히 생물인류학자들과 체질인류학자들에게 그 러하다. 예컨대 인종에 대한 논쟁, 유전성 질환(겸상적혈구성빈혈 같은)의 인구 분포, 인구학적 역사, 심지어 콩고민주공화국에서 전쟁 스트레스가 임신 중 여성의 유전자 발현에 어떤 영향을 미 치는지를 다룬 연구에 이르기까지 다양한 분야를 탐구한다.[16] 그 러나 일부 저자들(그중에는 잘 알려진 진화심리학자들과 그 동료들 도 포함된다)에게 유전학은 마치 인간 구성뿐만 아니라 인간 행동의 미스터리를 마침내 풀어줄 수 있는 일종의 비밀 해독기처럼 여겨지고 있다. 그에 따르면, 유전자를 이해하면 인간을 이해할 수 있다. 자연이 문화를 낳는다.

2005년 인류학자 수전 매키넌Susan McKinnon은 유전학을 모든 것의 답으로 여기는 학문적 전회에 대해 철저한 분석을 수행한 바 있다. 결과적으로 그가 살펴본 연구들은 인간 유전체에 대해 말해주기보다는 오히려 그러한 주장을 하는 학자들의 문화적, 이념적 입장을 더 잘 드러내주었다.[17]

매키넌은 그들의 접근 방식을 "신자유주의적 유전학"이라고 불렀다. 말인즉슨, 그런 연구들이 그리는 인간 본성의 모습은 밀턴 프리드먼이나 마거릿 대처가 세계를 보는 방식, 혹은 인간을 주로 경제적 행위자로 보는 방식과 무척 흡사하다는 것이다. 그중에서도 특히 흥미로운 것은 인간 행동을 이런 식으로 묘사하는 진화심리학자들이 현재와 선사시대를 자유롭게 넘나든다는 것이다. 그들은 평균적인 현대 미국인과 20만 년 전 플라이스토세Pleistocene에 등장한 호모 사피엔스 수렵인을 단 한 번의 필치로 그려낸다. 이런 관점에서 중요한 것은 개인이며, 사회와 역사는 부차적이다. 자유와 선택은 좋은 것이다. 통제와 규제는 나쁘다. 개인의 이익, 이윤과 지위의 극대화가 미덕이며, 이러한 미덕이 인류의 모든 의사결정 과정을 이끈다는 것이다.

이와 같은 학계의 흐름을 추진하는 동력은 바로 개인의 이익, 그리고 이윤의 극대화라는 포인트다. 매키넌이 지적하듯, 이흐름 전반을 아우르는 핵심은 성적 욕구에 대한 특정한 이해이며, 여기에는 성 역할, 결혼, 그리고 가족에 대한 이해 또한 포함된다. 이 맥락에서 친족 개념은 곧 유전학과 다르지 않다. 남성과 여성은 모두 자신의 지위를 '극대화'하길 추구하며 자손을 생산한다. 이는 곧 남성과 여성이 짝을 찾기 위한 특정 '선호 매커니즘'(더 정확히 말해, 유전적 코드에 의해 프로그래밍된 무언가)을 발전시켰음을 의미한다. 남성은 좋은 몸매를 가진 젊고 매력적인 여성을 찾는다고 여겨진다.* 여성은 리더십과 야망이 있고 성공 가능성이 높은 남성을 찾는다고 여겨진다. 또한 남성은 몇몇 진화심리학자들이 '숙녀-창녀 이중심리Madonna-whore switch'라고 부른 것을 가지고 있다. 기본적으로 남성들은 순결한 숙녀와 결혼하고 싶어 하지만 동시에 많은 창녀와 잠자리를 갖고 싶어 한다는 것이다. 이는 남성에게 유전적 계통을 잇도록 도와주며, 그와 동시에 씨를 뿌리고 싶어 하는 타고난 습성을 충족시켜준다. (그렇다면 과연 창녀들이 존재할 수 있었는지가 의문이다. 여성들은 자신의 생식 능력을 야망과 리더십이 있는 남성에게 제한하길 원한다고 했는데, 그 말에 따르면 여성들에게 창녀 유전자가 있을 수 없지 않은가. 만약 그런 것이 있었다면 결국 모든 창녀는 지난 20만 년의 세월 동안 진화적으로 도태되어 사라졌을 것이다.)

이처럼 역사적으로 명백히 기독교적이자 중세적 유형에서

---

* 좋은 몸매란 무엇인가? 오늘날 서구 밖에 존재하는 여러 미적 기준들은 말할 것도 없고, 인류 역사와 그 이전 선사시대에 대해 우리가 아는 것만 생각해보더라도 평균적인 런웨이 모델은 결코 선호되는 기준이라고 할 수 없다. 비만과 풍만함이 큰 매력을 지니는 경우가 많았다. [아프리카의] 사헬 지역에서의 뚱뚱함과 아름다움에 관한 연구인 Popenoe(2004)를 참고하라.

인류학자처럼 생각하는 법

기인한 '숙녀-창녀 이중심리'에 더해, 진화심리학자들은 극도로 구체적인 유전자들의 존재를 제시하기도 한다. 적어도 어느 정도는 그렇다. 우리가 아는 기초 유전학 지식에 의하면 진화심리학자들은 특정 유전자를 분리해 특정 행동, 성격, 성향에 일대일로 연결하는 것이 불가능하다는 사실을 인정한다. 그럼에도 그들은 그러한 허구적인 구상을 시도한다. 예컨대 거기에는 정절 유전자, 이타적 유전자, 모임 결성 유전자, 친척을 돕는 유전자, 아이에게 갓 나은 여동생을 살해하게 하는 유전자, 수치심 유전자, 자만 유전자, 그리고 (내가 가장 좋아하는) '불투명 회계shady accounting'** 유전자 같은 것들이 있다.[18]

매키넌은 민족지 사례 수십 가지를 사용해 불투명 회계 유전자 같은 허황된 이야기들을 하나하나 반박한다. 그중에는 추 웡, 이누피악, 트로브리안드제도 사람들처럼 우리가 이미 살펴 본 예시들도 있다. 예컨대, 매키넌은 말리노프스키의 트로브리 안드제도 사람들에 대한 분석에서 '숙녀-창녀 이중심리' 같은 개념은 전혀 사용될 수 없음을 보여준다. 거기서 남성과 여성은 성적인 관계와 만남에 동등하게 열려 있다. 트로브리안드제도 여성들은 '숙녀 **아니면** 창녀' 같은 구분법으로 나뉘지 않는다. 몇몇 진화심리학자들이 유전체 작성에 사용하곤 하는 이런 가치 지향적 언어는 남성과 여성 모두에게 한마디로 무관할 뿐이다. 요

** 교묘하게 장부상 회사 수입을 늘리거나 부채를 숨기는 등의 방법으로 실제 회 사의 가치를 부풀림으로써 투자자들을 속이는 일종의 사기 행각을 뜻한다.—옮긴이

약하자면, 유전학에 대한 이러한 접근법은 그저 간단하고 보편적인 인류의 자연사를 찾으려 했던 가장 최신의 시도에 지나지 않는다.

우리의 자연사와 사회사

인간의 행동과 인지 과정에서 본질적인 보편성을 찾는 일은 무척 어렵다. 인류학적 기록에는 인간 본성이 선천적으로 고정되어 있다는 증거가 거의 없다. 물론 알려진 모든 인간 집단에서 일종의 '친족관계', 또는 좀 더 서술적인 표현으로 말하자면 '연결성'을 찾아볼 수 있지만 말이다. 그러나 추웡 사람들, 중국 한족, 이로쿼이와 바이에른 사람들을 하나의 용어를 가지고 모두 이해하려는 시도는 무의미하다. 인류학자들 역시 다른 학자들만큼이나 그런 보편성을 찾고 싶어 할 것이다. 만약 진짜로 그런 게 존재한다면 왜 활용하고 싶지 않겠는가? 하지만 인류학자들은 '과학'과 '자연'이 명확한 근거나 비판적 성찰 없이 함께 엮인 채 사용되는 것을 **진심으로** 싫어한다.

용맹한 정자의 이야기나 숙녀-창녀 이중심리 같은 개념들이 바로 인류학자들이 문화적 특수성, 사회적 맥락, 역사적 역학 관계에 몰두하게 되는 강력한 이유이다. 물론 그 이유는 물론 타당하다. 다만 블로흐가 옳게 짚었듯이, 그렇다고 인지과학과 자연과학의 연구를 등한시하는 데에는 위험이 따른다. 우리가 숙녀-창녀 이중심리 같은 종류의 이야기를 받아들일 수 없다 할지라도, 레비-스트로스의 유산과 더 나아가 인류학이라는 학문이 지닌 인간 정신의 통일성에 대한 집단적 헌신은 우리에게 자연주의를 진지하게 받아들일 것을 요구한다. 이 장을 마무리하며, 그러한 자연주의적 접근이 실제로 생산적인 결과를 내고 있는 두 연구 분야 사례를 소개하고자 한다.

그 첫 번째는 전통적인 현지조사와 인지심리학적 실험을 결합한 연구다.[19] 리타 아스투티Rita Astuti는 마다가스카르 해안의 작은 어촌 공동체인 베조Vezo를 약 30년간 연구해왔다. 2000년대 초반에 베조 사람들의 친족관계, 생계수단, 정체성에 대한 중요한 논문들을 출판한 이후 아스투티는 두 명의 인지심리학자들과 함께 민속생물학과 민속사회학에서 개념들이 어떻게 표현되는지에 관해 비교연구를 시작했다. 세 연구자는 생물학적 유전 같은 것들이 일상적으로 어떻게 이해되고 합리화되는지 알아보고자 했다. 베조 사람들은 유전 과정에 대해 어떻게 생각하는가? 자녀는 누구를 닮는다고 생각하며, 그렇게 생각하는 이유는 무엇인가? 이런 인식이 아이의 행동에 어떤 영향을 미치는가? 아스투티는 이와 같은 질문들로 오랜 현지조사에 기반해 심리 검사를 설계해 진행했고(연구참가자들은 유전과 개인 정체성에 대한 가상의 질문에 답했다), 이를 통해 얻은 답변은 세 연구자를 더 근본적인 질문으로 이끌었다. 개념 발달의 보편적 틀이 존재하는가? 달리 말하자면, 인간 인지에 선천적으로 내장된 특정 지식 분류체계 혹은 '생명에 관한 사실들'을 이해하는 방식이 존재하는가? 오리는 오리를 낳고, 호랑이는 호랑이를 낳으며, 스미스 부부는 갓난아기 조니 스미스를 낳는다는 것을 모든 사람이 **정말 본능적으로** 아는 것일까? (만일 그 오리가 거위에게 길러지고, 호랑이는 코끼리에게, 조니는 존스 부부에게 길러진다고 할지라도 말이다.) 개념 발달의 보편적 틀을 둘러싼 이러한 질문들은 이 책에서 살펴본 인류학의 주요 쟁점들과도 밀접하게 연결된다. 예컨대, 입양과 양육에 대한 루스 베네딕트, 리 D. 베이커의 주장이나 루이스 헨리 모건의 친족 용어 분석, 혹은 보로로 남성들이 자신을 앵무새라고 칭할 때 그것이 지니는 의미에 대한 논의들 말이다.

이런 질문들이 아스투티의 연구에서 특히 흥미로운 이유는 정체성과 연결성에 대한 베조 사람들의 접근이 상당히 수행적이기 때문이다.[20] 지금까지 살펴본 여러 소규모 비서구 사회들과 마찬가지로, 베조 사람들에게 내가 누구인지는 나의 행동과 내가 형성하는 사회적 관계에 의해 결정된다.* 즉 베조 사람은 태어나면서 베조 사람이 되는 것이 아니라 베조 사람처럼 행동하기 때문에 그렇게 된 것이다. 베조 사람이 되려면 베조 사람다운 행동을 해야 하고 그런 행동 중 대부분은 가족, 낚시, 바다를 중심으로 구성된다. 배조 사람들은 수행적이면서도 사회 중심적인 정체성 이해가 너무 강력한 나머지 여성이 임신 중 친한 친구를 사귀게 되면 아이가 커서 그 친구를 닮는다고 할 정도다.

그러나 이와 같은 민족지적 설명과는 달리, 인지과학적 실

---

* 물론 카탈루냐인들에게도 해당되는 이야기다. 적어도 최근 몇 년간은 말이다.

　　　　　　　　　　　　인류학자처럼 생각하는 법

험의 결과는 전혀 다른 그림을 보여주었다. 베조 사람들은 세대 간 유전에 '생물학적 사실들'이 중요한 역할을 한다는 것을 분명히 이해하고 있었다. 심리 검사에서 제시된 가상의 예시들에 대해 성인들은 아이가 태어날 때 부모로부터 '원형template'(그들이 직접 이 단어를 썼다)을 물려받는다는 사실을 분명하게 인식하고 있었다. 즉 그들은 유전이나 정체성의 핵심 요소들은 사회적으로 구성되거나 수행적 행위로 만들어지는 것이 아니라는 점을 잘 알고 있었다는 뜻이다. 하지만 동시에 세 명의 연구진이 발견한 또 다른 중요한 사실은, 실제 자신들의 삶에서는 이러한 지식을 체계적으로 부인하고 있다는 점이었다. 베조 공동체에서 생물학적 연결성에 너무 많은 의미를 두는 것은 반사회적이면서도 소유욕이 과한 것으로 여겨졌다. 이는 삶의 핵심 가치인 사회적 관계를 최대한 많이 가지는 것(즉 '인척kin'을 최대한 많이 갖는 것)과 충돌하기 때문이다. 아스투티와 동료 연구자들이 내린 결론은 이렇다. 베조 사람들은 "그들이 알고 있는 지식을 그리 신경 쓰지 않는다"[21]

이 연구 결과는 인류학자들에게 중요한 문제를 제기한다. 인지 및 개념 발달에 관한 연구 성과를 무시하는 인류학자들은 스스로 발목을 잡는 것이나 다름없기 때문이다. 인류학의 목적이 현지인의 관점을 이해하는 데 있다면, 인간 개념 발달 과정에 어떤 제약이 공통적으로 작용하는지 이해하는 것은 오히려 도움이 되지 않겠는가? 이는 결코 문화의 중요성을 떨어뜨리지 않는다. 베조 사람들은 문화로 이러한 제약을 '무효화'하기 때문이다. 그렇다면 이는 오히려 문화와 가치가 인간을 형성하는 데 얼마나 중요한지를 역설적으로 보여주는 셈이다. 이 점에서 루스 베네딕트의 연구 역시 최근 이런 연구들로부터 지지를 받을 수 있을 것이다. 그가 말했던 '인종 간' 입양의 사례는 결국 같은 질문, 즉 '무엇이 우리를 우리가 되게 하는가?'에 대한 것이기 때문이다. 하지만 베조의 사례가 말하는 것은 어떤 강력하게 규정된 문화적 패턴이 인간 안에 선천적으로 내장되어 있다는 것이 아니다. 오히려, 인간이 '생명에 관한 사실들'을 인지하는 능력을 선천적으로 가지고 있을 가능성은 있지만, 이 선천적인 무언가는 그 자체로만은 불충분하며 문화의 작용에 의존한다는 점을 보여준다.

자연사와 사회사의 접근법을 결합하는 또 하나의 좋은 예시는 윤리인류학에서 찾아볼 수 있다.[22] 윤리인류학은 최근 급속히 성장했으며 아리스토텔레스, 임마누엘 칸트, 미셸 푸코 등 거장 철학자들의 사상과 본격적으로 대화를 시도하면서 여러 연구 성과를 낳고 있다. 이 분야의 연구는 여러 종교인의 매우 정밀한 윤리적 활동들(앞서 살펴본 파트와를 찾아 나서는 카이로 사람들과 파푸아뉴기니의 오순절 기독교인들 같은 사례)로부터 마약 중독자들의 고군분투, 그리고 일상을 살아가며 맞닥뜨리는 '일상적 윤리ordinary ethics'까지 그 범위가 방대하다. 이 중 대부분의 연구는 인간 삶의 사회문화적 구성이라는 인류학의 핵심 주제를 반영하고 있다.

오늘날 가장 주목받는 문화인류학자 중 한 명인 웹 킨Webb

Keane의 최근 저서《윤리적 삶: 그 자연적이고 사회적인 역사Ethical Life: Its Natural and Social Histories》는 윤리에 대한 기존의 사회문화적 접근 방식의 한계를 지적한다. 왜냐하면 윤리는 심리학이나 아동 발달 연구에서도 중심 주제 중 하나인데, 이들 분야는 더 자연주의적인 접근을 통해 '도덕적 가치와 윤리적 추론이 선천적인가?'라는 오랜 질문에 답하고 있기 때문이다.

그렇다고 킨이 사회사와 문화적 맥락의 중요성을 부정하는 것은 결코 아니다. 오히려 그 반대다. 문화와 사회는 그의 논의에서 중심적인 위치를 차지하며, 그는 혁명기의 베트남, 카이로의 이슬람 경건운동, 서구 페미니스트들의 의식 고양 캠페인 등 서로 매우 다른 맥락 속에서 윤리적 프로젝트들이 어떻게 전개되어왔는지를 면밀하게 다룬다. 또한 킨은 개인 간의 상호작용이 지닌 윤리적 차원에도 매우 세심한 주의를 기울인다. 이를 위해 일상적이고 평범한 상황 속에서 사람들 사이에 오가는 말과 행동이 어떤 식으로 그들의 가치관과 윤리적 헌신을 담아내고 있는지 주목한다. 예컨대, 우리가 어떤 대화에서 상대방의 말을 추론하는 행위, SNS에서 의견을 주고받는 것, 혹은 스타벅스에서 커피를 주문할 때 올바른 용어(쇼트, 톨, 그란데, 벤티, 웨트, 스키니 등)를 쓰지 않아 바리스타가 바로잡아줄 때 느끼는 짜증 같은 감정조차도 그 안에 윤리적 함의가 담겨 있다는 것이다. 이러한 사소해 보이는 일상적 장면들도 인류학적 관찰과 사회언어학적 분석을 통해 탐구할 수 있는 중요한 윤리적 현상이라 할 수 있다.

하지만 킨은 심리학과 아동 발달 분야의 연구에도 주목한다. 이러한 연구들은 윤리적 삶의 가장 근본적인 구성 요소들에 대해 많은 것을 알려주기 때문이다. 여기에는 놀이, 공감, 이타주의의 중요성, 아동이 자신과 타자를 구분하기 시작하는 시점, 타자에게도 마음이 존재한다는 사실을 인지하는 시점, 제삼자의 시각에서 상황을 바라보는 능력의 발달 등이 해당된다. 연구에 따르면 공감은 배워야 하는 것이 아니다. 이익이 되지 않더라도 협력하고 나누려는 성향, 공정성을 중요시하는 성향은 아이들에게 자연스럽게 나타난다. 부모의 양육이나 학교 교육과 같은 형태의 사회화 과정이 이러한 성향을 갖기 위해 반드시 필요한 조건은 아니라는 것이다.

그러나 킨은 여기서 중요한 점을 짚고 넘어간다. 이러한 본능적 행동과 반응이 그 자체로 '윤리적'인 것은 아니라는 점이다. 그는 이러한 본능적 성향을 직관이나 충동이 아니라 '행동유도성affordances'이라는 개념으로 생각해야 한다고 주장한다. 행동유도성이란 심리학의 개념으로 특정 경험과 지각이 특정한 상황을 유도해낸다는 의미이다. 킨은 이런 비유를 든다. 장시간 등산으로 지쳤을 때, 마침 의자로 삼을 만한 평평하고 매끄러운 바위 하나가 보인다면 거기 잠시 앉아 쉬어가게 될 것이다. 이 바위는 의자가 아니지만 의자의 역할을 '유도'하여 의자의 역할을 수행한다. 같은 식으로, 의자는 다른 상황에서 발판으로, 또는 사자를 길들이는 도구로 유도될 수도 있을 것이다. 이처럼 물건이나 행동이 가지는 용도는 고정되거나 미리 정해진 것이 아니며, 그것

 인류학자처럼 생각하는 법

은 객관적인 요소들과 우발적인 요소들이 결합된 결과이다. 바위가 튼튼하고 평평한 바위여야 하는 동시에, 그 바위를 마주한 당신 역시 지쳐서 앉을 마음이 있어야만 의자로서 기능을 발휘할 수 있는 것처럼 말이다.

킨이 말하는 핵심은 이렇다. 문화 이전의 인간 인지 및 추론 능력은 마치 그 바위와 같다는 것이다. 필수적이지만 '윤리적 삶'을 만들어내기에는 불충분하다. 인간이 윤리적 존재가 되려면 이러한 선천적 직관과 충동에 사회적 요소들이 더해져야 한다. 예컨대 부모의 양육, 학교 교육, 성경 공부, 《공산당 선언》이나 토마스 만Thomas Mann의 소설을 읽는 것, 반야심경을 외우는 수행, 밥 딜런의 음악을 듣는 것, 글로리아 스타이넘Gloria Steinem이나 나오미 클라인Naomi Klein 같은 인물들의 연설을 듣는 경험, 인도 국영 TV가 전국적으로 방영하는 라마야나 서사시를 보는 것, 또한 스타벅스에서 중간 사이즈('톨') 커피를 주문해보는 것이나 소풍을 하며 주고받는 농담에 이르기까지 무수히 많은 일상 속의 교류와 경험이 이 사회적 요소에 포함된다. 킨의 결론은 단순하지만 그 의미는 결코 작다고 할 수 없다. "사회적 역사 없이 윤리적 삶은 윤리적일 수 없다. 자연적 역사 없이는 삶 자체가 없다."[23] 인간의 이야기는 마치 탈식민주의 문학처럼 대위법적 읽기를 요구한다.

인류학자처럼 생각하라

이토록 많은 문화가 우리 눈앞에 펼쳐져 있을 때, 그 화려함에 눈이 멀어버릴 위험이 있다. 지금까지 정말 다채로운 세계관과 삶의 방식들을 살펴봤다. 더 나은 삶을 위해 셰이크의 조언을 구하려는 카이로의 독실한 무슬림들, 축구를 열렬히 사랑하지만 승부에는 별 관심이 없는 볼리비아 선주민들, 시장을 더 완벽하게 만들기 위해 컴퓨터를 사용하는 런던의 선물거래소 사람들, 차지도 못할 목걸이와 팔찌를 얻으려고 작은 카누에 의존해 험난한 바다를 항해하는 멜라네시아 남성들, 체르노빌 원전 사고로 삶과 세계가 산산이 부서진 우크라이나 사람들, 또한 자신의 결혼 예물을 적극적으로 협상하고, 노래를 통해 어머니의 죽음을 애도하는 동시에 억울함을 토로하던 중국의 신부들과 딸들.

이 세상에는 여전히 수많은 차이가 존재한다. 식민주의는 이런 차이들을 없애지 못했다. 기독교, 상업, 문명 같은 것들을 뚜렷한 형태로 만들어낸 것도 아니고, 매슈피 사람들을 미국인으로, 짐바브웨 사람들을 더 영국스럽게 만들지도 못했다. 짐바브웨에서 '크리켓'이 의미하는 바는 결코 자명하지 않다. 세계화 역시 이러한 차이들을 없애지 못했다. 벨리즈의 위성 텔레비전은 그곳의 지역 문화를 지우지 못했다. 오히려 세계화의 여러 기류는 벨리즈 지역 문화를 되살리거나 심지어 새롭게 만들어내는 역할을 했다고 볼 수도 있다.

하지만 인류학은 단순히 이러한 차이를 보여주기만 하는 학문이 아니다. 만약 그랬다면 우리는 그 차이에 압도되어 아무것도 보지 못했을 것이다. 인류학은 차이를 기록하고 증언하는 일을 하지만, 동시에 이러한 차이의 의미를 이해하려는 학문이기도 하다. 인류학은 설명하고자 하는 학문이다. '현지인의 관점'은 보는 방식만이 아니라 논리와 사고의 양식에 대한 것이기도 하다. 우리는 '현지인들이 생각하는 방식'을 탐구한다.

카이로에서 파트와를 찾아 나서는 사람들의 관행을 통해 우리는 이슬람에서 자유가 권위에 맞서는 개념이 아니라 권위와의 관계 속에서 정의된다는 것을 배운다. 볼리비아의 에세에하 사람들은 축구 경기에서 경쟁적 요소를 기피하는데, 이는 그들이 가진 평등주의에 대한 헌신 때문이다. 이러한 가치는 전통적으로 사유재산의 중요성을 최소화해온 소규모 무국가 사회에서 고도로 발달하곤 한다. 런던의 선물거래소 사람들은 시장 교환 영역을 비인간화하려는 체계에 있기 때문에 기술에 의존한다. 말하자면, 비즈니스는 사적인 것이 아니라는 논리하에 인간의 개입을 최대한 배제하는 것이다. 트로브리안드제도의 남성들이 쿨라 링 교환에 참여하는 것은 물론 명예를 위한 것이기도 하지만, 그것이 타자와의 관계 속에서 개인의 자아를 규정하는 사회성의 논리를 뒷받침하기 때문이다. 체르노빌 원전 사고의 피해자들에게 고통은 존재의 조건을 규정하는 기준이 되었다. 그들은 해체된 소련과 제대로 작동하지 못하는 탈사회주의 국가 사이의 정치적, 과학적 체계에 끼어 있었다. 이들의 삶은, 많은 현대적 맥락에서 인간 조건이 아닌 의학적 조건을 근거로 한 생물학적 시민권이 출현했음을 극명하게 보여주고 있다. 중국 북동부의 농촌 신부들이나 어머니를 애도하는 즈쥐 지역의 딸들은 모두 개인주의적 용어를 사용하지만, 그것은 단순히 서구적인 것을 흉내 내는 것이 아니다. 오히려 새로운 표현 방식을 통해 과거의 전통을 되살리고, 새롭게 해석하고, 재발명하는 것이다. 중국에서 찾은 이 두 사례는 전통과 근대성이 고정된 상태가 아니라 유동적이면서도 관계적인 개념이라는 사실을 가르쳐준다. 이 책의 다양한 사례들 역시 이 점을 잘 보여준다.

그렇다고 해서 인류학이 그저 '설명'을 위한 학문인 것은 아니다. 설명은 인류학자뿐만 아니라 정치학자, 철학자, 사회학자들도 하지 않는가. 인류학의 독특함은 그 설명의 중심에 현장의 지식이 있다는 것이다. 하우는 단순히 마오리의 용어 중 하나가 아니다. 지난 100여 년간 쓰이고 있는 인류학적 개념이기도 하다. 하우는 사람과 물건 사이의 경계가 우리의 상식과는 달리 유

　　　　　　　　　　　인류학자처럼 생각하는 법

연할 수 있다는 점을 상기해준다. 같은 의미에서 관점주의는 특정 아메린디언 선주민들의 세계관을 나타내는 단어만은 아니다. 그것은 인류학자들에게 인간 및 인간성의 경계를 다시 생각해보게 하는 지적 도전이기도 하다.

다시 말해, 많은 인류학적 설명은 피사체와 배경의 뒤집기figure-ground reversal, 즉 우리 시점에서 앞에 놓인 것과 뒤에 놓인 것을 뒤집는 것이다. 더 총체적인 설명을 위해 인류학은 상식을 뒤엎고 익숙한 것들에 의문을 제기해야만 했다. 인류학은 풍요란 무엇이며, 피는 왜 중요하고, 사고란 무엇인지와 같이 우리가 안다고 생각했던 것들뿐만 아니라 그것을 이해하는 방식까지도 다시 생각해보게 한다. 여기에는 언제나 낯섦과 놀라움이 동반된다.

마운트하겐 사람들에게는 자연/문화보다 야생의 것/길들인 것 개념이 더 적절하다. 자연/문화 이분법은 모든 사람이 선천적으로 가지고 태어나는 본능이 아니라 그 고유의 역사가 있는 개념이다. 아라웨테 사람들에게는 자연과 문화라는 구분이 더 잘 들어맞지만 이 둘의 비율은 우리가 아는 것과 정반대다. 즉 서구의 관점에는 하나의 자연과 여러 개의 문화가 존재하지만, 이들의 우주관에는 여러 개의 자연과 하나의 문화가 존재한다. 이누피악 사람들은 미국인이나 영국인과는 달리 친족을 생각할 때 '피'를 그리 중요하게 여기지 않는다. 그들에게는 "우리는 한때 사촌이었어"라고 말하는 것이 전혀 이상한 일이 아니다. 죽음의 의미 역시 변화하고 있다. 캐나다와 미국에서는 의료 기술의 발전, 세속화의 역동, '생명의 선물'과 같은 설득력 있는 수사 등을 통해 뇌사라는 개념이 정당화되었다. 이런 상황에서 장기 기증은 뇌사 환자가 주체성을 획득하는 하나의 방법이 된다. 이를 현대판 영적 행위라고 할 수 있을지 모르겠다. 그렇다고 해서 과학기술의 발전이 삶과 죽음의 경계를 결정짓는다는 뜻은 아니다. 일본은 의료체계가 발달한 나라이지만 미국이나 캐나다처럼 신체와 정신을 분리하지 않는다. 일본인들에게 '살아 있는 시체'라는 개념은 형용모순일 뿐이다.

이 책에서 언급된 구체적 사례들이 독자들 마음에 오래 남기를 바란다. 사회적 사실이든 그 밖의 사실이든('대안적' 사실은 제외하고) 여전히 중요한 의미를 지닌다.* 힌두교의 카스트제도와 파트와가 무엇인지, 그리고 무엇이 아닌지를 아는 것. 이 세상에 트로브리안드제도라는 장소가 있으며, 그곳에서는 전통적인 쿨라 교환과 장례식의 바나나 잎 직물 교환뿐 아니라 문화 관광과 오순절 설교가 공존하고 있다는 사실을 아는 것. 이런 지식들에는 모두 의미가 있다.** 그리고 지식에 인류학적으로 접근하는 데에는 언제나 윤리적인 차원이 존재한다. 즉 우리는 타자들을 더 많이 알수록 더 나은 사람이 된다. 여기서 말하는 '타자들'

---

*　도널드 트럼프의 보좌관 켈리앤 콘웨이Kellyanne Conway가 '대안적 사실alternative fact'이라는 표현을 처음으로 사용했다. 2017년 1월 방송된 NBC 일요일 오전 뉴스 〈미트 더 프레스Meet the Press〉에서 확인할 수 있다. http://www.nbcnews.com/meet-the-press/video/conway-press-secretary-gave-alternative-facts-860142147643 참조. 이 단어가 인류학자들의 사전에 포함될 일은 없을 것 같다.

 인류학자처럼 생각하는 법

이 주니 사람들이든 런던 사람들이든, 인류학의 탐구 대상으로서 모두 동등하게 소중하고 가치 있다. 루스 베네딕트가 1934년에 했던 말은 오늘날에도 여전히 유효하다. "역사상 지금처럼 진정한 문화 의식을 지닌 사람들이 우리 문명에 절실했던 시기는 없었다. 우리에겐 사회적으로 조건 지어진 타자의 행동을 두려움과 비난 없이 객관적으로 바라볼 수 있는 사람들이 필요하다."[1]

여기서 더 나아가 독자들이 이 책을 통해 이런저런 단편적인 지식들뿐만 아니라 인류학적 감수성을 얻어가면 좋겠다. 주변 세계를 바라보는 인류학적 시선, 다시 말해 인류학자처럼 생각하는 법 말이다.

어떤 인류학 연구들은 독자들이 사는 세상과 그 관심사에 훨씬 더 직접적으로 연결되어 있을 수 있다. 시카고와 런던의 금융 시장에 관한 연구나 장기 기증, 호스피스 돌봄 윤리를 다룬 연구들이 아마 그럴 것이다. 이러한 연구들은 적용하기도 쉽고 실천적인 함의를 갖기도 한다. 예를 들어, 장기이식을 연구했던 록은 이후 장기이식윤리국제포럼International Forum for Transplant Ethics에서 중요한 역할을 맡게 되었다. 록은 철학자, 변호사와 함께 수년

***

****** 2000년대에 미셸 매카시Michelle MacCarthy가 오클랜드대학 박사과정 중 현지조사를 위해 트로브리안드제도에 갔을 때 문화 관광은 이미 섬 주민들 생계의 중요한 부분을 차지하고 있었다. 매카시의 2012년 논문이 이를 심도 있게 다룬다. 후속 현지조사에서 그는 오순절 설교에 영향을 받아 바나나 잎 직물 생산을 중단한 여성들을 만났다. 오순절교가 직물 생산을 시간 낭비로 여겼기 때문이다(MacCarthy, 2017).

간 장기이식 전문 외과의사들, 기타 의료 전문가들과 협력하면서 장기 조달에 대한 윤리적 차원에 대해 더 세계적인 접근 방식을 장려했다. 이는 의미 있는 인류학, 즉 변화를 만들어내는 인류학이다. 이러한 작업은 프란츠 보아스가 인종에 관한 사회적 논쟁들에 개입했던 것에서 이어져온 공공 및 정책 차원의 인류학 전통이다.

그러나 내가 이 책에서 목표한 바는 이 모든 사례를 넘어서는 인류학의 의의를 보여주는 것이다. 바소토의 소의 신비에 대해 아는 것은 의료 윤리, 금융 시장, 서구의 핵 과학에 대해 배우는 것만큼이나 우리가 사는 세계를 이해하는 데 중요하고 유용하다. 이 사례는 우리와 거리가 먼 사람들과 장소들이 실제로는 얼마나 긴밀하게 연결되어 있는지 보여준다. 소의 신비는 바소토에 관한 지식이기도 하지만, 글로벌 광산업에 관한 지식의 일부이기도 하며, 사람들이 돈과 자산을 사용해 젠더관계를 어떻게 조정해나가는지, 전통이 어떻게 창의와 혁신의 원천이 될 수 있는지도 가르쳐준다. 어쩌면 그 후속 연구가 기후변화에 대한 중요한 통찰을 제공할지도 모를 일이다. 애초에 소의 신비의 중요성이 알려지게 된 계기는 레소토의 가뭄이 아니었던가.

서아프리카에서 2013~2015년에 발생한 에볼라 전염병에 관한 최근 연구에서 인류학자 폴 리처즈Paul Richards는 영국 정치인 노먼 테빗Norman Tebbit의 말을 인용한다. "납세자들은 더 이상 볼타강 상류 지역의 혼전 관행과 같이 우리에게 아무 쓸모없는 인류학 연구에 돈을 댈 여유가 없다."[2] 그러나 정확히 이런 겉보

　인류학자처럼 생각하는 법

기에 쓸모없고 난해하며 사소한 것 같은, 이를테면 문화적 호기심을 좇는 연구들에서야말로, 우리가 잘못 보거나 당연하게 여기지만 사실은 아주 중요하고도 가치 있는 것들을 발견하게 된다. 리처즈는 시에라리온에서 40년 넘게 연구했는데, 이 나라는 에볼라 유행 당시 공식 집계상 두 번째로 높은 사망률을 기록한 곳이었다. 그의 분석은 유행병에 대한 역학적 자료, 병리학적 사실과 수치, 그리고 국제 사회의 대응 역량과 한계에 주목한다. 그러나 그의 저서의 중심부는 멘데Mende와 템네Temne 마을의 장례 관행에 대한 상세한 민족지적 기술로 채워져 있다. 그 이유가 무엇일까? 시신 매장을 준비하는 과정이 '슈퍼 전파 사건super-spreader event' 중 하나였기 때문이다. 이 지역 사람들은 사랑하는 이의 시신을 꼼꼼히 씻기고 닦아주었는데, 그 과정에서 체액과 접촉하면서 에볼라 바이러스 전염 가능성을 폭증시킨 것이다.

따라서 서아프리카의 장례 전통을 이해하는 것, 그리고 더 중요하게는 공공보건과 문화적 관습을 함께 고려해 지역 주민들이 그 전통을 어떻게 조정해나가는지 이해하는 것이 전염병을 멈추게 하는 필수 조건이었다. 물론 방호복, 수액 치료제, 구급차, 야전 병원, 그리고 국내외 의료 전문가들과 자원봉사자들의 헌신적인 노력도 중요했다. 그러나 그 지역만의 돌봄 기술, 추모 전통, 상식에 대한 이해 역시 그만큼이나 중요했다. 말하자면, 문화와 더불어 인류학이라는 하나의 사회과학 역시 그만큼 중요했던 것이다.

주

서문

1   Cushing, 1978, p. 46.

2   Ibid., p. 319.

3   Ibid., p. 279.

4   Zaloom, 2006, pp. 9, 8.

5   Ibid., p. 10.

6   Sahlins, 1972, p. 4.

7   Ibid., p. 37.

8   Ibid., p. 9.

9   ⟨http://www.survivalinternational.org/galleries/hadza⟩; accessed 19 December 2016.

10   Powdermaker, 1951.

11   Parkin, 2005, p. 169.

12   Cited in Green, 1990, p. 12에서 인용; 기타 세부 사항은 pp. 10-11에서 참조.

13   Hughte, 1994.

14   Roberto Gonzalez(2009)가 쓴 소책자에 반군 진압작전에서 인류학의 역할에 관한 역사가 담겨 있다.

15   Malinowski 1922, p. 25; 강조와 젠더 표기 모두 원문.

16   Ibid., pp. 5-6.

17   마두스베르그의 《하버드 비즈니스 리뷰》 인터뷰는 여기서 들을 수 있다.

https://hbr.org/2014/03/an-anthropologist-walks-into-a-bar.

18   http://www.theguardian.com/business/2008/oct/31/creditcrunch-gilliantett-financial-times.

1장 문화 Culture

1   Mitchell, 2017, pp. 33, 34.

2   Bunzl, 1996, p. 32에서 인용.

3   Stocking, 1968, p. 136에서 인용.

4   Geertz, 1973, p. 5.

5   Kleinman, 2004.

6   Ibid., p. 951.

7   Handler, 1988, p. 141에서 인용.

8   Manning, 2008.

9   Deetz, 1995, p. 4.

10   Coward, 2013.

11   Arnold, 1932 [1869], p. 70.

12   Tylor, 1871, p. 1.

13   White, 2007 [1959], p. 12.

14   Benedict, 1934, p. 14.

15   Baker 2011, 122. 이 역사를 더 자세히 보고 싶으면 Baker 1998과 Stocking 1968을 보라.

16   Levi-Strauss, 1966, p. 268.

17   Luhrmann, 2012.

18   Brightman, 1995.

19   Robbins, 2007.

20   Diana Fuss 1989, p. xi. 퍼스는 인류학자가 아니라 문학비평가다. 그러나 그는 본질주의에 대한 매우 탁월한 책을 썼다.

21   Bourdieu, 1977, pp. 72, 73.

22   Appadurai, 1996.

23   〈http://anthropology.columbia.edu/people/profile/347〉; 2016년 3월 28일 접속.

24   Abu-Lughod, 1991.

25   Radcliffe-Brown, 1940.

26   Firth, 1951, p. 483.

27   Clifford, 1988a, p. 10.

28   Malinowski, Brightman, 1995, p. 534에서 인용.

29   Lowie, 2004 [1935], pp. xxi. xxii.

30   Kroeber and Kluckhohn, 1952, p. 357.

2장 문명 Civilization

1   2016년 12월 19일 트위터 포스팅, https://twitter.com/realDonaldTrump?ref_src
      =twsrc%5Egoogle%7Ctwcamp%5Eserp%7Ctwgr%5Eauthor.

2   Trautmann, 1987, p. 10.

3   Tylor, 1871, p. 2.

4   Stocking, 1987, p. 10을 보라.

5   Morgan, 1877, pp. 4-12.

6   Ibid., p. 16.

7   Tylor, 1871, p. 24.

8   Morgan, 1877, p. 169.

9   Boas, 1896, p. 908.

10   Ferry, 2012, p. 295.

11   Comaroff and Comaroff, 1991; 1997.

12   Ibid., p. 213.

13   Fanon, 1967 [1952], p. 17; p. 18.

14   Lepri, 2006.

15   Ibid., p. 75.

16   Huntington, 1993.

17   Ibid., p. 24.

18   Ibid., p. 25.

19   〈http://georgewbush-whitehouse.archives.gov/news/releases/2001/09/200109
      16.2.html〉; 2016년 5월 5일 접속.

20   McFate, 2005, p. 46에서 인용.

21   Fabian, 1983, p. 41.

22   Gardner and Lewis, 2015.

23   〈https://www.theguardian.com/katine〉; 2016년 10월 19일 접속.

24   〈http://www.theguardian.com/katine/2010/oct/30/story-katine-
      anthropologist-ben-jones〉; 2016년 5월 5일 접속.

25   〈https://www.theguardian.com/katine/2007/oct/20/about〉; 2016년 10월 19일
      접속.

26   Wengrow, 2010.

27   Ibid., p. xviii.

28   Ibid., p. 175.

3장   가치 Values

1   Peristiany, 1965, p. 9.

2   Pitt-Rivers, 1965, p. 52에서 인용.

3   Ibid., p. 41.

4   Schneider, 1971, p. 4.

5   Ibid., p. 17.

6   Herzfeld, 1980.

7   Abu-Lughod, 1986.

8   Ben-Yehoyada, 2014.

9   Candea and Da Col, 2012.

10   저자의 허락하에 미출간 영문판 논문에서 인용함. 이 논문(Shryock 2001)은
        프랑스어로 출판되었다.

11   Dumont, 1970 [1966], p. 35.

12   Ibid., p. 21.

13   Srinivas, 1959.

14   Fuller 1993, pp. 13–14. 풀러의 책은 힌두교에 대한 탁월한 인류학 입문서다.

15   Dumont, 1970 [1966], p. 10; p. 3.

16   Ibid., p. 6.

17   Ibid., p. 218; 강조는 원문.

18   Ibid., p. 66.

19   Ibid., p. 20.

20   Robbins, 2004.

21   Ibid., p. 295.

4장   값 Value

1   Ferguson, 1985, p. 652에서 인용.

2   ⟨http://www.bridesmagazine.co.uk/planning/general/planning-
        service/2013/01/average-cost.of.wedding⟩; 2016년 10월 5일 접속.

3   ⟨http://www.ons.gov.uk/employmentandlabourmarket/peopleinwork/
        earningsandworkinghours/bulletins/annualsurveyofhoursandearnin
        gs/2013.12.12.⟩; 2016년 10월 5일 접속.

4   Malinowski, 1922, p. 84; p. 86.

5   Ibid., p. 89.

6   Ibid., p. 510.

7   Ibid., p. 97.

8   Sahlins, 1996, p. 398.

9   Mauss, 1990 [1926], p. 12.

10   Ibid., p. 65.

11   Hart, 1986.

12   Hart, 2005.

13   Ibid., p. 4.

14   Jeske, 2016.

15   Ibid., p. 485.

16   Ibid., p. 486.

17   Ibid., p. 490.

18   James, 2015.

19   Ibid., p. 55.

20   Graeber, 2007.

21   Graeber, 2011.

22   Ibid., p. 103.

5장 피 Blood

1   Morgan, 1871, p. 10.

2   Schneider, 1968.

3   Ibid., p. 25.

4   Ibid., p. 13.

5   Stack, 1976, pp. 45-61.

6   Sussman, 2015.

7   〈https://s3.amazonaws.com/omeka-net/3933/archive/files/a21dd53f2a098fc
     a5199e481433b4eb2.pdf?AWSAccessKeyId=AKIAI3ATG3OSQLO5HGKA&
     Expires=1474327752&Signature=4VgjdKhdCrZpipb4bpQkiGROVe4%3D〉;
     2016년 9월 20일 접속.

8   〈http://www.telegraph.co.uk/news/politics/2499036/Mayor.of.London-Boris-
     Johnson.is.a.distant-relative.of.the-Queen.html〉; 2016년 9월 22일 접속.

9   Schneider, 1968, p. 23.

10   〈https://www.washoetribe.us/contents/images/documents/

EnrollmentDocuments/WashoeTribeEnrollmentApplication.pdf〉; 2016년 9월 22일 접속.

11   Strong and Van Winkle, 1996.

12   와쇼 집단에 대한 세부 사항은 Strong and Van Winkle, 1996과 D'Azevedo, 1986에서 가져왔다.

13   Bodenhorn, 2000.

14   Ibid., p. 147, n. 11.

15   Ibid., p. 136.

16   〈https://www.theguardian.com/books/2016/aug/27/ian-mcewan-author-nutshell-going-get-kicking〉; 2016년 9월 23일 접속.

17   El Guindi, 2012, p. 545.

18   이와 관련한 연구는 Peter Parkes, 2004를 참고하라.

19   Clarke 2007, 289. 이후 나오는 레바논에 관한 내용은 Clarke의 연구에서 가져왔다.

20   Carsten, 2000.

21   Strathern, 1988; 1992.

22   Carsten, 2013.

23   Saussure, 1983 [1916], p. 67.

24   Genesis 11:7.

25   〈http://www.catholicherald.co.uk/news/2012/03/06/full-text-english-and-welsh-bishops-letter.on.same-sex-marriage/〉; 2016년 9월 28일 접속.

26   Carsten, 2013.

27   Herdt, 1982a.

28   Narasimhan, 2011.

29   Turner, 1967, p. 70.

30   추크치인의 예는 Willerslev, 2009에서 가져왔다.

31   Copeman, 2013.

32   Herdt, 1982b.

33   누에르인과 관련한 세부 사항은 Hutchinson 2000에서 가져왔다.

34   피와 금융의 연관성은 탁월한 논문인 Weston 2013.의 주제다.

35   Turner, 1967.

6장   정체성 Identity

1   Erikson, 1994.

2   Erikson, 1963, p. 138.

3   Erikson, 1937.

4   Inda and Rosaldo, 2002, p. 4.

5   이 사례는 Wilk, 2002에서 가져왔다.

6   〈http://secondlife.com〉; 2016년 10월 14일 접속.

7   Boellstorff, 2008, p. 8.

8   〈https://www.youtube.com/watch?v=3.LB.FeJlc4&list=PLIObZjAH3oFvr6J0A
     hWroB9lmOXRN2xLV&index=1〉; 2016년 10월 14일 접속.

9   Templeton, 1998, p. 647. 이에 대한 또 다른 좋은 출처는 Sussman, 2015.

10   Benedict, 1934, p. 13.

11   Ibid., p. 14.

12   Baker, 2010.

13   Ibid., p. xi.

14   Baker, 1998, p. 1.

15   Yudell et al., 2016, p. 565.

16   이 예시는 인류학에서 아주 유명하다. 이는 문화와 정체성에 관한 James
     Clifford, 1988b에서 온 것이다. 클리퍼드는 사상사 학자이자 문화비평가이지만
     인류학과 인류학자에 관한 글을 쓰기도 했다.

17   Schieffelin, Woolard and Kroskrity, 1998.

18   어원학에 관련한 이 예시와 그다음 예시는 모두 Silverstein, 1979에서 가져왔다.
     이 학문 분야가 시작된 것이 이 논문 때문이었다.

19   〈http://www.telegraph.co.uk/culture/hay-festival/9308062/Hay-Festival-
     2012-Tim-Minchin-breaks-taboos.html〉; 2016년 10월 14일 접속.

20   Gal and Woolard, 2001.

21   Woolard, 2016. 내가 집중한 세부 사항 중 대부분이 이 책에서 나왔다.

22   Ibid., p. 22.

23   〈https://www.bnp.org.uk/news/national/video-.-pain-indigenous-community-
     ignored〉; 2016년 10월 14일 접속.

24   Woolard, 2016, pp. 3-7.

25   ibid., p. 223에서 인용.

26   Ibid., p. 296.

27   Ibid. p. 254.

28   〈https://www.bia.gov/cs/groups/xofa/documents/text/idc-001338.pdf〉; 2016년
     10월 17일 접속.

29   Merry, 2001.

30   Jessie 'Little Doe' Baird, 〈http://www.wlrp.org〉; 2016년 10월 18일 접속.

31   〈http://www.mashpeewampanoagtribe.com/human_services〉; 2016년 10월
     18일 접속.

1   Weiner, 1992.

2   Ibid., p. 12.

3   Ibid., pp. 63-4.

4   Evans-Pritchard, 1931, p. 36.

5   Yan, 2009.

6   Fong, 2004.

7   Yan, 2009, p. 170.

8   Yan, 2009, p. 164에서 인용.

9   Stafford, 2010, pp. 204-5.

10   Mueggler, 2014.

11   Ibid., p. 213.

12   나는 이 부분을 쓰면서 Bloch, 1989; Rappaport, 2000; Turner, 1967과 같은 출처들로 거슬러 올라가는 논증들을 가져왔다. 이 셋은 모두 의례 이론 분야의 주요 학자들이다. 또한 의례와 종교적 언어에 관한 유익한 자료로 Keane, 1997과 Stasch, 2011을 보라.

13   Bloch, 1989, p. 37.

14   Bloch, 2005.

15   Bloch and Parry, 1982는 이 논점에 대한 고전적 서술이다.

16   Austin, 1975 [1962].

17   취임식에서의 실수에 관한 설명은 다음을 참조하라. ⟨http://www.nytimes.com/2009/01/22/us/politics/22oath.html⟩; 2016년 10월 28일 접속.

18   Austin, 1975 [1962], p. 117.

19   검은 법복에 대한 이러한 세부 사항은 전 연방대법관 샌드라 데이 오코너Sandra Day O'Connor가 성찰한 내용이다.⟨http://www.smithsonianmag.com/history/justice-sandra-day-oconnor-on-why-judges-wear-black-robes-4370574/?no-ist⟩; 2016년 10월 28일 접속.

20   Mueggler, 2014, pp. 212-13.

21   Agrama, 2010.

22   Ibid., p. 11.

23   Ibid., p. 13.

24   Evans-Pritchard and Fortes, 1940, pp. 6-7.

25   Howell, 1989.

26   Ibid., pp. 37-8.

27   Ibid., pp. 52-3.

8장 이성 Reason

1   Whorf, 1956, p. 137.

2   Boroditsky, 2009.

3   Whorf, 1956, p. 151.

4   이 논점에 대해서는 Enfield, 2015를 보라. 이는 워프주의적 연구의 최근 동향을 잘 보여준다.

5   Whorf, 1956, p. 151.

6   Sperber, 1985.

7   Lévy-Bruhl, 1966 [1926], p. 62.

8   Ibid., p. 61.

9   Evans-Pritchard, 1976 [1937], p. 30.

10   Ibid., p. 25.

11   Ibid., p. 11.

12   Crocker, 1977, p. 184.

13   Ibid., p. 192.

14   Turner, 1991.

15   Handman, 2014, p. 282, n. 3.

16   Overing, 1985, p. 154.

17   Viveiros de Castro, 1992; 1998.

18   Viveiros de Castro, 1998, p. 475.

19   Scott, 2013.

20   Viveiros de Castro, 1992, p. 271.

21   Viveiros de Castro, 1998 p. 470.

22   Scott, 2013, pp. 5-9.

23   Viveiros de Castro, 1992, p. 271.

24   체르노빌 사례의 다음 내용들은 Petryna, 2003에서 가져온 것이다. '노출된 삶'이라는 문구 또한 페트리나의 표현이다.

25   Evans-Pritchard, 1976 [1937], p. 19.

9장 자연 Nature

1   Said, 1993.

2   Sahlins, 1976.

3   이 목록은 인기 있는 인류학 블로그인 'Savage Minds'에 또다시 등장한다. 〈http://savageminds.org/2011/04/17/anthropological-keywords-2011-

edition/〉; 2016년 12월 7일 접속.

4   Lévi-Strauss, 1963, p. 33을 보라.

5   Lévi-Strauss, 1964에서 인용.

6   Lévi-Strauss, 1966, p. 268.

7   Bloch, 2012, p. 53.

8   Lock, 2002.

9   Ibid., p. 279.

10   Ibid., p. 51.

11   〈https://www.ipsos-mori.com/researchpublications/researcharchive/3685/
      Politicians-are-still-trusted-less-than-estate-agents-journalists-and-
      bankers.aspx#gallery[m]/0/〉; 2016년 12월 12일 접속.

12   2015년 12월 갤럽 설문조사, 〈http://www.gallup.com/poll/1654/honesty-
      ethics-professions.aspx〉; 2016년 12월 12일 접속.

13   Martin, 1991.

14   Ibid., p. 490.

15   Ibid., p. 500.

16   콩고민주공화국에서의 후생유전학 연구는 Mulligan, 2015에 요약되어
      있다. 인류학적 유전학에 대한 일련의 개괄적 논의는 같은 호의 *American
      Anthropologist*에서도 확인할 수 있다.

17   McKinnon, 2005.

18   Ibid., pp. 29-33.

19   Astuti, Solomon and Carey, 2004.

20   Astuti, 1995.

21   Astuti, Solomon and Carey, 2004, p. 117.

22   Keane, 2015.

23   Ibid., p. 262.

결론

1   Benedict, 1934, pp. 10-11.

2   Richards, 2016, p. 8. 테빗의 발언은 영국 왕립인류학회Royal Anthropological
      Institute 회장과의 흥미로운 논쟁을 불러일으켰다. 이에 대해서는 Benthall,
      1985를 참조하라.

참고문헌

Abu-Lughod, Lila. 1986. *Veiled sentiments: honor and poetry in a Bedouin society*. Berkeley: University of California Press.

Abu-Lughod, Lila. 1991. *Writing against culture. In Recapturing anthropology: working in the present*. Richard G. Fox (ed.), pp. 137-62. Santa Fe: School of American Research Press.

Agrama, Hussein Ali. 2010. *Ethics, tradition, authority: Toward an anthropology of the fatwa*. American Ethnologist 37(1): 2-18.

Appadurai, Arjun. 1996. *Modernity at large: cultural dimensions of globalization*. Minneapolis: University of Minnesota Press. (한국어판: 《고삐 풀린 현대성》, 채호석·차원현·배개화 옮김, 현실문화, 2004.)

Arnold, Matthew. 1932 [1869]. *Culture and anarchy*. J. Dover Wilson (ed.). Cambridge: Cambridge University Press. (한국어판: 《교양과 무질서》, 윤지관 옮김, 한길사, 2016.)

Astuti, Rita. 1995. *People of the sea: identity and descent among the Vezo of Madagascar*. Cambridge: Cambridge University Press.

Astuti, Rita, Gregg Solomon and Susan Carey. 2004. *Constraints on conceptual development: a case study of the acquisition of folkbiological and folksociological knowledge in Madagascar. Monographs of the Society for Research in Child Development*, Volume 69, number 3.

Austin, John L. 1975 [1962]. *How to do things with words*. Cambridge, Mass.: Harvard University Press.

Baker, Lee D. 1998. *From savage to negro: anthropology and the construction of race, 1896-1954*. Berkeley: University of California Press.

Baker, Lee D. 2010. *Anthropology and the racial politics of culture*. Durham: Duke University Press.

Baker, Lee D. 2011. The location of Franz Boas within the African-American struggle. In *Franz Boas: Kultur, Sprache, Rasse*. Friedrich Pohl and Bernhard Tilg (eds), pp. 111-29. Vienna: Lit Verlag.

Benedict, Ruth. 1934. *Patterns of culture*. New York: Houghton Mifflin Harcourt. (한국어판: 《문화의 패턴》, 이종인 옮김, 연암서가, 2008.)

Benthall, Jonathan. 1985. The utility of anthropology: an exchange with Norman Tebbit. *Anthropology today* 1(2): 18-20.

Ben-Yehoyada, Naor. 2014. Mediterranean modernity? In *A companion to Mediterranean history*. Peregrine Horden and Sharon Kinoshita (eds), pp. 107-21. Oxford: John Wiley & Sons.

Bloch, Maurice. 1989. *Ritual, history and power: selected papers in anthropology*. London: Athlone.

Bloch, Maurice. 2005. Ritual and deference. In *Essays on cultural transmission*, pp. 123-37. Oxford: Berg.

Bloch, Maurice. 2012. *Anthropology and the cognitive challenge: new departures in anthropology*. Cambridge: Cambridge University Press.

Bloch, Maurice and Jonathan Parry (eds). 1982. *Death and the regeneration of life*. Cambridge: Cambridge University Press.

Boas, Franz. 1896. The limitations of the comparative method of anthropology. *Science* 4(103): 901-908.

Bodenhorn, Barbara. 2000. 'He used to be my relative': exploring the bases of relatedness among Inupiat of northern Alaska. In *Cultures of relatedness: new approaches to the study of kinship*. Janet Carsten (ed.), pp. 128-48. Cambridge: Cambridge University Press.

Boellstorff, Tom. 2008. *Coming of age in Second Life: an anthropologist explores the virtually human*. Princeton: Princeton University Press.

Boroditsky, Lera. 2009. How does our language shape the way we think? In *What's next? Dispatches on the future of science: original essays from a new genera-tion of scientists*. Max Brockman (ed.), pp. 116-29. New York: Vintage Books.

Bourdieu, Pierre. 1977. *Outline of a theory of practice*. Cambridge: Cambridge University Press.

Brightman, Robert. 1995. Forget culture: replacement, transcendence, reflexification. *Cultural Anthropology* 10(4): 509-46.

Bunzl, Matti. 1996. Franz Boas and the Humboldtian tradition: from *Volksgeist and Nationalcharakter* to an anthropological concept of culture. In *Volksgeist as method and ethic: essays on Boasian anthropology and the German anthropological tradition*. George. W. Stocking, Jr. (ed.), pp. 17-78. *History of Anthropology*, Volume 8. Madison: University of Wisconsin Press.

Candea, Matei and Giovanni Da Col (eds). 2012. *The return to hospitality*. Special Issue, *Journal of the Royal Anthropological Institute* 18(S).

Carsten, Janet (ed.). 2000. *Cultures of relatedness: new approaches to the study of kinship*. Cambridge: Cambridge University Press.

Carsten, Janet (ed.). 2013. *Blood will out: essays on liquid transfers and flows*. Special Issue, *Journal of the Royal Anthropological Institute* 19(S).

Carsten, Janet. 2013. 'Searching for the truth': tracing the moral properties of blood in Malaysian clinical pathology labs. *Journal of the Royal Anthropological Institute* 19(S): S130-S148.

Clarke, Morgan. 2007. *The modernity of milk kinship. Social Anthropology* 15(3): 287-304.

Clifford, James. 1988a. Introduction: the pure products go crazy. In *The predicament of culture: twentieth-century ethnography, literature, and art*, pp. 1-18. Cambridge: Harvard University Press.

Clifford, James. 1988b. Identity in Mashpee. In *The predicament of culture: twentieth-century ethnography, literature, and art*, pp. 277-343. Cambridge: Harvard University Press.

Comaroff, Jean and John Comaroff, 1991. *Of revelation and revolution: Christianity, colonialism, and consciousness in South Africa*, Volume 1. Chicago: University of Chicago Press.

Comaroff, Jean and John Comaroff. 1997. *Of revelation and revolution: the dialectics of modernity on a South African frontier*, Volume 2. Chicago: University of

Chicago Press.

Copeman, Jacob. 2013. The art of bleeding: memory, martyrdom, and portraits in blood. *Journal of the Royal Anthropological Institute* 19(S): S149-S171.

Coward, Fiona. 2013. Grounding the net: social networks, material culture, and geography in the Epipalaeolithic and Early Neolithic of the Near East (~21,000. 6,000 cal BCE). In *Network analysis in archaelology: new approaches to regional interaction*. Carl Knappett (ed.), pp. 247-80. Oxford: Oxford University Press.

Crocker, J. Christopher. 1977. My brother the parrot. In *The social use of metaphor: essays on the anthropology of rhetoric*. J. David Sapir and J. Christopher Crocker (eds), pp. 164-92. Philadelphia: University of Pennsylvania Press.

Cushing, Frank H. 1978. *Zuni: selected writings of Frank Hamilton Cushing*. Jesse Greene (ed.). Lincoln and London: University of Nebraska Press.

D'Azevedo, Warren. 1986. Washoe. In *Handbook of North American Indians: Great Basin*, Volume 11. William Sturtevant (ed.), pp. 466-98. Washington, DC: Smithsonian Institution.

Das, Veena. 1995. *Critical events: an anthropological perspective on contemporary India*. Oxford: Oxford University Press.

Deetz, James. 1995. *In small things forgotten: an archaeology of early American life*. New York: Anchor Books.

Dirks, Nicholas. 2001. *Castes of mind: colonialism and the making of modern India*. Princeton: Princeton University Press.

Dumont, Louis. 1970 [1966]. *Homo hierarchicus: the caste system and its implications*. Chicago: University of Chicago Press.

El Guindi, Fadwa. 2012. Milk and blood: kinship among Muslim Arabs in Qatar. *Anthropos* 107(2): 545-55.

Enfield, Nick. 2015. Linguistic relativity from reference to agency. *Annual Review of Anthropology* 44: 207-24.

Erikson, Erik H. 1937. Observations on Sioux education. *The Journal of Psychology* 7(1): 101-56.

Erikson, Erik H. 1963. *Childhood and society*. London: W. W. Norton and Company. (한국어판:《유년기와 사회》, 송제훈 옮김, 연암서가, 2014.)

Erikson, Erik H. 1994. *Identity: youth and crisis*. London: W. W. Norton and Company. (한국어판:《정체성》, 윤초희·정현천 옮김, 교육과학사, 2022.)

Evans-Pritchard. E. E. 1931. An alternative term for 'bride-price'. *Man* 31: 36-9.

Evans-Pritchard, E. E. 1976 [1937]. *Witchcraft, oracles and magic among the Azande*. Oxford: Oxford University Press.

Evans-Pritchard, E. E. and Meyer Fortes (eds). 1940. *African political systems*. Oxford: Oxford University Press.

Fabian, Johannes. 1983. *Time and the other: how anthropology makes its object*. New York: Columbia University Press.

Fanon, Frantz. 1967 [1952]. *Black skin, white masks*. New York: Grove Press. (한국어판:《검은 피부, 하얀 가면》, 노서경 옮김, 문학동네, 2022.)

Ferguson, James. 1985. The Bovine Mystique: power, property and livestock in rural Lesotho. *Man* 20(4): 647-74.

Ferry, Jules. 2012. Speech before the French National Assembly (28 July 1883). In *The human record: sources of global history*, Volume 2. Alfred Andrea and James Overfield (eds), pp. 295-7. Boston: Wadsworth.

Firth, Raymond. 1951. Contemporary British social anthropology. *American Anthropologist* 53(4): 474-89.

Fong, Vanessa. 2004. Filial nationalism among Chinese teenagers with global identities. *American Ethnologist* 31(4): 631-48.

Fuller, Christopher. 1993. *The camphor flame: popular Hinduism and society in India*. Princeton: Princeton University Press.

Fuss, Diana. 1989. *Essentially speaking: feminism, nature and difference*. New York: Routledge.

Gal, Susan and Kathryn A. Woolard (eds). 2001. *Languages and publics: the making of authority*. Manchester: St Jerome Publishing.

Gardner, Katy and David Lewis. 2015. *Anthropology of development: challenges for the twenty-first century*. London: Pluto Press.

Geertz, Clifford. 1973. Thick description: toward an interpretive theory of culture. In *The Interpretation of cultures*, pp. 3-30. New York: Basic Books. (한국어판:《문화의 해석》, 문옥표 옮김, 까치, 2009.)

Gonzalez, Roberto. 2009. *American counterinsurgency: human science and the human terrain*. Chicago: Prickly Paradigm Press.

Graeber, David. 2007. *Lost people: magic and the legacy of slavery in Madagascar*.

Bloomington: Indiana University Press.

Graeber, David. 2011. *Debt: the first 5,000 years*. New York: Melville House Publishing. (한국어판:《부채, 첫 5,000년의 역사: 인류학자가 고쳐 쓴 경제의 역사》, 정명진 옮김, 부글북스, 2021.)

Green, Jesse. 1990. *Cushing at Zuni: the correspondence and journals of Frank Hamilton Cushing, 1879-1884*. Albuquerque: University of New Mexico Press.

Handler, Richard. 1988. *Nationalism and the politics of culture in Quebec*. Madison: University of Wisconsin Press.

Handman, Courtney. 2014. *Critical Christianity: translation and denominational conflict in Papua New Guinea*. Berkeley: University of California Press.

Hart, Keith. 1986. Heads or tails? Two sides of the coin. *Man* 21(4): 637-56.

Hart, Keith. 2005. *The hit man's dilemma: or, business, personal and impersonal*. Chicago: Prickly Paradigm Press.

Herdt, Gilbert H. 1982a. Sambia nosebleeding rites and male proximity to women. *Ethos* 10(3): 189-231.

Herdt, Gilbert H. (ed.). 1982b. *Rituals of manhood: male initiation in Papua New Guinea*. Berkeley: University of California Press.

Herzfeld, Michael. 1980. Honour and shame: some problems in the comparative analysis of moral systems. *Man* 15(2): 339-51.

Howell, Signe. 1989. *Society and cosmos: Chewong of peninsular Malaysia*. Chicago: University of Chicago Press.

Hughte, Phil. 1994. *A Zuni artist looks at Frank Hamilton Cushing*. Albuquerque: University of New Mexico Press.

Huntington, Samuel P. 1993. The clash of civilizations? *Foreign Affairs* 72(3): 22-49.

Hutchinson, Sharon Elaine. 2000. Identity and substance: the broadening bases of relatedness among Nuer of southern Sudan. In *Cultures of relatedness: new approaches to the study of kinship*. Janet Carsten (ed.), pp. 55-72. Cambridge: Cambridge University Press.

Inda, Jonathan Xavier and Renato Rosaldo. 2002. Tracking global flows. In *The anthropology of globalization: a reader*. Jonathan Xavier Inda and Renato Rosaldo (eds), pp. 3-46. Oxford: Blackwell Publishing.

James, Deborah. 2015. *Money from nothing: indebtedness and aspiration in South*

Africa. Stanford: Stanford University Press.

Jeske, Christine. 2016. Are cars the new cows? Changing wealth and goods and moral economies in South Africa. *American Anthropologist* 118(3): 483-94.

Kajanus, Anni. 2015. *Chinese student migration, gender and family*. Basingstoke: Palgrave Macmillan.

Keane, Webb. 1997. Religious Language. *Annual Review of Anthropology* 26: 47-71.

Keane, Webb. 2015. *Ethical life: its natural and social histories*. Princeton: Princeton University Press.

Kleinman, Arthur. 2004. Culture and depression. *New England Journal of Medicine* 351: 951-3.

Kroeber, A. L. and Clyde Kluckhohn. 1952. *Culture: a critical review of concepts and definitions*. Cambridge, Mass. and London: Harvard University Press.

Latour, Bruno. 1991. *We have never been modern*. Cambridge: Harvard University Press. (한국어판:《우리는 결코 근대인이었던 적이 없다》, 홍철기 옮김, 갈무리, 2009.)

Lepri, Isabella. 2006. Identity and otherness among the Ese Ejja of northern Bolivia. *Ethnos* 71(1): 67-88.

Levi-Strauss, Claude. 1963. *Structural anthropology*. New York: Basic Books

Levi-Strauss, Claude. 1964. *Totemism*. London: Merlin Press. (한국어판:《오늘날의 토테미즘》, 류재화 옮김, 문학과지성사, 2012.)

Levi-Strauss, Claude. 1966. *The savage mind*. Chicago: University of Chicago Press. (한국어판:《야생의 사고》, 안정남 옮김, 한길사, 1996.)

Levy-Bruhl, Lucien. 1966 [1926]. *How natives think*. New York: Washington Square Press.

Lock, Margaret. 2002. *Twice dead: organ transplants and the reinvention of death*. Berkeley: University of California Press.

Lowie, Robert H. 2004 [1935]. *The Crow Indians*. Lincoln: University of Nebraska Press.

Luhrmann, Tanya. 2012. *When God talks back: understanding the American evangelical relationship with God*. New York: Vintage Books.

MacCarthy, Michelle. 2012. *Contextualizing authenticity: cultural tourism in the Trobriand Islands*, PhD thesis. University of Auckland.

MacCarthy, Michelle. 2017. Doing away with Doba? Women's wealth and shifting

  인류학자처럼 생각하는 법

values in Trobriand mortuary distributions. In *Sinuous objects*. Anna-Karina Hermkens and Katherine Lepani (eds). Canberra: ANU Press.

Malinowski, Bronislaw. 1922. *Argonauts of the Western Pacific: an account of the native enterprise and adventure in the archipelagoes of Melanesian New Guinea*. London: Routledge. (한국어판: 《서태평양의 항해자들》, 최협 옮김, 민속원, 2024.)

Malinowski, Bronislaw. 1930. Kinship. *Man* 30: 19-29.

Manning, Paul. 2008. Materiality and cosmology: old Georgian churches as sacred, sublime, and secular objects. *Ethnos* 73(3): 327-60.

Martin, Emily. 1991. The egg and the sperm: how science has constructed a romance based on stereotypical male-female roles. *Signs* 16(3): 485-501.

Mauss, Marcel. 1990 [1926]. *The gift: the form and reason for exchange in archaic societies*. London: W. W. Norton and Company. (한국어판: 《증여론》, 이상률 옮김, 한길사, 2002.)

Mazzarella, William. 2003. Very Bombay: contending with the global in an Indian advertising agency. *Cultural Anthropology* 18(1): 33-71.

McFate, Montgomery. 2005. The military utility of understanding adversary culture. *Joint Force Quarterly* 38: 42-8.

McKinnon, Susan. 2005. *Neo-liberal genetics: the myths and moral tales of evolutionary psychology*. Chicago: Prickly Paradigm Press.

Merry, Sally Engle. 2001. Changing rights, changing culture. In *Culture and rights: anthropological perspectives*. Jane K. Cowan, Marie-Benedicte Dembour and Richard A. Wilson (eds), pp. 31-55. Cambridge: Cambridge University Press.

Mitchell, Joseph. 2017. *'Man-with variations': interviews with Franz Boas and colleagues, 1937*. Chicago: Prickly Paradigm Press.

Morgan, Lewis H. 1871. *Systems of consanguinity and affinity of the human family*. Washington: Smithsonian Institution.

Morgan, Lewis H. 1877. *Ancient society; or, researches in the lines of human progress from savagery, through barbarism to civilization*. Chicago: Kerr and Company. (한국어판: 《고대 사회》, 정동호·최달곤 옮김, 문화문고, 2005.)

Mueggler, Erik. 2014. Cats give funerals to rats: making the dead modern with lament in south-west China. *Journal of the Royal Anthropological Institute* 20(2): 197-217.

Mulligan, Connie. 2015. Social and behavioral epigenetics. *American Anthropologist*

117(4): 738-9.

Munn, Nancy. 1992. The cultural anthropology of time: a critical essay. *Annual Review of Anthropology* 21: 93-123.

Narasimhan, Haripriya. 2011. Adjusting distances: menstrual pollution among Tamil Brahmins. *Contributions to Indian Sociology* 45(2): 243-68.

Ohnuki-Tierny, Emiko. 1984. 'Native' anthropologists. *American Ethnologist* 11: 584-6.

Overing, Joanna. 1985. Today I shall call him, 'mummy': multiple worlds and classificatory confusion. In *Reason and morality*. Joanna Overing (ed.), pp. 152-79. London: Routledge.

Parkes, Peter. 2004. Fosterage, kinship, and legend: when milk was thicker than blood? *Comparative Studies in Society and History* 46(3): 587-615.

Parkin, Robert. 2005. The French-speaking countries. In *One discipline, four ways: British, German, French, and American anthropology*, pp. 155–253. Chicago: University of Chicago Press.

Peristiany, Jean (ed.). 1965. *Honour and shame: the values of Mediterranean society*. London: Weidenfeld and Nicolson.

Petryna, Adriana. 2003. *Life exposed: biological citizenship after Chernobyl.* Princeton: Princeton University Press.

Pitt-Rivers, Julian. 1965. Honour and social status. In *Honour and shame: the values of Mediterranean society*. Jean Peristiany (ed.), pp. 19–77. London: Weidenfeld and Nicolson.

Popenoe, Rebecca. 2004. *Feeding desire: fatness, beauty and sexuality among a Saharan people.* London: Routledge.

Powdermaker, Hortense. 1951. *Hollywood: the dream factory: an anthropologist looks at the movie makers*. London: Secker and Warburg.

Radcliffe-Brown, A. R. 1940. On social structure. *Journal of the Royal Anthropological Institute* 70(1): 1–12.

Rappaport, Roy A. 2000. *Ritual and religion in the making of humanity*. Cambridge: Cambridge University Press.

Richards, Paul. 2016. *Ebola: how a people's science helped end an epidemic.* London: Zed Books.

Robbins, Joel. 2004. *Becoming sinners: Christianity and moral torment in a Papua New Guinea society.* Berkeley: University of California Press.

Robbins, Joel. 2007. Continuity thinking and the problem of Christian culture: belief, time, and the anthropology of Christianity. *Current Anthropology* 48(1): 5–38.

Rogoff, Kenneth S. 2016. *The curse of cash.* Princeton: Princeton University Press.

Sahlins, Marshall. 1972. The original affluent society. In *Stone age economics*, pp. 1–40. Chicago: Aldine Atherton. (한국어판:《석기시대 경제학》, 박충환 옮김, 한울, 2023.)

Sahlins, Marshall. 1976. *The use and abuse of biology: an anthropological critique of sociobiology.* Ann Arbor: University of Michigan Press.

Sahlins, Marshall. 1996. The sadness of sweetness: the native anthropology of Western cosmology. *Current Anthropology* 37(3): 395–428.

Said, Edward. 1993. *Culture and imperialism.* New York: Vintage Books. (한국어판:《문화와 제국주의》, 박홍규 옮김, 문예출판사, 2005.)

Samuels, Annemarie. 2012. *After the tsunami: the remaking of everyday life in Bana Aceh, Indonesia.* Doctoral thesis. Leiden University.

Saussure, Ferdinand de. 1983. *Course in general linguistics.* Chicago: Open Court.

Schieffelin, Bambi B., Kathryn A. Woolard and Paul Kroskrity (eds). 1998. *Language ideologies: practice and theory.* Oxford: Oxford University Press.

Schneider, David M. 1968. *American kinship: a cultural account.* Chicago: University of Chicago Press.

Schneider, Jane. 1971. Of vigilance and virgins: honor, shame and access to resources in Mediterranean societies. *Ethnology* 10(1): 1–24.

Scott, Michael W. 2013. The anthropology of ontology (religious science?). *Journal of the Royal Anthropological Institute* 19(4): 859–72.

Shryock, Andrew. 2001. Une politique de 'maison' dans la Jordanie des tribus: réflexions sur l'honneur, la famille et la nation dans le royaume hashémite. In *Émirs et Présidents: figures de la parenté et du politique en islam.* Pierre Bonte, Édouard Conte and Paul Dresch (eds), pp. 331–56. Paris: CNRS.

Silverstein, Michael. 1979. Language structure and linguistic ideology. In *The elements: a parasession on linguistic units and levels.* R. Cline, W. Hanks and C. Hofbauer (eds), pp. 193–247. Chicago: Chicago Linguistic Society.

Spencer, Herbert. 1972 [1858]. *On social evolution*. Chicago: University of Chicago Press.

Sperber, Dan. 1985. *On anthropological knowledge: three essays*. Cambridge: Cambridge University Press.

Srinivas, M. N. 1959. The dominant caste in Rampura. *American Anthropologist* 61(1): 1–16.

Stack, Carol. 1976. *All our kin: strategies for survival in a black community*. New York: Basic Books.

Stafford, Charles. 2010. The punishment of ethical behaviour. In *Ordinary ethics: anthropology, language, and action*. Michael Lambek (ed.), pp. 187–206. New York: Fordham University Press.

Stasch, Rupert. 2011. Ritual and oratory revisited: the semiotics of effective action. *Annual Review of anthropology* 40: 159–74.

Stocking, George W., Jr. 1968. From physics to ethnology. In *Race, culture, and evolution: essays in the history of anthropology*, pp. 133–61. Chicago: University of Chicago Press.

Stocking, George W. Jr. 1987. *Victorian anthropology*. New York: The Free Press.

Strathern, Marilyn. 1988. *The gender of the gift: problems with women and problems with society in Melanesia*. Berkeley: University of California Press.

Strathern, Marilyn. 1992. *After nature: English kinship in the late twentieth century*. Cambridge: Cambridge University Press.

Strong, Pauline Turner and Barrik Van Winkle. 1996. 'Indian blood': reflections on the reckoning and refiguring of native North American identity. *Cultural Anthropology* 10(4): 547–76.

Sussman, Robert. 2015. *The myth of race: the troubling persistence of an unscientific idea*. Cambridge, Mass.: Harvard University Press.

Templeton, Alan R. 1998. Human races: a genetics and evolutionary perspective. *American Anthropologist* 100(3): 632–50.

Thoreau, Henry D. 1897. *Walden*. Boston: Houghton Mifflin. (한국어판:《월든》, 강승영 옮김, 은행나무, 2011.)

Trautmann, Thomas R. 1987. *Lewis Henry Morgan and the invention of kinship*. Berkeley: University of California Press.

 인류학자처럼 생각하는 법

Turner, Terence. 1991. We are parrots, twins are birds: play of tropes as operational structure. In *Beyond metaphor: the theory of tropes in anthropology*. James W. Fernandez (ed.), pp. 121–58. Stanford: Stanford University Press.

Turner, Victor. 1967. *The forest of symbols: aspects of Ndembu ritual*. Ithaca: Cornell University Press. (한국어판: 《상징의 숲 1·2》, 장용규 옮김, 지만지, 2020.)

Tylor, Edward B. 1871. *Primitive culture: researches into the development of mythology, philosophy, religion, art, and custom*. London: John Murray. (한국어판: 《원시 문화 1·2》, 유기쁨 옮김, 아카넷, 2018.)

Viveiros de Castro, Eduardo. 1992. *From the enemy's point of view: humanity and divinity in an Amazonian society*. Chicago: University of Chicago Press.

Viveiros de Castro, Eduardo. 1998. Cosmological deixis and Amerindian perspectivism. *Journal of the Royal Anthropological Institute* 4(3): 469–88.

Wagner, Roy. 1975. *The invention of culture*. Chicago: University of Chicago Press.

Weiner, Annette. 1992. *Inalienable possessions: the paradox of keeping-while-giving*. Berkeley: University of California Press.

Wengrow, David. 2010. *What makes civilization?: the ancient Near East and the future of the West*. Oxford: Oxford University Press.

Weston, Kath. 2013. Lifeblood, liquidity, and cash transfusions: beyond metaphor in the cultural study of finance. *Journal of the Royal Anthropological Institute* 19(S): S24–S41.

White, Leslie. 2007 [1959]. *The evolution of culture: the development of civilization to the fall of Rome*. California: Left Coast Press.

Whorf, Benjamin Lee. 1956. The relation of habitual thought and behaviour to language. In *Language, thought and reality: selected writings of Benjamin Lee Whorf*. John B. Carroll (ed.), pp. 134–59. London: MIT Press.

Wilk, Richard R. 2002. Television, time and the national imaginary in Belize. In *Media worlds: anthropology on new terrain*. Faye D. Ginsburg, Lila Abu-Lughod and Brian Larkin (eds), pp. 171–86. Berkeley: University of California Press.

Willerslev, Rane. 2009. The optimal sacrifice: a study of voluntary death among the Siberian Chukchi. *American Ethnologist* 36(4): 693–704.

Woodburn, James. 1982. Egalitarian societies. *Man* 17(3): 431–51.

Woolard, Kathryn A. 2016. *Singular and plural: ideologies of linguistic authority in 21st century Catalonia*. Oxford: Oxford University Press.

Yan, Yunxiang. 2009. *The individualization of Chinese society*. London: Bloomsbury.

Yudell, Michael, Dorothy Roberts, Rob DeSalle and Sarah Tishkoff. 2016. Taking race out of human genetics: engaging a century-long debate about the role of race in science. *Science* 351(6273): 564–5.

Zaloom, Caitlin. 2006. *Out of the pits: traders and technology from Chicago to London*. Chicago: University of Chicago Press.

인류학자처럼 생각하는 법

감사의 말

누군가 내게 인류학 입문서를 쓸 생각을 해본 적이 있었냐고 물었다면 "그럴 리가요!"라고 답했을 것이다. 그 얼마나 무모한 일인가. 그러던 어느 날 펭귄출판사 편집자로 나와 작업하게 된 캐시아나 이오니타Casiana Ionita가 20세기 출판계의 가장 위대한 유산 중 하나인 펠리컨 시리즈Pelican series를 위해 인류학 입문서를 써보지 않겠느냐고 제안했다. 이건 전혀 다른 이야기였다. 그 제안을 받아들이고 나서 몇 주 후, 비 내리는 9월 오후 어느 날 프린스턴대학출판부의 프레드 애펠Fred Appel과 점심을 먹게 되었다. 그는 인류학을 배우는 학생들뿐만 아니라 더 넓은 대중을 겨냥한 인류학 입문서가 필요하지 않겠느냐고 물었다. 이런 우연이 있을 수가! 나는 캐시아나와 프레드에게 깊은 감사를 전하는 바이다. 이 둘은 집필 과정 내내 탁월한 편집자이자 대화 상대가 되어주었다.

　원고 전부, 혹은 일부를 읽어준 많은 친구와 동료들로부터 유익한 피드백을 받았다. 존 비알레키Jon Bialecki, 맥심 볼트Maxim Bolt, 제프리 휴스Geoffrey Hughes, 레베카 내시Rebecca Nash, 그리고 프린스턴대학출판사가 미국판 출판을 위해 의뢰한 익명의 심사자 네 명에게 감사의 인사를 전한다. 집필 과정 중 동료들에게 조언을 구하거나, 그들이 나보다 훨씬 더 잘 아는 문화적 사안에 대한 견해를 청하는 등 여러 도움을 받았다. 도움을 준 모든 이의 이름을 나열할 순 없지만, 모두에게 감사를 표하고 싶다. 또한 참고문헌 작업을 도와준 해나 코트렐Hannah Cottrell, 교정 작업을 맡아준 제인 로버트슨Jane Robertson과 제니퍼 백커Jennifer Backer에게도 감사 인사를 전한다. 책에 남아 있는 오류나 실수에 대한 책임은 이 중 누구의 것도 아니다.

　마지막으로, 나에게 인류학을 가르쳐준 모든 이에게 감사를 전한다. 시카고대학과 버지니아대학에서 나에게 인류학을 가르쳐준 스승들뿐만 아니라, 런던정치경제대학교의 동료들과 학생들 모두에게도 같은 말을 하고 싶다. 그들의 연구와 인류학에 대한 열정은 나에게 끊임없는 영감의 원천이 되었다.

참고문헌에 더 읽을 만한 자료들이 풍부하게 실려 있고, 그 안에는 추적해볼 가치가 있는 내용이 많다. 그렇지만 여기에서는 10권으로 이루어진 짧은 읽기 자료 목록을 제공하려 한다(이 중 몇 권은 참고문헌에도 포함되어 있다). 이 10권은 흥미로우면서도 비전공자들이 어렵지 않게 읽을 수 있는 책들이다. 이 책들의 공통점 중 하나는 저자들의 글쓰기가 매우 탁월하다는 것이다. 이 중 절반은 거시적 안목에서 쓰인 종합적이고도 논쟁적인 책이고, 나머지 절반은 사회적, 정치적으로 널리 중요한 이슈를 다룬 민족지들이다.

Ruth Benedict, *Patterns of Culture* (New York: Houghton Mifflin Harcourt, 1934) (한국어판: 루스 베네딕트, 《문화의 패턴》, 이종인 옮김, 연암서가, 2008.)

개인적으로 시대를 초월해 내가 가장 좋아하는 책 중 하나다. 아마 눈치챈 독자들도 있을 것이다. 이 책의 첫 두 장은 인간 구성에서 문화의 중요성에 대한 가장 열정적이고도 명료한 최고의 논증이다.

Adam Kuper, *Culture: The Anthropologist's Account* (Cambridge, MA: Harvard University Press, 1999)

내 주장과는 달리 문화가 필수 불가결한 개념이 아니라고 생각하는 책도 한 권 제시하는 것이 공정한 처사일 것이다. 쿠퍼는 가장 대표적인 문화 비관론자다. 그 이유 중 하나는 문화라는 용어가 넓은 대중적 장에서 사용되면서 남용된다는 것이고 또 다른 이유는 문화 개념이 내포한 관념론적 한계를 극복할 수 없다고 생각하기 때문이다.

Daniel Miller, *Stuff* (Cambridge: Polity Press, 2009)

'Stuff'란 물질문화를 말한다. 청바지, 집, 휴대전화, 자동차, 사리(남아시아 여성들이 입는 옷) 등 밀러는 인간이 만든 거의 모든 물건에 관심을 두고 있다. 밀러는 물질문화 연구 분야를 이끄는 학자이며 이 책은 그가 1980년대 초부터 살펴보고, 만져보고, 입어보고, 몰아보고, 작동하는 모습을 관찰하고, 사유해온 모든 물건에 대한 응축된 생각들을 읽기 쉽게 쓴 것이다.

David Graeber, *Debt: The First 5000 Years* (New York: Melville House,

2011) (한국어판: 데이비드 그레이버, 《부채, 첫 5,000년의 역사: 인류학자가 고쳐 쓴 경제의 역사》, 정명진 옮김, 부글북스, 2021. 오월의봄에서 새 번역본으로 출간 예정.)

본문에서 이미 언급했던 책이다. 이 책이 특히 뛰어난 이유는, 인류학적 자료를 활용해 우리가 여러 사안에 대해 당연하게 여겨온 근본적 전제들을 정면으로 문제 삼기 때문이다. 그것은 단지 부채와 그에 따르는 도덕적 함의만이 아니라, 화폐의 발명과 현대사회에서 국가가 수행하는 역할에까지 미친다. 이 책을 읽고 나면 2008년의 세계 금융위기와 그 이후 '긴축austerity'의 수용을 어떻게 이해해야 하는지에 대해 매우 독특한 관점을 얻을 수 있을 것이다.

Lila Abu-Lughod, *Do Muslim Women Need Saving?* (Cambridge, MA: Harvard University Press, 2015)

책 제목에 대한 답은 '아니요'다. 이 책을 통해 그 이유를 알 수 있다. 이 책은 현대 세계의 까다로운 사회, 정치적 이슈들에 접근할 때 왜 문화상대주의가 그리도 소중한지를 깨닫게 해준다. 또한 이 책을 읽으면 제목의 질문 자체가 어떻게 세계를 '문명화'하려 했던 식민 시기의 프로젝트와 밀접하게 결부되어 있는지를 명료하게 알 수 있다.

Jason De León, *The Land of Open Graves: Living and Dying on the Migrant Trail* (Berkeley: University of California Press, 2015)

Ruben Andersson, *Illegality, Inc.: Clandestine Migration and the Business of Bordering Europe* (Berkeley: University of California Press, 2014).

함께 읽으면 좋은 두 책이다. 레온의 책은 미국-멕시코 국경을 주목한다. 반면 안데르손의 책은 지중해를 건너 스페인으로 향하는 아프리카인들을 주목한다. 두 책 모두 이주의 인간적 측면을 보여준다. 또한 이야기를 깊이 있고 친밀한 방식으로 들려줌으로써 그들이 왜 그토록 위험을 감수하는지 그 이면의 논리와 동기를 이해하도록 도와준다. 독자들은 레온의 책을 통해 문화인류학이 고고학, 생물인류학과 어떻게 결합될 수 있는지도 볼 수 있을 것이다. 레온은 가장 중요한 자료들을 그 분야에서 가져왔다.

Ilana Gershon, *Down and Out in the New Economy: How People Find (or Don't Find) Work Today* (Chicago: University of Chicago Press, 2017)

이 책은 졸업 후 취업 시장에 대한 인디애나대학교 학생들의 염려 때문에 시작되었다. 거션의 이 책은 취업준비생들이 뉴미디어 기술들에 의존하며 자기 자신을 단순한 개인이 아닌 걸어 다니는 미니 기업으로 '브랜딩'해야 하는 현실을 흥미롭게 보여준다. 이 책은 경제 분야 연구이면서 동시에 21세기에 인격성에 관한 개념이 어떻게 변화하는지를 살핀 연구이기도 하다.

Kim Tallbear, *Native American DNA: Tribal Belonging and the False*

   인류학자처럼 생각하는 법

Promise of Genetic Science (Minneapolis: University of Minnesota Press, 2013)

저자는 내가 이 책의 두 장에서 각각 강조한 주제들을 엮는다. 그의 책은 인종정치와 문화정체성에서 피의 힘, 그리고 유전자의 힘에 대한 것이다. 이 책은 얼마나 많은 아메리카 대륙의 토착 집단들이 DNA와 유전자라는 관점을 통해 생각하기 시작했는지를 (혹은 그렇게 생각하도록 강제되었는지를) 다룬다.

Alpa Shah, *In the Shadows of the State: Indigenous Politics, Environmentalism, and Insurgency in Jharkhand, India* (Durham, NC: Duke University Press, 2010)

지난 수십 년간 인도에서는 집단적 권리를 증진하려는 큰 흐름이 이어져왔는데, 그 의도는 소외된 토착 집단을 빈곤과 사회적 배제에서 구제하기 위한 것이었다. 그러나 샤가 기록하듯이, 자르칸드 지역에서 이러한 시도는 종종 상황을 더 악화시켰는데, 이는 주변 자연환경과 '조화롭게' 살아가야 한다는 이상화된 삶의 모델을 강요하기 때문이었다. 개발과 인권에 관심이 있다면 읽어볼 만한 좋은 책이다.

　해제로서 이 글의 목적은 책의 내용과 의의를 풀어 설명하는 것을 넘어서, 이 책이 의도한 바를 살펴보는 것이다. 이 책은 인류학에 대해 아예 들어보지 못한 사람들부터 인류학 전공자들에 이르기까지 광범위한 독자들을 염두에 두고 쓰인 인류학 교양/입문서다. 그러나 그 다양한 독자 중에서도 이 책을 가장 흥미롭고도 유용하게 읽을 주요 독자층은 아마도 인류학에 관심은 있지만 아직 인류학에 친숙하지 않은 이들일 것이다. 책이 그러한 독자들에게 어떻게 다가가며 어떤 만남을 의도하는지, 거기에는 어떤 의의와 유의할 점이 있는지 살펴보기 위해 역자들이 인류학과 처음 만났던 순간들을 이야기하며 시작해보고자 한다.

1.

내가 인류학을 처음 접한 것은 학부 1학년 때였다. 늦으면 2학년까지도 전공을 정하지 않아도 되었던 자유로운 미국 학부 시스템 덕에 나는 최대한 다양한 과목에 발을 담가보며 첫해를 보내고 있었다. 그러던 겨울 학기 첫 주, 문화인류학 개론 강의에 들어가게 되었다. 언어인류학자였던 교수님은 첫 강의에서 에드워드 사피어와 벤저민 리 워프의 언어 상대성 가설linguistic relativity hypothesis을 소개했다(이 책 8장에 나오는 내용이다!). 언어, 특히 모국어가 우리의 생각하는 방식뿐만 아니라 생각 가능한 것의 범주를 형성한다는 주장을 접하며, 내가 지난 7년간 미국에서 보낸 많은 경험이 이해되기 시작했다.

나는 열두 살 때부터 미국에서 살았기 때문에 한국어보다 영어로 생각하는 것이 더 자연스러웠고, 때로는 한국어가 어색하고 딱딱해서 매끄럽게 나의 감정과 생각을 표현하지 못했다. 그럼에도 모국어에서 느끼는 정도의 깊은 친밀감을 영어에서 느끼기는 어려웠다. 이와 연결되는 질문들이 무수히 많았다. 나는 영어가 한국어보다 자연스러운데도 왜 한국문학에서 느끼는 전율을 영문학에서 느끼기 어려웠을까. 서운함, 답답함, 억울함과 같은 감정을 영어로 표현하려 할 때마다 느꼈던 상대방과 나 사이의 거리감은 어디서 오는 것일까. 나는 왜 한국어를 쓸 때보다 영어를 쓸 때 나도 모르게 더 부드럽고 상냥해지는 것일까(영어에는 형식적 존댓말이나 존칭이 없어서 그에 상응하는 예의와 존중을 갖추려다 보니 그런 것일까). 사고의 방식과 범주 모두 언어의 영향을 받는다는 언어인류학의 주장은 영어와 나 사이의 괴리와 역설을 상당 부분 설명해주었다.

인류학과의 첫 만남이었던 그 강의 이후로 나는 언어를 문화와 연결하는 방식으로 사고하기 시작했다. 언어에 스며 있는 문화의 깊이는 지금까지도 나 자신과 세상을 바라보는 방식에 지대한 영향을 미치고 있다. (박영서)

2.

인류학 석사과정 입시 구술고사 날이었다. 당시 나는 막 학부를 졸업하고 진로를 탐색하던 중 우연히 인류학을 접했고, 반년도 되지 않아 인류학 전공 석사과정 진학에 도전할 만큼 인류학에 매료되어 있었다. 그런 내게 주어진 구술고사 문제는 나를 적잖이 당혹스럽게 했다. '인류학을 한 단어로 표현하고 그 이유를 설명하시오.' 심장이 뛰고 다리가 떨리기 시작했다. 진땀을 빼며 짜낸 대답은 '다리bridge'였다. 두 가지 의미에서 '다리'라고 답했는데, 첫째는 사람들을 낯선 세계로 연결해준다는 의미였고 두 번째 의미는 기억이 잘 안 난다. (어쩌면 기억하고 싶지 않은 것일지도 모르겠다.)

틀린 답이라 할 수는 없겠지만, 지금 생각해보면 적당히 핵심을 비껴가는 대답이었던 것 같다. 이 대답에는 내가 인류학에 매력을 느꼈던 소박한 이유와 인류학에 대해 느끼고 있던 다소간의 모호함이 그대로 반영되어 있다. 물론 인류학은 우리를 낯선 세계로 안내한다. 그러나 그것은 인류학뿐만 아니라 거의 대

 인류학자처럼 생각하는 법

부분의 지식이 하는 일이다. 나는 인류학만의 독특함이 무엇인지 대답했어야 했다. 인류학적 지식이 우리와 낯선 세계 사이에 다리를 놓는 그만의 방식에 대해서 말이다.

나는 마치 무척 맛있는 음식을 먹었는데도 그것이 왜 맛있는지를 제대로 설명하지 못한 사람과 같았다. (김재완)

3.

역자 박영서의 경험을 통해 보는바, 인류학이란 인간 개인과 문화에 대해 설명하기 난해한 많은 부분을 선명하게 이해할 수 있게 해주는 하나의 틀이다. 하지만 역자 김재완이 보여주듯, 그 틀이 작동하는 방식을 간단명료하게 설명하기란 결코 쉽지 않다. 김재완의 '맛있는 음식' 유비를 조금 더 밀어붙여보자면, 이 책은 인류학 입문서로서 독자들을 인류학이라는 학문의 주방 안쪽으로 초대한다. 맛있는 음식을 먹었는데 왜 맛있는지를 잘 모르겠을 때, 베테랑 주방장의 안내를 받으며 주방 안을 둘러본다고 상상해보라. 당신은 요리사들이 어떤 재료들을 어떤 방식으로 손질하고 조리하는지, 더 나아가 요리사들의 손끝 감각과 눈빛이 어떠하며 주방의 분위기는 어떠한지, 이 모든 것을 통해 어떻게 그런 맛이 탄생하게 되었는지 비로소 이해하게 되고, 그 맛있음을 더 명징하고도 다채롭게 설명할 수 있게 될 것이다. 이런 경험이 당신을 요리사가 되게 하지는 못하더라도, 매일 접하는 식자재와 음식에 대한 감각을 완전히 바꾸게 할지 모른다.

이 책은 인류학 초심자이던 역자들이 인류학자들의 글을

읽으면서 어렴풋하지만 분명하게 감지했던 그 특별함이 무엇인지, 저자의 표현을 빌리자면 '**인류학적 감수성**'이 무엇인지 알게 해준다. 인류학이 어떻게 우리를 낯선 세계로 인도하면서도 그것을 우리에게 익숙한 세계와 교차시키는지 보여주는, 말하자면 역자 김재완의 구술고사 질문에 대한 한 권짜리 대답인 셈이다. 여기서 말하는 인류학적 감수성이란, 우리가 당연하게 여기는 모든 것에 의문을 제기하며 세계에 대한 다른 이해 방식과 가능성을 제시하는 인류학적 소양 혹은 작업 방식을 의미한다. 이것이 이 책의 원제인 '인류학자처럼 생각하는 법'에 대한 간단한 요약이라 할 수 있다.

따라서 이 책은 단순히 인류학사를 전개해나가거나 인류학적 이론 및 개념을 설명하기 위한 책은 아니다. 그런 것을 기대하고 책을 편 독자는 아마 이 책의 챕터 구성에서부터 실망하게 될지 모른다. 물론 이 책은 인류학 이론 및 개념, 민족지적 사례들로 가득 차 있다. 그러나 이것들은 모두 배경일 뿐이다. 저자는 이 모든 자료를 조합하고 배치하여 각 챕터의 주제들에 대해 인류학자처럼 생각하는 것이 무엇인지 보여주며, 더 나아가 독자들이 직접 인류학자처럼 생각해보도록 이야기를 끌고 나간다.

예컨대, 이 책을 읽으면서 독자들은 레소토 지역 사람들이 가축과 함께 사는 방식이나, 중국 농촌의 장례 및 결혼 풍습, 기독교로 집단 개종한 파푸아뉴기니 우라프민 사람들, 자신을 앵무새라고 칭하는 보로로 사람들과 이와 관련된 인류학적 개념 및 논의에 대해서 배우게 된다. 그러나 거기서 멈추지 않고, 각각의 이야기 속에서 자신의 상식과는 매우 다른 사고방식을 접하게 되면서 잠시 멈춰 서서 자신에게 익숙한 사고방식을 낯설게 여기기 시작할 것이다. 더 나아가 저자는 이러한 이국적이거나 과거의 사례뿐만 아니라 미국 대통령 선서식, 온라인 소셜미디어, 북미와 일본에서의 장기 기증, 미국 생물학 교과서 등 현대 세계 사례를 병치함으로써 우리가 살아가는 친숙한 세계 이면에서 작동하고 있는 전제들을 드러낸다. 저자의 이야기를 따라가는 독자들은 어느 순간 인류학자처럼 생각해보는 자신을 발견함으로써 인류학적 감수성이 무엇인지, 왜 인류학자처럼 생각하는 것이 중요한지를 이해하게 될 것이다.

4.

이 책의 특별함은 매우 폭넓은 독자층을 상대로 인류학을 성공적으로 소개했다는 것이다. 실제로 이 책은 대중교양서의 성격을 띤 입문서로 기획되었고, 현재까지도 북미와 유럽의 수많은 유수 대학 인류학과의 개론 및 교양 수업 교과서로 채택되고 있다. 인류학에 대한 배경지식이 없는 사람을 위한 인문교양서로도, 인류학 전공자들을 위한 교과서로도 손색이 없는 책이라 할 수 있겠다. 그런 의미에서, 현재 한국에서 인류학에 대한 관심이 눈에 띄게 늘어나고 있다는 점을 생각해보면 이 책의 출간은 특별히 중요한 의의를 지닌다.

한국 사회과학계에서 비교적 주변부에 있던 인류학은 민족지 방법론에 관한 관심의 증가, 인류세 및 포스트휴머니즘 담론의 부상과 더불어 학술장뿐만 아니라 대중적으로도 이전보다 더 주목을 받고 있다. 최근 20년간 현대 주요 인류학자들의 대표적인 민족지 및 이론서들이 꾸준히 한국에 소개되고 있으며, 이들은 자주 간학제적 연구의 화두가 되고 있다. 학술장 밖의 청중들을 대상으로 하는 인류학적 에세이들이 크고 작은 성공을 거두기도 했다. 또한 인류학 석박사 학위 논문들이 단행본으로 출간되는 일들도 적지 않았다. 이러한 흐름은 한국에서의 인류학이 인문사회학계를 넘어, 폭넓은 층의 대중들로부터 점점 더 관심을 받고 있다는 사실을 잘 보여준다.

근래 한국에서 다양한 이유로 인류학에 흥미를 느낀 사람들이 많아질수록, 비전공자들을 위한 인류학 교양/입문서의 필요는 더 크게 느껴진다. 역자들이 이 책의 번역 출간을 처음 기획했던 의도 역시 한국에서 인류학이라는 학문에 쉽고도 적확하게 접근할 수 있는 친절한 입문서가 필요하다는 생각 때문이었다. 한국에서 출간되는 인류학 관련 책들은 대게 두 가지로 나뉜다. 한쪽에는 인류학을 전공한 저자들이 쓴 인류학적 대중 에세이와 논픽션이 있고, 다른 한쪽에는 민족지, 이론서와 같은 전문서적들이 있다. 이 두 부류의 책들 사이에서 중간층 역할을 할 수 있는 친절한 개론서 혹은 입문서 층이 **거의** 비어 있는 실정이다. 여기서 '거의'라고 말한 것은 이 중간 독자층을 겨냥하여 나온 책들이 없지는 않기 때문이다. 그중에서도 두 권은 여기서 꼭 짚고 넘어갈 필요가 있다.

한국문화인류학회 교재개발위원회가 1990~2000년대에

　　　　　　　　　　　인류학자처럼 생각하는 법

걸쳐 기획 발간한 두 권의 책은 그 목표와 의도에 있어서 이 책과 많은 것을 공유한다. 먼저, 1998년에 발간된 《낯선 곳에서 나를 만나다》는 일종의 민족지 사례집이다. 당시에 존재하던 인류학 입문서들은 모두 약 100년에 걸친 인류학사와 여러 이론들을 압축해놓은 것이어서 독자들이 인류학의 매력을 피부로 느끼기 쉽지 않았다. 이런 상황에서 "인류학을 처음으로 접하는 사람들 또는 대학에서 교양과목으로 문화인류학을 배우거나 가르치는 이들"에게 "인류학의 맛과 멋"을 느끼게 해주기 위해 실제 민족지 사례를 모아놓은 읽을거리가 절실했던 것이다.

2003년에 출간된 《처음 만나는 문화인류학》은 여기서 한 걸음 더 나아가 스스로를 《낯선 곳에서 나를 만나다》의 자매 편이자 "변화라는 환경에 맞추어 새로운 세대를 위한 새로운 개념의 입문서"라고 정의한다. 여기서 새로운 개념의 입문서란, 영미권의 기준을 수입한 '정격 교과서'가 아닌, 한국인의 시각과 문제의식에 기반한 입문서를 지향했다는 의미이다. 요약하자면, 전자는 인류학 특유의 힘과 매력을 드러내기 위한 노력이고, 후자는 한국의 새로운 환경과 세대에 대응하기 위한 노력이라고 할 수 있다.

따라서 이 책과 위 두 책은 시간적, 공간적으로 동떨어져 있음에도 상당 부분 그 의도와 정신을 공유하고 있다. '인류학적 감수성'과 '인류학의 맛과 멋'이 시공간을 넘어 공명한다. 기존 정격 개론서의 틀을 따르지 않는 점 또한 마찬가지다. 이 책은 기존 인류학 정격 개론서들이 전통적으로 따르는 챕터 구분을 의도적으로 따르지 않는 파격을 감행한다. 동시대 독자들이 처한 환경과 세대의 변화에 대응하기 위해서다. "나는 일부러 일상에서 흔히 접할 수 있는 개념들을 선택했다."(서문 14쪽)

그렇기에 이 책을 위의 두 책과 연결해 한국 인류학 교과서의 계보에 놓아볼 때 번역 출간의 의미가 더욱 풍성해진다. 10여 년에 걸친 한국문화인류학회의 헌신으로 탄생한 두 권의 책이 지금껏 대중교양서, 교과서, 입문서 등의 성격으로 한국 인류학의 저변 확장에 기여한 바는 말로 다할 수 없을 것이다. 역자 김재완 역시 중학교 때 전교생 필독서였던 《낯선 곳에서 나를 만나다》를 읽고 깊이 감명을 받아 '문화인류학'의 존재와 그 매력을 알게 되기도 했다. 이제 출간된 지 20년이 넘은 두 책이 한국에서 했던 역할을 이 책이 (번역서라는 한계가 또 다른 창조적 가능성이 되길 바라며) 계승, 보완, 발전시킬 수 있기를 바란다.

5.

마지막으로, 인류학이 아직 낯선 독자들이 유의할 점 한 가지를 지적하고자 한다. 이 책을 통해 인류학을 처음 접했을 때 맞닥뜨릴 수 있는 오해와 편견을 미연에 방지하기 위해서다. 이 책은 인류학의 모든 범위를 다루지 않는다. 그중에서도 페미니스트인류학, 생태인류학, 비인간인류학, 과학기술인류학 등 몇 가지 매우 중요한 현대 인류학의 논의를 제한적으로만 다룬다. 더 나아가, 인류학에 대한 사전지식이 있는 독자들은 이 책이 정치, 권력, 구조적 폭력과 같은 인류학의 전통적인 핵심 주제를 상당

　　　　　　　　　　　　　인류학자처럼 생각하는 법

부분 생략한다고 느낄 수도 있을 것이다. 물론 저자 역시도 이런 사실을 잘 알고 있다. 서문은 이와 관련한 한계에 대해 간략하게 언급한다. 저자에 따르면 이러한 한계는 이 책의 목표가 인류학의 주제들을 빠짐없이 다루는 것이 아니라, "몇 가지 방향성을 지닌 하나의 지도"를 제시하는 것이기 때문에 불가피하게 발생한다. 이 설명 자체에는 동의하더라도, 책의 챕터 구성, 주제, 내용 배치에 있어서 저자가 거친 취사 선택의 결과물은 저자의 배경이나 연구 이력과도 깊은 관련이 있다는 사실을 짚고 넘어갈 필요가 있다.

저자는 미국에서 교육받은 인류학자이며 영국 런던정경대 인류학과에서 약 16년간 교수로 재직했고, 그 기간 중 4년을 영국 왕립인류학회 편집장을 역임하기도 했다(2018년부터는 미국 컬럼비아대학 종교학과에 재직 중이다). 그의 오랜 연구 분야는 짐바브웨와 영국의 기독교였으며, 현재는 영국 휴머니즘의 세속성과 죽음에 관해 연구를 진행하고 있다. 이러한 이력과 연구 관심이 보여주듯, 그는 영미인류학 전통에 속한 인류학자이며 현대 '종교인류학' 분야의 최고 선임 중 한 명이라 할 수 있다.* 따라서 이 책이 영미인류학을 주요 무대로 하면서 인류학 내 다른

---

* 저자 매슈 엥글키는 오늘날 종교인류학계를 이끄는 인류학자 중 한 명으로 꼽힌다. 그의 첫 번째 민족지 단행본인 《현존의 문제: 성서 너머의 아프리카 교회 A Problem of Presence: Beyond Scripture in an African Church》(2008)는 종교인류학 분야에서 가장 영예로운 상인 클리퍼드 기어츠 상Clifford Geertz Prize과 가장 우수한 민족지에 주어지는 빅터 터너 민족지 상Victor Turner Prize in Ethnographic Writing을 받은 바 있다.

주제들보다 종교인류학의 현대적 주제들, 예컨대 가치, 윤리, 도덕성 등과 같은 주제를 상대적으로 전면에 배치하면서 더 섬세하게 설명한다는 인상을 주는 것은 어쩌면 당연하다. 물론 이러한 한계는 결코 이 책의 가치와 성취를 반감시킬 정도로 치명적이지 않다. 저자는 여전히 인류학적 감수성을 본인의 강점을 십분 활용하여 훌륭하게 설명해내고 있다. 그렇기에 저자가 그리는 '인류학 지도'를 따라가며 인류학적 감수성을 배우되, 그 과정에서 이 지도의 세부 사항들을 그 자체로 당연한 것이나 고정된 것으로 여길 필요는 없다. 말하자면, 인류학을 배울 때조차 인류학적 감수성을 잊지 않기를 독자들에게 권하는 바이다. 인류학적 지식을 인류학적으로 대하는 태도는 실제로 인류학사의 중요한 한 측면을 이루는 자기비판·자기성찰적 전통과 맞닿아 있기도 하다.

저자가 제시하는 인류학 지도는 세상을 한층 더 다채롭게 바라보게 해줄 것이다. 인류학 연구자인 역자들은, 역자이기 전에 독자로서 이 책이 들려주는 이야기를 따라가다가 인류학과 처음 만났던 매혹의 시간들과 자주 재회하게 되었다. 그리고 이내 이 책을 통해 인류학을 접하게 될 독자들이 자신들의 삶의 이야기 안에서 인류학이 지닌 힘을 발견하고 또 거기에 매료되는 상상을 자주 했다. 이 즐거운 상상은 번역 작업의 큰 원동력이 되었다. 많은 독자들이 이 책을 통해 인류학자처럼 생각하는 방법뿐만 아니라 인류학자처럼 생각해야 하는 이유를 발견할 수 있기를 바란다.

찾아보기

인지심리학 363
《일반언어학 강의》(소쉬르) 205, 207
일본 20, 349, 351, 352, 374, 413

ㅈ

자연사박물관(프랑스) 18
잘룸, 케이틀린 9~11, 20, 35, 170, 174
장기 기증 348, 349, 374, 375, 413
장기이식윤리국제포럼 375
장자상속권 128
잭슨, 마이클 224
전미유색인지위향상협회 60
전체론과 개인주의 136
정신적 통일성 87, 89, 90, 96, 101, 296,
    309, 310
《정체성: 청소년과 위기》(에릭슨) 218
제국주의 22, 92, 138, 245, 279, 335
제스키, 크리스틴 177~179
제임스, 데보라 179
제퍼슨, 토머스 279
존스, 벤 107
존슨, 보리스 192, 194, 196
《종의 기원》(다윈) 54, 83, 207
주니[선주민 집단] 7~11, 17, 20~22, 26,
    54, 115, 375
줄루[선주민 집단] 177
중국 49, 190, 264~266, 268, 270, 271,
    280~282, 287, 307, 346, 362,
    370, 372, 412
《증여론》(모스) 164, 165, 169

《증여의 젠더》(스트래선) 261, 327
짐바브웨 23, 39, 40, 91, 176~178, 224,
    307, 371

ㅊ

차일드, V. 고든 57
찰스 3세 34
체르노빌 참사 329~331, 370, 372
추웡[선주민 집단] 261, 288~290, 362
추크치[선주민 집단] 211, 383
친족 18, 54, 62, 73, 88, 120, 127, 133,
    150, 156, 186~190, 195~204,
    209, 211, 213, 256, 259, 265,
    287, 288, 308, 319, 321, 360,
    362~364, 373

ㅋ

카리브[선주민 집단] 87
카스턴, 재닛 203, 204, 209, 227
카스트 136~143, 145, 374
카야누스, 아니 264
카워드, 피오나 53
카탈루냐어 240, 245~249
카티네 프로젝트 107, 108
칸트, 임마누엘 366
캠피언, 제인 34
《케냐산을 향하여》(케냐타) 34
케냐타, 조모 34
코마로프, 진, 존 92~95
콘래드, 조지프 25, 80

인류학자처럼 생각하는 법

초판 1쇄 펴낸날 2026년 3월 16일
초판 3쇄 펴낸날 2026년 4월 24일
지은이 매슈 엥글키
옮긴이 김재완·박영서
펴낸이 박재영
편집 임세현·이다연
디자인 조하늘
제작 제이오
펴낸곳 도서출판 오월의봄
주소 경기도 파주시 회동길 513 203호
등록 제406-2010-000111호
전화 070-7704-5108
팩스 0505-300-0518
이메일 maybook05@naver.com
X(트위터) @oohbom
블로그 blog.naver.com/maybook05
페이스북 facebook.com/maybook05
인스타그램 instagram.com/maybooks_05

ISBN 979-11-6873-175-2 03300

만든 사람들
책임편집 박재영
디자인 studio forb